一流本科专业一流本科课程建设系列教材

工程项目融资

李　明　殷乾亮　赖小东　编

机械工业出版社

本书主要介绍了工程项目融资的基本理论和方法,共10章。第1章主要介绍了工程项目融资的基本概念、基本特征、产生与发展、应用、优势与不足等;第2章介绍了工程项目融资组织与运作,包括工程项目融资的参与者、基本组织架构、运作程序和融资环境等;第3章介绍了工程项目融资投资结构,包括投资结构的概念、影响因素、投资结构的各种类型等;第4章介绍了工程项目传统融资模式,包括工程项目融资模式的设计原则、结构特征,以及各类传统的融资模式等;第5章介绍了BOT、PFI、PPP和ABS等工程项目现代融资模式;第6章介绍了工程项目融资的资金安排、筹资渠道、资金成本分析及资金结构等;第7章介绍了工程项目融资风险与管理;第8章介绍了工程项目融资担保结构;第9章介绍了工程项目融资文件与法律制度;第10章对项目融资的过程管理进行了介绍。

本书可作为高等院校工程管理、项目管理等专业的本科生教材,还可作为从事工程咨询、项目融资人员的参考书。

本书配有教学大纲、授课PPT等教学资源,免费提供给选用本书的授课教师,需要者请登录机械工业出版社教育服务网(www.cmpedu.com)注册后下载。本书配有二维码链接授课视频,便于开展混合式教学。

图书在版编目(CIP)数据

工程项目融资/李明,殷乾亮,赖小东编. —北京:机械工业出版社,2023.12

一流本科专业一流本科课程建设系列教材

ISBN 978-7-111-74789-5

Ⅰ.①工… Ⅱ.①李… ②殷… ③赖… Ⅲ.①基本建设项目-融资-高等学校-教材 Ⅳ.①F830.55

中国国家版本馆CIP数据核字(2024)第C24357号

机械工业出版社(北京市百万庄大街22号 邮政编码100037)
策划编辑:李 帅　　　　　　　　责任编辑:李 帅 赵晓峰
责任校对:李可意 丁梦卓 闫 焱　封面设计:张 静
责任印制:刘 媛
北京中科印刷有限公司印刷
2024年6月第1版第1次印刷
184mm×260mm・17印张・387千字
标准书号:ISBN 978-7-111-74789-5
定价:53.90元

电话服务　　　　　　　　　　　网络服务
客服电话:010-88361066　　　　机 工 官 网:www.cmpbook.com
　　　　　010-88379833　　　　机 工 官 博:weibo.com/cmp1952
　　　　　010-68326294　　　　金 书 网:www.golden-book.com
封底无防伪标均为盗版　　　　　机工教育服务网:www.cmpedu.com

PREFACE 前　言

"一带一路"倡议的提出为我国基础设施建设带来了新一轮的机遇与挑战。基础设施建设项目资金需求巨大，资金问题往往是决定项目成败的关键，工程项目融资为解决基础设施建设项目的资金短缺问题提供了思路。财政部于2013年底进行了推广政府和社会资本合作（public-private-partnership，PPP）工作的全面部署。国家发展和改革委员会也在2015年5月推出了多项鼓励社会资本参与建设公用事业营运的示范项目，范围涵盖油气、石化产业及信息基础设施、传统基础设施等，并且项目模式更加多样化。

为适应当前教学、人才培养以及工程项目融资工作的需要，编者在吸收、借鉴、参考国内外一些已出版和发表的著作和文献的基础上编写了本书。本书系统而全面地阐述了关于工程项目融资的基本知识和工程项目融资的全方位管理，力求体现以下特点：

（1）新颖性　在介绍基本知识和专业知识时，充分注意吸收本学科领域研究的最新成果，及时补充新内容，对工程项目融资实践中的新做法予以全面反映。

（2）实用性　工程项目融资是一门实务性很强的课程，为提高学生的实际操作能力，使其更好地了解、领会和把握全书各章节的知识点，每章章末都设置了国内外工程项目融资案例，并附有复习思考题，实现理论与实践的结合。

（3）编写的创新性　编者结合自身多年来在工程项目融资领域的理论研究、教学以及工程实践经验，在本书的编写中引入了大量案例和工程项目投资与融资的最新研究成果和实践发展。力求做到理论联系实际、深入浅出、图文并茂、通俗易懂，符合读者的阅读习惯。

本书由江西财经大学工程管理专业教材编写小组编写。由李明负责主持全书的框架设计，大纲编写，部分章节的编写和初稿的审核、讨论及修改等工作；由殷乾亮、赖小东负责全书的设计、审稿、部分章节的修改等工作。

本书在编写过程中参阅了大量国内外资料，并借鉴了众多国内外同行的研究成果，在此向有关作者表示感谢。

工程项目融资是一门综合性、实践性强，并仍在不断发展的交叉学科，受限于作者的知识水平，本书仍存在不足之处，恳请广大专家和读者批评指正。

编　者

目 录

前言

第 1 章　工程项目融资概述 ……………………………………………………………… 1
　1.1　工程项目融资的基本概念 ………………………………………………………… 1
　1.2　工程项目融资的基本特征 ………………………………………………………… 4
　1.3　工程项目融资的产生与发展 ……………………………………………………… 7
　1.4　工程项目融资的应用 ……………………………………………………………… 11
　1.5　工程项目融资的优势与不足 ……………………………………………………… 12
　【案例研究】京沪高速铁路项目融资 ………………………………………………… 14
　【复习思考题】 ………………………………………………………………………… 15

第 2 章　工程项目融资组织与运作 …………………………………………………… 16
　2.1　工程项目融资的参与者 …………………………………………………………… 16
　2.2　工程项目融资的基本组织架构 …………………………………………………… 21
　2.3　工程项目融资的运作程序 ………………………………………………………… 23
　2.4　工程项目融资成功的因素 ………………………………………………………… 28
　2.5　工程项目融资环境 ………………………………………………………………… 30
　【案例研究】深圳沙角 B 电厂 BOT 融资项目 ……………………………………… 38
　【复习思考题】 ………………………………………………………………………… 41

第 3 章　工程项目融资投资结构 ……………………………………………………… 42
　3.1　项目投资结构的概念 ……………………………………………………………… 42
　3.2　影响项目投资结构的主要因素 …………………………………………………… 42
　3.3　公司型投资结构 …………………………………………………………………… 47
　3.4　非公司型投资结构 ………………………………………………………………… 49
　3.5　合伙制结构 ………………………………………………………………………… 51
　3.6　信托基金结构 ……………………………………………………………………… 55

【案例研究】工程项目融资投资结构案例 ……………………………………… 57
【复习思考题】 ……………………………………………………………………… 60

第 4 章　工程项目传统融资模式 …………………………………………… 61

4.1　项目融资模式的设计原则 …………………………………………………… 61
4.2　项目融资模式的结构特征 …………………………………………………… 65
4.3　直接融资模式 ………………………………………………………………… 67
4.4　项目公司融资模式 …………………………………………………………… 71
4.5　设施使用协议项目融资模式 ………………………………………………… 74
4.6　生产支付项目融资模式 ……………………………………………………… 75
4.7　杠杆租赁项目融资模式 ……………………………………………………… 78
【案例研究】传统项目融资模式案例 …………………………………………… 83
【复习思考题】 ……………………………………………………………………… 86

第 5 章　工程项目现代融资模式 …………………………………………… 87

5.1　BOT 融资模式 ………………………………………………………………… 87
5.2　PFI 融资模式 ………………………………………………………………… 100
5.3　PPP 融资模式 ………………………………………………………………… 107
5.4　ABS 融资模式 ………………………………………………………………… 118
【案例研究】现代项目融资模式案例 …………………………………………… 127
【复习思考题】 ……………………………………………………………………… 139

第 6 章　工程项目融资资金结构 …………………………………………… 140

6.1　项目融资的资金安排 ………………………………………………………… 140
6.2　项目融资的筹资渠道 ………………………………………………………… 143
6.3　项目股本资金及准股本资金的筹集方式 …………………………………… 152
6.4　项目债务资金的筹集 ………………………………………………………… 156
6.5　工程项目资金成本分析 ……………………………………………………… 165
6.6　项目融资资金结构的确定 …………………………………………………… 173
【案例研究】榆神煤炭液化项目一期工程资金筹措项目 ……………………… 178
【复习思考题】 ……………………………………………………………………… 180

第 7 章　工程项目融资风险与管理 ………………………………………… 181

7.1　风险管理概述 ………………………………………………………………… 181
7.2　项目融资风险识别与评价 …………………………………………………… 182
7.3　项目融资主要风险管理 ……………………………………………………… 196

7.4　金融衍生工具在项目融资风险管理中的应用 …………………………………… 202
【案例研究】印度大博电厂 BOT 项目融资风险 ………………………………………… 206
【复习思考题】 ……………………………………………………………………………… 207

第 8 章　工程项目融资担保结构 ……………………………………………………… 208

8.1　工程项目融资担保概述 ……………………………………………………………… 208
8.2　工程项目融资担保人 ………………………………………………………………… 214
8.3　工程项目融资担保范围 ……………………………………………………………… 217
8.4　工程项目融资的物权担保 …………………………………………………………… 220
8.5　工程项目融资的信用担保 …………………………………………………………… 222
8.6　其他担保形式 ………………………………………………………………………… 229
【案例研究】深圳沙角 B 电厂 BOT 项目融资担保结构 …………………………………… 229
【复习思考题】 ……………………………………………………………………………… 230

第 9 章　工程项目融资文件与法律制度 ……………………………………………… 231

9.1　项目融资文件的作用与分类 ………………………………………………………… 231
9.2　项目融资中的重要文件 ……………………………………………………………… 232
9.3　项目融资的主要合同结构 …………………………………………………………… 235
9.4　项目融资的法律制度 ………………………………………………………………… 238
【案例研究】河北固安工业园区新型城镇化项目 PPP 融资模式 ………………………… 241
【复习思考题】 ……………………………………………………………………………… 244

第 10 章　工程项目融资的过程管理 …………………………………………………… 245

10.1　项目可行性分析和决策 …………………………………………………………… 245
10.2　项目融资的合同体系与管理 ……………………………………………………… 255
10.3　融资项目的后评价 ………………………………………………………………… 259
【案例研究】欧洲海峡隧道 BOT 项目融资 ………………………………………………… 261
【复习思考题】 ……………………………………………………………………………… 264

参考文献 …………………………………………………………………………………… 265

第 1 章 工程项目融资概述

【核心概念】 项目融资 有限追索 无追索 项目经济强度

【学习目标】 通过对本章内容的学习，掌握工程项目融资的定义及其功能；了解工程项目融资的产生与发展；明确工程项目融资的基本特征；了解工程项目融资的应用范围和优缺点。

1.1 工程项目融资的基本概念

1.1.1 工程项目融资的定义

工程项目融资是国际上 20 世纪 70 年代末到 80 年代初兴起的一种新的融资方式。由于融资方式与传统的筹资方式相比，能够更有效地解决大型基础设施建设项目的资金问题，因此被世界上越来越多的国家广泛采用。工程项目融资作为一个金融术语，到目前为止还没有一个准确的定义。大多数学者同意将工程项目融资定义为一种融资方式，在这种融资方式中，关键问题并不取决于提出商业想法的项目发起人的资信度和可靠性。项目能否被批准甚至不取决于项目发起人向投资方提供的质押品的价值。工程项目融资主要取决于与投资风险相匹配的偿还债务合同以及项目的投资资金回收能力。目前所使用的项目的概念已经超出建设项目的狭义空间，许多人习惯于把具有特定内容的工作也称为项目，如扶贫项目、科研攻关项目等。但本书所提及的项目，均特指工程建设项目。

项目融资是指贷款人向特定的工程项目提供贷款协议融资，对于该项目所产生的现金流量享有偿债请求权，并以该项目资产作为附属担保的融资类型。它是一种以项目的未来收益和资产作为偿还贷款的资金来源和安全保障的融资方式，是一种基于特定经济实体（SPV 或特殊项目的机构或特殊融资工具，通常为人们所熟悉的项目公司）的结构性融资方式。该经济实体由项目发起人利用股本金或夹层贷款组建，将项目公司未来的现金流量作为偿还贷款的主要来源，而现有资产仅仅作为担保品。

在国内外公开出版的书籍中对项目融资给出的定义各不相同,但归纳起来基本上有两种观点,即广义的项目融资和狭义的项目融资。从广义上讲,以建设一个新项目、收购一个已有项目或者对已有项目进行债务重组为目的所进行的融资活动都可以称为项目融资。在欧洲,一般就是把一切针对具体项目所安排的融资活动都称为项目融资,即采用的是广义的项目融资观点。但在北美洲,金融界习惯上只将具有无追索权或有限追索权形式的融资活动称为项目融资(即狭义的项目融资)。本书中对于项目融资的概念采用狭义的观点,主要原因是狭义的项目融资概念为大多数国家所认可,而且对狭义的项目融资的研究,有助于解决我国经济建设中存在的一些建设项目特别是大型基础设施项目和资源开发项目的资金缺口问题。对于狭义的项目融资,也存在着若干种不同的定义。

彼德·内维特在其《项目融资》(*Project Financing* 1996 年第 6 版)一书中对项目融资的定义是:为一个特定经济实体所安排的融资,其贷款人在最初考虑安排贷款时,将满足于使用该经济实体的现金流量和收益作为偿还贷款的资金来源,并且将满足于使用该经济实体的资产作为贷款的安全保障。

《美国财会标准手册》中的定义是:"项目融资是指对需要大规模资金的项目采取的金融活动。"借款人原则上将项目本身拥有的资金及其收益作为还款资金来源,并将其项目资产作为抵押条件来处理。该项目主体的一般性信用能力通常不被作为重要因素来考虑。这是因为其项目主体或者是不拥有其他资产的企业,或者对项目主体的所有者(母体企业)不能直接追究责任,两者必居其一。

中国原国家计委与外汇管理局共同发布的《境外进行项目融资管理暂行办法》(计外资〔1997〕612 号)中的定义是:"项目融资是指以境内建设项目的名义在境外筹措外汇资金,并仅以项目自身预期收入和资产对外承担债务偿还责任的融资方式。它应具有以下性质:(一)债权人对于建设项目以外的资产和收入没有追索权;(二)境内机构不以建设项目以外的资产、权益和收入进行抵押、质押或偿债;(三)境内机构不提供任何形式的融资担保。"

上述定义虽然表述不同,但均将项目融资用来保证贷款偿还的首要来源限制在被融资项目本身。被融资项目本身用来偿还贷款的资金来源有两个:一是项目未来的可用于偿还贷款的净现金流量;二是项目本身的资产价值。因此,在为一个项目安排项目融资时,项目借款人对项目所承担的责任与其本身所拥有的其他资产和所承担的其他义务在一定程度上是分离的。此外,对于贷款人来说,虽然在初始时可能愿意完全依赖于项目现金流量和资产价值作为其贷款的基础,但是也必须考虑在最坏的情况下贷款能否会得到偿还的问题。如果预测项目本身未来的资金来源不足以支撑在最坏的情况下还能偿还贷款,那么贷款人就可能要求项目借款人以直接担保、间接担保或其他形式给予项目附加的信用支持。因此,一个项目未来可预测的资金来源(即项目的经济强度),以及项目投资者(借款人)和其他与该项目有关的各个方面对项目所做出的有限承诺,就构成了项目融资的基础。

1.1.2 工程项目融资的分类

根据项目融资在追索权方面的不同特点,可以将其分为无追索权的项目融资和有限追索权的项目融资两种。

1. 无追索权的项目融资

无追索权的项目融资是指贷款人对项目发起人的资金无任何追索权，只能依靠项目未来的现金流量偿还。当项目现金流量不足时，项目发起人对项目债务的偿还没有直接的法律责任。无追索权项目融资一般建立在可预见的政治与法律环境以及稳定的市场环境基础之上。比如，法律法规是否具有连续性和可预见性，市场供求是否稳定。如果这些不能使贷款人放心，则必须提供一定形式的担保，如保证原材料供应、保证有关商品市场的法规稳定性等。总之，要安排无追索权的项目融资，需要对项目进行严格的论证，使项目贷款人理解并接受项目运行中的各种风险。因此，从某种程度上说，无追索权项目融资是一种低效且昂贵的融资方式。这种方式在现代项目融资实务中已较少使用。

2. 有限追索权的项目融资

有限追索权的项目融资是指项目发起人只承担有限的债务责任和义务。这种有限性一般表现在时间上的有限性、金额上的有限性和对象上的有限性三个方面。

1）时间上的有限性，是指一般在项目的建设开发阶段，贷款人有权对项目发起人进行完全追索；而通过完工标准测试后，项目进入正常运营阶段时，贷款可能就变成无追索性的。

2）金额上的有限性，是指如果项目在经营阶段，不能产生足额的现金流量，其差额部分不可以向项目发起人进行完全追索。

3）对象上的有限性，如果项目是通过发起人成立的特别目的项目公司进行融资，则贷款人一般只能追索到项目公司，而不能对项目发起人追索，除了发起人为项目公司提供的担保外，大多数项目融资都是有限追索的。

至于贷款人在多大程度上对项目发起人进行追索，取决于项目的特定风险和市场对该风险的态度。例如，当项目贷款人认为在项目建设阶段存在较大风险时，会要求项目发起人保证，当项目风险具体化时，由其注入额外的股本；否则，贷款人将会追索到项目发起人的资产直至风险消失或项目完工。之后，贷款才有可能成为无追索性的。

1.1.3 工程项目融资的功能

1. 资金筹集能力强，能够有效地解决大型项目的筹资问题

随着经济社会的不断发展，工程项目的规模越来越大，大型、特大型项目的数量不断增加，这些大型工程建设项目往往具有规模大、投资额度高的特点，资金需求量巨大，少则几十亿元，多则上千亿元。一般的投资者仅凭自己的筹资能力，几乎很难筹集到工程项目的全部资金。同时，这些大型、特大型项目随着投资额的不断增大，投资风险也越来越大。上述这两点原因决定了如果仍然采用传统的资金筹集方式，很难实现筹资目标；而如果采用项目融资方式，则可能有效解决这一问题。因为项目融资通常是无追索或有限追索形式的贷款，项目筹集资金的能力大大超过投资者自身筹资能力，并将投资风险合理分摊到与项目有关的各方，可以解决大型工程项目的资金筹集问题。另外，采用项目融资，项目发起方可以绕开银行对它们的某些贷款限制。如果项目发起方在其签订的合同或信用文件中有限制其借款的条文，那么它完全可以通过项目融资的某些形式，如远期购买协议、受托借款或产品支付协议等来构造一种在法律上不能算作"借款"的融资结构，从而突破某些借款限制，为超过项目投资者自身筹资能力的大型项目提供融资。

一般来说，基建项目的资金需求量是比较大的。项目发起方往往难以独自筹集到项目建设所需的全部资金。项目融资为项目发起方提供了一个具有有限追索权或无追索权的资金来源，因此项目在资金上有了保障。

2. 融资方式灵活多样，能减轻政府的财政负担

随着世界各国城市化进程的不断加快，政府投资兴建的大型基础设施项目越来越多，随着投资项目规模越来越大、数量越来越多，政府出资建设项目的资金压力越来越大，不论是发达国家，还是发展中国家，单单依靠政府投资建设项目已经越来越难以满足经济社会发展的需要。一个国家政府财政预算支出的规模和政府举债的数量受其综合国力的制约，但在经济发展过程中，各相关产业的发展却要求基础设施、能源和交通等大型工程项目先行。如何解决规模巨大的基础设施建设项目投资与资金供给之间的矛盾是各国政府发展过程中迫切需要解决的问题。项目融资成为破解这一矛盾的有效途径。例如，为建设一个大型发电厂，政府不以直接投资者或借款人的身份参与该项目，而是通过为该项目提供特许经营权、市场保障等融资优惠条件的方式融资。由于融资方式多种多样，且融资方式灵活，因此可以解决许多应由政府出资建设的项目资金问题，从而为政府财政减轻负担。

3. 实现项目风险分散和风险隔离，提高项目成功的可能性

项目融资的参与方众多，这种多方参与结构决定了可以在项目发起人、贷款人，以及其他项目参与方之间分散风险，通过各方签订的项目融资协议，明确项目风险责任主体，进行合理的风险分担。对项目发起人来说，可以利用项目融资的债务屏蔽功能，实现"资产负债表以外"的项目融资，将贷款人的债务追索权仅限于项目公司。一旦项目不能创造出足够的现金流量来偿付贷款，贷款人就需要承担大部分或全部风险，贷款人可以根据项目的预期收益和风险水平，要求项目发起人提供项目融资担保，在项目无法达到合理的现金流量时，能够避免贷款风险。这种风险分配结构对规模相对较小的借款方或项目发起方尤为重要，无追索权的贷款使它们不至于因为项目的失败而破产。由于相关融资各方都承担风险，必然在项目融资过程中追求相应的回报，以促成项目的成功。

▶▶ 1.2 工程项目融资的基本特征

项目融资是一种新型的融资方式，它与传统的公司融资有很大区别。公司融资是指依赖一家现有企业的资产负债及总体信用状况（通常企业涉及多种业务及资产），为企业（包括项目）筹措资金，属于完全追索权融资，包括发行股票、发行债券、银行贷款等形式。而项目融资与公司融资具有很大的不同，具有区别于公司融资的典型特征。

工程项目融资的基本特征

1.2.1 项目融资的主体不是项目发起人

传统的公司融资是以项目发起人作为融资的主体，银行或其他金融机构是否向该公司贷款或投入资金，一方面取决于该公司是否有良好的经济效益，另一方面则取决于该公司的总体信用状况，因为公司融资不仅以公司的未来收益偿还贷款，还以公司的其他资产作为抵押。与传统的公司融资不同，项目融资的主体不是项目发起人，而是为实施本项目组建的特殊目的公司（special purpose vehicle，SPV），又称特殊目的实体（special purpose entity），是母公司为隔离财务风险而设立的子公司。特殊目的公司是一个独立的法律实体，主要由公司为单一、明确和具体的合法目的而设立。建立 SPV 可以首先使公司从法律上隔离项目的风险，然后与其他投资者分担风险。银行或其他金融机构能否如期收回投入资金，完全取决于项目的未来收益，追索也仅限于项目的未来收益和 SPV 的资产。

1.2.2 项目融资是项目导向的融资

以项目为主体安排的融资，主要是依赖于项目的经济强度，即项目的现金流量和资产，而不是依赖于项目发起人的资信。运用项目融资，贷款人在贷款决策时，主要考虑项目在贷款期内能产生多少现金流量用于还款，贷款的数量、利率和融资结构的安排完全取决于项目本身的经济效益。这完全有别于传统融资主要依赖于投资者或项目发起人的资信。项目融资的这一特征就使得缺乏资金而又难以筹措资金的投资者，可以依靠项目的经济强度，通过项目融资方式实现融资。同时，由于贷款人关注的是项目本身的经济实力，因此必然要密切关注项目的建设和运营状况，对项目的谈判、建设和运营进行全过程的监控。从这个意义上说，采用项目融资有利于项目的成功。

1.2.3 项目融资属于有限追索或无追索

传统融资方式属于完全追索。完全追索是指借款人必须以本身的资产作抵押。如果违约时该项目不足以还本付息，贷款人则有权把借款方的其他资产也作为抵押品收走或拍卖。直到贷款本金及利息偿清为止。与传统公司融资是完全追索不同，项目融资属于有限追索或无追索。有限追索或无追索是指贷款人可以在某个特定阶段或者规定的范围内，对项目的借款人进行追索，除此之外，无论项目出现任何问题，贷款人均不能追索到借款人除该项目资产、现金流量及所承担义务之外的任何财产。有限追索融资的特例是无追索融资，即融资 100%地依赖于项目的经济实力。实际工作中，无追索的项目融资很少见。由于有限追索或无追索的实现可以使投资者的其他资产得到有效保护，这就调动了大批具有资金实力的投资者参与开发与建设的积极性。完全追索与有限追索具有明显的区别，人们往往把这个区别作为判断是项目融资还是传统的公司融资的主要标准。

1.2.4 项目风险的合理分担

任何项目的开发与建设都必然存在着各种风险，传统公司融资的项目风险往往集中于投资者、贷款者或担保者，风险相对集中，难以分担。采用项目融资方式的项目都是大型项目，具有投资数额巨大、建设期长的特点，因而与传统融资的项目相比，投资风险更大；并且项目融资往往会涉及利用外资，会产生政治风险、法律风险等，因而项目融资的风险种类多于传统融资。但项目融资的参与方众多，有项目发起人、项目公司、贷款银行、工程承包商、项目设备和原材料供应商、项目产品的购买者和使用者、保险公司、政府机构等多个参与主体，可以通过严格的法律合同，依据各方的利益，把责任和风险合理分担，从而保证项目融资的顺利实施。为了实现项目融资的有限追索，对于与项目有关的各种风险要素，需要以某种形式在项目投资者（借款人）、与项目开发有直接或间接利益关系的其他参与者和贷款人之间进行合理分担。能否有效、合理地分担风险是项目融资方案中十分关键的问题。

1.2.5 非公司负债型融资

非公司负债型融资（off-balance finance），也称为资产负债表之外的融资，是指项目的债务不表现在项目实际借款人公司的资产负债表中的一种融资形式。

非公司负债型融资项目投资者的优势：一方面，可以实现贷款人对借款人的有限追索；另一方面，使得项目所在公司可以以有限的财力投资更多的项目，同时将投资的风险分散和限制在更多的项目之中。对于项目的借款人而言，如果这种项目的贷款安排全部反映在公司的资产负债表中，很可能造成公司的资产负债比失衡，超出银行通常所能接受的安全警戒线，并且在很长一段时间内这种状况可能无法获得改善。公司可能将因此无法筹措新的资金，影响未来的发展。采用非公司负债型的项目融资则可以避免这一问题。

1.2.6 高负债率的融资

传统融资方式下，一般要求项目投资者的出资比例至少要达到30%才能融资，其余的不足部分由债务资金解决。而项目融资是有限追索或无追索融资，允许高水平的杠杆结构，可以筹集到高于投资者本身资产几十倍甚至上百倍的资金。项目融资对投资者的股权出资所占的比例要求不高，一般而言，股权出资占项目总投资的20%即可，其余资金由贷款、租赁和出口信贷等方式解决。因此，项目融资是一种负债比率较高的融资。在项目融资中，70%以上的负债率是很典型的，有的项目负债率甚至达到100%。

1.2.7 信用结构多样化

在项目融资中，用于支持贷款的信用结构的安排是灵活和多样化的。一个成功的项目融资，可以将贷款的信用支持分配到与项目有关的各个相关方面。典型的做法包括：在市场方面，可以要求对项目产品感兴趣的购买者提供一种长期购买合同作为融资的信用支持；在工程建设方面，可以要求工程承包公司提供固定价格、固定工期的合同，或"交钥匙"工程合同，可以要求项目设计者提供工程技术保证等；在原材料和能源供应方面，可以要求供应方在保证供应的同时，在定价上根据项目产品的价格变化设计一定的浮动价格公式，保证项目的最低收益。

1.2.8　项目融资成本较高

项目融资与传统的公司融资相比，融资成本较高。这主要是由项目融资的前期工作十分浩繁、工作量大，以及有限追索的融资性质所造成的。项目融资的成本由融资的前期费用和利息成本两部分组成。融资的前期费用包括融资顾问费、成本费、贷款的建立费、承诺费，以及法律费用等，一般占贷款总额的 0.5%～2%；项目融资的利息成本一般要高出同等条件公司贷款的 0.3%～1.5%。其增加幅度与贷款银行在融资结构中承担的风险以及对项目投资者的追索程度密切相关。组织实施项目融资时间较长，一个完整的项目融资计划通常需要半年甚至更长的时间，其成本费用必然很高。

▶▶ 1.3　工程项目融资的产生与发展

1.3.1　国外项目融资的产生与发展

项目融资早在 13 世纪就在欧洲出现了。据文献记载，1299 年英国王室为了开发位于德文郡的一座白银矿，与一家名为弗雷斯科巴尔迪的意大利银行（也有人说是一家英格兰商业银行）签订了贷款协议。与一般贷款协议不同的是，该协议没有约定利息，却约定这家银行拥有银矿一年的经营权，银行可以取走这一年中所有开采的矿产，但它必须支付矿山开发的所有费用，英国王室对矿山的质量和产量不做任何保证。这种贷款安排其实就是如今所说的"产品支付贷款"的原型，也是现代项目融资模式的最早雏形。

早在 17 世纪，英国的私人业主建造灯塔的投资方式与项目融资中的 BOT 形式[⊖]也极为相似。当时，私人业主建造灯塔的过程是：首先向政府提出建造和经营灯塔的申请，在申请获得政府批准后，私人业主向政府租用土地建造灯塔，在特许期内管理灯塔并向过往船只收取过路费，特许期后由政府收回灯塔并交给领港公会管理，继续收费。只不过由于种种原因，这种投资建设方式一直默默无闻，没有引起人们的重视。

随着历史的变迁，项目融资经历了多个阶段的发展与演变。总体来说，项目融资主要经历了三个阶段：①早期的项目融资主要应用于资源开发项目；②项目融资应用于基础设施项目；③项目融资逐渐向多国和多行业扩展。

1929 年，美国华尔街股票市场暴跌，使美国经济遭受巨大冲击，全国步入经济大萧条时期。在危机过程中，大批企业破产、倒闭，侥幸留存下来的企业也大多资产负债状况不好、自身的信誉低。按照传统的以企业财务状况、资信等级为基础的公司融资理念，这样的企业很难从银行获得贷款，也就难以开展正常的经营活动。在这种情况下，企业面临着山穷水尽的局面。这时美国得克萨斯州的石油开发项目却另辟蹊径，采用项目融资的手法筹集足够的资金，并获得了成功。

⊖　建设—运营—移交，build—operate—transfer，BOT。

由于石油商品具有耐储存、能够经受价格变化的突出特征，石油开采项目的利润也非常丰厚，对一些投资者很有吸引力。项目开发商、投资者及贷款人约定采取"产品支付（production payment）"的方式归还贷款，即贷款银行（主要是一些私人银行）在石油项目投产后不以石油产品的销售收入来偿还贷款本息，而是直接以石油产品来还本付息，从特定的石油矿区获得将来产出的部分或全部石油产品的所有权。这种新型的贷款方式，相对于以借款人自身的资产和信用为担保的传统方式，将贷款的风险评估对象从借款人转移到了现存的产品上。后来在产品支付的基础上又产生了预期产品支付方式——远期购买（forward purchase）。在这种方式中，矿区所有者划出一部分矿区作为产品卖掉，而买方（贷款人为项目成立的专设公司）将购入的产品作为抵押从银行借入购买资金。这实际上是卖方提前卖出即将生产出来的石油，买方以远期购买的产品为抵押品从银行获得贷款，而银行则依靠抵押矿区产出的石油回收贷款。

20 世纪 30 年代的美国油田开发项目多采用这种方式进行融资，后来应用范围逐渐扩大，被广泛应用于石油、天然气、煤炭、铜、铝等矿产资源的开发，如世界上最大的、年产 100 万 t 铜[⊖]的智利埃斯康迪达铜矿，就是通过项目融资实现开发的。项目融资作为国际大型矿业开发项目的一种重要的融资方式，是以项目本身良好的经营状况和项目建成、投入使用后的现金流量作为还款保证来融资的。它不需要以投资者的信用或有形资产作为担保，也不需要政府部门的还款承诺，贷款的发放对象是专门为项目融资和经营而成立的项目公司。

早期因为外部筹资成本较高，采矿业扩建或新建矿山主要依靠自筹资金解决。但自 20 世纪 60 年代后期到 20 世纪 70 年代，项目融资在矿业开发项目中发展起来。这主要是由于以下三个原因：第一，资本主义国家政府为缓和经济危机与能源危机的影响以及缓和社会矛盾，积极从事大型能源工程项目，以缓解能源短缺，带动经济发展；第二，20 世纪 70 年代，国有化浪潮迫使私人资本与国际组织、国际金融机构甚至跨国公司以多边合伙的方式投资于有利可图的大型矿业和工程项目，以避免私人单独投资的国家政治风险，促进了项目融资这种多元融资新形式的发展；第三，一些发展中国家为了发展本国经济，满足国际市场对燃料、矿产品等初级产品的需要，也掀起兴建大型工程项目的热潮，如巴西的采掘业、委内瑞拉的石油开发、博茨瓦纳的有色金融矿开采等，这些国家的项目急需巨额资金，但却缺少高资信等级的大型企业来进行公司融资，因此采取了由政府有关部门作为主办单位进行项目融资的方式。

发展中国家的基础设施项目在第二次世界大战以后，都是通过财政拨款、政府贷款和国际金融机构贷款建设的。但进入 20 世纪 70 年代以后，发展中国家大量举债导致国际债务危机加剧、对外借款能力下降、预算紧张。在这种情况下，政府很难拿出更多的资金投资需求日益增加的基础设施建设项目。经济要发展，基础设施建设必须加强，此时项目融资作为新的资金来源和融资方式受到青睐。进入 20 世纪 80 年代，发展中国家的基础设施项目已经开始使用项目融资方式，以解决国内资金不足但又要引进设备和技术的矛盾。

⊖ 2022 年 4 月 29 日，中华人民共和国自然资源部发布新闻显示，该矿 2021 年年产 101.05 万 t 铜。

在发达国家，以往基础设施项目基本上也是通过财政预算，由政府直接拨款建设。进入20世纪70年代后，情况发生了一些变化，一是随着经济的发展和人民生活水平的提高，对公共基础设施的需求量越来越大，标准越来越高，而政府的财政预算则越来越紧张，由政府出面建设耗资巨大的公共基础设施项目越来越困难。二是发达国家宏观经济政策的一个重要变化，即对国有企业实行私有化，而公共基础设施项目作为国有部门的一个重要领域，在私有化过程中占有重要地位。在这种情况下，项目融资也成为发达国家的新宠。

20世纪80年代初开始的世界性经济危机，使得项目融资的发展进入了一个低潮期。一方面，国际银行界最有利可图的发展中国家贷款市场由于一些国家，特别是南美洲国家发生的债务危机，已不可能再承受大量新的债务；另一方面，能源、原材料市场的长期衰退，迫使包括工业国家在内的各国的公司、财团对这一领域的新项目投资持非常谨慎的态度，而这一领域又是项目融资一个主要的传统市场。据统计，1981年—1986年，西方国家在这一领域投资的新项目比上一时期减少了60%，投资总额减少了33%。当时，国际金融界流行着一种悲观的看法，认为正统的项目融资理论，即单纯依靠项目的资产和现金流量进行筹资并依赖于完工后的项目现金流量偿还债务的融资方式，似乎已经被20世纪80年代前期的金融信用紧张扼杀了。1985年以后，随着世界经济的复苏和若干具有代表性的项目融资模式的完成，项目融资又重新开始在国际金融界活跃起来，并在融资结构、追索形式、贷款期限和风险管理等方面有所创新和发展。

20世纪80年代末至20世纪90年代初，项目融资高速发展，其中以发展中国家为甚。据世界银行统计，截至1993年，世界上以项目融资模式进行的项目近150个，投资总额超过600亿美元，其中约一半在发展中国家。1994年—1997年，世界上项目融资的总量由350多亿美元增加到2364亿美元。1997年以前的10年，在发展中国家的项目融资比1987年以前的10年增长了25倍。1997年，发展中国家的项目融资金额达到1232亿美元，占世界项目融资额的52.1%。目前，项目融资在世界各地的运用已经相当普及，它的资金来源更加广泛、期限更长、政府介入更少，涉及项目遍布能源、石化、电子等行业，极大地推动了世界经济的发展。从全球范围看，项目融资正处在一个应用范围扩大的阶段。可以相信，随着更多金融工具的出现，项目融资必然会越发走向大型化、国际化和技术化，并且其应用重点也必然是在发展中国家。

1.3.2 国内项目融资的发展现状

项目融资在20世纪80年代中期被引入我国，较早使用有限追索权融资方式的项目是深圳沙角B火力发电厂，它标志着我国利用项目融资方式进行建设的开始。进入20世纪90年代，我国陆续出现了一些类似BOT模式进行建设的项目，如广州至深圳高速公路、三亚凤凰机场、重庆地铁、深圳地铁、北京京通高速公路、广西来宾电厂等。其中，广西来宾电厂BOT项目是经过国家批准的第一个BOT试点项目，经过各方的多年努力，该项目已取得了全面成功，被国际上很有影响的金融杂志评为最佳项目融资案例，在国内被誉为"来宾模式"。

进入21世纪以来，国内以项目融资方式建设的大型建设项目越来越多，如2008年北京奥运会主场馆——国家体育场BOT项目；2011年，青岛胶州湾大桥也采用BOT模式建设完成。为了使我国项目融资逐步走向正轨，国家对外经济贸易合作部于1994年发布了《关于以BOT方式吸收外商投资有关问题的通知》和《关于试办外商投资特许权项目审批管理有关问题的通知》，原国家计划委员会、国家外汇管理局于1997年发布了《境外进行项目融资管理暂行办法》，原国家建设部也于2004年5月发布了《市政公用事业特许经营管理办法》《城市供水特许经营协议（示范文本）》《城市管道燃气特许经营协议（示范文本）》《城市生活垃圾处理特许经营协议（示范文本）》。国务院于2005年2月19日发布了《关于鼓励支持和引导个体私营等非公有制经济发展的若干意见》，该《意见》明确提出，国家将进一步开放电力、电信、铁路、民航和石油等行业和领域，支持非公有资本积极参与城市供水、供气、供热、公共交通、污水垃圾处理等市政公用事业和基础设施的投资、建设与经营。原国家建设部2006年又发布了《城市污水处理特许经营协议（示范文本）》。各级地方政府也陆续出台了项目融资的相关法规，如北京市政府于2006年发布《北京市城市基础设施特许经营条例》，上海市政府于2007年发布了《上海市城市基础设施特许经营管理办法（草案）》，这些相关法规政策的出台构成了我国项目融资的基本法律框架。

在我国，早期的项目融资主要适用于投资规模大、还贷能力强、投资收益稳定和符合国家产业政策的部分基础设施和基础产业项目，特别是上述行业的外商投资项目（包括中外合资、中外合作和外商独资项目）。项目融资对拓展我国基础设施的投融资渠道，缓解政府投资的财政压力发挥了重要作用。近年来，随着我国经济社会的快速发展，政府部门已经越来越重视项目融资在基础设施投融资中的重要作用。项目融资不仅要重视利用外资，而且要挖掘国内资金潜力，项目融资不仅仅是为项目筹集资金，也可以促进企业转换经营机制和投融资体制改革。项目融资在我国又有了新的发展，2014年，国务院常务会议提出，要大力创新融资方式，积极推广政府与社会资本合作（PPP）模式，使社会投资和政府投资相辅相成。国家发展和改革委员会依据国务院常务会议精神，发布的《关于开展政府和社会资本合作的指导意见》明确指出，开展政府和社会资本合作有利于创新投融资机制，拓宽社会资本投资渠道，增强经济增长内生动力；有利于推动各类资本相互融合、优势互补，促进投资主体多元化，发展混合所有制经济；有利于理顺政府与市场的关系，加快政府职能转变，充分发挥市场配置资源的决定性作用。为了科学规范地推广政府和社会资本合作（PPP）模式，财政部根据相关的法律、法规、规章和规范性文件，颁发了《政府和社会资本合作模式操作指南（试行）》，并公布了30个PPP模式示范项目。这些项目涉及供水、供暖、污水处理、垃圾处理、环境综合治理、新能源汽车、地下综合管理、海绵城市、医疗、养老和体育等多个领域。为规范推进PPP项目的实施，财政部又先后出台了一系列相关文件，规范PPP项目运行。截至2022年12月31日，财政部PPP在库项目达14038个，总投资额为20.92万亿元。随着PPP模式的多年践行，其采购和实施流程日益规范，信息更加公开透明，各地营商环境不断优化，PPP项目发起和落地效率持续提升。

1.4 工程项目融资的应用

1.4.1 工程项目融资的应用目的

项目融资这种特殊的资金筹集方式，具有其他筹资方式所不可比拟的项目导向和有限追索等特点，因此对解决大型工程项目的资金问题起到了不可替代的的作用。由于项目融资是以工程项目正常运营情况下产生的现金流量作为偿还贷款的主要来源，实现了有限追索权或无追索权融资，因此在很多情况下可以帮助项目的投资者更为灵活地安排资金，实现其按照传统的融资方式可能无法实现的一些特殊目标要求。通过项目融资可以实现以下目标：

1．为超过项目投资者自身筹资能力的大型项目提供资金

采取项目融资方式筹集资金的项目通常资金数额巨大，超过了项目投资者的投资能力，加之此类项目往往风险较大，采用传统的融资方式很难为项目筹集到足够的资金。项目融资利用项目本身的资产价值和现金流量安排优先追索贷款，则使得为这类项目安排资金成为可能。

2．为国家和政府建设项目提供形式灵活多样的融资，满足政府在资金方面的特殊需要

多数国家对政府预算的规模以及政府借债的种类和数量有严格的规定，这些规定限制了政府在金融市场上安排贷款的能力。在这种情况下，对于一些经济效益较好的基础设施、能源、交通项目，政府可以通过安排项目融资的方式较为灵活地处理债务对政府预算和借债的影响。例如，政府不以直接投资者和直接借款人的身份介入项目，而是通过为项目提供专营特许、市场保障等优惠条件组织融资。

3．为跨国公司安排在海外投资项目中的债务追索权

虽然一些国际性跨国公司经济实力雄厚，但是当这些公司投资于海外的合资企业，特别是投资于没有经营权控制权的企业，以及投资于风险较高或者情况不熟悉的国家时，多数情况下都希望将项目风险或者国家风险与公司其他业务在一定程度上进行分离，以达到限制项目风险或者国家风险的目的。采用有限追索的项目融资方式安排资金便是实现这一目的的有效工具。

4．实现公司的目标收益率

许多公司在做出新项目投资决策时，都是以项目的投资目标收益率为标准的。如果一个项目的可行性研究表明，该项目预期收益率低于公司的内部目标收益率，那么在一般情况下该项目投资就很难得到批准。但是，一个精心安排的项目融资可以将与项目有关的各个方面的利益有机地结合起来，以提供直接担保或间接担保的方式，增强项目的经济强度，提高项目的融资能力，减少项目股本资金的投入，进而提高项目股本资金的投资收益率。

1.4.2 工程项目融资的应用领域

虽然项目融资方式对于解决某些大型工程项目的资金问题起到了不可替代的作用，但是由于这种融资方式对贷款人来说风险较大，对借款人来说借款成本也相对较高，因此其应用领域只能是某些特定类型的项目。从国内外项目融资产生和发展的历史来看，无论是发达国家还是发展中国家，采用项目融资方式都是比较谨慎的，尽管这种方式具有筹资能力强、风险分散等优点，但毕竟风险较大，融资成本较高。各国应用此种融资方式的项目主要包括资源开发类项目、基础设施建设项目和大型工业项目三大类。

（1）资源开发类项目　资源开发类项目如石油、天然气、煤炭和铀等能源开采，以及铁、铜、铝和矾土等金属矿资源的开采等。就一般情况而言，资源开发类项目具有两大特点：一是开发投资数额较大；二是一旦项目运作成功，投资收益丰厚。典型地运用项目融资方式开发资源的项目有英国北海油田的开发，被誉为"开创了澳大利亚铁矿史上新时代"的澳大利亚恰那铁矿开采项目等。

（2）基础设施建设项目　从世界范围看，项目融资应用最多的领域还是基础设施建设项目。此类建设项目基本包括三大类：第一类是公共设施项目，如电力、电信、自来水、污水处理等；第二类是公共工程项目，如铁路、公路、海底隧道、大坝等；第三类是其他交通工程，包括港口、机场、城市地铁等。在这些基础设施项目中，国际上已经成功运作的大多集中在电力、公路、海底隧道等项目上。电力项目如美国的霍普维尔火力电站项目、菲律宾大马尼拉汽轮机发电厂项目等；公路项目有马来西亚南北高速公路项目、泰国曼谷二期高速公路项目等；海底隧道项目有英法合作的英吉利海峡隧道项目，澳大利亚悉尼海底隧道、土耳其的博斯普鲁斯海底隧道项目等。

世界各国的项目融资集中于基础设施建设领域的主要原因有二：一方面是为政府解决了基础设施领域需要大量的资金投入而造成的负担问题；另一方面由于这些项目大都可以商业化经营，通过项目建成后的收益可以收回投资，因此可将规范的运作机制引入政府项目之中。正因为如此，许多发达国家采用项目融资建设的基础设施项目都获得了成功。

（3）大型工业项目　随着项目融资运用范围的不断扩大，近年来，项目融资也逐渐运用于一些工业项目领域。比较典型的成功应用案例有澳大利亚波特兰铝厂项目、加拿大塞尔加纸浆厂项目、我国四川水泥厂项目等。但相对于运用到资源开发项目和基础设施建设项目的数量来说，应用于大型工业项目的融资并不多。

以上是从世界范围来看项目融资应用的主要领域，具体到每个国家如何确定项目融资的范围，要视本国的具体国情而定，要考虑国家的经济发展计划、政府的财政能力、利用外资的相关政策等，并且随着时间的推移，项目融资应用的范围也会不断调整和变化。如在发达国家，随着对基础设施需求的不断减少，项目融资的重点领域逐渐转向工业领域。

1.5　工程项目融资的优势与不足

1.5.1　工程项目融资的优势

（1）实现融资的无追索或有限追索　在无追索权的项目融资中，当项目没有达到完工标准以失败告终或是项目在经营过程中无法产生足够的现金流量时，项目投资者不直接承担任何债务偿还责任。在有限追索权的项目融资中，贷款方的追索权往往也在时间、对象和数量上具有一定限制。无追索权或有限追索权使项目的风险和债务责任在一定程度上和项目投资者隔离，提高了投资者参与项目的积极性，也使项目发起方有更大的空间去从事其他项目。

（2）实现"资产负债表以外"的融资　对项目发起方来说，如果直接从银行贷款，它的负债率就会提高。这会加剧它所面临的金融风险，加大它在未来的融资成本。而如果项目发起方采用项目融资方式，由于项目融资中的银行贷款通常是没有追索权的，对项目发起方的资产负债表基本没有影响。项目发起方的债权、债务都不会因此而发生任何改变。即便项目发起方做出一些承诺和担保，也不会影响其资产负债表上债务与权益的比例。

（3）实现风险的隔离与风险分担　项目融资中的贷款一般是无追索权或有限追索权的，所以项目发起方虽然是项目的权益所有者，但并不承担项目的风险。一旦项目不能创造出足够的现金流量来偿付贷款，贷款方就得承担大部分或全部风险。这种风险分配结构对那些规模相对较小的借款方或项目发起方尤为重要，无追索权的贷款使它们不至于因为项目的失败而破产。

在风险分散的过程中，项目的境外权益投资者会希望由一家或几家规模庞大的跨国银行来承担某些政治风险，如价格限制、税收、进出口壁垒、不公平竞争、财产没收和收归国有等。而项目的贷款银行也不会独当一面，它们会要求项目所在国、所在地的政府就项目做出一定的担保和承诺。可以看出，在复杂的相互担保中，项目的风险被有效地分散了。

（4）获取税务优惠的好处　项目融资允许高水平的杠杆结构，这在某种程度上意味着资本成本的降低，因为大多数国家的贷款利息是免税的，而股权收益则必须上税。在项目融资中，70%以上的负债率是很典型的，有的项目负债率甚至达到100%。

此外，由于在很多国家新企业享受资本支出的税收优惠和一定的免税期，这也会鼓励项目发起方考虑项目融资这种融资形式。为了利用免税期，它们需要在项目所在地成立一个项目公司。这个公司通常就是借款方，其所有的项目资产都可能被作为贷款抵押。很多情况下，项目融资结构的变化是出于税收的考虑。产品支付这种在美国被广为采用的贷款结构就是这方面的例子。在英国，因为有对机器和设备的税收优惠，所以在项目融资的结构中会经常看到金融租赁这种形式。

（5）突破某些借款的限制　采用项目融资，项目发起方可以绕开银行对它们的某些贷款限制。项目融资允许较高的债务比例，一般的债务比例为75%~80%，有的债务比例甚至可以超过90%，在一些特殊的项目融资中甚至可以实现100%的融资。在项目融资中，如果项目发起方在其签订的合同或信用文件中有限制其借款条文的话，那么它完全可以通过项目融资的某些形式，如远期购买协议、受托借款或产品支付协议等来构造一种在法律上不能算作"借款"的融资结构。

（6）多方位筹措资金　一般来说，基础设施建设项目的资金需求量是比较大的，项目发起方往往难以独自筹集到项目建设所需的全部资金。项目融资为项目发起方提供了一个具有有限追索权或无追索权的资金来源，除了可以向商业银行、世界银行申请贷款外，还可以要求外国政府、国际组织、与工程项目有关的第三方当事人参与融资，以满足工程项目所需的巨额资金。

1.5.2 工程项目融资的不足

项目融资的优越性也是有代价的。通常项目融资也有一些无法避免的弊端，主要表现在以下几个方面：

（1）风险分配的复杂性　项目融资的核心是识别和分配风险，由于项目融资风险较大、风险种类较多，且参与方众多，为使各参与方之间适当地分摊风险，满足各参与方的要求，往往需要经过较长时间的谈判，通过若干个合同的形式确定下来。因此，项目融资风险的分配过程较为复杂，极有可能会增加相应的成本。风险分配的复杂性使得项目融资方式操作起来比较困难，特别是在发展中国家操作尤为困难，这是因为这些国家的企业独立承担项目风险的能力相对较弱。

（2）增加贷款人的风险　在项目融资中，贷款人对项目投资者只拥有有限追索权或无追索权，尽管在融资过程中贷款银行会要求项目投资者或其他利益相关方提供各种形式的担保或抵押，但项目的某些风险仍不可避免地转移给了贷款银行，这与许多国家规定银行不能作为风险承担者的要求相背。

（3）贷款人的过分监管　由于贷款银行承担了项目中的风险，其必然要加强对项目发起人及项目公司的监管，有时甚至是过分监管。例如，融资项目要将项目报告、项目经营状况、项目工程技术报告等资料及时通报给贷款人，这样不仅会影响项目经营决策的效率，也会增加项目的成本。此外，贷款人为规避风险，往往要求对项目进行过度的保险，并限制项目所有权的转移以确保经营管理的连续性。

（4）较高的融资成本　与传统融资相比，项目融资的成本要高一些，这是因为：一是贷款人及其律师、技术专家在评估项目、推敲文件、设计方案时要花很多时间；二是项目融资要求繁多的担保与抵押，特别是与政治风险有关的担保；三是贷款人需要对项目的贷款使用情况及技术进展情况进行有效监督；四是贷款人及其他各方可能要承担额外的风险。

【案例研究】京沪高速铁路项目融资

京沪高速铁路简称京沪高铁，又名京沪客运专线，是一条连接北京市与上海市的高速铁路，是2016年修订的《中长期铁路网规划》中"八纵八横"高速铁路主通道之一。全线纵贯北京、天津、上海三大直辖市和河北、山东、安徽、江苏四省，总长度1318km，设24个车站，设计最高速度为380km/h。1990年12月，铁道部完成了《京沪高速铁路线路方案构想报告》。

1994年，原中国国家科委、原中国国家计委、原中国国家经贸委、原中国国家体改委和原中华人民共和国铁道部课题组完成了《京沪高速铁路重大技术经济问题前期研究报告》

的深化研究。同年12月，国务院批准开展京沪高速铁路预可行性研究。

1997年4月，原中华人民共和国铁道部完成《京沪高速铁路预可行性研究报告补充研究报告》，并据此上报了项目建议书。

2006年2月，国务院第126次常务会议批准京沪高速铁路立项，并围绕京沪高速铁路项目组建了京沪高速铁路有限责任公司，专门负责该项目的建设和经营。

2007年12月，京沪高速铁路股份有限公司在北京创立，积极探索市场化融资方式，吸纳民间资本、法人资本及国外投资。据测算，京沪高铁总投资额约为2200亿元，京沪高速铁路有限责任公司注册资本为1100亿元左右，其余的1100亿元通过向银行贷款和发行债券的方式筹集。

2008年4月18日，京沪高速铁路正式开工建设，2011年6月30日，全线正式通车。

结合以上案例进行思考：

（1）如何理解项目融资？
（2）项目融资的基本功能是什么？
（3）项目融资的主要优点有哪些？

【复习思考题】

1. 如何理解项目融资的概念？其基本特征有哪些？
2. 项目融资与传统的公司融资之间的联系与区别分别有哪些？
3. 结合项目融资产生背景，分析项目融资的现实意义。
4. 项目融资的作用有哪些？结合我国的实际，分析项目融资在我国的应用前景。

CHAPTER 2 第 2 章

工程项目融资组织与运作

【核心概念】项目发起人 SPV 贷款银行 贷款银团 投资决策 融资决策 项目的投资结构 项目的融资结构 项目的资金结构 项目的资金担保结构

【学习目标】通过对本章内容的学习,了解工程项目融资运作的主体,即工程项目融资的参与者有哪些,及其主要作用;掌握工程项目融资运作阶段和运作成功的条件;明确项目融资的组织框架结构。

2.1 工程项目融资的参与者

工程项目融资的结构复杂,因而参与融资结构并在其中发挥不同程度重要作用的利益主体也较传统的融资方式多。概括起来,工程项目融资的参与者主要包括以下几个:项目的直接主办人(项目公司),项目的实际投资者(项目发起人),项目的贷款银行,项目产品的购买者,项目设施的使用者,项目建设的工程公司或承包公司,项目的设备、能源、原材料供应商,项目管理公司,项目融资咨询专家和顾问等。工程项目融资的参与者之间的基本合同关系如图 2-1 所示。

工程项目融资的参与者

2.1.1 项目发起人

项目发起人是指项目的实际投资者,他们提出项目并取得经营项目所必要的许可协议,以及将各参与者联系在一起,即从组织上负有督导该项目计划落实的责任。项目发起人通过组织项目融资,实现投资项目的综合目标要求。

在有限追索的项目融资中,项目发起人除拥有项目公司的全部或部分股权外,还需要以直接担保或间接担保的形式为项目公司提供一定的信用支持。项目发起人在项目融资中需要承担的责任和义务,以及需要提供的担保性质、金额和时间要求,主要取决于项目的经济强度和贷款银行的要求,是由借贷双方通过谈判决定的。

项目发起人可以是一家单独的公司，也可以是由多个投资者组成的联合体，如项目承包商、设备供应商、原材料供应商、产品的买主或最终用户以及间接利益接受者（如即将兴建的新交通设施附近的土地所有者，该项目可以使他们的土地升值）组成的企业集团。具体来说，电厂项目的发起人经常是发电供应商或电力公司，公路项目的发起人可能是一个收费公路的运营商或在建设和运营收费公路方面具有经验的建筑公司。在这两个例子里，项目发起人必须向人们展示出他拥有与拟建项目相关的建设和运营方面的经验。

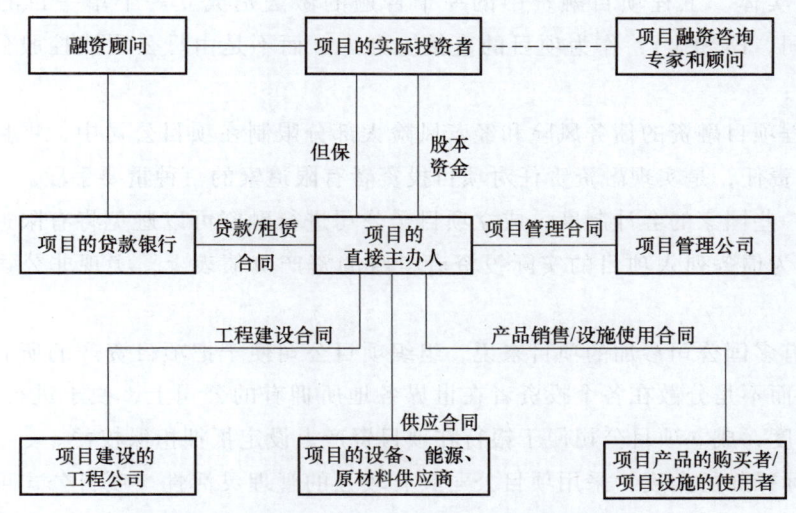

图 2-1　工程项目融资的参与者之间的基本合同关系

一般来说，项目发起人中应至少包括一家境内企业，这会有利于项目的获准与实施，降低项目的政治风险。而对于大型工程项目，除东道国政府或私营企业外，一般都吸收一家外国公司，尤其是实力雄厚、有影响力的大型跨国公司参加。这对项目融资来说至关重要，贷款人和东道国政府都非常重视这一点，这对于项目的许可和贷款的取得非常具有说服力。因为这样做，一方面可以利用大型跨国公司的投资经验和专门技术，便于项目的建设和管理；另一方面又可以利用外国公司良好的信用等级，吸引国际银行的贷款。

从贷款人的角度看，一个成功的项目发起人，应该具备以下基本特征：
1）拥有全面、专业的可行性研究和融资计划。
2）选定富有经验的建设者和经营者，他们有过相关项目的成功记录，并对第三者诚实。
3）项目生产的产品或提供的服务有保证。
4）行政问题和国家风险问题可以控制。
5）项目管理者的身份、权威和连续性透明。
6）项目发起人应具有一定的经济实力基础。
7）项目发起人应为项目成功后的足够利润所激励。
8）项目发起人要有成功的项目融资经历，了解项目融资可能产生的各种问题和难点。
9）在合资结构中，贷款者了解其中有一个特定的实体能控制项目。

10）项目的经验和财务管理的连续性可以在一个较长的时间内得到保证。

11）有一个非常好的项目管理方案。

12）与管理者保持畅通的联系而且所有与财务和生产相关的信息能及时和正确地取得。

2.1.2　项目的直接主办人

融资项目的直接主办人是指直接参与项目投资和项目管理，直接承担项目债务责任和项目风险的法律实体。工程项目融资中的一个普遍的做法是成立一个单一目的的项目公司（特别目的公司，即SPV），作为项目的直接主办人，而不是由母公司或控股公司。这种做法的好处如下：

1）将工程项目融资的债务风险和经营风险大部分限制在项目公司中，项目公司对偿还贷款承担直接责任，是实现融资责任对项目投资者有限追索的一种重要手段。

2）根据一些国家的会计制度，成立项目子公司进行融资可以避免将有限追索的工程项目融资安排作为债务列入项目的实际投资者自身的资产负债表上，实现非公司负债型融资安排。

3）对于有多国公司参加的项目来说，组织项目公司便于把项目资产的所有权集中在项目公司一家，而不是分散在各个投资者在世界各地所拥有的公司上，便于进行管理。同时，从贷款人的角度，成立项目公司便于银行在项目资产上设定抵押担保权益。

4）从实际操作的角度，采用项目公司具有较强的管理灵活性。项目公司可以是一个实体，即实际拥有项目管理所必须具备的生产技术、管理、人员条件。但是，项目公司也可以只是一个法律上拥有项目资产的公司，实际的项目运作则委托给一家有生产管理经验的管理公司负责。

2.1.3　项目的贷款银行

商业银行、非银行金融机构（如租赁公司、财务公司、某种类型的投资基金等）和一些国家政府的出口信贷机构，是工程项目融资债务资金来源的主要提供者，为方便起见，在本书中统称为"贷款银行"。承担工程项目融资贷款责任的银行可以是商业银行，也可以由十几家国际银团组成。贷款银行参与数目主要是根据贷款的规模和项目的风险（特别是项目所在国的国家风险）两个因素决定的。例如，根据一般的经验，贷款额超过3000万美元以上的项目，基本上需要至少3家以上的银行组成银团来提供资金。但是，对于一些被认为是高风险的国家，几百万美元的项目贷款也常常需要由多家银行组成的国际银团提供。

银行希望通过组织银团贷款的方式，减少和分散每一家银行在项目中的风险。从借款人的角度，通过银团融资可以提供机会与更多的银行及金融机构建立联系，增进相互间的了解。然而，凡事有利也有弊，如果参加银团的银行过多，则为贷款管理带来很多的困难。例如，如果借款人在贷款期间希望对融资协议的某些重要条款做出修改，按照常规这样的修改要取得超过2/3多数参与银行的同意，而贷款银行可能分散在若干个国家，要完成这样的修改就会变成一件费时费事的工作。

选择项目贷款银行是十分重要的工作，选择的标准在我国通常包括以下几个方面的内容：

（1）选择对我国了解和友好的银行　经验证明，对于我国来说，作为项目的投资者和借款人，在组织国际银团时，如果选择愿意与我国保持和发展友好经济往来的关系，对我国政治经济发展、债务偿还能力及信誉充满信心的外国银行作为融资项目的主要贷款银行，可以获得较多的贷款优惠和较少的限制条件。进一步，在项目进行中的某一个阶段，当项目投资者提出要求修改某些不合理或限制过严的贷款条件和规定时，也易获得用户的理解和支持，不会从中阻挠。

（2）选择与项目规模适合的银行　工程项目融资贷款规模可以从几百万美元一直到几亿美元甚至几十亿美元，选择与项目规模相适应的银行参与，可以有足够的能力承担任何一个重要部分的贷款，以避免参与银行过多过杂，减少谈判，防止出现管理方面的问题。

（3）选择对被融资的项目及所属工业部门比较熟悉的银行　银行对项目比较熟悉，将会对项目的风险有比较清楚的判断，从而可以获得银行对项目更多的支持。银行对项目的支持表现在工程项目融资谈判过程中的灵活方式、合作态度，以及项目出现暂时性资金困难时对项目的帮助。工程项目融资结构复杂，其融资文件也是非常复杂的，其中包括各种担保、抵押、契约以及一系列债务比例限制等许多内容。在谈判阶段，虽然贷款银行总是千方百计地保护自身的利益，要求获得尽可能多的信用保证，但是如果采取合作的态度，就可以通过多种变通的方式来处理难题，加快融资的谈判进程，实际解决问题；在经营阶段，如果项目遇到暂时性的资金困难，采取合作态度的银行可以和项目投资者一起试图解决存在的问题，而不至于使项目陷入僵局。

2.1.4　项目建设的工程公司或承包公司

项目建设的工程公司或承包公司是工程技术成败的关键因素，他们的技术水平和声誉是能否取得贷款的重要因素。至少在项目的建设期，工程公司是项目融资的重要当事人之一。

因为这些工程公司或承包公司的工程技术能力和以往的经营历史记录，可以在很大限度上影响项目贷款银行对项目建设期风险的判断。一般来说，如果有信用卓著的工程公司来承建项目，有较为有利的合同安排（如签订固定价格的"一揽子承包合同"），可以帮助项目投资者减少在项目建设期间所承担的义务和责任，可以在建设期间就将项目融资安排成为有限追索的形式。同时，由于工程公司或承包公司在同贷款银行、项目发起人和各级政府机构打交道方面十分有经验，因此，他们可以在如何进行项目融资方面向项目的直接主办人提供十分宝贵的建议，从而成为项目融资中的重要参与者之一。

2.1.5　项目产品的购买者或项目设施的使用者

项目产品的购买者或项目设施的使用者一般在项目融资中发挥着相当重要的作用，他们往往构成项目融资信用保证的关键部分之一。进行项目融资的产品通常很少向市场公开出售，而是通过事先与项目产品的购买者或项目设施的使用者签订长期协议加以确定。由于长期销售协议或设施使用协议直接关系到项目运营期的现金流量状况，因此贷款人在考察项目的风险时，项目产品的购买者或项目设施的使用者的资信水平就成为一个重要的因素。

项目产品的购买者可以是项目发起人本身、对项目产品感兴趣的第三方及有关的政府机构。作为项目融资的一个重要参与者，他们甚至可以直接参与融资谈判，确定项目产品的最小承购数量和价格。

2.1.6　项目的设备、能源、原材料供应商

项目的设备供应商在保证项目按时竣工中起着十分重要的作用，而项目的能源及原材料供应商则直接影响项目运营期生产的稳定性和生产成本，因此他们的资信水平和经营作风也成为贷款银行在决定是否发放贷款时考虑的重要因素。

项目的设备供应商通过延期付款或者低息优惠出口信贷的安排，可以构成项目资金的一个重要来源，能源及原材料的供应商为了寻找长期稳定的市场，在一定条件下愿意以长期的优惠价格条件为项目供应能源和原材料，这种安排有助于减少项目初期以及项目经营期间的许多不确定因素，为项目投资者安排项目融资提供了便利。

2.1.7　项目融资咨询专家和顾问

项目融资是一个非常复杂的结构化融资，涉及工程、环境、金融、法律等领域，虽然项目发起人可能在某一个或几个领域具有丰富的经验，但很少能通晓所有的相关领域，特别是当地的法律等。融资咨询专家和顾问在工程项目融资中扮演着一个极为重要的角色，在某种程度上可以说是决定工程项目融资能否成功的关键。因此，聘请相应的专家和顾问在项目融资中是通行的做法。咨询专家和顾问包括工程技术咨询专家、环境专家、财务顾问、法律顾问和税务顾问。

项目发起人可以聘用工程技术咨询专家进行可行性研究，对项目进行管理、监督和验收。项目的设计和施工中有些技术问题也需要专家提供咨询意见。例如，在英法海底隧道项目中，项目发起人就大跨度洞室的施工广泛地咨询了该领域国际上的知名专家；收费公路项目的交通流量预测也常聘请有关专家进行；项目贷款人一般缺少工程技术咨询专家，因此，也常常聘用融资顾问对项目进行评估，从而做出是否贷款的决定。

聘请熟知国际、国内金融市场运作规则的财务顾问，为项目设计合适的融资结构可降低成本和减少风险。通常项目公司选择商业银行或投资银行作为其财务顾问。担任融资顾问的条件包括能够准确地了解项目投资者的目标和具体要求；熟悉项目所在国的政治经济结构、投资环境、法律和税务；对项目本身以及项目所属工业部门的技术发展趋势、成本结构、投资费用有清楚的认识和分析；掌握当前金融市场的变化动向和各种新的融资手段；能够与主要银行和金融机构建立良好的关系；具备丰富的谈判经验和技巧等。在工程项目融资的谈判过程中，融资顾问周旋于各个有关利益主体之间，通过对融资方案的反复设计、分析、比较和谈判，最后形成一个既能在最大限度上保护项目投资者利益又能为贷款银行接受的融资方案。

项目融资涉及的参与者众多，相互之间的关系复杂，大量的法律文件需要有经验的法律顾问起草和协调。

由于项目融资结构要达到有限追索的目的，有时又要充分利用项目投资所带来的税务亏损降低资金的综合成本，所以必须要由具有丰富经验的税务顾问来检查这些安排是否符合项目所在国的有关规定，是否存在任何潜在的问题或风险。

2.1.8　项目管理公司

在大多数工程项目中，项目的直接主办人主要在项目的发起、开发建设和融资阶段起到主要作用，而项目进入经营阶段后则往往指定一家独立的公司代表项目的直接主办人负责项目的日常经营管理事务，这一公司通常被称为项目管理公司。在项目融资中，由于贷款银行比较关心项目进入经营期后产生现金流量的能力，因此，项目管理公司的经济背景、管理能力、资金实力和管理经验、资信水平也就成为贷款银行所关心的问题，有时项目管理公司的素质甚至会影响到项目融资的成功与否。项目管理公司可以是第三方经济实体，也可以是项目发起人之一。

2.1.9　有关政府机构

项目所在地的政府机构能够在项目融资中发挥非常重要的作用。在微观方面，有关政府机构可以为项目的开发提供土地、良好的基础设施、长期稳定的能源供应、某种形式的经营特许权，减少项目的建设风险和经营风险。同时，有关政府机构可以为项目提供条件优惠的出口信贷和其他类型的贷款或贷款担保，这种贷款或贷款担保可以作为一种准股本资金进入项目，促进项目融资的完成。在宏观方面，有关政府机构可以为项目建设提供良好的投资环境，例如，利用批准特殊外汇政策或特殊税务结构等优惠政策降低项目的综合税务成本，提高项目的经济强度和可融资性。

2.1.10　其他参与者

项目融资过程中还有一些其他参与者，包括为项目提供各类保险的保险机构，适当的保险是项目融资的有限追索性质所决定的，因此，保险机构也是项目融资的主要参与者；其次，项目的巨大资金规模以及未来遭受各种损失的可能性，要求项目各参与方准确地认定自己面临的主要风险，并及时为他们提供必需的担保，提供担保的各类机构也是重要的参与方；最后是一些信用评估机构和其他的一些专业人士等。

2.2　工程项目融资的基本组织架构

工程项目融资的基本组织架构由四个模块构成，包括项目的投资结构、项目的融资结构、项目的资金结构和项目的信用保证结构。四个模块之间的关系如图 2-2 所示。

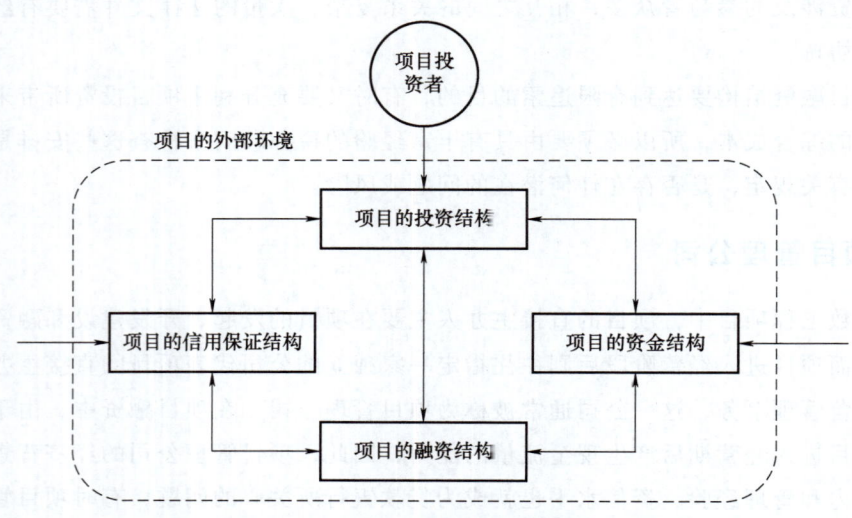

图 2-2 工程项目融资的基本组织架构

2.2.1 项目的投资结构

项目的投资结构，即项目的资产所有权结构，是指项目投资者对项目资产权益的法律拥有形式和项目投资者（如果项目有一个以上投资者）之间的法律合作关系。采用不同的项目投资结构，投资者对项目资产的拥有形式，对项目产品、对项目现金流量的控制程度，以及投资者在项目中承担的债务责任和所涉及的税务结构会有很大的差异，这些差异会对项目融资的整体设计产生直接的影响。因此，为了满足投资者对项目投资和融资的具体要求，项目融资的第一步工作就需要在项目所在国法律、法规许可的范围内精心设计项目的投资结构。项目的投资结构通常是通过投资决策分析来确定的，在确定项目投资结构时需要考虑项目的产权责任、产品分配形式、决策程序、债务责任、现金流量、税务结构和会计处理等内容。目前，国际上常用的项目投资结构有单一项目公司、非限制性子公司、代理公司、公司型投资结构、合伙制结构、信托基金结构、非公司型投资结构等多种形式。

2.2.2 项目的融资结构

项目的融资结构是项目融资的核心内容。融资结构是指项目的投资结构、资金结构和信用担保结构三者的整合结构。它从全局、整体的观点出发，通过有机地整合协调项目的各个要素（管理主体、投资主体、融资主体、资金结构、资金来源、合同安排和担保安排等），尽可能地消除单个结构的局限性，实现全局最优。在整合协调项目各个要素的过程中，关键是选择合适的项目融资模式，现有的工程项目融资模式包括项目发起人直接安排融资和通过独立的机构安排融资两大类。通过独立的机构安排融资的模式又包括通过特设、单一目的的公司安排融资，通过租赁公司安排融资，通过融资公司安排融资等。根据融资的资信基础，又可设计不同特色的融资结构，如利用"设施使用协议"安排融资，利用"生产支付协议"

安排的生产贷款，利用"租赁协议"安排的杠杆租赁融资，以及利用 BOT 特许经营权安排的融资等。

2.2.3 项目的资金结构

任何项目的实施都需要资金，资金可以是股本资金，也可以是债务资金，但更多的情况是二者按一定比例的结合。项目的资金结构（也称资本结构）是指项目中的股本资金、准股本资金和债务资金的形式、相互之间的比例关系以及相应的来源。项目的资金结构设计包括资金类型（股本资金和债务资金）、资金的使用期限（短期债务资金和长期债务资金）、资金币种（本币和外币）、贷款利率（固定利率和浮动利率）、资金的筹集方式、资本结构调整（包括再融资）等。

2.2.4 项目的信用保证结构

项目的信用保证结构也称为资信结构，是指债权受偿保障结构。项目的资信是项目融资的关键，贷款人提供绝大部分项目所需资金，因而要求项目有足够的信用以保证贷款的回收。对无追索权或有限追索权的债权人而言，其贷款的安全性主要来自三个方面：一是项目本身的资产，包括项目发起人的股权和次级债权资金；二是合同安排，项目的成本高低和收益大小及其可靠性都与合同安排密切相关；三是项目之外的信用担保和保险及其他技术性信用增级措施。这些担保可以是直接的财务保证，如完工担保、成本超支担保、不可预见费用担保，也可以是间接的或非财务性的担保，如长期购买项目产品的协议、技术服务协议、以某种定价公式为基础的长期供货协议等。所有这些担保形式的组合构成了项目的信用保证结构，项目本身的经济强度与信用保证结构相辅相成，项目的经济强度高，其信用保证结构就相对简单，条件就相对宽松；反之，就会相对复杂和严格。

2.3 工程项目融资的运作程序

从项目的投资决策算起，到选择采用工程项目融资的方式为项目筹集资金，一直到最后完成该工程项目融资，整个过程大致上可以分为五个阶段（见图 2-3），即投资决策分析阶段、融资决策分析阶段、融资结构分析阶段、融资谈判阶段和工程项目融资的执行阶段。

2.3.1 投资决策分析

1. 投资决策的含义

对于任何一个投资项目，在决策者下决心之前，都需要经过相当周密的投资决策分析。广义的投资决策是指按照一定的程序、方法和标准，对投资规模、投资方向、投资结构、投资分配以及投资项目的选择和布局等进行选择和决断的过程。按照投资决策的范围可将广义的投资决策划分为宏观投资决策、中观投资决策和微观投资决策。其中，宏观投资决策是中央政府从国民经济和社会发展的全局战略出发，对一定时期的投资规模、方向、结构、布局进行规划，做出投资决策；中观投资决策则是地方政府和行业主管部门对地区和行业的投资规模、方向、结构、布局进行规划，做出投资决策。

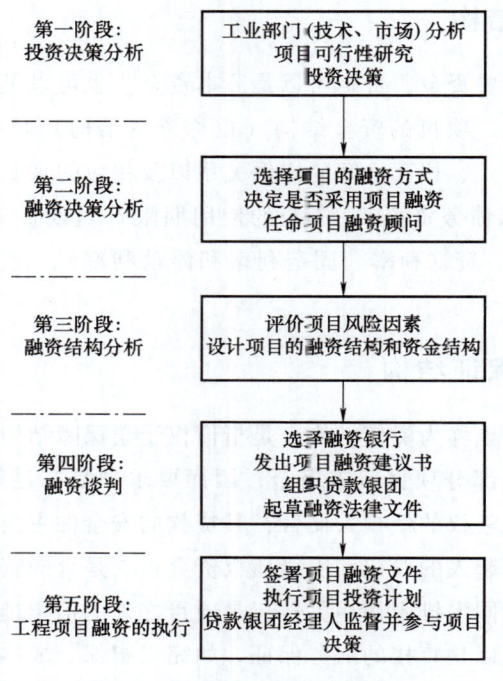

图 2-3 工程项目融资的过程

狭义的投资决策就是微观投资决策，是指微观经济领域中，投资主体对投资项目的决策，即对拟投资项目的必要性和可行性进行技术经济论证，对不同投资方案进行比较，并做出判断、选择和决定的过程。本书研究的工程项目投资决策属于狭义的投资决策。

2. 投资决策的必要性

（1）投资所需资金和资源的有限性　投资所需资金和资源的有限性决定了在项目投资之前，对其是否建设、如何建设要进行科学的投资项目决策，慎重地优选目标，确定投资建设项目，制订合理的项目施工方案，以期达到预期的投资目的。

（2）投资项目技术的复杂性和效益的不确定性　现代化投资项目技术结构复杂，涉及面广，影响投资建设的因素繁多，这就要求在项目确定之前，必须全面研究投资项目建设的各个有关环节，认真分析投资项目建设过程中的各种相关的有利与不利因素，经过技术经济论证，选择最佳的投资实施方案，这是投资项目成败的关键。

3. 投资决策的意义

（1）投资决策能更好地发挥投资项目的经济效益　一方面，投资项目建设构造复杂，形体庞大，具有整体性和固定性，只有整个项目全部完成，才能形成综合生产能力，发挥投资效益，并且建设地点一旦确定，就与土地连在一起，始终在那里发挥作用，不能随意移动和变更；另一方面，投资项目建设周期长，占用和消耗人力、物力、财力多，一旦开工建设，就不可间断，否则会拖延工期，积压和浪费掉已投入的大量人力、物力和财力，同时若拖延工期，建设项目则会错过最佳的投产时间，难以产生较好的经济效益。

项目本身的这些技术经济特点，要求项目建设之前，重视项目的投资决策，对项目建设的必要性和可行性进行认真研究和论证，切实掌握和明确项目建设的条件及相关的各方面因素。

（2）投资决策是实现社会扩大再生产的基本手段　国民经济要持续稳定地向前发展，就要进行社会扩大再生产，而社会扩大再生产是通过基本建设和技术改造的手段实现的，即通过投资活动实现的，这就要求通过科学的投资决策保证社会扩大再生产的顺利进行。

（3）投资决策是实现社会生产结构合理化的有效手段　在进行投资项目决策时必须首先明确原有生产结构的现状，然后有针对性地确定投资哪些项目，形成合理的社会生产结构，提高整个社会的经济效益。

（4）投资决策是合理控制投资规模的重要手段　一定时期的投资规模，必须与社会所拥有的人力、物力、财力相适应。通过投资决策，可对投资项目进行全面的分析和论证，决定取舍，避免重复建设和盲目建设，使投资建设规模得到合理控制。

4. 投资决策应遵循的原则

（1）科学民主原则　投资决策过程中必须尊重客观规律，遵循先论证后决策的科学决策程序，同时应广泛征求经济、技术和管理专家的意见，实行民主化决策。

（2）系统性原则　系统分析是指对系统的各方面进行全面分析和评价，以求得系统整体优化的分析方法，它包括功能分析、要素分析、结构分析、可行性分析和评价分析。用系统分析的方法就要注重研究投资项目的总体性、综合性、定量化及最优化。做到定性分析与定量分析相结合，静态分析与动态分析相结合，总体分析和层次分析相结合，宏观分析和微观分析相结合，价值量分析和实物量分析相结合，预测分析与统计分析相结合，等等。

就投资决策的具体对象而言，首先，要收集调查各方面的投资信息，并对其进行科学的分析和研究；其次，系统回答拟建项目在技术上是否可行，经济上是否合理合算，建设条件是否具备，人力、物力、财力资源是否落实，建设工期多长，需要多少投资，资金如何筹集等问题；最后，还必须考虑项目的相关建设和同步建设，项目建设对原有产业、结构的影响，项目产品的国内外竞争力以及今后发展的趋势等一系列问题。

（3）经济效益原则　投资决策必须坚持近期效益与远期效益相统一的原则，直接经济效益与间接经济效益相统一的原则，全过程经济效益与阶段性经济效益相统一的原则，微观效益与宏观效益相统一的原则，经济效益与社会效益相统一的原则。

（4）方案可比原则　方案可比包括需求上的可比性、费用上的可比性、同一时点价格指数的可比性、时间上的可比性。其中，时间上的可比性是投资决策分析的关键所在。这不仅要求不同方案的技术经济分析要采用相等的计算期，而且要求注重资金的时间价值，运用贴现率将不同时期的资金量折算成现值，然后进行比较，做到动态分析与静态分析相结合。

（5）责任制原则　责任制原则要求决策者对其决策行为所带来的投资风险负有不可推卸的责任，这就要求建立出资人制度和工程造价师资格认证制度，工程造价师要对项目的可行性报告进行审查并签字负责，对投资决策的论证负责，出资人对其投资决策的失误负有经济上的责任。

2.3.2　融资决策分析

在这个阶段，项目投资者将决定采用何种融资方式为项目开发筹集资金。是否采用工程项目融资，取决于投资者对债务责任分担上的要求、贷款资金数量及时间上的要求、融资费用上的要求以及诸如债务会计处理等方面要求的综合评价。

如果经过分析决定采用工程项目融资方式筹集资金，投资者即需要选择和聘请融资顾问研究设计项目的融资结构和资金结构。融资顾问在对项目的融资能力进行分析的基础上提出可能的融资方案，并对备选方案做出分析和比较，在获得一定的信息反馈后，再做出项目的融资方案决策。一般初步的融资方案如下：

1）建立融资准则，初步确定资本和运营费用、收入、采购计划、投资进度、货币要求等。

2）确定资金来源，初步确定资本结构（债务和股本比率）、资金来源、初步期限和条件。

3）开展初步融资计划。

4）计划融资实施程序，包括怎样从贷款方得到许诺和担保的策略和方法、谈判的进度、文件准备、项目备忘录、协议和融资应用等。

2.3.3　融资结构分析

项目融资结构设计首先要对项目风险进行分析和评估。设计项目融资结构的一个重要步骤是完成对项目风险的分析和评估。项目融资的信用结构基础是由项目本身的经济强度以及与之相关的各个利益主体与项目的契约关系和信用保证所构成的。因此，能否采用以及如何设计项目融资结构的关键点之一就是，要求项目融资顾问和项目投资者一起对于项目有关的风险因素进行全面分析和判断，确定项目的债务承受能力和风险，设计出切实可行的融资方案。项目融资结构以及相应的资金结构的设计和选择，必须全面反映出投资者的融资战略要求和考虑。

2.3.4　融资谈判

谈判是指和同一事件有关联的各参与方进行协商就某些事项达成共识的过程。谈判各方对于某一事件既有共同的利益，又存在利益的冲突，该冲突通过各方进行协商和研究，可以在意见一致的基础上达到利益均衡，即有关各方都在自己能够接受的程度上达到令自己满意的结果。在项目融资计划确定后，即进入项目融资谈判阶段。项目融资谈判则是通过项目的预计未来收益招商引资，使得各投资方获得满意的投资回报。在这一阶段，融资顾问将有选择地向商业银行或其他一些金融机构发出参加项目融资的建议书，组织贷款银团，并提供项目资料及融资可行性研究报告。贷款银行经过现场考察、尽职调查及多轮谈判后，将与投资者共同起草融资的有关文件。

同时，投资者还需要按照银行的要求签署有关销售协议、担保协议等文件。这一阶段可能会经过多次的反复，在与银行的谈判中，不仅会对有关的法律文件做出修改，在很多情况下还会涉及融资结构或资金来源的调整问题，有时甚至会对项目的投资结构及相应的法律文件做出修改，以满足贷款人的要求。

在这一阶段，融资顾问、法律顾问和税务顾问的作用是十分重要的。强有力的融资顾问和法律顾问可以加强项目投资者的谈判地位，保护投资者的利益，并在谈判陷入僵局时，及时、灵活地找出适当的变通方法，绕过难点来解决问题。

2.3.5 工程项目融资的执行

在正式签署工程项目融资的法律文件之后，融资的组织安排工作就结束了，工程项目融资将进入项目融资的执行阶段。在执行阶段的工作主要包括：投资人完成项目的建设施工、参与项目的运营管理、贷款提供方监督并参与项目决策。

1. 工程项目建设施工

项目公司自行或招标选择符合资质要求的承包商进行实际的工程项目施工。工程项目施工通常采用的方法是交钥匙、固定价格承包方式。承包商的总包价格不应受通货膨胀的影响，同时承包商还需要承担不可预见的场地情况所带来的风险。

2. 工程项目运营管理

项目建设完工并通过竣工验收交付运营后，项目公司对工程项目进行运营和维护管理，并通过运营和维护管理收回投资和取得适当的利润，以归还贷款，支付运营费用、政府税收及股东分红等。如果是特许权融资项目，在约定的特许期限到期后，应将合同设施的所有权或业主权按合同约定归还给政府或其指定的接收单位。

3. 贷款提供方监督并参与工程项目决策

在项目融资中，由于贷款提供方提供的贷款金额较大，一般要参与工程项目的决策，对工程项目建设、运营进行监督。在工程项目实施的不同阶段，贷款提供方参与的事项不尽相同。

在工程项目的建设期，贷款提供方通过其代表经常性地监督工程项目的建设进展，根据资金预算和建设日程表安排贷款的提取。

在工程项目的试生产期，监督项目试生产情况，将实际的工程项目生产数据和技术指标与其融资文件约定的商业完工标准进行比较，判断工程项目是否达到了融资文件约定的商业完工标准。

在工程项目的正常运行期、工程项目投资者所提供的完工担保将被解除，贷款的偿还将主要依赖工程项目本身的现金流量。贷款提供方将按照融资文件的约定管理全部或一部分工程项目的现金流量，以确保债务的偿还。

除此之外，贷款提供方也会参加一部分工程项目的生产经营决策，在工程项目的重大决策问题（如新增资本支出、减产、停产和资产处理等）上有一定的决策权。由于工程项目融资的债务偿还与其工程项目的金融环境和市场环境密切相关，所以帮助工程项目投资者加强对工程项目风险的控制和管理，也成为其在工程项目正常运行阶段的一项重要的工作。

2.4 工程项目融资成功的因素

运用复杂的融资结构把各参与方在项目中的利益结合在一起，达到限制风险、增强项目债务承受能力的目的，以实现投资者采用其他融资模式所无法实现的目标要求，这是项目融资的成功之处。然而这种结构的复杂性和各个利益主体之间的平衡与组合也造成项目融资的困难程度远远超过其他的融资办法。为了使一个项目融资在设计、组织阶段以及在其后的执行过程中获得成功，需要注意许多方面的问题。除要满足项目融资的客观条件之外，项目投资者是否熟悉项目融资的原理及运作方式，是否掌握相应的法律、金融、财务知识，对融资的具体项目要求是否有清楚的认识，是否具备合作精神、耐心和灵活的谈判技巧等主观因素也是很重要的。

从项目发起人的角度，可以把促使项目融资成功的因素概括为以下五个方面：

1. 认真完成项目的评价和风险分析工作

项目的好坏是投资决策的根本，也是能否安排融资的根本。因此项目的评价和风险分析是项目融资的重要基础工作，只有好的项目才有可能吸引银行提供贷款；只有对项目风险做出正确的分析，才能找出控制项目风险的方法和途径，设计出风险分担的融资结构。项目可行性研究与项目风险分析有共同之处，但是侧重面又有所区别。项目风险分析更侧重于剖析与项目融资密切相关的各种风险要素，以及这些风险要素对融资结构的影响，项目风险存在于项目的各个阶段，包括建设期的完工风险，运行期的经营风险、技术风险、原材料供应风险、市场风险、各种因素造成的停工停产风险，以及项目的金融风险、政治风险和国家风险等。对项目的风险不仅需要有定性的分析判断，更重要的是做出系统的定性分析，将各种风险因素对项目现金流量的影响数量化。在此基础上确定项目的最大融资能力，设计出为借贷各方所能接受的融资结构。

2. 确保项目融资法律结构严谨无误

项目参与者在工程项目融资结构中的地位以及他们所拥有的权利、所承担的责任和义务是通过一系列法律文件确定下来的。法律文件是否准确无误地反映出项目各参与者在工程项目融资结构中的地位和要求，各个法律文件之间的结构关系是否严谨是影响项目融资成功与否的必要条件。如果被融资项目是在第三国，则无论是投资者还是贷款银行都要注意该国的法律体系是否与本国法律体系或国际通行法律体系相衔接、相适应。投资者应特别注意知识产权的保证、贸易公平的保证、生态环境的保证等方面的法律保护；贷款银行则要考虑到担保履行以及实施接管权利等有关的法律保护结构的有效性问题。有些法律文件对项目融资的结构设计起着关键性的作用，例如，项目产品无论提货与否均需付款合同，对于这类法律文件，应在融资工作开始时就加以注意，确定基本原则框架甚至具体细节，否则很有可能影响整个项目融资的进度。

3. 尽早确定项目的资金来源

项目主要投资者股本资金的投入数量和投入方式，以及这些投资者对融资结构中风险分担方式的要求，对贷款银行和其他项目参与者有着直接的影响。这种影响不仅与项目风险的高低、风险分担形式有关，而且与项目所需要的绝对资金数量有关。项目的资金构成和来源，应与融资结构的设计同步进行，争取尽早明确一至两家的贷款银行作为融资资金的主要提供者，这样融资结构才能稳定。否则，一旦金融市场发生任何突变，项目融资可能要拖上很长时间或者对结构做出重大的修改才能完成。

4. 保证项目管理结构的合理性

为了保证项目融资在执行阶段的正常运作，项目合作伙伴的利益一致性和管理结构的合理性是重要的因素。出于项目规模或者分担风险的需要，许多项目融资是建立在由若干个投资者组成合资结构的基础上，或者由不同参与者组成的信用保证结构的基础上的。这种做法的优势是可以充分发挥合资或各参与方的长处，但是如果处理不好也会给项目带来种种问题。主要存在的典型问题如下：

1）项目投资（或参与）各方的利益冲突，投资各方的利益冲突会妨碍项目的正常运行，造成决策程序复杂化和低效率。

2）项目缺少主要的投资者。如果一个项目缺少主要的投资者，就有可能出现对重大问题无法做出决策以及项目经营战略无连续性等一系列问题。贷款银行对于这类项目的融资持非常谨慎的态度，因为他们不知道谁能够代表这个项目，以及组成合资项目的各投资者是否有能力经营好这个项目。

3）缺乏有经验的项目管理队伍。项目没有主要的投资者是造成缺乏有经验的项目管理队伍的一个重要因素，因为没有足够的利益驱使投资者在合资项目中投入大量的管理资源。有一些合资企业由于种种原因，在没有强有力的生产技术和管理经验作为依托的情况下，单独建立了一支管理队伍负责项目的建设和生产运营。经验证明，这种安排在多数情况下很难成功。

5. 充分利用各参与者对项目利益的追求以及参与热情

项目在安排融资阶段可能会遇到许多无法避免的困难及问题，有些项目的谈判进程可以长达几年。因此，在项目融资的组织过程中，应自始至终注意保持项目参与者（包括投资者、产品购买者、原材料提供者、贷款银团、融资顾问等）对项目利益的追求以及参与热情是十分关键的。特别是在谈判风险分担问题（如准备将一部分市场风险转移给贷款银行），谈判从项目建设的工程公司手中取得更好的完工担保条件，谈判从原材料供应商手中获得更好的价格条件等问题时，要注意分析这些参与者对项目的期望，以及对风险的承受极限，保持其参与项目的热情，如果过分地追求分担风险和降低融资成本，有可能造成某些参与者"知难而退"，进而导致整个项目融资前功尽弃。

2.5 工程项目融资环境

工程项目融资环境，是指对项目公司融资财务活动和融资财务管理产生影响作用的公司内外各种条件的统称。项目公司财务活动在很大限度上受理财环境制约，如生产、技术、供销、市场、物价、金融和税收等因素，对项目公司财务活动都有重大的影响。只有在融资环境的各种因素作用下实现财务活动的协调平衡，项目公司才能生存和发展。研究融资环境，有助于正确地制定理财策略。

本书主要讨论对工程项目融资财务管理影响比较大的政治环境、经济环境、法律环境和金融环境等因素。

2.5.1 政治环境

政治环境是指一个国家的政治状态与政治因素对项目融资活动产生的外部影响，在国际项目融资中最基本的影响因素就是一国政治体制、政治局势的稳定性、政策的连续性、政府的信用等级以及政府的对外关系等。

（1）政治体制　东道国的政治、经济和文化等方面的制度，特别是国家政权的组织形式及其相关的制度，是项目融资政治环境的基础因素，不同的国家与其根本性质和社会经济基础相适应，有着不同的国家管理形式、结构形式以及选举制度、人民行使政治权力的制度等。在不同的政治制度下政府指导经济的方针不同，对外资的立场和态度也不同。政治体制对于东道国项目融资环境的重要性，不仅在于它构成了政治环境，而且因为它与经济制度密不可分。他们的健全程度、稳定状况，以及融资双方在这些方面所存在的一致性和差异性，往往会直接表现在政府对项目融资活动的管理方式，以及干预和控制的程度上，从而对项目融资产生影响。

如果政府遵循客观经济规律，积极调节和干预经济生活，贷款人可以得到一个稳定的项目融资环境，正常的融资行为也不会受到无端的干预。而在一个民主制度不健全的专制独裁的政权下，政府的经济行为往往不受制度约束，不仅贷款人正常的投资活动会受到过多的干预和控制，还会因为潜在的政治动荡给贷款人带来风险。所以，贷款人在考察东道国社会制度及政治体制时，不仅应着眼于社会制度的性质本身，更重要的是要看东道国政治体制的健全和完善程度，以及政体的形式如何。

（2）政治局势的稳定性　政治稳定性是贷款人首先考虑的项目融资环境因素。政治稳定是一国经济正常发展的基本条件，也是外国投资者能否正常进行投资活动的关键因素。东道国的政治稳定性直接影响贷款人的贷款效益，采用项目融资模式建设项目，其建设、运营的周期少则 8~10 年，多则 40~50 年，这样一个时间跨度，贷款人在对项目进行大量的资金投入之前，必须有理由相信东道国政治环境的稳定性。只有政局稳定、社会安定、讲求效益、致力于和平建设的国家，才能确保贷款的安全，并为经营获利创造必要的条件。

（3）政策的连续性　贷款人希望东道国的政策具有连续性，因为这关系到其长期投资收益的稳定。贷款人在贷款时要对东道国政策的合理性、完备性及稳定性进行分析考察。政策的连续性与政权的更替和执政者的执政原则有着密切的联系，一般而言，政权的稳定性越高，政策的连续性越强，执政者的执政原则受外界的干预越少，政策的连续性就越强。一定时期内政策的连续性如何，将直接影响到项目贷款人投资决策的态度，如果政府政策的稳定程度不够，政策的连续性就难以保证。考虑到政策的变更很有可能增加项目的融资成本与项目未来收益的不确定性，贷款人的投资态度就会非常谨慎。

一些国家税收制度变动频繁，无论税率、税种，还是对不同结构的经济实体的征税方法都经常发生变化，有时由于竞选的政治需要甚至可以一年变动一次。这些变化对项目融资会带来许多不确定因素，直接影响到项目的偿债能力或投资收益率。

（4）政府的信用等级　从政治稳定性与政策的连续性可以引申出政府的信用等级，在很大程度上，政府的信用等级与政治稳定性和政策的连续性存在着某种相关性，对于采用项目融资建设的项目，其可行性往往需要东道国政府的支持和担保，当这种支持与担保足够多或者显得较为重要时，贷款人就会越发关心东道国的信用。就商业贷款人及其各自的出口担保机构而言，对于一个特定国家的特定项目的贷款，其所承受风险的极限可看作对该国的贷款额。就有些国家而言，如果一个特定的贷款人或机构承受的风险已达到其所能承受的极限，那么他们将不会愿意再为该国以后的项目筹资或担保。不管是否使用项目融资方式，拥有较高信用等级的发展中国家，比起其他信用不太好的国家，似乎拥有更多的机会开发项目融资。信用等级处于中间状态的国家，也能够实施项目融资。而信用等级比较低的国家，往往难以吸引项目融资。

（5）政府的对外关系　当一国受到外部威胁时，其各项国内外政策都会发生变化，财政经济状况也有可能变得严峻起来，如果发生战争，巨大的开支和严重的破坏会使该国的项目融资环境在一定时期内变得对贷款人完全不适宜。可见，保持良好的国际关系，对于东道国项目融资环境的稳定是相当重要的。东道国与国外的政治关系因素主要包括遭受他国侵略，发生边境冲突，出现境外势力操纵的暴乱，直接卷入地区冲突，与主要贸易伙伴发生贸易和经济摩擦等。它们可能直接源于本国政府与外国政府的关系过分紧张，也可能间接源于本国政府与某一国政府关系过于密切，而受到他国政府政治冲突的牵连。东道国政府应保持良好的对外关系，为项目融资创造条件。

2.5.2　经济环境

项目融资的"项目导向"使得项目融资与项目所在国的经济运行环境之间具有相当密切的关系。经济运行环境主要包括经济周期、经济发展水平、国家的经济政策以及通货膨胀与汇率变动等。

1. 经济周期

市场经济条件下，经济发展与运行带有一定的波动性，大体上经历复苏、繁荣、衰退和萧条几个阶段的循环，这种循环叫作经济周期。西方财务学者曾探讨了经济周期中的经营理财策略，现择其要点归纳见表 2-1。

表 2-1　经济周期中的经营理财策略归纳

复苏	繁荣	衰退	萧条
1. 增加厂房设备 2. 实行长期租赁 3. 建立存货 4. 引入新产品 5. 增加劳动力	1. 扩充厂房设备 2. 继续建立存货 3. 提高价格 4. 开展营销规划 5. 增加劳动力	1. 停止扩张 2. 出售多余设备 3. 停产不利产品 4. 停止长期采购 5. 削减存货 6. 停止扩招雇员	1. 建立投资标准 2. 保持市场份额 3. 缩减管理费用 4. 放弃次要利益 5. 削减存货 6. 裁减雇员

企业的筹资、投资和资产营运等理财活动都要受经济波动的影响。比如在经济紧缩时期，社会资金十分短缺，利率上涨，企业的投资方向会因为市场利率的上涨而转向本币存款或贷款。

一般而言，当经济处于高速发展时期时，资金的需求量大，投资需求旺盛，发展前景好的项目多，这时运用项目融资方式筹集建设资金的风险相对小得多，成功率也会提高，项目融资活动增加。当经济不景气时，资金需求量大幅度降低，投资需求不旺盛，进行项目融资的风险相当大，项目融资活动相应减少。

2. 经济发展水平

经济发展水平的差别决定了不同国家项目融资运用的差异性和融资模式的多样性。一般而言，国际资本主要流向那些经济发展速度快、国内市场容量大的国家和地区。因为一个国家或地区的经济发展水平高、速度快，表明这个国家或地区的收入多、资金需求量大、市场规模大、盈利机会多，因而能吸引到较多的投资。工业发达国家相对于发展中国家而言，项目融资要容易得多。

3. 国家的经济政策

国家的宏观经济政策是影响项目融资活动的另一个重要因素，这主要表现在宏观经济政策对项目融资活动的引导作用。

首先，投资政策反映政府及公众对待外资的态度，政府对待境外投资商的态度一般会很自然地反映在外资政策与法规中。如果政府鼓励境外融资，法规会相对宽松，优惠政策也会相对较多，为贷款人提供投资便利，项目融资容易开展。政府可以采用以下几种经济政策来支持项目：

（1）给予项目发起人一定的灵活性　给予项目发起人决定与项目有关的经济、商业因素的一定的灵活性，因为这能增强他们的信心。例如，在英吉利海峡隧道项目中，项目发起人欧洲隧道公司具有完全的商业自由，包括决定海底隧道的使用费。

（2）备用的融资和支持　提供从属贷款来保证主要债务的偿还，或者提供用于支持项目的某一阶段的贷款。例如，在深圳沙角 B 电厂火力发电站项目中，中国政府帮助筹措紧急贷款资金，用于解决无法投保的不可抗力事件发生导致的损失，以及可能产生的索赔等问题。在澳大利亚悉尼港口隧道工程项目中，政府提供支持性贷款用于支付最初的建造成本等。

（3）最小营业收入或需求量　在许多特许权项目尤其是基础设施建设项目中，现金流量的保证水平是很低的。项目所在国应能以保证最小营业收入或最小需求量的方式对项目提供支持。如在广东省的电站项目中，中国政府同意在特许期间购买最低需求量的电，按固定电价支付项目发起人电费。

（4）保管账户　在项目所在国的合作下开设离岸账户，可以减少对项目现金流量的干涉，该账户的程序和规则应该有利于在特许期内实现稳定的现金流量和收入。

（5）利率政策　利率是资金的价格，因此，利率水平是否合理，对项目融资具有直接影响，在利率水平较为合理的情况下，贷款人或投资者通过运用闲置资金获得一定收益，融资单位通过运用借入资金创造利润。项目融资对参与双方都有好处，从而保证项目融资的顺利进行。如政府对利率上涨超过规定的百分比而造成的支付成本的差异，给项目发起人提供一定的补偿，或将通货膨胀因素包括在决定项目收费的费率公式中，也不失为一种利于项目融资的政策。

（6）财税政策　一般而言，如果东道国的财税政策宽松，税率低，或采取税收优惠措施，将会增加贷款人的收益。在其他因素类似的情况下，贷款人往往倾向于在财税政策宽松、税收负担较轻的国家投资，因而在这些国家进行融资相对容易。例如，免除项目发起人公司的部分所得税和那些涉及进口资本性设备方面的纳税、义务和额外费用，是这些国家为吸引外资参与项目融资常用的措施。

（7）外汇的管制与放松　外汇管制是指一国政府通过法律、法令和条例等形式对外汇资金的收入和支出、输入和输出、存款和放款、货币兑换及汇率进行的限制性干预或直接控制。根据各国外汇管制的内容和程度差异，基本分为两大类：

一类是实行外汇管制的国家和地区。多数发展中国家实行严格的外汇管制，对跨国公司而言，由于严格的外汇管制，会导致不能及时收回资本和及时获取收益，所以跨国公司会减少对该项目的投资。

另一类是放松外汇管制的国家和地区。这是指对经常项目的收付原则上不进行直接管制，但实施一些间接的或变相的限制性措施，主要是一些工业发达国家和中东产油国。

4. 通货膨胀与汇率变动

通货膨胀会对社会经济生活的各个领域产生深刻的影响。通货膨胀对国外贷款人的影响主要表现为两个方面：一方面使得融资成本上升，实际收益下降；另一方面使贷款人所面临的外部环境动荡不安，增加贷款人的风险。因此，贷款人特别看重币值稳定，因为币值稳定与否，直接影响到贷款的风险和收益。对于国际项目融资来说，大多数项目运营后将取得项目所在国或本国的货币收益，本国货币必须被用来为进口的原料或燃料付款，以及为偿债和偿还股本付款。

如果一国经济没有过度的通货膨胀或过快的汇率变动，在这种经济环境下较容易开发项目。相反，如果东道国的币值经常浮动，贬值幅度过大，通货膨胀率过高，则会造成货币实际价值与名义价值的差距扩大，使投资者的投资贬值，给投资者带来损失。即使东道国政府愿意保护项目的投资者免受通货膨胀风险和汇率风险,在一个比较稳定的经济环境中也比在高度不稳定的环境中开发项目融资要容易得多。一般投资者都把年通货膨胀率是否超过两位数,看作币值是否稳定的一个界限。

2.5.3 法律环境

市场经济的重要特征就在于它是以法律规范和市场规则为特征的经济制度。法律为企业经营活动规定了活动空间,也为企业在空间内自由经营提供了法律上的保护。国际投资主体十分重视东道国的法律环境,以保证其对外国投资的利用、管理和保护都有法可依。对东道国法律环境认定的原则:一要公开,即要把本国的外资政策通过法律的形式固定下来后公布于众;二要公正,即对外资是否实行与国内企业平等的待遇。另外,东道国与投资国之间有无双边投资保护协定和条约,以及东道国的国际化程度等都属于法律环境的内容。

东道国由于国情不同,其所制定的有关外国投资的法律内容的繁简、宽严也有所不同,法律对外国投资的保护性管理的内容概括起来有三个方面:一是根据东道国的法律规定,项目发起人能否有效地组织项目融资的结构并进行项目的经营;二是出现纠纷时,是否有一个完善的商业法律体系来提供仲裁,解决纠纷;三是是否有一个独立的司法制度和一套严格的法律执行体系来执行法院的仲裁结果。

1. 项目融资在法律环境下的特征

(1) 法律适用的多样性 在项目融资过程中,法律关系复杂多样,既会涉及本国法和外国法,又会涉及实体法和程序法。项目所在国的法律具有根据意义,许多法律关系是国内经济法律关系,受国内法律的调整,如项目的立项和审批、项目公司的组建、建设用地的批复、担保和抵押的设定、外汇的汇兑、税款的征收等。程序法主要包括案件的管辖权、外国法院判决以及涉外仲裁裁决的承认与执行等。在特许经营项目融资中、国家和政府还作为项目融资中的主体之一,会涉及复杂的法律适用问题。总之,有多少国家的银行或外商参与,就涉及多少国家的法律。因此,在项目融资涉及的众多法律关系中,根据不同的法律关系性质,适用的法律也不同,呈现出适用法律多样性的特征。

(2) 法律关系具有涉外性 项目融资安排中有大量的涉外因素,例如,在发展中国家的项目融资中,投资者来自境外的某国或多国的银行或银团居多,设备租赁厂家可能是外商,融资企业可能是外资企业,债券投资者可能是外商等。在项目盈利还贷的过程中,还涉及资金的跨境流动,在项目融资证券化过程中,有时还需要在境外的资本市场上进行融资。

(3) 以合同法为基础 项目融资中有多个当事人和参与方,存在复杂的法律关系。而基本的法律关系则是合同(或协议)关系,通过一系列的合同(或协议)安排,明确各当事人之间的权利、义务关系。合同法是调整项目融资的基本法,其在项目融资中有以下特征:

1) 当事人涉及国家主体和国际机构,我国政府以对项目融资提供各种支持、授予特许权等形式参与到项目融资中,一些国际机构如世界银行、亚洲开发银行等,也常作为项目融资的资金提供方参与到项目融资中来,当主体是国家政府和国际机构时,会产生复杂的法律适用问题。

2)合同可以调整各方的利益关系并有效分担项目风险。项目融资中各方主体的利益是相互冲突的,但各方利益的实现又依赖于对方,各方只有通过相互合作,才能彼此获取应得的利益。因此,这一活动之所以有复杂的合同安排,也正是出于各方分担风险和调整各方利益的需要。

3)经常出现法律创新。项目融资中的一系列契约、协议、合同安排可以弥补法律的不足。如"无论提货与否均需付款"合同,突破了传统买卖合同的内容。一系列的合同安排和合同权益转让形成了担保法律制度,最大限度地遵守了民法和国际私法中的"当事人意思自治原则"。

2. 项目融资的法律结构

项目融资的成功与否在很大限度上取决于国家是否有足够完备的法律结构。大多数投资者或借贷银行习惯于在较复杂的法律环境中工作,他们认为一个全面的法律结构对其利益是至关重要的,一套明确而又有效的法规会有利于该活动的开展,而不合理的规章和法律结构会破坏相关各方所签合同的诚信和有效性。融资过程涉及的法律结构,从大的类别来说包括有关政府管制的规定、促进外国投资的立法、担保法、证券法、特别立法、合同法、公司法、劳动法、社会责任法和其他方面的法规等。

(1)有关政府管制的规定　这些规定主要是关于资源开发利用的政策、税收、外汇管制和利润汇出等方面的规定,这些都是项目融资中的基本问题,也是国内外投资者最为关心的问题,其法律框架决定着国家政治风险的程度。政府管制还包括对因政策原因造成损失的补偿,以及必要的规定和公共立法。

(2)促进外国投资的立法　这方面的立法明确规定了将本国货币兑换成外国货币的权利,外汇以合理汇率的可兑换性,外汇的自由进出;简化进口许可手续和海关手续,以及外籍人员的入境手续;外国投资者在东道国设立项目公司的权利;外国投资的纳税办法;政府对项目国有化、征收和收购的规定及赔偿等。

(3)担保法　担保对项目融资的进行具有至关重要的影响,法律制度如果缺乏担保安排的必要规定,会影响银行进行融资的参与程度。在项目融资中,常见的担保安排主要包括财产抵押;政府的承诺和支持;发起人支持;权益的转让,转让诸如建筑合同、产品销售协定及其他合同规定的权益;当事人履行各种义务的履约保证书;保险及保险权益的转让等。

(4)证券法　证券法对证券市场依法治市、规范市场、保障投资者利益和证券市场稳健地发展发挥重大作用,为证券市场的发展奠定基础。

(5)特别立法　例如在融资项目中,有些国家制定了特许经营协议法律框架。对项目融资进行特别立法有很多的好处,它会给潜在的投资者和政府有关部门一个强烈的积极信号,政府会支持这些项目;它会帮助外国投资者,相对容易地在一部法律中找到相关的法律规定；可使有关的申请、操作程序得到澄清，使投资者和借贷人的权利得到明确，使政府提供的支持和鼓励措施具有法律效力，减少谈判项目合同的费用和时间，并确保国家获得最起码的利益。

（6）合同法　项目依赖于一整套复杂的基本合同安排，而这些合同又受制于合同法，因此，合同法必须确保项目融资中各方当事人之间的合同（或协议）在法律上具有约束力并得到执行。合同法主要解决的法律问题：如何建立合同，如何中止合同，违约如何赔偿，合同各方在什么情况下可以免除责任等。

（7）公司法　公司法主要解决的法律问题：如何对待内外资项目公司，如何对项目公司进行控制，如何清理公司等。

（8）劳动法　劳动法主要解决的法律问题：如何雇佣项目所需的劳工；因该项目而使第三方蒙受损害和损失的非合同性责任如何承担，是否包括中断服务所承担的责任等；如何确定劳工因工作疏忽所应承担的责任；保险以及强制规定，如对第三方的责任和对工人的赔偿。

（9）社会责任法　社会责任法主要是对环境和安全等方面的规定，这些规定直接影响到项目的设计和成本。项目发起人和贷款人要了解环境法律的标准和要求，以及违反此种规定的后果，如因环境法变化而增加的费用由哪方承担等。

（10）其他方面的法规　包括保护财产权的法律：保护知识产权的法律，破产立法，租赁立法，合伙企业法，商业银行和保险法，政府采购手续和规定，税法，对外国投资的鼓励措施，承认和执行外国裁决的有关规定等。

2.5.4　金融环境

项目融资资金的取得，除了自有资金外，主要从金融机构和金融市场取得，金融政策的变化必然影响项目的筹资、投资和资金营运活动。所以，金融环境是企业最为主要的环境因素。影响项目融资的主要金融环境因素有金融机构、金融市场和利息率等。

1. 金融机构

社会资金从资金供应者手中转移到资金需求者手中，大多要通过金融机构。金融机构主要包括银行和非银行金融机构。

（1）银行　银行是指经营存款、放款、汇兑和储蓄等金融业务，承担信用中介的金融机构。银行的主要职能是充当信用中介，充当企业之间的支付中介，提供信用工具，充当投资手段和充当国民经济的宏观调控手段。我国银行主要包括中央银行，即中国人民银行；商业银行，包括国有商业银行（如中国工商银行、中国农业银行、中国银行和中国建设银行）和其他商业银行（如交通银行、中信实业银行、广东发展银行、招商银行和光大银行等）；国家政策性银行（如中国进出口银行、国家开发银行）。

（2）非银行金融机构　非银行金融机构主要包括信托投资公司和租赁公司等。前者主要办理信托存款和信托投资业务，在国外发行债券和股票，办理国际租赁等业务。后者则介于金融机构与企业之间，它先筹集资金购买各种租赁物，再出租给企业。

2. 金融市场

金融市场是指资金供应者和资金需求者双方通过信用工具融通资金的市场，即实现货币借贷和资金融通，办理各种票据和进行有价证券交易活动的市场。金融市场的主要类型如图 2-4 所示。

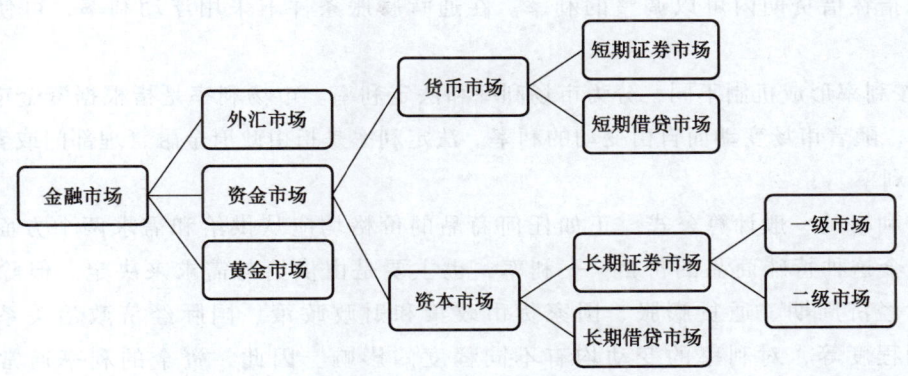

图 2-4　金融市场的主要类型

需要强调的是，金融市场是以资金为交易对象的市场，在金融市场上，资金被当作一种"特殊商品"来交易；金融市场可以是有形的市场，也可以是无形的市场。前者有固定的场所和工作设备，如银行、证券交易所；后者利用计算机、电传、电话等设施通过经纪人进行资金商品交易活动，并且可以跨越城市、地区和国界。

金融市场对于商品经济的运行，具有充当金融中介、调节资金余缺的功能。从总体上看，建立金融市场，有利于广泛地积聚社会资金，有利于促进地区间的资金协作，有利于开展资金融通方面的竞争，提高资金使用效益，有利于国家控制信贷规模和调节货币流通。从财务管理角度来看，金融市场作为资金融通的场所，是项目向社会筹集资金必不可少的条件。财务管理人员必须熟悉金融市场的各种类型和管理规则，有效地利用金融市场来组织资金的筹措和进行资本投资等活动。

3. 利息率

利息率简称利率，是利息占本金的百分比指标。从资金的借贷关系看，利率是一定时期运用资金资源的交易价格。资金作为一种特殊商品，以利率为价格标准的融通，实质上是资源通过利率实行的再分配。因此利率在资金分配及其财务决策中起着重要作用。

(1) 利率的类型　利率可按照不同的标准进行分类。

1) 按利率之间的变动关系，分为基准利率和套算利率。基准利率又称基本利率，是指在多种利率并存的条件下起决定作用的利率。所谓起决定作用是说，这种利率变动，其他利率也相应变动。因此，了解基准利率的变化趋势，就可以了解全部利率的变化趋势。基准利率在西方通常是中央银行的再贴现率，在我国是中国人民银行对银行贷款的利率。套算利率是指在基准利率确定后，各金融机构根据基准利率和借贷款项的特点而换算出的利率。例如，某金融机构规定，贷款 AAA 级、AA 级、A 级企业的利率，应分别在基准利率基础上加 0.5%、1%、1.5%，加总计算所得的利率便是套算利率。

2) 按利率与市场资金供求的关系，分为固定利率和浮动利率。固定利率是指在借贷期内固定不变的利率。受通货膨胀的影响，实行固定利率会使债权人利益受到损害。浮动利率是指在借贷期内可以调整的利率。在通货膨胀条件下采用浮动利率，可使债权人减少损失。

3) 按利率形成机制不同，分为市场利率和法定利率。市场利率是指根据资金市场上的供求关系，随着市场变动而自由变动的利率。法定利率是指由政府金融管理部门或者中央银行确定的利率。

（2）利率的一般计算公式　正如任何商品的价格均应从供给和需求两个方面来决定一样，资金这种特殊商品的价格——利率，也主要是由供给与需求来决定。但除这两个因素外，经济周期、通货膨胀、国家货币政策和财政政策、国际经济政治关系、国家利率管制程度等，对利率的变动均有不同程度的影响。因此，资金的利率通常由三部分组成：纯利率、通货膨胀补偿率（或称通货膨胀贴水）和风险报酬率。利率的一般计算公式为

$$\text{利率} = \text{纯利率} + \text{通货膨胀补偿率} + \text{风险报酬率} \tag{2-1}$$

纯利率是指没有风险和通货膨胀情况下的均衡点利率。通货膨胀补偿率是指由于持续的通货膨胀会不断降低货币的实际购买力，为补偿其购买力损失而要求提高的利率。风险报酬率包括违约风险报酬率、流动性风险报酬率和期限风险报酬率。其中，违约风险报酬率是指为了弥补因债务人无法按时还本付息而带来的风险，由债权人要求提高的利率；流动性风险报酬率是指为了弥补因债务人资产流动不好而带来的风险，由债权人要求提高的利率；期限风险报酬率是指为了弥补因偿债期长而带来的风险，由债权人要求提高的利率。

【案例研究】深圳沙角 B 电厂 BOT 融资项目

广东省沙角火力发电厂 B（以下简称深圳沙角 B 电厂）于 1984 年签署合资协议，1986 年完成融资安排并动工兴建，并在 1988 年建成投入使用。

深圳沙角 B 电厂的总装机容量为 70 万 kW，由两台 35 万 kW 发电机组成。项目总投资为 42 亿港币（5.4 亿美元，按 1986 年汇率计算），被认为是中国最早的一个有限追索的工程项目融资案例，事实上也是在中国第一次使用 BOT 融资方式兴建的基础设施项目。

1. 深圳沙角 B 电厂的投资结构

深圳沙角 B 电厂采用合作经营方式兴建。中资方为深圳特区电力开发公司（A 方），有外资参与的一方是在香港注册专门为该项目成立的公司——合和电力（中国）有限公司（B 方），项目合作期为 10 年。深圳沙角 B 电厂的投资结构如图 2-5 所示。

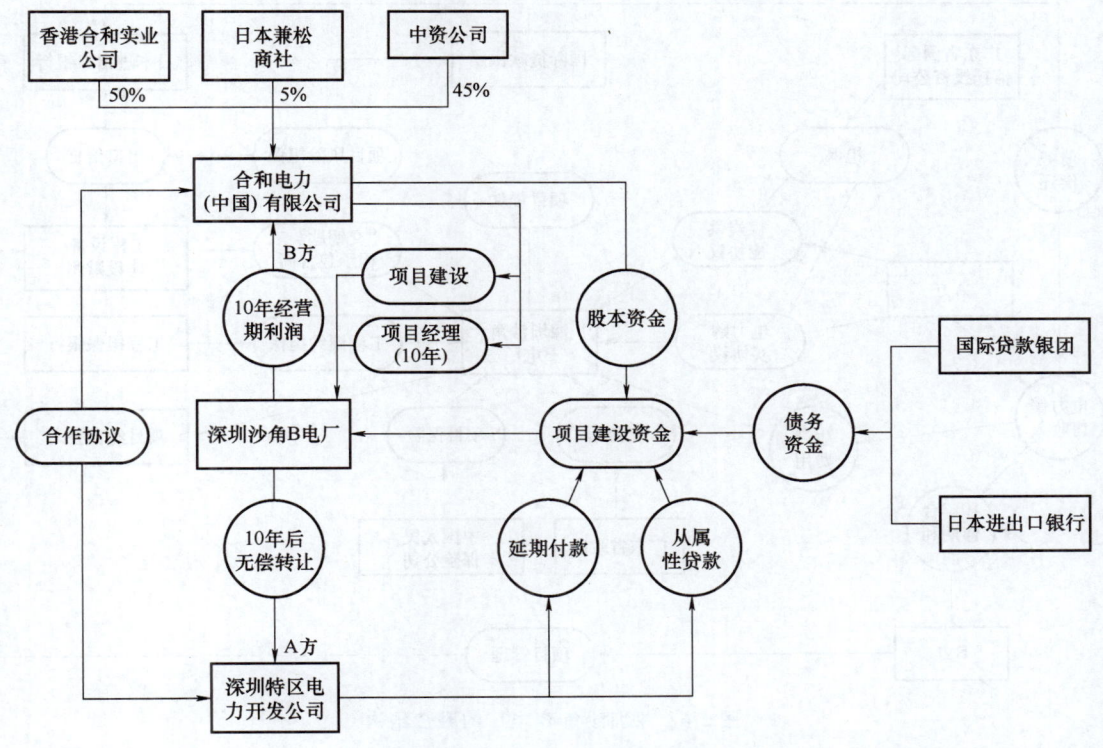

图 2-5 深圳沙角 B 电厂的投资结构

在合作期内,B 方负责安排提供项目全部的外汇资金,组织项目建设,并负责经营电厂 10 年(合作期)。作为回报,B 方获得在扣除项目经营成本、煤炭成本和支付给 A 方的管理费之后 100% 的项目收益。合作期满时,B 方将深圳沙角 B 电厂的资产所有权和控制权无偿地转让给 A 方,退出该项目。在合作期间,A 方主要承担的义务如下:

1)提供项目使用的土地、工厂的操作人员,以及为项目安排优惠的税收政策。

2)为项目提供一个具有"供货或付款"(supply or pay)性质的煤炭供应协议。

3)为项目提供一个具有"提货与付款"(take and pay)性质的电力购买协议。

4)为 B 方提供一个具有"资金缺额担保"性质的贷款协议,同意在一定的条件下,如果项目支出大于项目收入则为 B 方提供一定数额的贷款。

2. 深圳沙角 B 电厂的融资结构

深圳沙角 B 电厂的资金结构包括股本资金、从属性贷款和项目贷款三种形式,其融资结构如图 2-6 所示,具体的资金构成如下(以 1986 年汇率换算为美元):

1)股本资金。股东从属性贷款(3.0 亿港币)3850 万美元,人民币延期付款(5334 万人民币)1670 万美元。

2)债务资金。A 方的人民币贷款(从属性贷款)(2.95 亿人民币)9240 万美元,固定利率日元出口信贷(496 亿日元)26140 万美元。

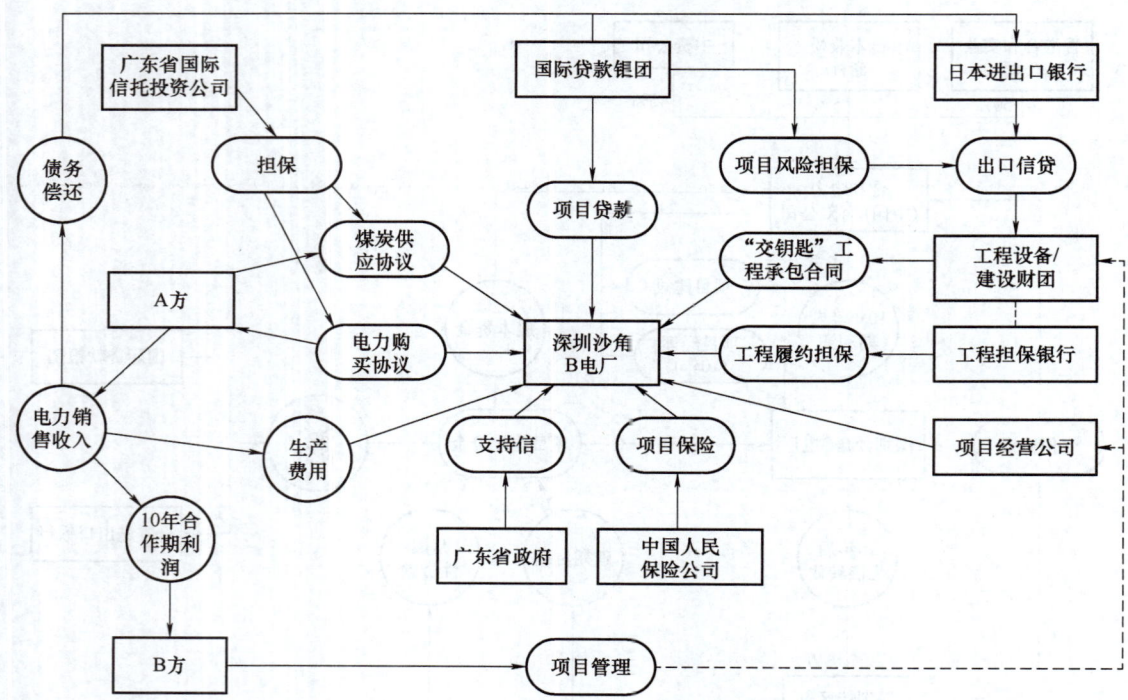

图 2-6 深圳沙角 B 电厂的融资结构

3) 日本进出口银行。欧洲日元贷款 105.61 亿日元（5560 万美元），港币贷款（5.86 亿港币）7500 万美元，资金总计 53960 万美元。

根据合作协议安排，在深圳沙角 B 电厂项目中，除人民币资金之外的全部外汇资金安排由 B 方负责，项目合资 B 方——合和电力（中国）有限公司利用项目合资 A 方提供的信用保证，为项目安排了一个有限追索的工程项目融资结构。

3. 融资模式中的信用保证结构

1) A 方的电力购买协议。具有"提货与付款"性质的协议，规定 A 方在项目生产期间按照事先规定的价格从项目中购买一个确定的最低数量的发电量，排除项目的主要市场风险。

2) A 方的煤炭供应协议。具有"供货或付款"性质的合同，规定 A 方负责按照一个固定的价格提供项目发电所需的全部煤炭，排除了项目的能源价格及供应风险以及大部分的生产成本超支风险。

3) 广东省国际信托投资公司为 A 方的电力购买协议和煤炭供应协议所提供的担保。

4) 广东省政府为上述三项安排所出具的支持信。虽然支持信并不具备法律约束力，但是一个有信誉的机构出具的支持信作为一种意向性担保，在项目融资安排中具有相当的分量。

5) 设备供应及工程承包财团所提供的"交钥匙"工程承包合同，以及为其提供担保的银行所安排的工程履约担保，构成了项目的完工担保，排除了项目融资贷款银团对项目完工风险的顾虑。

6) 中国人民保险公司安排的项目保险。项目保险是电厂项目融资中不可缺少的一个组成部分，这种保险通常包括对出现资产损害、机械设备故障，以及发生的相应损失的保险，在有些情况下也包括对项目不能按期投产情况的保险。

通过以上安排，可以清楚地勾画出深圳沙角 B 电厂项目的种种风险要素是如何在与项目建设有关的各个方面之间进行分配的。这种项目风险的分担是一个成功的项目融资结构不可缺少的条件。

【复习思考题】

根据以上案例，分析思考以下问题：
1. 工程项目融资的主要参与者有哪些？在工程项目融资中的主要作用有哪些？
2. 成立 SPV 的主要目的是什么？
3. 工程项目融资的运作程序分为哪几个阶段？各个阶段的主要工作内容是什么？
4. 工程项目融资组织框架的内容是什么？
5. 工程项目融资的外部环境有哪些？

CHAPTER 3 第 3 章

工程项目融资投资结构

【核心概念】 公司型投资结构　非公司型投资结构　合伙制结构　信托基金投资结构

【学习目标】 通过对本章内容的学习，掌握工程项目投资结构的含义及其类型；了解影响项目投资结构的主要因素；明确各类项目投资结构的基本特征；了解项目投资结构设计的主要内容。

3.1　项目投资结构的概念

工程项目融资投资结构（简称项目投资结构），即项目的资产所有权结构，是指项目的投资者对项目资产权益的法律拥有形式，和项目投资者之间（如果项目有超过一个以上的投资者）的法律合作关系。采用不同的项目投资结构，投资者对其资产的拥有形式，对项目产品、项目现金流量的控制程度，以及投资者在项目中所承担的债务责任和所涉及的税务结构会有很大的差异。这些差异会对工程项目融资的整体结构设计产生直接的影响。因此，为了满足投资者对项目投资和融资的具体要求，第一步工作就需要在项目所在国法律许可的范围内设计安排符合这种投资和融资要求的目标投资结构。

目前，国际上通常为工程项目融资所采用的投资结构有公司型投资结构、非公司型投资结构、合伙制结构、信托基金结构。

3.2　影响项目投资结构的主要因素

在项目投资结构设计过程中，对投资目标不能简单地理解为追求利润，而应该理解为是一组相对复杂的综合目标集，其中既包括投资者对融资方式和资金等与融资直接有关的目标要求，也包括投资者对项目资产拥有形式、对产品分配、对项目现金流量控制、对投资者本身公司资产债务比例控制等与融资间接有关的目标要求。另外，项目投资各方的利益协调同样是投资结构设计需考虑的重要因素。因此，从项目投资结构的角度，应充分考虑影响项目投资结构的各种因素。

3.2.1 实现有限追索的要求

有限追索是项目融资的基本特征。采用项目融资,投资者的目的之一便是将债务责任最大限度地限制在项目之内,其中包括对银行贷款的主要责任,以及项目经营过程中的其他债务和一些未知风险因素。因此,许多投资者在设计项目投资结构时,要考虑的重要因素之一是如何实现风险和债务责任承担形式,实现有限追索的目标。

例如,如果项目发起人愿意承担的是间接的风险和责任,一般偏好于有限责任公司型投资结构,成立一个法人实体——项目公司。在这种项目投资结构中,项目融资是以项目公司的资产和项目未来现金流量为基础进行的,投资者的风险只包括已投入的股本资金和一些承诺性的担保责任。而如果投资者有能力且愿意承担更多的风险和责任,以期获得更大的投资回报,则可能会选择非公司型投资结构。在这种项目投资结构中,投资者承担的是一种直接的债务责任,投资风险大。因为投资者是以其直接拥有的项目资产来安排融资的。具体选择哪种债务承担形式,由投资者根据其收益与风险的对称关系决定。

3.2.2 融资便利的要求

项目投资机构不同,项目资产的法律拥有形式就不同。例如,在非公司型投资结构中,项目资产是投资者直接拥有的,各个投资者分别承担其在项目中的投资费用和生产费用,产品的分配也就必然具有较大的灵活性,投资者既可以在市场上单独销售自己投资份额的产品,也可以联合起来以项目作为一个整体共同销售产品。而在公司型投资结构中,项目资产则是由一个法人实体(项目公司)拥有,投资者拥有的只是项目公司的一部分股权,而不是项目资产的一部分,项目的产品是由项目公司统一拥有和销售。

项目资产的拥有形式对融资安排有直接的影响。在公司型投资结构中,项目公司是全部资产的所有人,它可以较容易地将项目资产作为一个整体抵押给贷款银行来安排融资,并且可以利用一切与项目投资有关的税务好处及投资优惠条件来吸引现金流量。同时,以项目公司为主体安排融资比较容易。在非公司型投资结构中,项目资产由多个投资者分别直接拥有,很难作为一个整体来向贷款银行作为抵押申请项目贷款,只能由各个投资者将其所控制的项目资产分别或者联合(也并非是一个整体的项目公司)抵押给贷款银行,并且分别享有项目的税收和其他投资优惠条件、分别控制项目现金流量,这在很大限度上增加了项目的管理难度和项目融资的复杂性。所以,从融资便利与否来看,选择公司型投资结构比选择非公司型投资结构更有优势。当然,如果一些投资者本身资信较高,能够筹集到较优惠的贷款,此时,非公司型投资结构会更受青睐。另外,在考虑融资便利与否时,还顾及各国对银行留置权的法律规定,如有些国家法律规定,银行要对合伙制结构的抵押资产行使留置权时,要比对公司型投资结构的抵押资产行使留置权更为困难。

3.2.3 产品分配和利润提取的要求

不同的投资结构,对产品的分配和利润的提取形式有不同的规定。如在公司型投资结构中，由项目公司统一对外销售、统一结算、统一纳税，在弥补项目经常性支出和资本性支出后，在投资者之间进行利润分配。而在非公司型投资结构中，项目产品的分配具有较大的灵活性，投资者既可以在市场上单独销售自己投资份额的产品，也可以联合起来以项目作为一个整体共同销售产品。因此，不同背景的投资者对投资结构的选择会不同，如大型跨国公司拥有较广泛的销售渠道和市场知名度，就很容易将产品变现，赚取利润，因而会偏向于选择非公司型投资结构；而中小型公司参与项目融资可能更愿意选择公司型投资结构。

另外，不同类型的项目也对项目投资结构有重要影响。在资源型项目投资中，多数投资者愿意直接取得产品。有一些投资者可能希望直接取得产品作为生产的原材料，也有一些投资者可能希望控制一些关键性资源以供应某些需要特定原材料的客户或者特定的市场。这是大多数跨国公司在资源丰富的国家和地区从事投资活动的一个重要原因。对于这些投资者，可以直接获得项目产品的投资结构将会具有较大的吸引力，一般可以选择非公司型投资结构。对于这些投资者，较为简单的公司型投资结构将会具有更大的吸引力。

3.2.4　项目现金流量控制的要求

1．不同类型项目现金流量的特点对投资结构设计的影响

资源型和基础设施型项目的特点是初始投入资金量大，生产过程中的资本再投入量大，但是项目建成后的利润占项目总收入的比例也相对较高，项目产品种类少，市场较为简单。对于这类项目，采用项目资产由投资者直接拥有并能够将项目的现金流量直接分配给投资者的投资结构，有利于项目融资的安排。相比之下，多数制造业和加工业项目，初始投入资金占用量相对较小，生产过程中的资本再投入量相对较少，但是利润占项目总收入的比例也相对较低，并且项目产品往往种类繁多，市场复杂，对于这类项目，选择建立一个项目公司作为中介的投资结构来管理项目的生产和销售，并以该公司为主体安排项目融资则相对有利。

2．项目现金流量的控制要求对投资结构的影响

项目进入正常生产运行期后所形成的经营收入，在扣除生产成本、经营管理费用及资本再投入之后的净现金流量，需要用来偿还银行债务和为投资者提供相应的投资收益。投资者能否直接控制被投资项目的现金流量，是设计投资结构时应考虑的一个重要因素。直接拥有项目资产、直接分配产品的非公司型投资结构，项目的现金流量由投资者直接掌握。在公司型投资结构下，项目公司将控制项目的现金流量，按照公司董事会或者管理委员会的决定对其进行分配，包括资本投入、偿还债务及利润分配。如果投资者在项目公司中股份占比较少，就很难控制项目流量的走向。即使投资者有项目公司的多数控制权，对于项目现金流量的控制也是间接的，一切分配和调动都必须符合《中华人民共和国公司法》（以下简称《公司法》）的规定和限制，很难实现对项目公司现金流量百分之百控制的要求。例如，《公司法》一般规定作为股东只能从公司的税后利润中获得利润分配。因而，在公司型投资结构中，以项目公司为主体安排融资相对比较容易，而投资者如果准备为其股本资金部分安排融资，就需要采用更为灵活的投资结构安排，尽可能比较直接和有规律地从项目公司获得现金流量的分配。又如，以从属性股东贷款、可转换债券等现金投入方式替代普通股本资金投入，可以减少依赖于红利分配的不稳定性和不确定性。

3.2.5 税务影响的要求

充分利用合理的项目税务结构来降低项目的投资成本和融资成本是国际投资活动的一个重要特点。因此，税务问题是在设计项目投资结构时需要考虑的一个重要问题。同时，税务结构问题也是投资结构设计中需要考虑的最为复杂的问题之一。在许多国家的税法中都规定，不同公司之间的税收在某些特定条件下可以合并，统一纳税。因此，在项目投资结构设计时，可以设法用一家公司的亏损去冲抵另一家公司的盈利，从而降低其总的应缴税额，提高总体的投资收益。如何充分利用税收优惠就成为项目融资中选择投资结构的重要影响因素。

在公司型投资结构中，项目公司是纳税主体，其应纳税收入或亏损以公司为单位计算。如果盈利，公司需要缴纳所得税；如果亏损，公司可以按照规定将亏损结转到以后若干年冲抵未来的收入，但不能冲抵投资者的其他经营收入。在一定的条件下，不同公司之间的税收也可以合并，统一纳税。对于公司间的税务合并问题，每个国家的税法都有具体明确的规定。例如，一些国家规定只有同一投资者百分之百持股的公司之间才能合并纳税，但是也有一些国家规定只要 2/3 以上或者 3/4 以上投资者相互持股，公司之间的税务责任就可以合并。

在合伙制或有限合伙制投资结构中，由于合伙制结构本身不是纳税主体，实际收入（或亏损）数字按投资比例分配到每个合伙人名下，以单一的合伙人作为纳税主体。合伙人可以将分配到自己名下的收入（或亏损）与其他收入合并，以确定最终的缴纳所得税义务。税务结构处理的灵活性是合伙制结构在项目投资中被长期应用的一个主要原因。

非公司型投资结构的资产由投资者分别直接拥有，项目的产品也由投资者直接拥有。无论项目产品是由投资者分别自行处理还是共同销售，收入都将直接归投资者所有，投资者可以自行决定其应纳税收入问题，这就为冲抵亏损提供了可能。因此，投资者可以结合投资的要求和融资需要，设计符合自己要求的税务结构。

3.2.6 财务处理的要求

项目的投资结构不同，其财务处理方式也存在差异，这种差异主要体现在两个方面：一是财务信息的公开披露程度；二是财务报表的账务处理方法。按照各国公司法、证券法等相关法律规定，股份公司往往要承担信息公开披露的责任和义务。另外，财务报表的合并问题也是投资者十分关注的问题。因为按照各国相关法律规定，采用不同的投资结构，或者虽然投资结构相同，但是采用不同的投资比例，往往会影响到项目的资产负债情况是否反映在投资者自身的财务报表上及反映的方式，这就会给投资者的财务状况带来不同的影响。

对于非公司型投资结构，由于资产和产品经常直接归投资者拥有，则无论投资者投资金额的占比多大，该项投资全部资产负债和损益状况全部在投资者的财务报表中体现。对于公司型投资结构，则可能出现以下三种情况：

（1）投资者持股比例超过50%　如果投资者在一个项目公司中的持股比例超过50%，投资者即被认为拥有投资公司的控制权，该项目公司的资产负债表需要全面合并到投资者自身公司的财务报表中去，以达到全面真实地反映该投资者财务状况的目的。

（2）投资者持股比例介于20%~50%　如果投资者在一个项目公司中持股比例为20%~50%，此时，投资者对公司没有绝对控制权，不存在合并财务报表的问题，但由于持股比例比较大，对公司的决策会有很大的影响。因此，应在投资者自身公司的财务报表中按投资比例反映出该项投资的实际盈亏情况。

（3）投资者持股比例低于20%　如果投资者在一个项目公司中持股比例低于20%，则对公司决策的影响就比较有限，只要求在其自身公司的财务报表中反映出实际投资成本，而不需要反映任何被投资公司的财务状况。

综上所述，投资者应根据实际要求，设计符合自己投资目的的项目投资结构。假如投资者不希望将新项目融资安排反映在自身的财务报表上，同时又不失去对项目的实际控制权，就需要谨慎处理投资者在项目公司中的投资比例，或者对投资结构加以特殊设计，使其成为一种非公司负债型的融资。反之，如果尽管投资者在一个项目中的投资所占比例较小，但仍希望能够将其投资合并进自身的资产负债表中以增强公司的形象，则可适当选择合伙制投资结构。总之，项目投资结构的会计处理专业性较强，具体的法律规定各国也有区别，此处只是从原则上进行分析。在实际工作中应根据项目所在国家或地区的法律规定，结合项目的具体情况与融资顾问和会计师详细分析后制订可行的方案。

3.2.7　项目风险和债务的隔离程度

有限追索性是项目融资的重要特征。因此，许多项目投资者在设计项目投资结构时，都会考虑如何实现风险和债务的有限追索。但是，各项目发起人有不同的背景和不同的要求，他们会根据具体的情况设计出一种最符合其要求的项目风险和债务责任承担形式。

实现融资的有限追索是采取项目融资方式的一个基本出发点，在项目投资结构设计时，必须考虑如何根据项目的各参与方的特点和要求来实现项目风险的合理分配以及让项目的债务追索性质和强度符合投资者的要求。通常，投资者实现的收益率与其承担的风险是紧密相关的，因此，各投资者往往由于其背景、投资目标和对项目融资的具体要求不同，对投资结构提出不同的要求，在进行项目投资结构设计时必须经过不断的修正和调整，最大限度地满足各投资者的要求。采用项目融资，投资者的目的之一是将债务责任最大限度地限制在项目之内，其中包括对银行贷款的主要责任，以及项目经营过程中的其他债务和一些未知的风险因素。因此，许多项目投资者在设计项目投资结构时，都会考虑如何实现风险和债务的有限追索。

例如，如果项目发起人愿意承担间接的风险和责任，则多偏好于公司型投资结构，成立一个项目公司。在这种项目投资结构中，项目融资是以项目公司的资产和项目未来现金流量为基础进行的，投资者的风险只包括已投入的股本资金和一些承诺性的担保责任。而如果投资者有能力且愿意承担更多的风险和责任，以期获得更大的投资回报，则可能会选择非公司型投资结构。在这种投资结构中，投资者承担直接的债务责任，投资风险大。因为投资者是以其直接拥有的项目资产来安排融资的，所以选择哪种债务承担形式，由投资者根据其收益与风险的对称关系具体决定。

3.3 公司型投资结构

公司型投资结构的基础是成立有限责任公司，这种项目投资结构是一个按照《公司法》成立的与其投资者完全分离的独立法人实体。作为一个独立的法人，项目公司拥有一切项目资产和处置资产的权利，公司股东既没有直接的法律权益，也没有直接的受益人权益。即由合作各方共同组成有限责任公司，共同经营、共负盈亏、共担风险，并按照股份份额分配利润。

3.3.1 公司型投资结构的优势

（1）公司股东承担有限责任 在这一投资结构中，项目发起人作为项目公司的股东，只承担有限的债务责任，即仅限于其对公司投入的股本资金负责。这就是风险隔离，它是项目发起人选择公司型投资结构的重要影响因素，以此将项目的融资风险和经营风险大部分限制在项目公司，项目对偿还贷款承担直接责任，实现对项目投资者的有限债务追索。

（2）容易实现非公司负债型融资 根据一些国家的会计制度，成立项目公司进行融资可以避免将有限追索的融资安排作为债务列入项目发起人自身的资产负债表中，实现非公司负债型融资安排，从而降低项目发起人的债务比率。

（3）便于集中管理 通过组建项目公司，便于把项目资产的所有权集中在项目公司，而不是分散在各项目发起人所拥有的公司，便于管理。项目公司可以拥有项目管理所必须具备的生产技术、管理和人员条件，也可以将项目的运营与管理委托给具有丰富经验的管理公司。

（4）融资安排比较灵活 从贷款人的角度看，公司型投资结构便于其在项目资产上设定抵押担保权益。这样做的好处是可以通过发行新股筹集新资金，吸收新的投资者，较容易取得银行的项目贷款，因为银行可以通过取得项目资产的抵押权和担保权来降低借款人的违约风险。

由于以上特点，国际上大多数制造业项目、加工工业项目甚至资源开发项目都采用有限责任公司型投资结构。

3.3.2 公司型投资结构的弊端

以上对公司型投资结构优势的分析，并不是说在项目融资中就只能使用这种项目投资结构,实际上,正是在以上优势中暴露出了这种项目投资结构的弊端。

(1)投资者对项目的现金流量缺乏直接的控制 在这种投资结构中,项目公司控制着项目的所有现金流量及账户,这对于希望利用项目的现金流量自行安排融资的投资者而言是一个不利的因素。

(2)项目的税务结构的灵活性差 即不能用项目公司的亏损去冲抵项目发起人其他项目的利润。因为任何一个项目发起人都不能完全控制该项目公司,该项目公司也不是任何一个项目发起人的"子公司"。结果是,项目开发前期的税务亏损(即以亏损抵减收益后纳税)或优惠只能保留在公司中,并在一定年限内使用,这就可能造成如果项目公司在几年内不盈利,税务亏损就会完全损失,从而降低了项目的综合投资效益。

(3)存在着双重征税的现象 即项目公司如有盈利,要缴纳公司所得税,项目发起人取得股东红利后还要缴纳一次公司所得税或个人所得税,从而无形中降低了项目的综合投资回报率。

3.3.3 公司型投资结构的灵活运用

由于存在着一定的缺陷,项目投资者大都会在法律许可的范围内尽量对其基本结构加以改建,创造出种种复杂的公司型投资结构,以达到充分利用其优势、减少其弊端的目的,即争取尽快尽早地利用项目的税务亏损或优惠,以提高项目投资的综合经济效益。其中通行的做法就是在项目公司中做出某种安排,使得其中一个或几个项目发起人可以充分利用项目投资前期的税务亏损或优惠,同时又将其所取得的部分收益以某种形式与其他项目发起人分享。

假设 A 公司需要煤,但缺乏经营煤矿的经验,不能充分利用税务优惠。B 公司是一家煤矿经营公司,且能利用税务优惠。因此,两家公司决定成立项目公司,开发煤矿项目。这种创新结构运作可以分为以下几个步骤:

1)成立项目公司,由 B 公司认购项目公司的 100 股股票,这些股票是项目公司全部的原始股,这样,项目公司就变成了 B 公司的全资控股公司,为其利用税收优惠提供了法律保证。

2)A 公司贷款或认购项目公司的无投票权的优先股,并规定这些优先股可在 10 年后转换成项目公司的普通股。

3)项目公司与 B 公司签订 10 年期的煤矿项目经营协议,根据这一协议,B 公司负责该煤矿项目的经营和管理。

4)A 公司与项目公司签订一个 10 年期的煤炭产品购买协议,根据这一协议,A 公司履行向项目公司付款的义务,购买协议的价格要反映 B 公司利用税务优惠的情况,即购买价格应有所优惠。

5)B 公司将项目公司的财务报表与自己的财务报表合并后统一纳税,这样,B 公司就可以充分分享该项目公司的折旧、投资税务优惠和合并纳税优惠的好处。

10 年后,A 公司将其贷款或优先股转换成普通股,这时,A 公司和 B 公司在项目公司中就具有了同等的股本投资者地位。公司型投资结构的创新结构运作如图 3-1 所示。

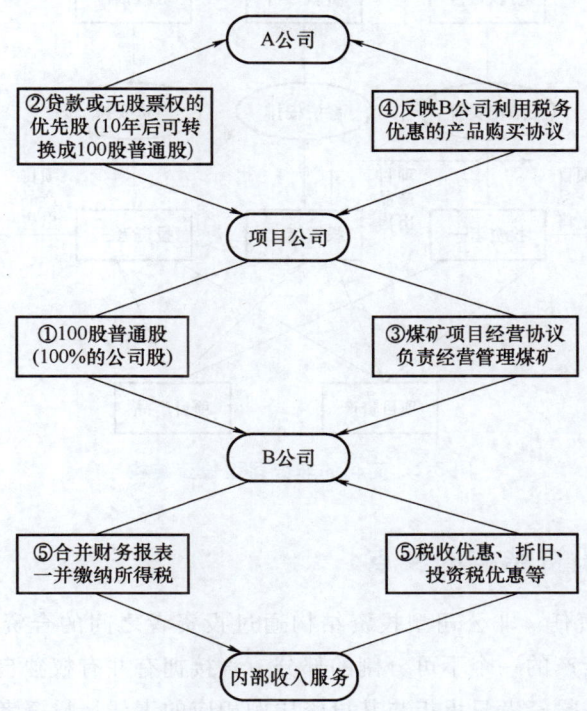

图 3-1 公司型投资结构的创新结构运作

3.4 非公司型投资结构

非公司型投资结构也称契约型投资结构，通常是项目发起人专门为投资某一项目成立单纯目的子公司，各方根据各自在合资企业中的股份，持有项目全部不可分割资产和生产出来的产品中的一部分。每一个项目发起人根据其在合资企业中的比例，负责项目生产出来产品的销售工作，并将在项目中的投资作为直接投资，无论比例大小全部反映在各自的财务报表上。

在公司型投资结构中，项目发起人持有项目公司中的股票，占有相应的股份。而在非公司型投资结构中，项目发起人持有的是以法律协议确定下来的对项目资产、项目生产出来产品的权利。在项目融资中，这种投资结构经常应用在石油天然气开发、采矿、初级矿产品加工、石油化工、钢铁及有色金属等领域。如英国北海油田的开发，我国的海外投资项目如中信公司在澳大利亚投资的波特兰电解铝厂，中国冶金进出口公司在澳大利亚投资的恰那铁矿等项目均采用非公司型投资结构。

非公司型投资结构从严格的法律意义上说，不是一种法人实体，只是项目发起人之间所建立的一种契约合作关系。简化的非公司型投资结构如图 3-2 所示。

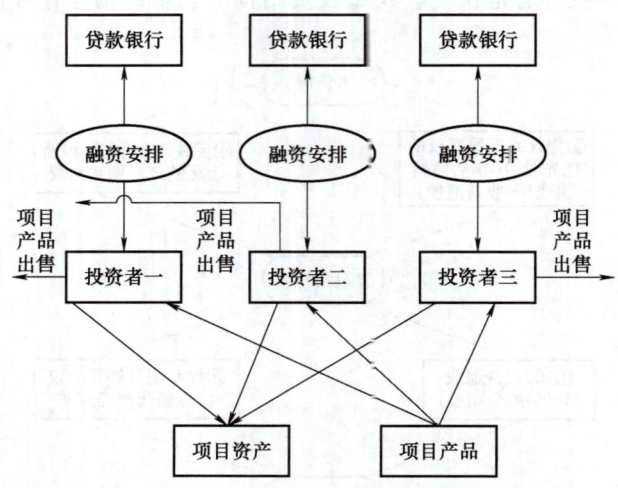

图 3-2　简化的非公司型投资结构

3.4.1　非公司型投资结构的特点

（1）资产拥有与责任　非公司型投资结构通过投资者之间的合资协议建立，每个投资者直接拥有全部项目资产的一个不可分割的部分，直接拥有并有权独自处理其投资比例的项目最终产品。相应地，投资者只承担与其投资比例相应的责任，投资者之间没有任何的连带责任或共同责任。

（2）出资与分配　根据项目的投资计划，每个投资者需要投入相应投资比例的资金。这些资金的用途可以包括项目的前期开发费用、项目的固定资产投入、流动资金、共同生产成本和管理费用等。同时，每个投资者直接拥有并有权独自处置其投资比例的项目最终产品。

（3）项目管理与决策　非公司型投资结构是根据联合经营协议成立项目管理委员会进行管理。项目管理委员会由每个投资者的代表组成，每个代表都代表本公司的利益在项目管理委员会进行投票，每个投资者都有权独立做出其相应投资比例的项目投资、原材料供应和产品处置等重大商业决策。项目的日常管理由项目管理委员会指定的项目经理负责；项目经理可以由其中一个投资者担任，或由一个合资的项目管理公司担任，在一些情况下，也可以由一个独立的项目管理公司担任。有关项目管理委员会的组成、决策方式与程序，以及项目经理的任命、责任、权利与义务，都需要通过合资协议或者单独的管理协议加以明确规定。

（4）投资者之间的关系　投资者之间是一种合作性质的关系，其合作不单纯以"获取利润"为目的，而是根据投资协议使每个投资者从投资项目中获得相应份额的产品，即合作生产"产品"，或"为取得产品而合作"。

3.4.2　非公司型投资结构的优缺点

1. 非公司型投资结构的优点

（1）投资者在投资结构中承担有限责任　每个投资者在项目中所承担的责任将在合资

协议中明确规定。除特殊的情况外，这些责任将被限制在投资者相应的投资比例之内，投资者之间没有任何的共同责任或连带责任，这是非公司型投资结构很重要的一个优点。

（2）可以有效地利用税务优惠　因为投资结构不是一个法人实体，所以项目本身不必缴纳所得税，其经营业绩可以完全合并到各个投资者自身的财务报表中去。因此，如果投资者本身具有很好的经营业绩，新的投资项目就可以采用非公司型投资结构以吸收项目建设期和试生产期的税务亏损和各种投资优惠，用于冲抵公司所得税，从而降低项目的综合投资成本。

（3）融资安排灵活　由于项目投资者在该结构中直接拥有项目的资产，直接掌握项目的产品，直接控制项目的现金流量。因此，投资者没有共同的税务责任，无论在非公司型投资结构中投资的比例多大，投资者在项目中的投资活动和经营活动都全部将直接反映在投资者自身公司的财务报表中，其税务安排也将由每个投资者独立完成并且可以独立设计项目的税务结构，这就为投资者提供了一个相对独立的融资活动空间。每个投资者均可以按照自身发展战略和财务状况来安排项目融资。

（4）投资结构设计灵活　与公司型投资结构不同，世界上多数国家目前还没有专门的法律来规范非公司型投资结构的组成和行为，这就为投资者提供了较大的空间。投资者可以按照投资战略、财务、融资、产品分配和现金流量控制等方面的目标要求设计项目的投资结构和合资协议。在常规的《合同法》的规范下，合资协议将具有充分的法律效力。

2．非公司型投资结构的缺点

（1）结构设计存在一定的不确定性因素　非公司型投资结构在一些方面的特点与合伙制结构类似，因而在结构设计上要注意防止合资结构被认为是合伙制结构而不是非公司型投资结构。有的国家（如澳大利亚）就曾有将非公司型投资结构作为合伙制结构处理的法院判决案例。注意区别两者的本质是非常重要的。

（2）投资转让程序比较复杂，交易成本比较高　在非公司型投资结构中的投资转让是投资者对项目中直接拥有的资产和合约权益的转让。与股份转让或其他资产形式转让（如信托基金中的信托单位）相比较为复杂，与此相关联的费用也比较高，对直接拥有资产的精确定义也相对比较复杂。

（3）管理程序比较复杂　由于缺乏用现成的法律来规范非公司型投资结构的行为，参加该种结构的投资者的权益基本上依赖于合资协议加以保护，因而必须在合资协议中对所有的决策和管理程序按照问题的重要性清楚地加以规定。对于投资比例较小的投资者，特别要注意保护在投资结构中的权利，要保证这些投资者在重大问题上的发言权和决策权。

3.5　合伙制结构

3.5.1　概述

合伙制是两个或两个以上合伙人以获取利润为目的，共同从事某项商业活动而建立起来的一种法律关系。根据合伙协议的规定，合伙人分享在合伙制下取得的利润，同时对合伙制造成的债务承担无限连带责任。

合伙制结构通过合伙协议组织起来，在协议中对各合伙人的资本投入、项目管理、风险分担、利润及亏损的分配比例和原则均需要有具体的规定。合伙人可以是自然人也可以是公司法人，但合伙制结构本身不是一个独立的法人实体，它只是通过合伙人之间的法律合约成立起来，没有法定的形式，一般也不需要在政府注册，这一点与成立一个公司有本质上的不同。但是，在多数国家仍缺少完整的法律来规范合伙制结构的组成及其行为。在实际运用中，合伙制结构包括普通合伙制和有限合伙制两种基本形式。

3.5.2 普通合伙制结构

普通合伙制结构是指所有的合伙人对于合伙制结构的经营、债务以及其他经济责任和民事责任均负无限连带责任的一种合伙制，其合伙人称为普通合伙人。由于在普通合伙制下，所有合伙人均承担无限连带责任，在大多数国家中普通合伙制结构一般用于法律和会计行业这种专业化的工作组合，以及小型项目的开发，在大型投资项目中很少采用这种结构。只有在北美地区，普通合伙制有时被用来作为项目的投资结构，特别是在石油、天然气勘探和开发领域有相对较多的应用。

1. 普通合伙制结构的优点

（1）普通合伙人不承担连带责任　在资产拥有和合伙人责任方面，普通合伙制的资产由普通合伙人拥有，并且各普通合伙人都对项目承担无限连带责任。

（2）所有普通合伙人权责相同　在投资人对项目的管理权方面，每个普通合伙人都有权参与普通合伙制的经营管理，均可以要求以所有普通合伙人的名义去执行普通合伙制的权利，即当一个普通合伙人与第三者签订合同时，也就表明其他普通合伙人也必须承担该合同的责任。相应地，普通合伙制结构的法律权益的转让必须要得到其他普通合伙人的同意。

（3）可以充分利用税务优惠　由于普通合伙制不是一个纳税主体，普通合伙制结构在一个财政年度内的净收入或亏损将全部按投资比例直接转移给各普通合伙人，各普通合伙人单独申报自己在普通合伙制结构中的收入，并且从普通合伙制结构中获取的收益（或亏损）允许与普通合伙人其他来源的收入进行合并，从而有利于普通合伙人较灵活地做出自己的税务安排。

2. 普通合伙制结构的缺点

（1）普通合伙人承担着无限连带责任　一旦项目出现问题，或者某些普通合伙人由于种种原因无力承担其相应的责任，其他普通合伙人就面临着要承担超出其在普通合伙制结构中所占投资比例的责任和风险。这一问题严重限制了普通合伙制在项目融资中的广泛使用。

（2）权益转让复杂　公司型投资结构股份的转让，除有专门约定以外，不需要其他股东的同意。但在普通合伙制下，普通合伙人法律权益的转让必须取得其他普通合伙人的同意。

（3）单个普通合伙人也具有约束普通合伙制的能力　按照普通合伙制结构的法律规定，

每个普通合伙人都被认为是普通合伙制的代理,因而至少在表面上或形式上拥有代表普通合伙制结构签订任何具有法律效力的协议的权利。这将会给普通合伙制的管理带来诸多问题。

(4) 融资安排比较复杂 由于普通合伙制结构在法律上并不拥有项目资产,所有普通合伙制结构的融资安排需要每一个普通合伙人同意将项目中属于自己的一部分资产权益拿出来作为抵押或担保,并共同承担融资安排中的责任和风险。这样操作起来要比公司型投资结构复杂得多。为普通合伙制结构安排融资的另一个潜在复杂问题是如果贷款银行由于执行抵押或担保权利进而控制了普通合伙制结构的财务活动,这有可能导致贷款银行在法律上也被视为普通合伙人,并要求其承担普通合伙制结构的无限连带责任。

3. 普通合伙制结构的灵活应用

在项目融资中采用普通合伙制时,为了避免投资者以自己的全部财产为普通合伙制结构承担无限连带责任,项目发起人都是通过一家专门为参与这个项目成立的特殊目的的子公司介入项目。这样就可以保证项目发起人的其他资产和业务不受由普通合伙制造成的相互承担无限连带责任的影响,这种情况下的普通合伙制简化结构如图3-3所示。

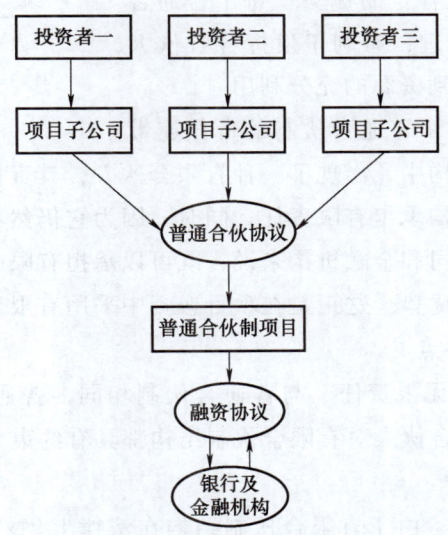

图3-3 普通合伙制简化结构

3.5.3 有限合伙制结构

有限合伙制是在普通合伙制基础上发展起来的一种合伙制结构。它是指包括至少一个普通合伙人和至少一个有限合伙人的合伙制形式。其中,普通合伙人负责合伙制项目的组织、经营和管理,并承担对合伙制债务的无限责任;有限合伙人不参与项目的日常经营管理,只以其出资额对合伙制债务承担有限责任。在这种结构中,普通合伙人和有限合伙人起到了互相合作、扬长避短的作用。即在该种投资结构中,普通合伙人大多是在该项目投资领域有技术管理特长,并准备利用这些特长从

有限合伙制结构

事项目开发的公司。由于资金、风险和投资成本等多种因素的制约，普通合伙人愿意组织一个有限合伙制的投资结构以吸引更广泛的有限合伙人参与到项目中来，从而共同分担项目的投资风险和分享项目的投资收益。有限合伙制简化结构如图3-4所示。

1. 有限合伙制结构的优点

有限合伙制结构是一种特殊的合伙制结构，它既具有普通合伙制在税务安排上的优点，又在一定程度上避免了普通合伙制的责任连带问题，因而在项目融资中得到了广泛应用。

（1）税务安排比较灵活　与普通合伙制相同，由于有限合伙制结构本身不是一个纳税主体，其在一个会计年度内的净收入或亏损可以全部按投资比例直接转移给合伙人，合伙人单独申报自己在合伙制结构中的收入并与其他收入合并后确定最终的纳税义务。

（2）有利于发挥合伙人各自的优势　每个普通合伙人有权直接参加企业的管理，有利于发挥各合伙人的业务专长和管理能力，做到资源的充分利用。

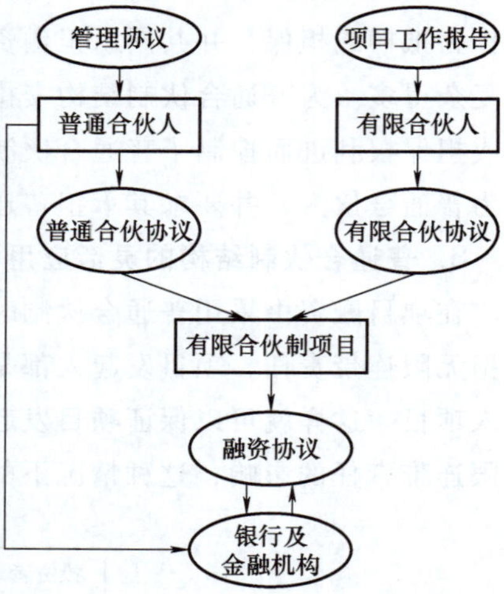

图 3-4　有限合伙制简化结构

（3）在一定程度上避免了普通合伙制的责任连带问题　由于在有限合伙制结构中，出现了一种有限合伙人，其责任仅以其投入和承诺投入的资本额为限对有限合伙制结构承担有限责任。同时，因为它仍然不是一个法律实体组织，对于有雄厚资金实力的投资公司和金融机构来说，既可以承担有限的债务责任，又可以充分利用合伙制在税务扣减方面的优势。这正是在项目融资中采用有限合伙制结构的主要原因。

2. 有限合伙制结构的缺点

（1）普通合伙人要承担无限责任　与普通合伙制相同，普通合伙人仍然要承担无限的债务连带责任。且每个普通合伙人对有限合伙制结构都具有约束力，而不受投资份额大小的影响。

（2）融资安排比较复杂　由于有限合伙制结构在法律上仍然不拥有项目的资产，有限合伙制结构在安排融资时需要每个普通合伙人同意将项目中属于自己的一部分资产权益拿出来作为抵押或担保，并共同承担融资安排中的责任和风险。

此外，如果贷款银行由于执行抵押或担保权利进而控制了企业的财务活动时，有可能导致在法律上，贷款银行也被视为一个普通合伙人，从而被要求承担合伙制结构所有的经济和法律责任。

（3）法律处理复杂　有限合伙制结构在法律上要比公司型投资结构复杂，有关的法律在不同国家之间差别很大。在采用有限合伙制结构时，特别需要注意项目所在国家的相关税务规定和对有限合伙人的定义，防止出现以下两种极端情况：一是如果结构安排不周，有限合伙制有可能被作为公司型投资结构来处理，而失去采用合伙制结构的意义。因为，有限合伙人的责任类似公司型投资结构中的股东。这样，很可能就不能再利用合伙制结构在税务处理上的优越性。二是如果对合伙参与管理的界定不清楚，有限合伙人有可能由于被认为参与管理而变成为要承担无限连带债务责任的普通合伙人，这将增加其在项目中的投资风险。

3. 有限合伙制结构在项目融资中的主要应用领域

（1）资本密集、周期长但风险较低的公用设施和基础设施项目　在美国，电站、公路等项目较常采用有限合伙制投资结构。在这类项目中有限合伙人可以充分利用项目前期的亏损和投资优惠冲抵其他的收入，提前回收一部分投资资金。

（2）投资风险大、税务优惠大、具有良好勘探前景的资源类地质勘探项目　这类项目包括石油、天然气和一些矿产资源的开发。许多国家对资源类项目的前期勘探费用支出给予优惠的税收政策（费用支出当年可从收入中扣减100%～150%）。对于这类项目，通常是由项目的主要投资者作为普通合伙人，邀请一些其他的投资者作为有限合伙人为项目提供前期勘探的高风险资金，而普通合伙人则承担全部或大部分项目建设开发的投资费用以及项目前期勘探、建设和生产阶段的管理工作。在这种结构安排下，由于有限合伙人在勘探阶段投入的全部费用基本上可在当年抵税，已获得相当大比例的投资回报，并且项目又具有一定的发展前景，所以对许多盈利较高又不具备在这一领域专门发展能力的公司来说有很大的吸引力。这是在工业国家中许多公司愿意对勘探前景较好的项目进行风险投资的重要原因之一。作为普通合伙人，由于在勘探工作结束并认为有开发价值后才投入项目的建设开发资金，虽然在税务结构上不如有限合伙人，但是其所承担的风险也相对小得多。而作为项目的主要投资者，可以在项目的开发中获得更大的利益。因此，在设计这类具有良好勘探前景的资源类地质勘探项目的投资结构的过程中，有限合伙制是受投资者青睐的项目投资结构之一。

▶▶ 3.6　信托基金结构

3.6.1　信托基金结构的运作

1. 信托基金结构及其特点

信托基金作为一种投资形式，在英国、美国、法国等国家中应用较为普遍，而在我国应用则较少。在房地产项目和其他不动产项目的投资，在资源性项目的开发，以及在项目融资安排中较常使用的一种信托基金形式被称为单位信托基金，在本书中将其简称为信托基金结构。严格地讲，信托基金结构是一种投资基金的管理结构，在投资方式中属于间接投资形式。

信托基金结构在形式上与公司型投资结构近似，也是将信托基金划分为类似于公司股票的信托单位，通过发行信托单位来筹集资金。但是，与公司型投资结构相比较，信托基金结构还具有以下几个方面的特点：

1）信托基金是通过信托契约建立起来的，这与根据国家有关法律组建的有限责任公司是有区别的。组建信托基金必须要有信托资产，这种资产可以是动产，也可以是不动产。

2）信托基金与公司法人不同，不能被作为一个独立法人而在法律上具有起诉权和被起诉权。受托管理人承担信托基金的起诉和被起诉的责任。

3）信托基金的受托管理人作为信托基金的法定代表，他所代表的责任与其个人责任是不能分割的。例如，受托管理人代表信托基金签署一项银行贷款协议，受托管理人也就同时为这项贷款承担了个人责任，信托基金的债权人有权利就债务偿还问题追索到受托管理人的个人资产。但是，除极个别的情况外，债权人一般同意受托管理人的债务责任被限制于信托基金的资产。

4）在信托基金结构中，受托管理人只是受信托单位持有人的委托持有资产，信托单位持有人对信托基金资产按比例拥有直接的法律和受益人权益，任何时候，每个信托单位的价值等于信托基金净资产的价值除以信托单位总数。

2．信托基金结构的运作

信托基金参与项目融资的主要方式：同银行等机构一样为项目提供贷款，购买项目的股权、可转换债券等。而且，信托基金结构在项目融资中的应用，主要是作为一种被动投资形式，或者是为实现投资者特殊融资要求而采用的一种措施。这种投资结构的一个显著特点是易于转让，在不需要时可以很容易地将信托基金中的一切资产资金返还给信托单位持有人。如果一家公司在开发或收购一个项目时不愿意将新项目的融资安排反映在公司的财务报表上，但是又希望新项目的投资结构只是作为一种临时性的安排，信托基金结构就是一种能够达到双重目的的投资结构选择。信托基金的建立和运作需要包括以下几个方面的内容：

（1）信托契约　信托契约与公司的股东协议相似，是规定和规范信托单位持有人、受托管理人和信托基金经理之间法律关系的基本协议。

（2）信托单位持有人　信托单位持有人类似于公司股东，是信托基金资产和其经营活动的所有者。理论上，信托单位持有人不参加信托基金及信托基金所投资项目的管理。

（3）受托管理人　受托管理人代表信托基金签署法律合同。受托管理人由信托单位持有人根据信托契约任命并对其负责。主要作用是保护信托单位持有人在信托基金中的资产和权益不受损害，并负责控制和管理信托单位的发行和注册，以及监督信托基金经理的工作。除非信托基金经理的工作与信托单位持有人的利益发生冲突，受托管理人一般不介入日常的基金管理。在采用英美法律体系的国家，信托基金的受托管理人一般由银行或者职业的受托管理公司担任。

（4）信托基金经理　信托基金经理由受托管理人任命，负责信托基金及其投资项目的日常经营管理。一些国家规定，受托管理人和信托基金经理必须是由两个完全独立的机构担任。

3.6.2　信托基金结构的优点

1．有限责任

信托单位持有人在信托基金结构中的责任由信托契约来确定。一般来说，信托单位持有人的责任是有限的，仅限于在信托基金中已投入和承诺投入的资金。然而，受托管理人需要承担信托基金结构的全部债务责任，并有权要求以信托基金的资产作为补偿。

2. 融资安排比较容易

信托基金结构可为贷款银行提供一个完整的项目资产的权益来安排融资。并且信托基金结构易于被资本市场接受，需要时可以通过信托单位上市等手段筹集资金。

3. 项目现金流量的控制相对比较容易

按照各国有关信托基金的法律规定，信托基金中的项目净现金流量在扣除生产准备金和还债准备金以后都必须分配给信托单位持有人。从投资者的角度，采用信托基金结构将比公司型投资结构更好地掌握项目的现金流量。

3.6.3 信托基金结构的缺点

1. 税务结构灵活性差

在应用信托基金作为项目投资结构的国家中，历史上一个重要原因是其税务安排的灵活性。然而，近年来，这种灵活性已经在很多国家中逐渐消失了。虽然信托基金结构仍然是以信托单位持有人作为纳税主体，但是信托基金的经营亏损在很多情况下却被局限在基金内部结转用以冲抵未来年份的盈利。

2. 投资结构比较复杂

信托基金结构中除投资者（即信托单位持有人）和管理公司之外，还设有受托管理人，需要有专门的法律协议来规定各个方面在决策中的作用和对项目的控制方法，因此其投资结构相对较复杂。另外，对于应用普通法的国家之外的投资者，大多数人对于这种结构是不熟悉的。

【案例研究】 工程项目融资投资结构案例

【案例 3-1】 收购新西兰钢铁联合企业的案例

1989 年年初，有四家公司（F、T、B、C）在新西兰组成了一个投资财团投标收购濒临倒闭的新西兰钢铁联合企业。在这个投资财团里，各公司的背景资料如下：F 公司是当地最大的工业集团，具有雄厚的资金实力，拥有钢铁工业方面的生产管理经验和技术。但是，由于该公司过去几年发展过快，资产负债表中的负债比率过高，不希望新收购的钢铁联合企业再并入公司的资产负债表中，所以要求持股比例不超过 50%。T 公司和 B 公司是两家外国的投资公司，目的是想通过投资该收购项目取得利润。C 公司是当地一家经营业绩较好、有较高盈利水平的有色金属公司。新西兰钢铁联合企业由于管理不善、成本超支，连年亏损，终于倒闭，并留下了超过 5 亿新西兰元的税务亏损，投资财团希望充分利用这些税务亏损以实现节约投资成本的目的。经过分析，只有 C 公司一家可以吸收这些税务亏损，因此，这四家公司在律师和会计师的协助下设计出了一种公司型投资结构，如图 3-5 所示。

1) 根据合资协议，先成立一个控股公司（即项目公司），成为在法律上百分之百地拥有新西兰钢铁联合企业的法人实体，因此，在这个收购项目中采取的仍然是公司型投资结构。C 公司认购该控股公司的 100 股股票，使其成为控股公司的法律拥有者。因为 C 公司经营业绩优良，通过对新西兰钢铁联合企业的完全控股，该控股公司及新西兰钢铁联合企业的资产负债和经营损益可以并入 C 公司的财务报表之中，同时，控股公司和新西兰钢铁联合企业的税收也可以与 C 公司的税收合并，统一纳税。

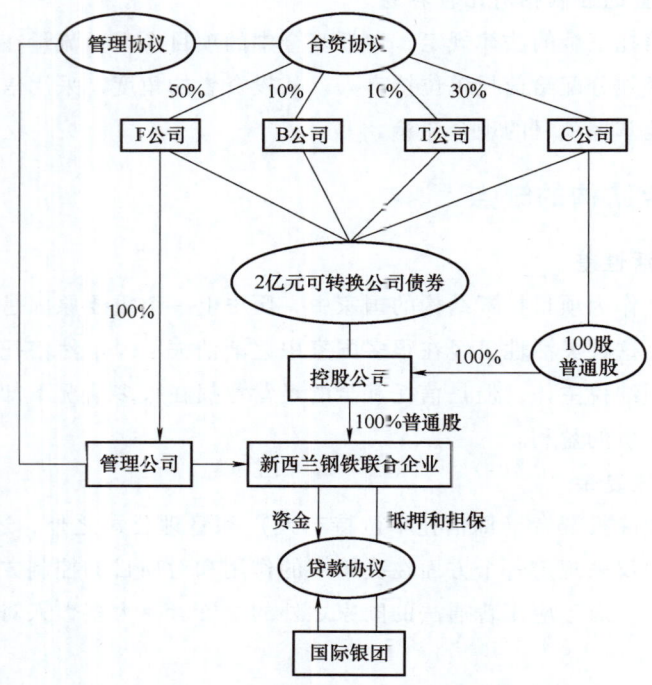

图 3-5　收购新西兰钢铁联合企业的公司型投资结构

2）根据合资协议，四家公司通过认购控股公司发行的可转换债券的方式对控股公司进行实际股本资金投入（在合资协议中规定了可转换债券持有人的权益及转换条件），从而组成真正的投资财团。根据各自参与项目的不同目的，F、C、T、B 四家公司认购债券的比例分别为 50%、30%、10%、10%。以认购可转换债券方式作为初始资本投入，对投资者而言，既可以定期取得利息收入，又可以在项目成功时转换为股票以取得巨大的好处，因而深受投资者欢迎。

3）根据合资协议，投资者组成董事会，负责控股公司的重大决策事项，并任命 F 公司的下属公司担任项目管理者，负责项目的日常生产经营，以充分利用 F 公司在钢铁生产管理方面的经验和技术。

由于 C 公司通过此项投资可以获得 5 亿新西兰元的税务亏损的好处，所以愿意多出资 5000 万新西兰元。

各方投资者在项目中的投资比例和出资金额见表 3-1。从表中可以看出，由于巧妙地利用了被收购企业的税务亏损，除 C 公司以外的其他投资者都可以实现一定程度的投资资金节约，具体水平是 F 公司节约投资资金 17.5%，T 公司和 B 公司均节约投资 2.5%，即共节约投资 22.5%，而 C 公司通过将新西兰钢铁联合企业的税务亏损合并冲抵其他方面业务的利润，也可以预期获得 1.65 亿新西兰元的税款节约（当地公司所得税税率为 33%，即 5 亿新西兰元×33% = 1.65 亿新西兰元）。

表 3-1 各方投资者在项目中的投资比例和出资金额　　（单位：百万新西兰元）

公司	协议持股比例（%）	可转换公司债券	购买税务亏损	总计	实际投资占总投资的比例（%）
F 公司	50	75		75	37.5
C 公司	30	45	50	95	47.5
T 公司	10	15		15	7.5
B 公司	10	15		15	7.5
合计	100	150	50	200	100

显然，这种改进后的公司型投资结构在一定程度上避免了税务优惠的浪费和克服了双重征税的弊端，因而可以说是一种较成功的投资结构创新。

【案例 3-2】 投资信托基金结构的苏州绕城高速公路项目

1. 项目概况

苏州绕城高速公路全长 188km，全线采用平原微丘区高速公路标准建设，双向 6 车道高速公路标准设计，部分地段预留 8 车道的高速公路标准、沿线设有 22 个收费站、29 个互通立交桥，总投资 131 亿元。采用"省市共建、以市为主、股份制建路"策略，分西南、西北、东北和东南 4 段进行开发建设。该项目于 2002 年 1 月 8 日开工建设，2005 年 11 月 8 日全线通车，历时 16 个月。

2. 项目的融资结构

在我国收费公路的建设运营项目中，国家规定项目法人的股权投资必须达到总投资的 35% 以上，而苏州绕城高速公路有限公司（项目公司）的资本金约为 18 亿元，只有总投资的 17.74%，需要补足以后才能从银行贷款。为了利用民间资本，采用信托基金结构向社会大众筹集资本金，为此，项目公司（即信托基金使用人）通过苏州信托投资有限公司（即受托管理人）推出苏州绕城高速公路有限公司股权投资项目集合资金信托计划，信托规模为 5 亿元人民币（注：当发售金额达到 5 亿元或发售合同份数达到 200 份，信托计划即宣告成立）。

该信托计划面向我国境内具有完全民事行为能力的自然人、法人或者依法成立的其他组织（即信托单位持有人），信托单位持有人最低认购金额为 50 万元，信托期限为 3 年，从 2005 年 9 月 13 日起，至 2008 年 9 月 13 日止。中国建设银行苏州分行作为信托资金代理收付银行，负责基金的收付工作，受托管理人按信托单位持有人的意愿以自己的名义管理信托财产，将募集的资金以股权投资的方式向苏州绕城高速公路有限公司进行投资，并向项目公司选派董事参与项目公司的管理，行使股东的权利。信托到期后，受托管理人名下的苏州绕城高速公路有限公司的股权分期转让给苏州交通投资有限责任公司（即股权受让人），苏州市财政部门出具交通建设资金安排计划文件，以保证股权受让人及时足额向受托管理人支付股权受让款（包括前2年预付部分股权转让款）。信托收益主要来源于股权投资转让收入，预期年收益率为5.5%，苏州绕城高速公路项目的融资结构如图3-6所示。

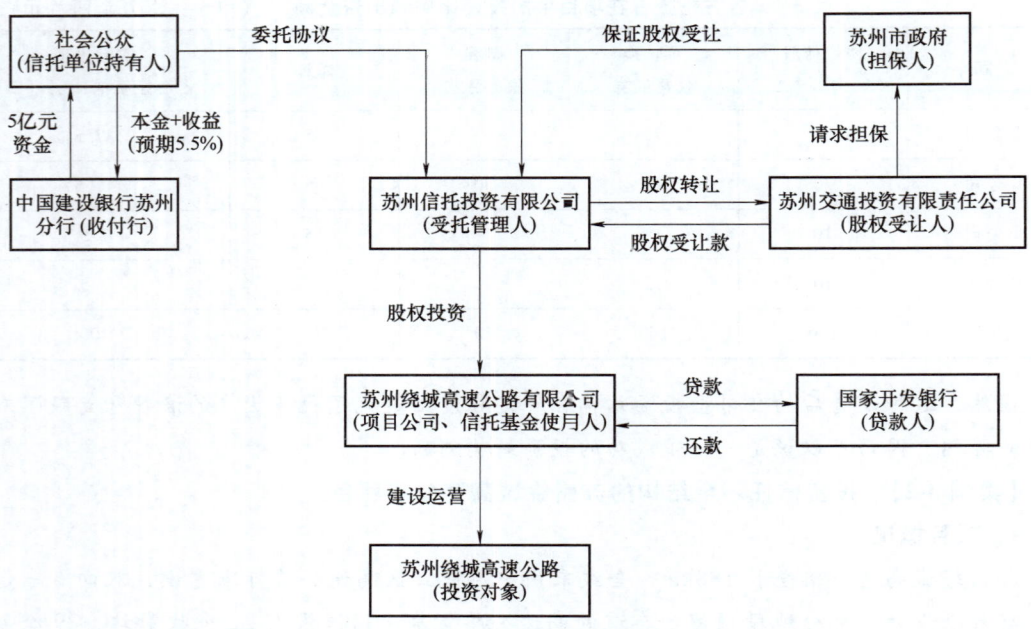

图3-6 苏州绕城高速公路项目的融资结构

3. 经验总结

苏州绕城高速公路有限公司股权投资项目集合资金信托计划之所以能够成功，主要是5.5%的预期年收益率对基金购买者具有较强的吸引力，而该预期收益又得到了政府的保证。苏州市政府同意担保是因为该项目有利于当地经济的发展，可以促进旅游、方便居民出行。

【复习思考题】

根据以上案例，分析思考以下问题：
1. 以上两个案例的项目投资结构分别是哪种类型？分析其项目投资结构的特点。
2. 影响项目投资结构的主要因素有哪些？这些因素如何影响项目投资结构？
3. 简述公司型投资结构与非公司型投资结构的主要区别。
4. 非公司型投资结构、合伙制结构各有哪些优缺点？
5. 有限合伙制结构的优缺点是什么？
6. 简述信托基金结构的运作方式和优缺点。

CHAPTER 4
第 4 章

工程项目传统融资模式

> 【核心概念】 项目融资模式　直接融资模式　项目公司融资模式　杠杆租赁融资模式　产品支付融资模式　以设施使用协议为基础的融资模式
>
> 【学习目标】 通过对本章内容的学习，掌握工程项目融资的设计原则；了解具有代表性的项目融资模式；明确各类项目融资模式的适用条件与适用范围。

项目融资模式是项目直接投资者和项目发起人结合项目本身特点，在项目运行中存在的各种风险因素及可能的风险分摊方式，考虑项目资金的来源及可能取得资金的方式。所以，项目融资模式是指项目法人取得资金的具体形式，它是项目融资整体结构组成的核心部分。项目融资模式是项目融资整体结构中的核心内容。设计项目的融资模式需要与项目投资结构的设计同步考虑，并在项目的投资结构确定下来后，进一步细化完成融资方式的设计工作。

本章主要介绍项目融资模式的一般问题，包括设计项目融资模式的基本原则，项目融资的结构特征。工程项目传统融资的主要模式包括投资者直接安排项目融资模式，投资者通过项目公司安排融资模式，以设施使用协议为基础的融资模式，以产品支付为基础的项目融资模式，以杠杆租赁为基础的项目融资模式五种。

4.1　项目融资模式的设计原则

严格地讲，国际上有很多工程项目融资模式，但没有任何两个项目融资的模式是完全一样的。这是由于项目在行业性质、投资结构等方面的差异，以及投资者对项目的信用支持、融资战略等方面的不同考虑所造成的。然而，无论一个项目的融资模式如何复杂，实际上融资模式中总是包含一些具有共性的东西，这就是人们所说的在设计项目融资模式时所必须遵循的一些基本原则。

4.1.1　有限追索原则

由于融资项目的投资额度和风险性往往超出项目投资者的承受能力，而且风险太大，因此实现融资对项目投资者的有限追索，是设计项目融资模式的一个最基本的原则，它是项目管理能否广泛开展的先决条件。但是对于一个具体项目来说，其债务资金的追索形式和追索的程度，则取决于贷款银行对项目风险的评价以及项目本身融资结构的设计，具体来说取决于包括项目所处行业的风险系数、投资规模、投资结构、项目开发阶段、项目经济强度、市场安排以及项目投资者的组成、财务状况、生产技术管理、市场销售能力等在内的多方面的因素。

由于融资项目风险较大，项目投资者在设计融资模式时，必须要尽量降低融资对项目投资者的追索责任。一般情况下，贷款银行在确定对项目投资者的追索责任时要考虑三个方面的问题：一是项目的经济强度在正常情况下能否足以支持融资的债务偿还；二是项目融资能否找到强有力的来自于投资者以外的信用支持；三是对于融资结构的设计能否做出适当的技术性处理，如提供必要的担保等。

4.1.2　风险分担原则

保证项目发起人不承担项目的全部风险是项目融资模式的第二条基本原则。因此，对于与项目有关的各种风险要素，要以某种形式在项目发起人、与项目开发有直接或间接利益关系的其他参与者和贷款人之间进行分摊，力争实现对项目发起人的最低债务追索。

项目在不同阶段中的各种性质的风险有可能通过合理的融资结构设计得到分散。例如，项目发起人（有时包括项目的工程承包公司）可能需要承担全部的项目建设期和试生产期风险。但是，在项目建成投产以后，项目发起人所承担的风险责任将有可能被限制在一个特定的范围内，如项目发起人（有时包括对项目产品有需求的第三方）有可能只需要以购买项目全部或绝大部分产品的方式承担项目的市场风险，而贷款银行则有可能需要同样承担项目的一部分经营风险。这是因为，即使项目发起人或者项目以外的第三方产品购买者以长期协议的形式承购了全部的项目产品，对于贷款银行来说仍然存在两种潜在风险：一是有可能出现国际市场产品价格过低，从而导致项目现金流量不足的问题；二是有可能出现项目产品购买者不愿意或者无力继续执行产品销售协议而造成项目的市场销售难的问题。这些潜在问题所造成的风险是贷款银行必须承担的，除非贷款银行可以从项目发起人处获得其他的信用保证。

4.1.3　成本降低原则

一般来说，项目融资涉及的投资数额大，资本密集程度高，运作的周期也长。因此，在融资项目设计与实施的过程中应该考虑的一个重要问题就是如何降低成本，这里最主要的是一些经济手段的运用。

比如，世界上多数国家的税法都对企业税务的减免有相应的规定，但是税务减免不是无限期的（个别国家例外），短则只有3~5年，长的也就只有10年左右。同时，许多国家为了发展经济还制定了一系列的投资鼓励政策，并且其中很多政策也通过税前税后的规定而与项目的纳税基础紧密联系起来。因此，投资者完全可以利用这些税务减免的手段来降低项目的投资成本和融资成本。

此外，降低成本还可以从项目的投资结构和融资结构两个方面入手：一是完善项目投资结构设计，增强项目经济强度，降低项目风险，减少债务资金成本；二是合理选择，科学确定融资渠道，优化资金结构和融资结构配置，降低项目融资成本。

4.1.4　完全融资原则

在现实经济活动中，任何项目的投资，包括采用项目融资方式来安排资金的项目都需要投资者在项目运作中注入一定数量的股本资金作为对项目开发的支持。但在项目融资过程中，股本资金的注入方式比传统的公司融资要灵活很多。投资者股本资金的注入完全可以担保存款、信用证担保等非传统形式完成。这可以看作对传统资金注入模式的一种替代，投资者据此来实现项目百分之百融资的目标要求。因此，如何使项目发起人以最少的资金投入获得项目最大限度的控制和占有，是设计项目融资模式必须加以考虑的问题。这就需要在设计项目融资结构的过程中，充分考虑如何最大限度地控制项目的现金流量，保证现金流量不仅可以满足项目融资结构中正常债务部分的融资要求，还可以满足股本资金部分的融资要求。

4.1.5　近期融资与远期融资相结合的原则

综观世界各国项目融资的情况可以看出，项目融资一般都是中长期贷款，期限最长的可以达到20年左右。在项目融资中，有的投资者愿意接受长期的融资安排，有的投资者则更多考虑近期融资的需要。后者是出于对某个国家或某个投资领域不完全熟悉，对项目的风险及未来发展没有十分的把握而采取的一种谨慎策略，或者是出于投资者在财务、会计或税务等方面的特殊考虑而采用的一种过渡性措施。在此背景下，其融资战略只能是一种短期战略。在项目运行中，如果采用项目融资方式的各种决定因素变化不大，就长期地保持折中项目融资的结构；一旦这些因素朝着有利于投资者的方向发生较大的变化，他们就会希望重新安排融资结构，放松或取消银行对投资者的种种限制，降低融资成本，这就是在项目融资中经常会遇到的"重新融资问题"。

因此，在设计项目融资结构时，投资者需要明确选择项目融资模式的目的，以及对重新融资问题是如何考虑的。为尽可能地把近期融资与远期融资结合起来，不同的项目融资结构在重新融资时的难易程度是有所区别的。有些结构比较简单，有些结构相对复杂，项目融资模式的设计必须充分考虑这一问题。

4.1.6　融资结构最优化原则

项目融资过程中的表外融资就是非公司负债型融资。实现非公司负债型融资是投资者选用项目融资模式筹集项目资金的原因之一。通过对项目投资结构的设计，在一定程度上可以做到不将所投资项目的资产负债与投资者本身公司的资产负债表合并，但是多数情况下这种安排只对共同安排融资的投资项目中的某一个投资者而言是有效的。若是投资者单独安排融资，如何实现投资者的非公司负债型融资要求，就成为设计项目融资模式时需要考虑的问题。

例如，在 BOT 融资模式中，政府以"特许合约"为手段利用私人资本和项目融资兴建本国的基础设施，一方面达到了改善本国基础设施状况的目的；另一方面又有效减少了政府的直接对外债务，使政府所承担的义务不以债务的形式出现。

要做到融资结构的优化，需把握的基本点是以融资需要的资金成本和筹资效率为标准，力求融资组成要素的合理化、多元化，即筹资人应避免依赖于一种融资方式、一个资金来源、一种货币资金、一种利率和一种期限的资金，而应根据具体情况，从筹资人的实际资金需要出发，注意内部筹资与外部筹资、直接筹资与间接融资的结合，以提高筹资的效率与效益，降低筹资成本，减少筹资风险。具体而言，融资结构最优化原则包括以下几个方面：

（1）融资方式种类结构优化　一般来说，融资有多种方式，各有各的优点和不足。筹资人必须适当选择，如股权融资与债务融资的适当组合等，优化资本结构，使资金来源多元化。

（2）融资成本优化　筹资人在选择融资方式的同时，要熟悉各种不同类型金融市场的性质和业务活动，以便能从更多的资本市场上获得资金来源。在同一市场上应向多家融资机构洽谈融通资金，增加自己的选择余地。要贯彻择优的原则，以降低融资成本。

（3）融资期限结构优化　要保持一个相对平衡的债务期限结构，尽可能使债务与清偿能力相适应，体现均衡性。其具体做法如下：

1）要控制短期债务，短期债务通常用于短期调剂，对短期融资应严格限制其用途，如果把短期融资用于抵付长期债务的本息偿还，则债务结构必然恶化，因此通常把短期债务控制在总债务的 20% 以内比较合适。

2）债务融资偿还期与筹资人投资回收期衔接。

3）应尽量将债务的还本付息时间均衡地分开，以避免在个别年或若干年度内出现"偿债高峰期"。

（4）融资利率结构优化　一般来说，筹资固定利率贷款或债务比较有利。如果浮动利率贷款金额或债券规模过大，一旦金融市场利率上扬，并在相当长的时间内高居不下，则债务的利息负担增加，导致清偿困难。

具体选择利率方式时的基本原则：当资本市场利率水平相对比较低，且有上升趋势时，应尽量争取以固定利率融资，因为以固定利率融资可以避免利率浮高可能带来的损失；反之，当市场利率处于相对比较高的水平，且有回落趋势时，就应考虑用浮动利率签约。应注意到，固定利率资金具有风险小的特点，而浮动利率资金具有灵活性强但风险较大的特点。

（5）货币币种结构优化　融入资金的币种应能与筹资项目未来收入的币种相吻合，即现在所筹集的资金货币就是将来的还款货币。一般来说，融资货币应尽可能提高融入软币的比重，以避免融入货币比值提高的损失，而争取获得融入软币币值降低的利益。但究竟用软币有利，还是硬币有利，或者软硬搭配有利？还得按具体实际情况进行决策。

币种的选择，不能单纯以融资谈判时货币市场汇率行情为依据。筹资人应注意研究国际金融市场汇率的变化趋势，将不同货币的利率幅度，以及不同货币汇率变化可能造成的影响综合考虑，权衡利弊得失，尤其是在筹集中长期资金时，更要把握未来较长期内融入货币的利率和汇率走势。

（6）筹资方式可转换性原则　公司在筹集资金时，应充分考虑筹资调整弹性，即筹集方式相互转换的能力。应选择转换能力较强的筹资方式，以避免或减轻风险。一般来说，短期筹资转换能力较强，但期限短，在面临风险时，可及时采用其他筹资方式。在进行长期筹资时，可发行可转换优先股和可转换债券，尤其是使用可转换债券既能增加股本，又能提高股本收益率。总之，公司不能过度依赖某一筹资方式或几个筹资渠道，而要采取多元化、分散化的筹资方式，增强筹资转换能力，降低风险。

▶▶ 4.2　项目融资模式的结构特征

由于各个项目在建设时间、地理位置、项目性质、投资者状况及其目标要求等多方面存在差别，因此每个项目融资方案都带有鲜明的特点，但是具体的项目融资模式都有以下三个方面的基本结构特征：

4.2.1　在贷款形式方面的特征

项目融资的贷款方往往通过以下两种形式中的一种向项目提供资金：一是贷款方为借款方提供有限追索权或无追索权的贷款，贷款的偿还将主要依靠项目的现金流量；二是通过"远期购买协议"或"产品支付协议"，由贷款方预先支付一定的资金来"购买"项目的产品或一定的资源储量（最终将转化为销售收入）。

4.2.2　在信用保证方面的特征

无论采用哪种项目融资模式，最重要的环节都是建立结构严谨的担保体系。这种担保体系一般具有以下特征：

（1）要求对项目资产拥有抵押权和现金流量控制权　贷款银行要求对项目的资产（对于资源性项目，还包括所有的资源储量或者开发权）拥有第一抵押权，对于项目现金流量具有有效控制权。因此，当商业银行与世界银行等多边金融机构同时对项目提供贷款时，商业银行往往愿意为后者的贷款提供担保，以取得项目资产及现金流量的完全抵押权。

（2）与项目有关的一切契约性权益转让　贷款银行一般要求项目投资者（贷款人）将其与项目有关的一切契约性权益转让给自己。所以，项目公司根据"或付或取"（无论提货与否均需付款）合同取得项目收入的权利、工程公司向项目公司提供的各种担保的权益等都必须转让给贷款者。

（3）项目的经营活动与投资者的其他业务分开　要求项目投资者成立一个单一业务的实体，即把项目的经营活动尽量与投资者的其他业务分开，除项目融资安排外，限制该实体筹措其他债务资金。这在公司型投资结构中容易操作，而在非公司型投资结构中，就需要巧妙地设计项目的投资结构和融资结构。

（4）项目开发阶段要求提供完工担保　在项目的开发建设阶段，要求项目发起人（或项目工程公司等）提供项目的完工担保，以保证项目按商业标准完工。

（5）项目运营阶段要求提供长期协议　项目经营阶段，要求项目提供类似"或付或取"或者"提货与付款"性质的市场销售安排，以保证项目的稳定现金流量，除非贷款银行对项目产品的市场状况充满信心。在项目融资中，只有很少一部分的产品会在即期市场上销售。

4.2.3　在贷款发放方面的特征

（1）在项目开发建设阶段，贷款大多是完全追索性的　对于贷款银行来说，在项目开发建设的阶段风险是最高的。因此，在这个阶段，贷款方往往具有完全追索权，并有项目发起人提供的具有法律效力的担保。当然，贷款方还有另外一种策略，就是提高利率，并同时购买承建合同的担保及相关的履约担保。

在这一阶段，贷款的发放往往是随着工程的进度而逐步到位的，但贷款利息的偿还通常可以向后推迟。推迟的办法有两种：可以是把贷款的利息先积累起来等项目投产后有了净现金流量再分期偿还；也可以选择从银行贷款，用新款还旧债的方式。根据各方事先在合同中规定好的标准，经过独立的审核，确定项目达到各项完工标准后，贷款方对项目发起人的追索权可能会被撤销或降格，贷款利率也可能会随之下调。完工标志着项目投产经营阶段的开始，项目便开始有了现金流入，并可以开始偿还贷款。

（2）在项目经营阶段，贷款可能被安排成有限追索性或无追索性的　在项目的投资经营阶段，贷款人会进一步要求以项目产品的销售收入和项目其他收入做担保。贷款利息和本金的偿还速度通常和项目的预期产量、销售收入和其他应收款项相关联，项目净现金流量的一个固定比例会自动用于债务偿还。在贷款协议中一般还会规定，在某些特殊情况下，用于偿还贷款的比例可以增加甚至可以达到100%。例如，产品的需求或产量明显低于预期，或贷款人有正当的理由认为项目的前景以及项目所在国的政治、经济环境发生恶性逆转等。在投产阶段，偿贷比例通常是根据税后净现金流量计算的，但在有些情况下，项目发起人也会要求按税前净现金流量来计算。如果贷款银行是根据税前净现金流量提供贷款的，则他们实际提供的贷款额要高于根据税后利润所应发放的贷款。在这种情况下，贷款银行需要提高警惕，注意他们对项目借款人或其担保人的追索权。

图4-1和图4-2描述了项目在建设阶段和经营阶段贷款人和借款人双方的担保关系及贷款的资金流向。在项目建设阶段，信用保证包括工程合同的权益转让和工程担保的权益转让；在项目经营阶段，信用保证包括销售合同及其担保权益转让和建立银行监控账户接收销售收入。

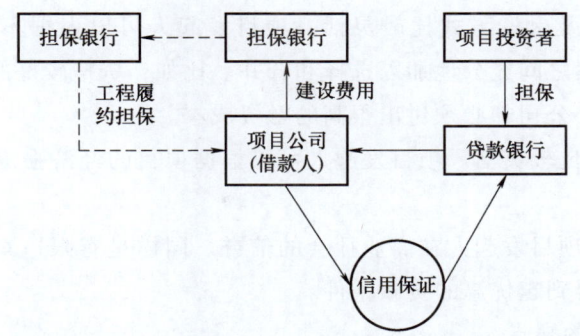

图 4-1 项目建设阶段贷款人和借款人双方的担保关系及贷款的资金流向

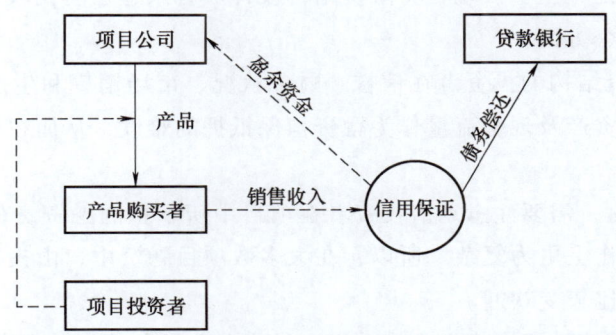

图 4-2 项目经营阶段贷款人和借款人双方的担保关系及贷款的资金流向

4.3 直接融资模式

4.3.1 直接融资模式的概念及其优缺点

直接安排的项目融资模式（简称直接融资模式）是由投资者以其自身的名义直接安排项目融资，并且直接承担融资安排中相应的责任和义务的融资模式。从理论上说，这种模式是在结构上最简单的一种项目融资模式。

当项目投资者本身公司的财务结构不复杂时，在投资者直接拥有项目资产并直接控制项目现金流量的投资结构中，采用投资者直接安排项目融资的模式比较适合。在绝大多数的非公司型投资结构中，都不允许以合资结构或管理公司的名义举债，所以投资者直接安排项目融资的模式几乎是为一个项目追加资本金的唯一可行方案，因而是非公司型投资结构中常用的操作模式。在公司型投资结构中，项目投资者有时也可以为其股本资金投入部分直接安排融资，但由于贷款人缺乏对项目现金流量的直接控制，因而很难实现有限追索的项目融资。

1. 直接融资模式的优点

其优点主要体现在以下三个方面：

1）选择融资结构及融资方式比较灵活。项目发起人可以根据不同需要在多种融资模式、多种资金来源方案之间充分地加以选择和合并。比如，资信较好的公司可以低成本融通到资金，而对于一些小公司却必须付出很高的融资成本。

2）债务比例安排比较灵活。项目发起人可以根据项目的经济强度和本身资金状况较灵活地安排债务比例。

3）可以灵活运用项目发起人在商业社会的信誉。同样是有限追索的项目融资，信誉越好的项目发起人可以得到越优惠的贷款条件。

2. 直接融资模式的缺点

任何一种融资模式在满足投资者某些方面需要的同时，难免会存在某些方面的缺憾。直接融资模式的不足之处，主要表现在将融资结构设计成有限追索时比较复杂。直接融资模式的缺点体现在以下三个方面：

1）如果组成合资结构的投资者在信誉、财务状况、市场销售和生产管理能力等方面不一致，就会增加项目资产及现金流量作为融资担保抵押的难度，从而在融资追索的程度和范围上会显得比较复杂。

2）在安排融资时，需要注意划清投资者在项目中所承担的融资责任和投资者其他业务之间的界限，这在操作上更为复杂。所以，在大多数项目融资中，由投资者成立一个专门公司来进行融资的做法比较受欢迎。

3）投资者通过直接融资模式很难将融资安排成非公司负债型的融资形式。

4.3.2 直接融资模式的两种形式

1. 投资者统一安排融资并共同承担市场责任

在这种模式中，项目投资者直接安排融资，所有项目投资者面对同一个贷款银行（团）统一安排融资，并且通过项目公司统一代理项目产品销售，共同承担市场责任。这种融资模式的具体操作过程可归纳如下：

1）项目投资者通过签订合资协议组成非公司型投资结构，并按照投资比例合资组建一个项目管理公司。同时，项目投资者与项目管理公司签订项目的管理协议和销售代理协议。按照协议的规定，项目管理公司负责项目的建设和生产经营，并作为项目投资者的代理人负责产品销售。

2）根据合资协议的规定，投资者分别在项目中投入相应比例的自有资金，并统一面向同一贷款人（银团）安排融资。但是，每个投资者要独立地与贷款人（银团）签署融资协议，筹集协议所规定份额的项目建设资金和项目流动资金。

3）在项目开发建设期间，由项目管理公司代表投资者与项目工程建设公司签订一份工程建设合同，监督项目的建设，并支付项目的建设费用；在项目生产经营期间，项目管理公司负责项目的生产管理，并作为投资者的代理人销售项目产品。

4）项目产品销售实现的收入，存入一个贷款银行监控下的账户，首先用于支付项目的生产费用和资本再投入，偿还贷款银行的到期债务，然后才能按照融资协议的规定将盈余资金返还给投资者。

以四个投资者为例,投资者统一安排融资并共同承担市场责任的模式,如图 4-3 所示。

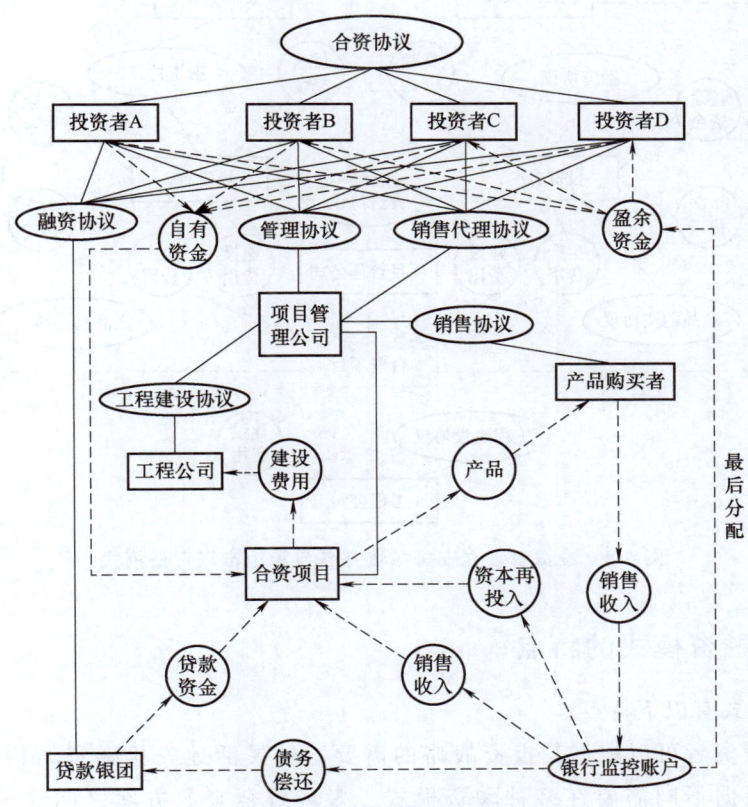

图 4-3　投资者统一安排融资并共同承担市场责任模式

2. 投资者独立安排融资并各自承担市场责任

在这种模式中,各投资者根据自身财务状况完全独立地面向各自的贷款人安排融资,并且由项目投资者(而不是项目管理公司)负责组织相应份额的产品销售和债务偿还。其具体操作过程可归纳如下:

1)项目投资者根据合资协议组成非公司型投资结构,并按照出资比例组建一个项目管理公司。投资者委托项目管理公司负责项目的建设和生产管理。

2)项目管理公司代表投资者安排项目的建设和生产,组织原材料供应,但不负责产品的销售,只是根据投资比例将项目产品分配给项目投资者。

3)项目投资者按照投资比例提供项目建设资金和流动资金,并且直接向合资项目支付建设费用和生产费用。各投资者的融资安排根据自身财务状况自行决定。

4)项目投资者签署"无论取货与否均需付款"性质的产品购买协议,并按协议规定价格购买项目产品。按照投资者与贷款人之间的现金流量管理协议,产品销售收入进入贷款人的监控账户,按照资金使用优先序列进行分配。

以两个投资者为例，投资者独立安排融资并各自承担市场责任的模式，如图4-4所示。

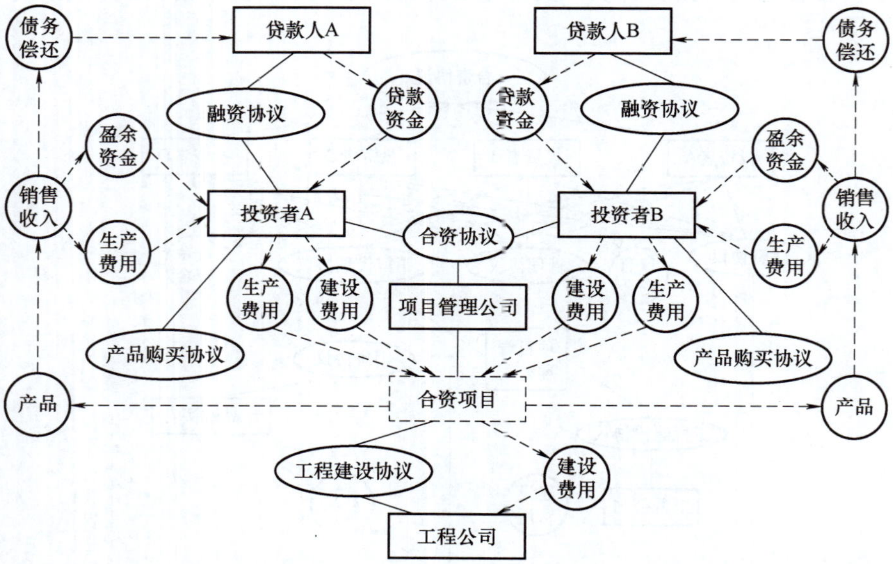

图 4-4　投资者独立安排融资并各自承担市场责任模式

4.3.3　直接融资模式的特点

直接融资模式有以下特点：

（1）项目投资者可以根据其投资战略的需要，较灵活地安排融资结构　一方面，项目投资者可以根据不同需要在多种融资模式、多种资金来源方案之间充分选择和合并。另一方面，项目投资者可以根据项目的经济强度和本身的资金状况较灵活地安排债务比例。

（2）有利于投资者进行税务结构方面的安排，降低融资成本　在投资者直接安排项目融资的模式中，投资者通常能够直接拥有项目资产，并控制项目的投资结构，因而可以比较充分地利用项目的税务亏损或优惠来降低融资成本。

（3）信誉卓著的投资者往往能够得到较优惠的条件　项目投资者的资信状况对融资条件的影响较大，对于大多数银行来说，资信良好的投资者的企业名称本身就是一种担保。由于直接安排融资模式是直接以投资者的名义融资，即使安排的是有限追索的项目融资，资信状况良好的投资者，仍然可以获得相对成本较低的贷款。

（4）融资结构的设计比较复杂，在法律结构中实现有限追索相对困难　通常，由于不同投资者在信誉、财务状况、市场销售和生产管理能力等方面的差异，致使以项目资产及现金流量作为融资担保抵押的难度较大。同时，在安排融资时，要划清投资者在项目中所承担的融资责任和投资者其他业务之间的界限，在操作上也较为复杂，导致对融资追索的程度和范围界定较为困难。

（5）不易实现融资的表外化　显而易见，通过投资者直接融资，很难将融资安排成为公司负债型的融资形式,这会对投资者的其他融资活动和经营活动产生一定影响。但也不是绝对的,比如有时可以对融资做类似"商业交易"性质的处理。

4.4 项目公司融资模式

项目公司融资模式是指投资者通过建立一个单一目的的项目公司,从商业金融渠道安排融资的一种模式,融资的抵押物是项目公司的经营权、财产及其他可得到的任何合同的权利,其担保是项目投资人的资金缺额担保、企业参与项目的完工担保、客户承诺的无论提货均须付款担保等。具体可分为单一项目子公司和合资项目公司两种基本形式。

4.4.1 项目公司融资模式的几种形式

1. 单一项目子公司融资

为了减少投资者在项目上的直接风险,在非公司型投资结构、合伙制结构、甚至公司型投资结构中,项目投资者经常通过建立一个单一目的的项目子公司的形式作为投资载体。以该项目子公司的名义与其他投资者组成合资结构安排融资,即单一项目子公司融资形式,如图4-5所示。

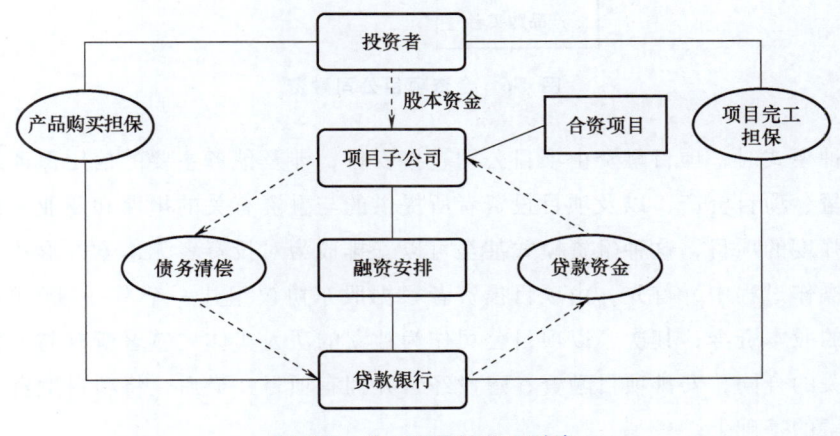

图4-5 单一项目子公司融资

这种融资形式的特点是项目子公司将代表投资者承担项目中全部的或主要的经济责任,但是,由于项目子公司是投资者为一个具体项目专门组建的,缺乏必要的信用和经营经历,有时也缺乏资金,所以常需投资者提供一定的信用支持和保证。如由投资者替项目子公司向贷款银行提供项目完工担保和产品购买担保等。

采用单一项目子公司形式安排融资,对于其他投资者和合资项目本身而言,与投资者直接安排融资没有多大区别,但对投资者却有一定的积极影响,这主要体现在以下两个方面:

1)该融资模式容易划清项目的债务责任,贷款银行的追索权也只能涉及项目子公司的资产和现金流量,其母公司除提供必要的担保以外,不承担任何直接的责任,融资结构较投资者直接安排融资要相对简单清晰。

2）该项目融资有条件也有可能被安排成为非公司负债型的融资，这有利于减少投资者的债务危机。该项目融资模式的主要不足在于各国税法对公司之间税务合并的规定有可能影响到公司经营成本的合理控制。

2. 合资项目公司融资

合资项目公司融资是通过项目公司安排融资的形式，也是最主要的一种项目融资形式。具体而言，合资项目公司融资是指先由投资者共同投资组建一个项目公司，再以该公司的名义拥有、经营项目和安排项目融资。合资项目公司融资如图4-6所示。

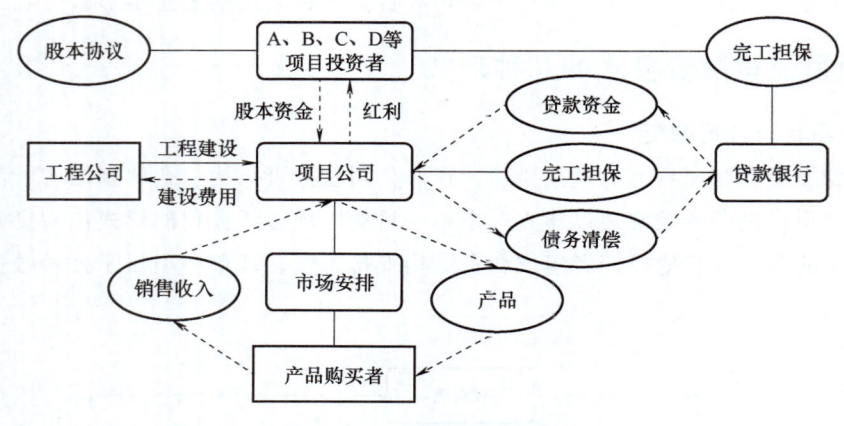

图 4-6　合资项目公司融资

采用这种模式时，项目融资由项目公司直接安排，涉及债务主要的信用保证来自项目公司的现金流量、项目资产，以及项目投资者所提供的与融资有关的担保和商业协议。对于具有较好经济强度的项目，这种融资模式甚至可以安排成为对投资者无追索的形式。

在具体操作过程中，首先，由项目投资者根据股东协议组建一个单一目的的项目公司，并注入一定的股本资金；其次，以项目公司作为独立的法人实体，签署所有与项目建设、生产和市场有关的合同，安排项目融资，建设经营并拥有项目；最后，将项目融资安排在对投资者有限追索的基础上。

需要说明的是，由于该项目公司除了正在安排融资的项目外，无其他任何的资产，且该项目公司也无任何经营经历，原则上要求投资者必须提供一定的信用担保，承担一定的项目责任，这也是项目公司安排融资过程中极为关键的一个环节。如在项目建设期间，投资者可为贷款银行提供完工担保。在项目生产期间，如果项目的生产经营达到预期标准，现金流量可以满足债务覆盖比率的要求，项目融资就可以安排成为对投资者的无追索贷款。

合资项目公司融资模式的优点主要体现在以下三个方面：

1）项目公司统一负责项目的建设、生产及市场安排，并整体使用项目资产和现金流量为项目融资抵押和提供信用保证，在融资结构上容易被贷款银行接受，在法律结构上也比较简便。

2) 合资项目公司融资模式使项目投资者不直接安排融资，只是通过间接的信用保证形式来支持合资项目公司的融资，如提供完工担保、"无论提货与否均需付款"或"提货与付款"协议等，使投资者的债务责任较直接融资模式更为清晰明确，也比较容易实现有限追索的项目融资和非公司负债型融资的目标要求。

3) 该模式通过项目公司安排融资，可更充分地利用投资者中的大股东在管理、技术、市场和资信等方面的优势，为项目获得优惠的贷款条件，在获得融资和经营便利的同时，共同融资也避免了投资者之间为安排融资而可能出现的无序竞争。

该模式的主要缺点是在某些方面，如税务结构的安排上、债务形式的选择上缺乏灵活性，难以满足不同投资者对融资的各种要求，使在资金安排上有特殊要求的投资者面临一定的选择困难。

3．项目融资基本模式的变体

由于项目融资的灵活性较强，在项目融资的实践中，除以上两种基本融资模式以外，还有与二者类似的或介于二者之间的一些变化模式。

利用信托基金结构为项目安排融资。其在融资结构和信用保证结构方面均与公司型投资结构中投资者通过项目公司安排融资非常类似，只是项目融资的主体不是项目公司，而是信托基金。其具体操作过程这里不再赘述。

利用合伙制项目资产和现金流量直接安排项目融资。这是一种介于投资者直接安排融资和通过项目公司安排融资两者之间的项目融资模式。这种合伙制结构不是项目公司那样的独立法人，项目贷款的借款人不是项目公司，而是由独立的合伙人共同出面。项目融资安排的基本思路是：投资者以合伙制项目的资产共同安排项目融资，但债务的追索责任被限制在项目资产和项目的现金流量范围内，投资者只是提供"无论提货与否均需付款"性质的产品承购协议，作为项目融资的附加信用保证。采用这种结构，贷款银行将对项目的现金流量实施较为严格的控制。

4.4.2 投资者通过项目公司安排融资的特点

（1）法律结构相对简单 项目公司统一负责项目的建设、生产和市场，并且可以整体地使用项目资产和现金流量作为融资的抵押和信用保证，在概念上和融资结构上较易于为贷款银行所接受，其法律结构相对比较简单。

（2）容易实现有限追索的项目融资和非公司负债型融资 投资者不直接安排融资，而是通过间接的信用保证形式支持项目公司的融资，投资者的债务责任性质的概念和量的概念上均较直接融资模式清楚，较容易实现有限追索的项目融资和非公司负债型融资的目标要求。

（3）充分利用不同投资者的优势 在公司型投资结构中，通过项目公司安排融资，可以充分利用大股东在管理、技术、市场和资信等方面的优势为项目获得优惠的贷款条件，而这些优惠条件可能是其中一些条件相对较弱的股东根本无法得到的。同时，共同融资也避免了投资者之间为安排融资相互竞争。

（4）缺乏灵活性，很难满足不同投资者对融资的各种要求。缺乏灵活性主要表现在以下两个方面：

1）在税务结构安排上缺乏灵活性。项目的税务优惠或亏损只能保留在项目公司中。

2）在债务形式选择上缺乏灵活性。虽然投资者对项目的资金投入形式可以选择以普通股、优先股、从属性贷款、零息债券、可转换债券等多种形式，但是由于投资者缺乏对项目现金流量的直接控制，在资金安排上有特殊要求的投资者就会面临一定的困难。

4.5 设施使用协议项目融资模式

4.5.1 设施使用协议项目融资模式的定义及适用范围

这种设施使用协议是指在某种工业设施或服务性设施的提供者和使用者之间达成的一种具有"无论使用与否均需付款"性质的协议。因此，事实上，这种设施使用协议就构成了项目融资安排中的主要担保来源。以此协议为基础构造的一种有限追索项目融资，即以设施使用协议为基础的项目融资模式。

设施使用协议项目融资模式

这种融资模式最初主要运用于带有服务性质的项目，如天然气管道项目、发电设施、某种专门产品的运输系统以及港口、铁路设施等。20世纪80年代以来，由于在一个很长的时期内因国际原材料市场不景气而导致与原材料有关的项目投资风险过高，这种融资模式也开始被引入工业项目之中，从而使这种融资模式在其他投资项目中得到推广。

4.5.2 设施使用协议项目融资模式的操作流程

设施使用协议项目融资模式的使用条件是利用设施使用协议安排项目融资，成败的关键在于项目设施的使用者能否提供一个强有力的具有"无论使用与否均需付款"性质的承诺。其内容是项目设施的使用者在融资期间定期向设施的提供者支付一定数额的项目设备使用费。并且，这种承诺是无条件的，不管项目设施的使用者是否真正地利用了项目设施所提供的服务，该项费用的支付是必需的，在项目融资过程中，这种无条件承诺的合约权益将转让给提供贷款的银行，并与项目投资者的完工担保共同构成了项目信用保证的主要组成部分。一般来说，事先确定的项目设施的使用费在融资期间应足以支付项目的生产经营成本和项目债务的还本付息额。

在生产型工业项目中，设施使用协议又称为委托加工协议，其具体操作程序：项目产品的购买者提供或组织生产所需要的原材料，通过项目的生产设施将其加工成为最终产品，然后由购买者在支付加工费后将产品取走。以委托加工协议为基础的项目融资在结构上与以设施使用协议为基础的项目融资在安排上是基本一致的。

4.5.3 设施使用协议项目融资模式的特点

设施使用协议项目融资模式的特点归纳为以下几点：

（1）设施使用协议的无条件性　根据设施使用协议，项目设施的使用者必须承诺在项目融资期间定期地向设施的提供者（项目投资者）支付一定数量的预先确定下来的项目设施的使用费。这个承诺是无条件、不可撤销的，即不管项目设施的使用者是否真正使用了项目设施所提供的服务，这种付款义务都存在。

（2）设施使用协议的权益应该可以被转让　尤其要求这种设施使用协议的权益应该可以被转让给提供资金的贷款银行。

（3）项目投资者只需提供一定的完工担保　由于将设施使用协议中无条件取得使用费的权益转让给了贷款银行，因此，项目投资者只需提供一定的完工担保，就构成了项目信用保证结构的主要组成部分。相对其他形式的融资模式来说，这种结构对于项目投资者来说可以节省一定的担保费用。

（4）设施使用协议的使用费应足以支付项目生产经营成本和债务还本付息额　一般来说，在确定项目设施使用费时，应至少考虑以下因素：

1）项目生产运行成本和资本再投入费用。

2）融资成本，包括项目融资的本金和利息。

3）投资者的收益等。

项目设施的使用费在融资期间应至少能够足以支付项目的生产经营成本和满足项目债务还本付息的要求，而对投资者的收益可以根据实际收益情况灵活安排。

（5）投资结构的选择比较灵活　投资者可以根据项目的性质、项目设施使用者的要求和融资税务方面的要求等，具体设计项目投资结构。既可以采用公司型投资结构，也可以采用非公司型合资结构或合伙制投资结构。

（6）融资安排灵活，便于分散风险　项目投资者可以利用与项目利益有关的第三方（如项目设施使用者）的信用来安排融资，分散风险，节约初始资金的投入。因而特别适用于资本密集、收益相对稳定的基础设施类项目的融资。

4.6　生产支付项目融资模式

4.6.1　产品支付的定义及适用范围

产品支付是项目融资的早期形式之一，起源于20世纪50年代英国的石油天然气项目开发的融资安排。产品支付融资模式完全以产品和这部分产品销售收益的所有权作为担保品，而不是采用转让或抵押方式进行融资。这种模式是针对项目贷款的还款方式而言的，借款方在项目投产后不以项目产品的销售收入来偿还债务，而是直接以项目产品来还本付息。在贷款得到偿还前，贷款方拥有项目部分或全部产品的所有权，当然，这并不意味着贷款银行真的要储存几亿桶石油或足以燃亮一座城市的电力。在绝大多数情况下，产品支付只是产权的转移而已，而非产品本身的转移。通常贷款方要求项目公司更新购回属于它们的产品或充当它们的代理人来销售这些产品。因此，销售的方式可以是市场销售，也可以是由项目公司签署购买合同的一次性统购统销。无论是哪种情况，贷款方都不需要接受实际的项目产品。

因此，产品支付融资模式适用于资源储量已经探明，并且项目生产的现金流量能够比较准确地计算出来的项目。

4.6.2 产品支付项目融资模式的特点

1. 独特的信用保证结构

这种融资模式是建立在由信贷银行购买某一特定矿产资源储量的全部或部分未来销售收入的权益的基础上的。这部分生产量的收益也就成为项目融资的主要偿债资金来源。因此，产品支付融资模式是通过直接拥有项目的产品，而不是通过抵押或权益转让的方式来实现融资的信用保证。对于那些资源属于国家所有的项目，项目投资者获得的只是资源开采权，这时，产品支付融资模式的信用保证是通过购买项目未来生产的现金流量，加上资源开采权和项目资产的抵押来实现的。

2. 贷款银行的融资容易被安排成为无追索或有限追索的形式

出于所购买的资源储量及销售收益被用作产品支付融资模式的主要偿债资金来源。而产品支付融资模式的资金数量决定于产品支付所购买的那一部分资源储量的预期收益在一定利率条件下体现出来的资产现值，所以，贷款的偿还非常可靠。从一开始贷款就可以被安排成无追索或有限追索的形式。因此，如何计算所购买的资源储量的现值就成为实施产品支付融资模式的一个关键性问题。同时，也是实际工作中一个较为复杂的问题。为了计算资源储量现值，一般需要确定以下因素：

1）已证实的资源总量，它将影响产品支付融资模式的最大可能融资量。
2）资源价格。
3）生产计划，包括年度开采计划和财务预算。
4）通货膨胀率、汇率、利率和其他一些经济因素。
5）资源税和其他有关政府税收等。

4.6.3 产品支付项目融资模式的操作过程

以产品支付为基础的项目融资结构如图4-7所示。这种融资模式的操作过程如下：

1）由贷款银行建立一个特别目的的金融公司（即SPV），专门负责从资源型项目公司购买一定比例的资源产品作为融资的基础。这个专设公司一般由信托基金结构组成。

2）贷款银行把资金贷给该专设公司，专设公司再根据生产支付协议将资金注入资源型项目公司，以表示从资源型项目公司那里购买一定量的项目产品。资源型项目公司同意把产品卖给专设公司，产品的定价要在产品本身价格的基础上考虑"利息"因素，也就是说，资源型项目公司要多给专设公司一些产品。

3）专设公司以对产品的所有权及其有关购买合同作为对贷款银行的还款保证。

4）资源型项目公司从专设公司那里得到"购货款"作为项目建设和资本投资的资金，开发建设项目。

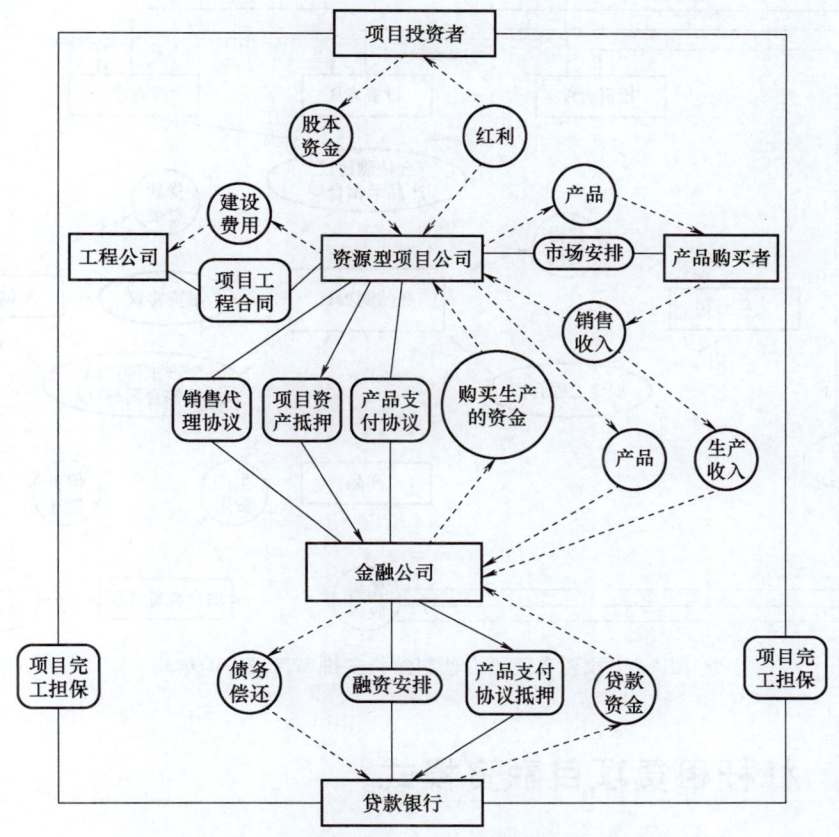

图 4-7 以产品支付为基础的项目融资结构

5）当项目投产以后，产品有两种销售方法：一是由专设公司在市场上直接销售产品或销售给资源型项目公司或其相关公司，用销售款来偿还其自身的"购货款"；二是首先由资源型项目公司以专设公司代理人的身份把产品卖给其他消费者，然后把销售收入付给专设公司，专设公司再以这笔钱来偿还银行贷款。根据产品支付协议，贷款银行所取得的权利仅限于让与银行的那一部分项目产品，产品所有权属于它，如果项目产品销售所得的收入不足以偿还其贷款，贷款银行也无权请求补偿。

除了在公司型投资结构中投资者通过项目公司安排融资之外，投资者还可以利用信托基金结构为项目安排融资。这种模式在融资结构和信用保证结构方面均与通过项目公司安排融资的模式类似。另外，还有一种介于投资者直接安排融资和通过项目公司安排融资两者之间的项目融资模式，即在合伙制结构中，利用合伙制项目资产和现金流量直接安排项目融资。虽然这种合伙制结构不是项目公司那样的独立法人，项目贷款的借款人也不是项目公司，而是由独立的合伙人共同出面，但是项目融资安排的基本思路是一样的。投资者通过合伙制结构安排项目融资的结构如图 4-8 所示。债务责任被限制在项目资产和项目的现金流量范围内，投资者只是提供"无论提货与否均需付款"的市场安排协议作为项目融资的附加信用保证。采用这种结构，贷款银行将对项目的现金流量实施较为严格的控制。

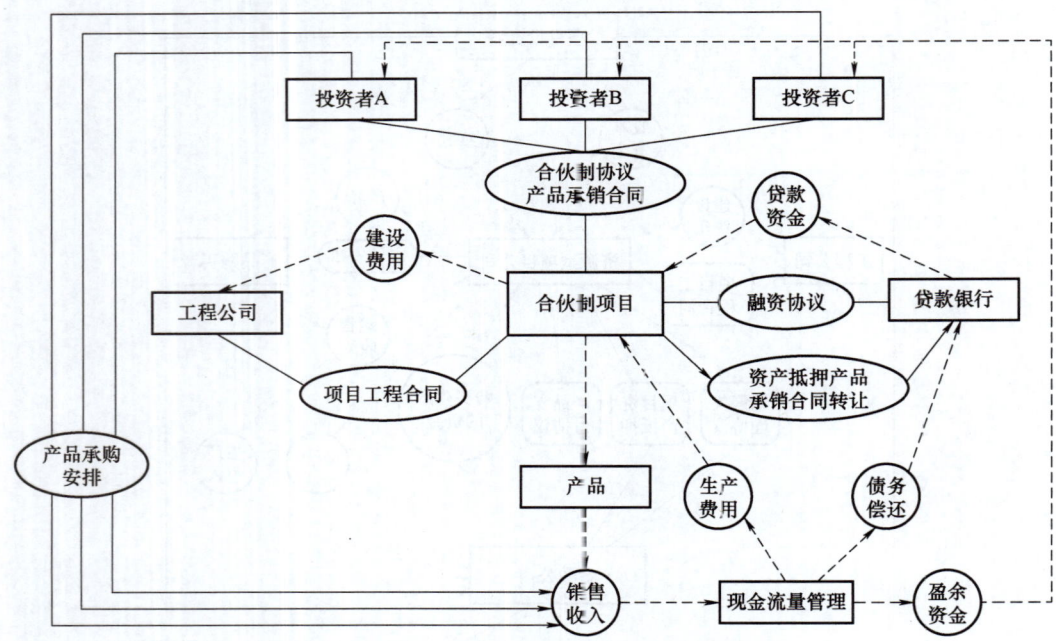

图 4-8 投资者通过合伙制结构安排项目融资的结构

4.7 杠杆租赁项目融资模式

4.7.1 杠杆租赁及其优越性

1. 杠杆租赁的概念

根据出租人购置一项租赁设备的出资比例,可将金融租赁划分为直接租赁和杠杆租赁两种类型。在一项租赁交易中,设备购置成本100%由出租人承担的即为直接租赁。而在项目融资中,得到普遍应用的是杠杆租赁。

杠杆租赁是指在融资租赁中,设备购置成本的小部分由出租人承担,大部分由银行等金融机构提供贷款补足的租赁业务。出租人一般只需投资购置设备所需款项的20%~40%,即可在经济上拥有设备所有权,享受如同对设备100%投资的同等税收待遇。购置成本的借贷部分称为杠杆。一般而言,杠杆效果是指凭借他人资本来提高自有资本利润的方式。例如,原自有资本的利润率为5%,经过贷款并归还利息以后,自有资本的利润率上升为10%,这种情况就是杠杆效果。在杠杆租赁中,通过财务杠杆作用,充分利用政府提供的税收好处,使交易各方,特别是使出租方、承租方和贷款方获得一般租赁所不能获得的更多经济效益。租赁的对象可以是机械设备及其他资本品,甚至可以是整个项目,在这种情况下,一般是项目公司先将整个项目及资产出售给金融租赁公司,再与之签订租赁协议将其承租回来开发、建设。在项目融资的租赁安排中,提供租赁的出租人可以是以下三方:一是专业租赁公司、银行财务公司，这些机构可以为项目安排融资租赁，包括直接租赁和杠杆租赁；二是设备制造商和一部分专业性租赁公司，这些机构主要为项目安排经营租赁；三是项目发起人以及对项目发展有利益关系的第三方也可以采取租赁形式将资金投入项目中，包括经营租赁、直接租赁和杠杆租赁等。

2. 杠杆租赁的优越性

租赁在资产抵押性融资中使用很普遍，特别是在购买轮船和飞机的融资中。在英国和美国，很多大型工业项目都采用金融租赁，尤其是其中的杠杆租赁。由于其项目设备技术先进，资金占用量大，所以它能享受到诸如投资减免、加速折旧、低息贷款等多种优惠待遇，使得出租人和承租人双方都得到好处，从而获得一般租赁所不能获得的更多经济效益。

对项目发起人及项目公司来说，采用租赁融资解决项目所需资金，具有以下好处：

（1）项目公司仍拥有对项目的控制权　根据金融租赁协议，作为承租人的项目公司拥有租赁资产的使用、经营、维护和维修权等。在多数情况下，金融租赁下的资产甚至被看成由项目发起人完全所有、由银行融资的资产。

（2）可实现100%的融资　一般地，在项目融资中，项目发起人总是要提供一定比例的股本资金，以增强贷款人提供有限追索性贷款的信心。但在杠杆租赁融资模式中，由金融租赁公司的部分股本资金加上银行贷款，就可全部解决项目所需资金或设备。项目发起人不需要再进行任何股本投资。

（3）较低的融资成本　在许多情况下，项目公司通过杠杆租赁融资付出的融资成本低于银行贷款的融资成本，尤其是在项目公司自身不能充分利用税务优惠的情况下，因为在许多国家中，杠杆租赁可享受到政府的融资优惠和信用保险。一般地，如果租赁的设备为新技术、新设备，政府将对租赁公司提供低息贷款。如果租赁公司的业务符合政府产业政策的要求，政府可以提供40%~60%的融资等。同时，当承租人无法交付租金时，由政府开办的保险公司向租赁公司赔偿50%的租金，以分担风险和损失。这样，金融租赁公司就可以将这些优惠以较低的税金分配一些给项目承租人——项目公司。

（4）可享受税前偿租的好处　在杠杆租赁结构中，项目公司支付的租金可以被当作费用支出，这样就可以直接计入项目成本，不需缴纳税收。这对项目公司而言，就起到了减少应纳税额的作用。

4.7.2　杠杆租赁项目融资的复杂性

与其他融资模式相比，以杠杆租赁为基础的项目融资模式在结构上较为复杂。其复杂性体现在：

1. 结构设计的复杂性

多数融资模式的设计主要侧重于资金的安排、流向、有限搜索的形式及其程度以及风险分担等问题，而将项目的税务结构和会计处理问题放在项目的投资结构中加以考虑和解决。杠杆租赁项目融资模式则不同，在结构设计时不仅需要以项目本身经济强度特别是现金流量状况作为主要的参考依据,而且需要将项目的税务结构作为一个重要的组成部分加以考虑。因此,杠杆租赁项目融资模式也被称为结构性融资模式。

2. 杠杆租赁项目融资模式中的参与者比其他融资模式要多

在杠杆租赁项目融资模式中,至少需要有以下四部分人员的介入:

(1) 至少由两个股本参加者组成的合伙制结构作为项目资产的法律持有人和出租人　合伙制结构是专门为实行某一个杠杆租赁项目融资模式而组织起来的,其参加者一般为专业租赁公司、银行和其他金融机构,在有些情况下,也可以是一些工业公司。合伙制结构为杠杆租赁项目融资模式提供股本资金,安排债务融资,享受项目结构中的税务好处(主要来自项目折旧和利息的税务扣减),出租项目资产,收取租赁费,在支付到期债务、税收和其他管理费用之后取得相应的股份投资收益。

(2) 债务参加者(其数目多少由项目融资的规模决定)　债务参加者为普通的银行和金融机构。债务参加者以对股本参加者无追索权的形式为被融资项目提供绝大部分的资金(一般为60%~80%)。由债务参加者和股本参加者所提供的资金应构成被出租项目的全部或大部分建设费用或者购买价格。通常,债务参加者的债务在被全部偿还之前在杠杆租赁项目融资模式中享有优先取得租赁费的权利。对于债务参加者来说,为杠杆租赁项目融资模式提供贷款和为其他融资模式提供贷款在本质上是一样的。

(3) 项目资产承租人　项目资产承租人是项目的主办人和真正投资者。项目资产承租人通过租赁协议从杠杆租赁融资模式的股本参加者手中获得项目资产的使用权,支付租赁费作为使用项目资产的报酬。由于在结构中充分考虑到了股本参加者的税务好处,所以与直接拥有项目资产的融资模式比较,项目投资者可以获得较低的融资成本。具体地说,只要项目在建设期和生产前期可以有相当数额的税务扣减,这些税务扣减就可以被用来作为支付股本参加者的股本资金投资收益的一个重要组成部分。与其他模式的项目融资一样,项目资产承租人在多数情况下也需要为杠杆租赁融资提供项目完工担保、长期的市场销售保证、一定形式和数量的资金投入(作为项目中真正的股本资金)以及其他形式的信用保证。由于其结构的复杂性,并不是任何人都可以组织以杠杆租赁为基础的项目融资。项目资产承租人本身的资信状况是一个关键的评判指标。

(4) 杠杆租赁经理人　杠杆租赁项目融资模式通常是通过一个杠杆租赁经理人组织起来的。这个经理人相当于一般项目融资模式中的融资顾问角色,主要是由投资银行担任。在安排融资阶段,杠杆租赁经理人需要根据项目的特点、项目投资的要求设计项目融资模式,并与各方谈判组织融资模式中的股本参加者和债务参加者安排项目的信用保证结构。如果融资安排成功,杠杆租赁经理人就代表股本参加者在融资期内管理该融资模式的运作。

3. 实际操作中对杠杆租赁项目融资模式的管理比其他项目融资模式复杂

一般项目的融资模式的运作包括两个阶段,即项目建设阶段和项目经营阶段,但是杠杆租赁项目融资模式的运作需要包括五个阶段(如图4-9~图4-13所示):项目投资组建(合同)阶段、租赁阶段、建设阶段、经营阶段和中止租赁协议阶段。

图 4-9　项目投资组建阶段杠杆租赁项目融资模式运作

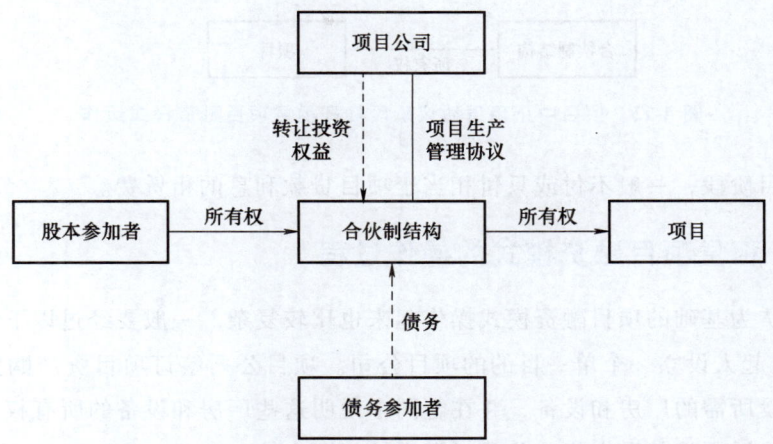

图 4-10　项目租赁阶段杠杆租赁项目融资模式运作

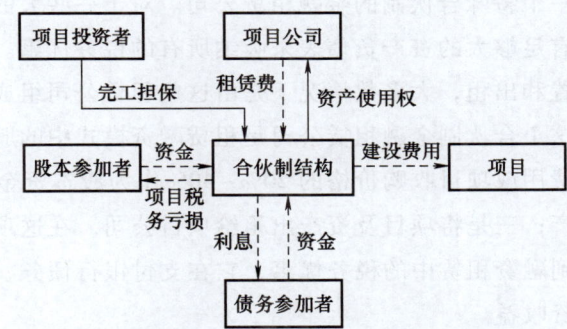

图 4-11　项目建设阶段杠杆租赁项目融资模式运作

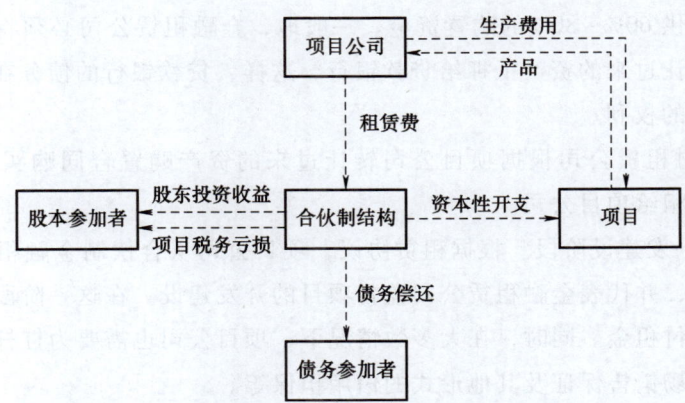

图 4-12　项目经营阶段杠杆租赁项目融资模式运作

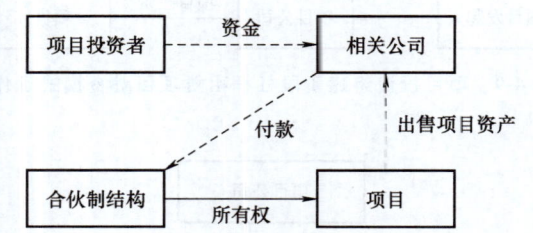

图 4-13　项目中止租赁协议阶段杠杆租赁项目融资模式运作

在建设项目阶段，一般不付或只付相当于项目贷款利息的租赁费。

4.7.3　杠杆租赁项目融资模式的操作过程

以杠杆租赁为基础的项目融资模式操作起来也比较复杂。一般要经过以下步骤：

1）项目发起人设立一个单一目的的项目公司。项目公司签订项目资产购置和建造合同购买、开发建设所需的厂房和设备，并在合同中说明这些厂房和设备的所有权都将转移给金融租赁公司，然后再从其手中将这些项目资产转租回来。

2）由愿意参与到该项目融资中的两个或两个以上的专业租赁公司、银行及其他金融机构等以合伙制形式组成一个特殊合伙制的金融租赁公司。对于一些大的工程项目，任何一个单独的租赁机构都很难有足够大的资产负债表来吸纳所有的税务优惠。因此，项目资产往往由许多租赁公司分别购置和出租，大多数情况下是由这些租赁公司组成一个新的合伙制结构来共同完成租赁业务。这个合伙制金融租赁公司是租赁融资模式中的股本参与者，它们的职责：一是提供项目建设费用或项目收购价格的 20%~40% 作为股本资金投入；二是安排债务资金用以购买项目及资产；三是将项目及资产出租给项目公司。在这项租赁业务中，只有合伙制结构能够真正享受到融资租赁中的税务优惠，它在支付银行债务、税收和其他管理费后就能取得相应的股本投资收益。

3）由合伙制金融租赁公司筹集购买租赁资产所需的债务资金，也即寻找项目的债务参与者为金融租赁公司提供贷款，这些债务参与者通常为普通的银行和金融机构，它们通常以无追索权的形式提供 60%~80% 的购置资金。一般地，金融租赁公司必须将其与项目公司签订的租赁协议和转让过来的资产抵押给贷款银行，这样，贷款银行的债务在杠杆租赁中就享有优先取得租赁费的权利。

4）合伙制金融租赁公司根据项目公司转让过来的资产购置合同购买相应的厂房和设备，然后把它们出租给项目公司。

5）在项目的开发建设阶段。根据租赁协议，项目公司从合伙制金融租赁公司手中取得项目资产的使用权，并代表金融租赁公司监督项目的开发建设。在这一阶段，项目公司开始向金融租赁公司支付租金。同时，在大多数情况下，项目公司也需要为杠杆租赁提供项目完工担保、长期的市场销售保证及其他形式的信用担保等。

6）项目进入生产经营阶段时，项目公司生产出产品，根据产品承购协议将产品出售给项目发起人或其他项目产品用户。此时，项目公司要向金融租赁公司补缴在建设期内没有付清的租金。金融租赁公司以其收到的租金通过担保信托支付银行贷款的本息。

7）为了监督项目公司履行租赁合同，通常由租赁公司的经理人或经理公司监督或直接管理项目公司现金流量，以保证项目现金流量的分配和使用按以下顺序进行：生产费用、项目的资本性开支、金融租赁公司经理人的管理费，相当于贷款银行利息的租金支付。相当于金融租赁公司股本投入的投资收益的租金支付，作为项目发起人投资收益的盈余资金。

8）当租赁公司的成本全部收回并且获得了相应的回报后，杠杆租赁便进入了第二阶段。在这一阶段中，项目公司只需缴纳很少的租金。在租赁期满时，项目发起人的一个相关公司可以将项目资产以事先商定的价格购买回去，或者由项目公司以代理人的身份代理金融租赁公司把资产以其可以接受的价格卖掉，售价大部分会当作代销手续费由租赁公司返还给项目公司。

【案例研究】传统项目融资模式案例

【案例 4-1】 基于杠杆租赁的轨道交通融资租赁的模式创新

城市轨道交通建设运用融资租赁是较好的融资方式之一。2008 年，武汉地铁集团首次运用融资租赁模式，为武汉地铁建设和发展开创了新局面。2008 年 12 月 24 日，武汉地铁集团与新成立的中国工商银行金融租赁公司达成融资租赁意向，签订融资协议，包括"售后回租"和"直接租赁"两部分。地铁公司将已建成的 1 号线部分设备和车辆出让给租赁公司，融资 20 亿元，然后回租（租期暂定 15 年），未来采购新设备则采用"直接租赁"方式。工商银行租赁公司将售后回租部分的资金一次性投放，"直接租赁"部分的资金随 2 号线和 4 号线的建设进度，在设备采购阶段分期投放。为了有效降低风险，金融租赁公司融资租赁物大多数为可移动的大型设备，银行通过租赁方式可以拥有实物的所有权。

1. 基于杠杆租赁的轨道交通融资租赁创新模式设计

其设计如图 4-14 所示，主要交易方包括以下三种：

1）出租人。在此模式中，出租人为一家在中国注册登记的特殊目的公司，通常为从事轨道交通融资租赁业务的某家租赁公司的全资子公司。它是交易各方的中介，与交易各方联系，使承租人、贷款人与投资人之间不发生直接的实质性接触。为避免债务风险的发生，特殊目的公司不得从事其他业务。

2）投资人。投资人以股本投资的形式，至少投资铁路设备总价值的 20%，并成为投资铁路设备的经济受益人，享有减税的经济利益。投资人通过合伙的形式，与出租人签订合同。合伙制结构中的每个投资人分享对铁路设备全额计提的折旧扣减及贷款利息扣减，使投资人达到了减税和延迟付税的目的。

3）贷款人。贷款人提供约占铁路设备总价 80% 的贷款。

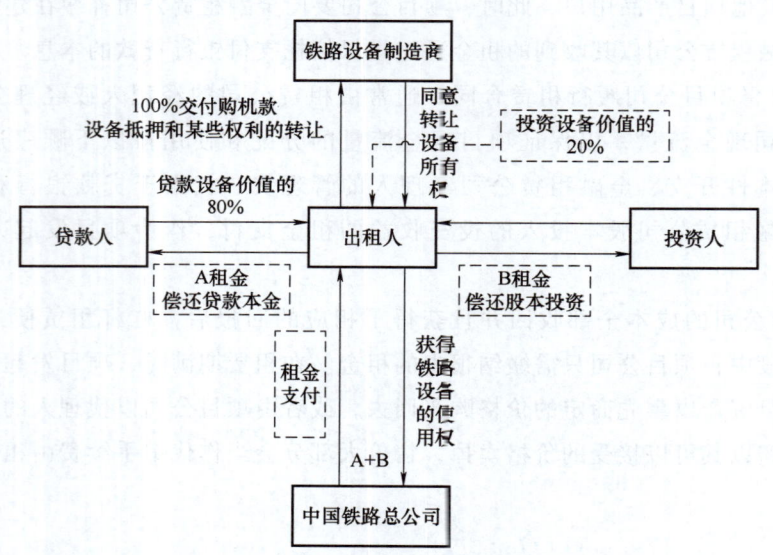

图 4-14　基于杠杆租赁的轨道交通融资租赁创新模式设计

2. 轨道交通融资租赁创新模式的优点

（1）刺激金融租赁公司购租　刺激金融租赁公司购租就是刺激金融租赁公司购买租赁物并将其出租。由于铁路设备租赁物过于昂贵，金融租赁公司不愿或无力独自购买并将其出租，杠杆租赁项目融资模式往往是这些设备唯一可行的租赁方式。

（2）减少出租人租赁成本　基于杠杆租赁的轨道交通融资租赁模式中的出租人可以仅出小部分租金却能按租赁资产价值的 100% 享受折旧及其他减税、免税待遇，大大减少了出租人的租赁成本。

（3）租赁物租金相对较低　在正常条件下，基于杠杆租赁的轨道交通融资租赁模式中的出租人一般愿意将利益以低租金的方式转让给承租人一部分，从而使杠杆租赁项目融资模式的租金低于一般融资租赁模式的租金。

（4）对出租人相对有利　在基于杠杆租赁的轨道交通融资租赁模式中，贷款参加者对出租人无追索权。因此，这种模式较一般信贷对出租人有利，而贷款参加者的资金也能在租赁物上得到可靠保证，比一般信贷模式安全。

（5）可获得较高的投资报酬率　从税务角度而言，利息费用和折旧费用在租赁期的前段时期数额较大，但通过基于杠杆租赁的轨道交通融资租赁模式，如果因此发生的亏损可以抵免从其他来源处得到的应税所得并导致一笔税后现金节余额，实际上相当于政府向出租人提供了一笔无息贷款，从而使出租人可以获得较高的投资报酬率。

【案例 4-2】 基于产品支付的南充市天然气利用项目的融资模式

1. 项目简介

2006 年 5 月 21 日，中石油在南充市境内仪陇"龙岗气田"一号经提喷试验，单井日产天然气可达 120 万 m^3 以上，并且天然气硫含量只有 30 g/m^3 左右，初步估计天然气的地质储量约 7000 亿 m^3。专家推测，这是当时国内最大的未开发的天然气气田。为了充分利用当地丰富的天然气资源，南充市编制《南充市天然气利用规划园区产业发展规划》，共规划子项目 32 个，项目投产后形成的产品主要是以天然气为原料的化工中间品，项目匡算总投资为 419.58 亿元，其天然气利用规划项目匡算总投资为 379.58 亿元。项目历时 12 年，因此年均要完成投资 35 亿元以上。然而，当时南充市全年整个财政收入不到 35 亿元，项目投资资金需求量的巨大、资金需求周期长，南充市的资金严重不足，招商融资已成为南充市天然气利用规划项目建设中的必然环节。在全球金融危机的大背景下，项目融资市场出现了极大的风险，而项目融资的成功与否又直接关系到南充市天然气利用项目的可实现性以及相应的经济效益和社会效益。为了克服和减少项目融资过程中可能出现的种种问题，降低成本和风险，南充市天然气利用规划项目可采用产品支付的融资模式。

2. 产品支付融资模式设计

根据南充市天然气利用规划项目本身的特点和项目建设的总体目标，采用产品支付融资模式的具体应用过程如图 4-15 所示。

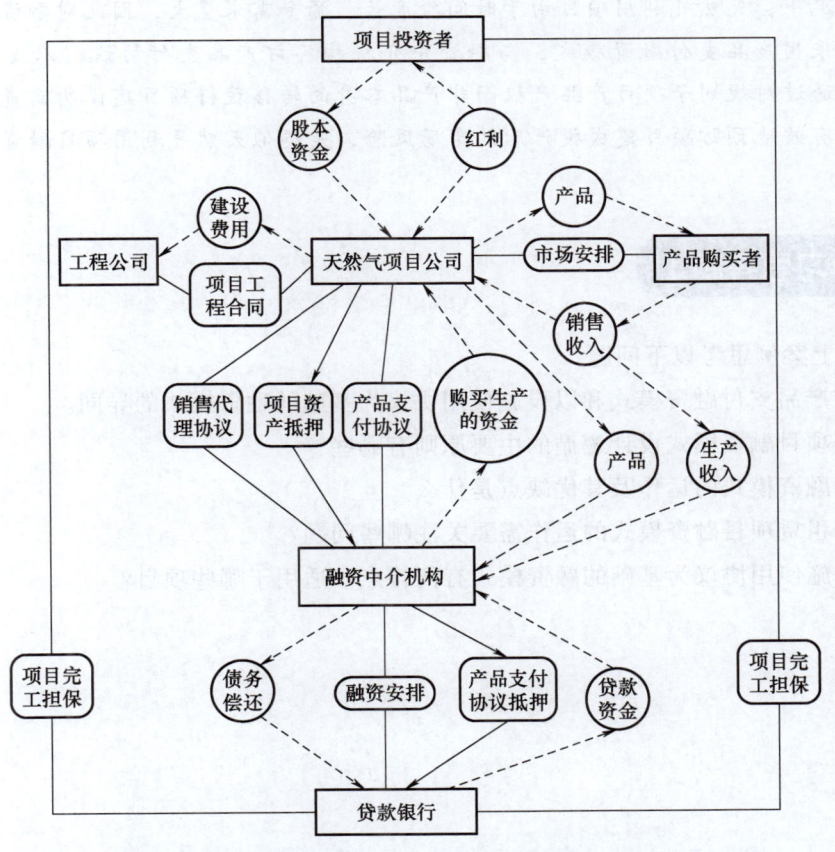

图 4-15 南充市天然气利用规划项目产品支付融资模式的具体应用过程

1）由贷款银行建立一个特别目的的金融公司，即图中的融资中介机构，专门负责从天然气项目公司购买一定比例的资源产品作为融资的基础，融资中介机构一般以信托基金机构组成。

2）贷款银行先把资金贷给融资中介机构，融资中介机构再根据产品支付协议将资金注入天然气项目公司，以表示从该项目公司那里购买一定量的项目产品。天然气项目公司统一把产品卖给融资中介机构，产品的定价要在产品本身价格的基础上考虑利息因素，也就是说，在总价不变的情况下，天然气项目公司要多给融资中介机构一些产品。

3）融资中介机构以对产品的所有权及其有关购买合同作为对贷款银行的还款保证。

4）天然气项目公司从融资中介机构那里得到购货款作为项目的建设和资本投资资金，开发建设项目。

5）当项目投产以后，产品销售的方法有两种：一是由融资中介机构在市场上直接销售产品或销售给天然气项目公司或其他相关公司，用销售款来偿还其自身的购货款；二是由天然气项目公司以融资中介机构代理人的身份把产品卖给产品购买者，然后把销售收入付给融资中介机构，融资中介机构再以这笔钱来偿还银行贷款。根据产品支付协议，贷款银行所取得的权利仅限于让与它的那一部分项目产品，产品所有权属于它，如果项目产品销售所得的收入不足以偿还其贷款，贷款银行也无法请求补偿。

通常情况下，天然气利用项目由于时间跨度长、资金需求量大，因此对融资模式的选择要求较高。采用产品支付融资模式，与融资中介机构签订产品支付协议，以支付协议为抵押，既可以通过对规划子项目产品产权而非产品本身的转移获得项目建设所需资金，安排生产，又可以有效地预防项目建成投产后的市场风险，是类似天然气利用项目融资的理想模式选择。

【复习思考题】

结合以上案例思考以下问题：
1. 比较产品支付融资模式和以设施使用协议为基础的融资模式的异同。
2. 工程项目融资模式设计遵循的主要原则有哪些？
3. 直接融资模式的运作及其优缺点是什么？
4. 杠杆租赁项目融资模式的运作需要关注哪些问题？
5. 以设施使用协议为基础的融资模式有何特点？适用于哪些项目？

CHAPTER 5
第 5 章

工程项目现代融资模式

> 【核心概念】 BOT 融资模式　PFI 融资模式　PPP 融资模式　ABS 融资模式
> 【学习目标】 通过对本章内容的学习，掌握 BOT、PFI、PPP、ABS 等工程项目现代融资模式的概念和融资运作过程；了解各类现代项目融资模式的适用条件与适用范围。

现代融资模式一般是指 20 世纪 80 年代，BOT 融资模式出现以后形成的各类现代工程项目的融资模式。本章主要介绍以 BOT 融资模式为代表的工程项目融资模式，包括 BOT 为基础的各类衍生模式，如 PFI 融资模式、PPP 融资模式，以及以现代金融创新为基础的 ABS 融资模式、基础设施的 REITS 融资模式等。

5.1　BOT 融资模式

BOT 融资模式是在 20 世纪 80 年代世界范围内投资衰退的大背景下发展起来的一种主要用于公共基础设施建设的项目融资模式，其典型形式是项目所在地政府授予一家或几家由私人企业所组成的项目公司特许权利就某项特定基础设施项目进行筹资建设，在约定的期限内经营管理，并通过项目经营收入偿还债务和获取投资回报；约定期满后，项目设施无偿转让给所在地政府。简而言之，BOT 一词是对一个项目融资建设经营回报无偿转让的经济活动全过程典型特征的简要概括。BOT 作为项目融资模式中一种相对简单的融资模式，在 20 世纪 80 年代初就被引入我国，并在一些大型的水力、电力项目中得到了成功的运用。

5.1.1　BOT 项目融资的概念

BOT 是 build-operate-transfer 三个英文单词第一个字母的缩写，代表着一个完整的主要用于公共设施建设的项目融资模式。20 世纪 80 年代初期到中期，是项目融资发展的一个低潮时期。在这一阶段，虽然有大量的资本密集型项目，特别是发展中国家的基础设施项目在寻找资金，但是，世界性的经济衰退和第三世界债务危机所造成的影响还未从人们心中消除，所以如何增强项目抵抗政治风险、金融风险和债务风险的能力，如何提高项目的投资收益和经营管理水平，成为银行、项目投资者、项目所在国政府在安排融资时所必须面对和解决的问题。BOT融资模式就是在这样的背景下发展起来的一种主要用于公共基础设施建设的项目融资模式。

BOT融资模式的基本思路：由项目所在国政府或所属机构对项目的建设和经营提供一种特许权协议（concession agreement）作为融资的基础，由本国公司或者外国公司作为项目的投资者和经营者安排融资、承担风险、开发建设项目，并在有限的时间内经营项目并获取商业利润，最后在约定期满后根据协议将该项目转让给相应的政府机构。所以，有时BOT融资模式被人们称为暂时私有化过程（temporary privatization）。

BOT的概念是由曾任土耳其总理的图尔古特·厄扎尔于1984年正式提出的。世界银行在《1994年世界发展报告：为发展提供基础设施》中指出，BOT有三种具体形式：BOT、BOO和BOOT，除此之外，它还有一些变通形式。

1. BOT、BOO和BOOT

1）BOT（build-operate-transfer）：即建设—运营—移交，在标准的BOT融资模式中，私人财团或国外财团自己融资来设计、建设基础设施项目。项目开发商根据事先约定，运营一段时间以收回投资、取得利润。运营期满，项目所有权或经营权将被转让给东道国政府。

2）BOO（build-own-operate）：即建设—拥有—运营，项目开发商根据政府赋予的特许权，建设并运营某项产业项目，但是并不将此项基础产业项目移交给东道国政府。

3）BOOT（build-own-operate-transfer）：即建设—拥有—运营—移交，私人合伙或某国际财团融资建设基础设施项目，项目建成后，在规定的期限内拥有所有权并进行经营，期满后将项目移交给东道国政府。

（1）BOT与BOO的比较　BOT模式和BOO模式最重要的相同之处在于，它们都是利用私人投资承担公共基础设施项目的建设。在这两种融资模式中，私人投资者根据东道国政府或政府机构授予的特许权协议或许可证（licence），以自己的名义从事授权项目的设计、融资、建设及经营。在特许期内，项目公司拥有项目的占有权、收益权以及为特许项目进行投融资、工程设计、施工建设、设备采购、运营管理和合理收费等权利，并承担对项目设施进行维修、保养的义务。在我国，为保证特许权项目的顺利实施，在特许期内，如因我国政府政策调整因素影响，使项目公司受到重大损失的，允许项目公司合理提高经营收费或延长项目公司特许期；对于项目公司偿还贷款本金、利息或红利所需要的外汇，国家保证兑换和汇出出境。但是，项目公司也要承担投融资以及建设、采购设备、维护等方面的风险，政府不提供固定投资回报率的保证，国内金融机构和非金融机构也不为其融资提供担保。

BOT模式与BOO模式最大的不同之处在于，在BOT项目中，项目公司在特许期结束后必须将项目设施交还给政府；而在BOO项目中，项目公司有权不受任何时间限制地拥有并经营项目设施，即项目的所有权不再交还给政府。从BOT的字面含义上，也可以推断出基础设施国家独有的含义：作为私人投资者在经济利益驱动下，本着高风险、高回报的原则，投资于基础设施的开发建设。为收回投资并获得投资回报，私人投资者被授权在项目建成后的一定期限内对项目享有经营权，并获得经营收入。期限届满后，将项目设施经营权无偿移交给项目的东道国政府。由此可见，项目设施最终经营权仍然掌握在东道国政府手中，而且在 BOT 项目的整个运作过程中，私人投资者自始至终都没有对项目拥有所有权。说到底，BOT 融资模式不过是政府授予私人投资者在一定期限内对项目设施拥有经营权，但该基础设施的本质属性没有任何改变。

（2）BOT 与 BOOT 的比较　BOT 与 BOOT 二者的区别可以归纳为以下两点：

1）所有权的区别。在 BOT 模式中，项目建成后，私人投资者只拥有所建成项目的经营权；而在 BOOT 模式中，项目建成后，在规定的期限内，私人投资者既有经营权，也有所有权。

2）时间上的差别。采取 BOT 模式，从项目建成到移交给东道国政府这一段时间一般比采取 BOOT 模式要短。

其实，每一种 BOT 模式及其变形，都体现了对于基础设施项目，政府所愿意提供的私有化程度。BOT 模式意味着一种很低的私有化程度，因为项目设施的所有权并不转移给私人投资者。BOOT 模式代表了一种居中的私有化程度，因为设施的所有权在一段有限的时间内转给私人投资者。相应地，BOO 模式代表的是一种最高级别的私有化，项目设施没有任何时间限制地被私有化，并转移给私人投资者。

换句话说，一国政府所采纳的建设基础设施的不同模式，反映出其所愿意接受的使某一行业私有化的不同程度。由于基础设施项目通常直接对社会产生影响，并且要使用到公共资源，诸如土地、公路、铁路、管道和广播电视网等。因此，基础设施的私有化是一个较为敏感的问题。

对于运输项目（如收费公路、收费桥梁、铁路等）大多采用 BOT 模式，因为政府通常不愿将运输网的所有权转交给私人投资者。在动力生产项目方面，通常会采用 BOT、BOOT 或 BOO 模式。一些国家很重视对发电项目的控制，因此，愿意和私人投资者签署 BOT 或 BOOT 特许权协议。而在电力资源充足的国家（如阿根廷），其政府并不如此重视发电项目的控制权，一般会签署一些 BOO 许可证或特许权协议。对于电力的分配和输送、天然气及石油来说，这类行业通常被认为关系到一个国家的国计民生，因此，建设这类设施一般都采用 BOT 或 BOOT 模式。

2. BOT 模式的其他几种衍生模式

（1）BTO　BTO（build-transfer-operate），即建设—移交—运营。对于关系到国家安全的产业如通信业，为了保证国家信息的安全性，项目建成后，并不交由外国投资者运营或私人投资者运营，而是将所有权转让给东道国政府，由东道国经营通信的垄断公司运营该项目，或与项目开发商共同运营项目。

（2）DBFO　DBFO（design-build-finance-operate），即设计—建设—融资—运营。这种方式是从项目设计开始就特许给某一私人投资者进行，直到项目运营期收回投资，取得投资收益。但项目公司只有设施的经营权没有所有权。

（3）BLT　BLT（build-lease-transfer），即建设—租赁—移交，是指东道国政府出让项目的建设权，在项目运营期内政府成为项目的出租人，私人投资者成为项目的承租人，租赁期满后，所有资产再移交给东道国政府的一种融资方式。

（4）TOT　TOT（transfer-operate-transfer），即移交—运营—移交，是指政府部门或国有企业将建设好的项目的一定期限的产权和经营权，有偿转让给私人投资者，由其进行运营管理；私人投资者在一个约定的时间内通过运营收回全部投资并取得合理的回报，在合约期满后，再交回给政府部门或原单位的一种融资方式。

（5）FBOOT　FBOOT（finance-build-own-operate-transfer），即融资—建设—拥有—运营—移交。类似于BOOT模式，只是多了一个融资环节，也就是说只有先融通到资金，政府才予以考虑是否授予特许经营权。

（6）DBOM　DBOM（design-build-operate-maintain），即设计—建设—运营—维护，强调项目公司对项目进行规定的维护。

（7）DBOT　DBOT（design-build-operate-transfer），即设计—建设—运营—移交，特许期终了时，项目要完好地移交给政府。

以上只是BOT模式操作的不同方式，但其基本特点是一致的，即项目公司必须得到有关部门授予的特许经营权。

3. 正确理解BOT是项目融资的模式之一

经常看到有文章将BOT与项目融资并列在一起讨论。其实，BOT是项目融资的一种方式，它们是一种包含与被包含的关系。因为从项目发起人，即项目所在国政府的角度看，BOT融资模式是一种有限追索的（有时是无追索的）项目融资结构。项目的建设资金、流动资金、项目的经营管理和财务安排以及各种项目风险均由项目投资者与经营者组织起来的项目公司承担，项目发起人所承担的只是类似无论提货与否均需付款或提货与付款性质的经济责任和一定数额的贷款或贷款担保责任。与其他项目融资方式相比较，BOT融资模式的最大特点是政府是项目的发起人，而且项目发起人对项目没有直接的控制权，在融资期间也无法获得任何经营利润，只能通过项目的建设和运行获得间接的经济效益和社会效益。

相反，项目投资者和经营者在BOT融资模式中所做出的融资安排没有统一的规定，可以是有限追索的项目融资，也可以是传统的公司融资。但是，多数情况下，由于采用BOT融资模式的项目涉及巨额资金，又有政府特许权协议作为支持，项目投资者都愿意将其融资安排成为有限追索的项目融资形式。

5.1.2　BOT模式的产生及其在我国的发展

世界上公认的早期BOT融资模式是，20世纪80年代我国深圳特区的沙角B火力发电站项目、马来西亚南北国家高速公路项目等。然而，BOT模式的原理远非一种新生事物，它从出现至今已有至少300年的历史。17世纪英国的领港公会负责管理海上事务，包括建设和经营灯塔，并拥有建造灯塔和向船只收费的特权。但是据罗纳德·科斯（R. Coase）的调查，1610—1675 年的 65 年中，领港公会连一个灯塔也未建成，而同期私人建成的灯塔至少有 10 座，这种私人建造灯塔的投资方式与现在所谓的 BOT 模式如出一辙。19 世纪初，美国也以这种方式修建桥梁、电站和运河。20 世纪 80 年代以来，随着以中国、马来西亚等为代表的发展中国家先后出现了一些 BOT 项目，BOT 融资模式才引起了世界范围的广泛关注，被当成一种新型的投融资模式进行宣传。

目前，BOT 模式已被广泛地应用在发展中国家和发达国家的基础设施建设中。著名的横贯英法之间的欧洲隧道，澳大利亚的悉尼港口隧道等都采用了 BOT 模式。中国、泰国、土耳其等发展中国家都有 BOT 模式的项目。

BOT 融资模式在我国称为特许权投融资方式，是指国家或地方政府部门通过特许权协议，授予签约方的外商投资企业（包括中外合资、中外合作、外商独资）承担公共性基础设施（基础产业）项目的投融资、建造、经营和维护；在协议规定的特许期内，项目公司拥有投资建造设施的所有权（这个所有权不是完整意义上的所有权）。允许向设施使用者收取适当费用，由此回收项目投融资、经营和维护成本并获得合理的回报；特许期届满，项目公司将设施无偿地移交给协议签约方。

5.1.3　BOT 项目融资的运作程序

按照惯例，BOT 项目融资的运作程序主要包括九个阶段：确定项目方案阶段、项目立项阶段、招标准备阶段、资格预审阶段、准备投标书阶段、评标与决标阶段、合同谈判阶段、融资与审批阶段、实施阶段（包括设计、建设、运营和移交）。

对于发起 BOT 项目的国内政府及其代理机构而言，从确定项目方案阶段开始到实施阶段之前的各阶段，是 BOT 项目的前期工作，需要落实各种建设条件、选定投资人、落实项目资金来源、基本确定建设方案。这一过程可以采用协商方式，也可以采用招标方式。大型的或者复杂的 BOT 项目，往往采用招标方式来选择投资人。

1. 确定项目方案

这一阶段的主要目标是研究并提出项目建设的必要性、确定项目需要达到的目标。

传统的政府融资项目，往往通过聘请咨询公司或者设计院，编制项目建议书和可行性研究，并通过召开咨询会议和审查会议的方式对项目的规模、技术和经济等方面的内容进行优化，并通过计划管理部门下达批文的方式加以确定。

与传统的政府项目不同，BOT 项目在这一阶段的主要目标是确定项目建设的必要性，并进一步研究确定设计规模和项目需要实现的目标，而不需要确定项目采用的技术、项目投资额或者投资收益水平。因此，在招标文件中不需要详细规定项目的技术方案和实施方案，只需要勾画出项目在规模、技术和经济等方面的轮廓，鼓励投标人在项目构想和设计方面提出新的观点，发挥他们各自的技术和经验优势，从而有利于政府从各投标方案中选择一个最佳方案作为实施方案。当然，一般情况下，为做到心中有数，政府聘请咨询公司或者设计院进行项目预可行性研究，提出项目技术要求并进行实施方案比较，也是十分必要的。

项目是否具备合理的投资收益，或者说，政府是否准备允许投资人获得合理的投资回报,是在这一阶段必须确定的原则性问题之一。只有允许投资人获得合理的回报,项目采用BOT模式才可能取得成功。不可能盈利的项目,只能由政府或者公共机构进行投资建设,除非政府能够采取财政补贴等方式保证项目投资人获得合理的回报。

2. 项目立项

项目立项,是指计划管理部门对《项目建议书》或《预可行性研究报告》以文件形式进行同意建设的批复。BOT项目在发布招标文件之前,按照国家的基本建设程序完成项目立项是非常必要的。已经立项的项目可以降低招标后的项目审批风险,提高投标人参与项目的积极性。在项目没有立项的情况下进行招标工作,如果投资人确定后政府不批准项目,将会给中标人造成很大的损失。因此,项目立项通过的审批文件一般被作为招标的依据。

目前在我国,一般来说,外资BOT项目需要得到国家发展和改革委员会的批复,内资BOT项目可以由地方政府批复。在前期准备工作不足的情况下,计划管理部门也可不批复《项目建议书》或《预可行性研究报告》,而是批复进行同意项目融资指标,这种批复可作为项目招标的依据。

3. 招标准备

(1) 成立招标委员会和招标办公室 从已有的BOT项目来看,成立招标委员会和招标办公室,对于落实项目基本条件、加快招标进度和提高工作效率,具有十分重要的意义。招标委员会一般由政府主管领导担任主任,计划、财政、税务、土地和价格等主管部门的主要负责人作为委员会的成员。招标委员会的主要职责是研究招标过程中的重大事项并做出决策。招标办公室往往设在负责办理招标具体事宜的单位,可能是行业主管部门,也可能是政府控制的国有企业,其职能是贯彻执行招标委员会做出的决策,牵头落实项目前期准备工作,研究项目在经济、技术等方面的问题,并就重大问题的解决方案向招标委员会提出建议。

(2) 聘请中介机构,包括专业的投融资咨询公司、律师事务所和设计院 由于BOT项目完全按照国际惯例进行运作,要求政府和投资人在签订合同前,对于项目的经济、技术、法律等方面的问题,做出细致、完整、严密的规定,否则,即使是一个看似微小的疏忽,也可能带来不利的后果,轻者致使项目失去公平,使政府处于不利地位,重者将导致招标失败、项目流产,甚至使政府和国家遭受严重的经济损失。

因此,聘请专业的投融资咨询公司、律师事务所和设计院,发挥他们在国际招投标、国际投融资等方面的经验优势,帮助政府进行充分和细致的招标准备工作,使项目结构设计更加严谨和符合国际惯例,最大限度地降低项目风险、提高项目成功率,是十分必要的。

(3) 进行项目技术问题研究,明确技术要求 虽然政府在招标前并不需要规定投标人采取何种技术方案,但是,由于项目最终将移交给政府,并且项目多是为大众提高公共服务的基础设施,因此,必须在规划条件、技术标准、工艺和设备水平、环境保护等方面提出明确的要求。为此,政府应该聘请设计院的工作者作为技术顾问,对上述问题进行细致和周密的研究,并将经政府确认后的要求在招标文件中详细而清晰地进行说明。

(4) 准备资格预审文件,制定资格预审标准 资格预审是招标工作中一个很重要的环节，尤其是对于前期工作周期长、情况复杂的 BOT 项目。在正式投标前进行资格预审，选定少数几家竞争力较强的投标人，邀请他们前来参加投标，能减少招标工作量，提高招标质量。因为经过资格预审后，只有那些具有较强技术能力和财务能力的公司才能参加投标，招标人不需耗费大量的时间和精力对那些竞争力不强的标书进行评审，可以认真仔细地对通过了资格预审的投标人的标书进行评审。如果通过预审的投标者在财力上和技术上是健全和可信的，尽管投标者数量不多，同样能够保证在投标过程中形成激烈竞争的局面。从投标人的角度来看，参加投标的投标者数量越多，中标的机会越小，因此他们可能不愿意花费太多的时间和精力来准备标书。相反，如果他们是少数投标者中的一员，中标的机会增大，就会促使他们认真而努力地提出一份竞争力很强的标书。

因此，政府应该及早准备资格预审文件，在资格预审文件中明确资格预审标准。资格预审的期限可以根据项目前期工作的准备情况适当延长，让更多的潜在投资人获悉项目信息，增加竞争的激烈程度。资格预审文件中的资格要求，应该根据项目的特点和要求进行制定。

(5) 设计项目结构，落实项目条件　不同地方的政府及其职能部门，在管理程序上不尽相同；不同类型的项目具有不同的特点和各种不同的要求。因此，应该针对项目本身的特点，结合政府在本项目上制定的目标，设计合理的项目结构，并根据项目结构，逐项落实项目的各种条件。一个在 BOT 方面具有丰富经验的咨询公司，能够帮助政府设计和制定合理的项目结构，并帮助政府有计划、系统地落实各项条件，为确保招标成功打下坚实的基础。

(6) 准备招标文件、特许权协议、制定评标标准　在确定项目结构、初步落实项目基本条件后，即可开始编制招标文件，制定特许权协议。在招标文件中，必须详细说明政府在技术、经济、法律等方面的要求，让投标人尽可能充分和准确地领会政府的意图。应该把投标人必须遵守的强制性的要求和可由投标人建议的可协商的要求区分开来。在特许权协议中，应规定项目涉及的主要事项，明确政府提供的各种支持条件或者承诺。评标标准应该体现政府在选择什么样的投资人和建成一个什么样的项目方面的要求和标准，尤其要对主要目标（例如，最终消费者支付的价格最低，或者公共开支最低，或者对整个经济而言项目的投资费用最低等）有一个清楚的定义。招标文件中规定的评标标准应该尽可能明确和详尽，便于投标人设计出最符合政府要求的方案。

为了加快进度，招标文件的准备工作往往与资格预审同步进行，只要能够合理安排资格预审阶段和招标阶段的时间即可。

4. 资格预审

邀请对项目有兴趣的公司参加资格预审，如果是公开招标则应该在媒体上刊登招标公告。参加资格预审的公司应提交资格申请文件，包括技术力量、工程经验、财务状况和履约记录等方面的资料。招标委员会应该组织资格预审专家组，对这些文件进行比较分析，拟订一个数量不多、可参加最终投标的备选名单，并在项目条件基本落实和招标文件基本准备就绪之后，发出资格预审结果通知，同时向通过资格预审的投标人发出投标邀请书。

参加资格预审的投标人数量越多，招标人选择的范围就越大。为了在确保充分竞争的前提下尽可能减少招标评标的工作量，通过资格预审的投标人数量不宜过多，一般为 3~5 家比较合适。例如，北京第十水厂 BOT 项目的资格预审通告发布后，共有 34 家跨国（地区）公司或银行购买了资格预审文件，7 家联合体（共 19 家公司）提交了资格申请文件。招标委员会选择了其中 5 家联合体（共 12 家公司）参加项目投标，这些公司分别来自法国、英国、日本、意大利和中国香港。

5. 准备投标书

在获得招标委员会的书面邀请后，通过资格预审的投标者，如果决定继续投标，则应按照招标文件的要求，提出详细的建议书（即投标书）。在投标者的建议书中，一般应详细地说明所有关键方面，如：

1）设施的类型及所提供的产品或服务的性能或水平。
2）建设进度安排及目标竣工日期。
3）产品的价格或服务费用。
4）价格调整公式或调整原则。
5）履约标准（产品的数量和质量、资产寿命等）。
6）投资回报预测和所建议的融资结构与来源。
7）外汇安排（如果是外资 BOT 项目）。
8）不可抗力事件的规定。
9）维修计划（这对于 BOT 项目尤其重要，因为项目必须在寿命中期移交给政府）。
10）风险分析与分配。

在准备投标书阶段，投标人将就标书中的有关内容向招标人提出疑问。招标人应该以标前答疑会等形式进行解答，并将解答内容以书面形式正式通知所有通过资格预审的投标人。为使投标人对项目所处的环境有更加清晰和深入的了解，招标人应该组织一次现场考察。在北京第十水厂 BOT 项目的招标过程中，5 家通过资格预审的联合体在购买了招标文件之后，在准备标书期间陆续提出了一百余道问题。招标委员会举行了标前答疑会议，并多次回答了投标人提出的问题。5 家联合体最终全部递交了标书，这在国内类似项目中是第一次（其他项目中都有投标人放弃投标的现象）。

6. 评标与决标

投标结束后，招标委员会将组建评标委员会，按照招标文件中规定的评标标准对投标人提交的标书进行评审。评标标准必须在招标文件中做出明确陈述。评标方法的选择将显著地影响到最终的评标结果，因此，一般情况下，招标文件中规定的评标标准不允许更改。

标书中的主要标的应该是评标时重点考虑的核心因素，如果采用评分法评标，则该因素的分值应该占有绝对的权重。北京第十水厂 BOT 项目评标的标准以水价为主，适当考虑了融资方案、法律方案和技术方案。评标结果将受下列因素影响：

1）折现率的选择：如果以投资费用为目标，应该用资金的社会机会成本对未来的费用效益进行折现计算。用资本的市场利率作为财务折现率进行财务费用的比较则较为适宜。

2）税金处理：在以消费者支付的价格为目标时，税金可以被看作一项费用。但在以公共开支为目标的比较中，税金则可不予以考虑。

3）免去政府机构所承担风险：将风险转移给私营机构，从整个经济来看，可能并不影响项目的资金费用，但如果把公共开支控制到最小作为评标目标时，项目采取 BOT 模式将比由政府机构自行建设和运营具有优越性。

7. 合同谈判

决标后，招标委员会应邀请中标者与政府进行合同谈判。BOT 项目的合同谈判时间较长，而且非常复杂，因为项目牵涉一系列合同及相关条件，谈判的结果要使中标人能为项目筹集资金，并保证政府把项目交给最合适的投标人。在特许权协议签订之前，政府和中标人都必须准备花费大量的时间和精力进行谈判和修改合同。如果政府与排名第一的中标候选人不能达成协议，政府可能会转而与排名第二的中标候选人进行谈判，以此类推。

运作良好的 BOT 项目，由于投标人之间竞争十分激烈，使政府在谈判中的地位非常主动。如北京第十水厂 BOT 项目，谈判工作共进行了三轮。第一轮主要是了解双方的观点，第二轮解决了水价等核心问题，第三轮解决了遗留问题（主要是对不可抗力的处理）。谈判结果在很多方面突破了国内类似项目的惯例，使双方的利益得到了更好的保护。

政府与私营机构间的合同必须做到：

1）使中标人按商定的条款，对提供合同上规定的服务承担义务。
2）给中标人以项目的独占权以及使工程得以实施的各项许可。
3）如果需要的话，由政府或政府机构承担根据商定的条款购买项目产品或服务的义务，如承担"或取或付"的义务。
4）特许权协议必须得到同时签署的其他许多协议的支持，并以此为条件，以使中标人能够完成其任务，通常情况下，中标人在谈判结束以后必须签署的相关协议如下：

① 与项目贷款方的信贷协议。
② 与建筑承包商的建设合同。
③ 与供应商的设备和材料供应合同。
④ 与保险公司的保险合同。

中标人是否能够顺利地签订上述相关合同，取决于其与政府商定的合同条款。因此，从中标人的角度来看，政府应提供项目所需的一揽子基本的保障体系，政府则希望尽可能地减少这种保障。

8. 融资与审批

谈判结束且草签特许权协议以后，中标人应报批《可行性研究报告》，并组建项目公司。项目公司将正式与贷款人、建筑承包商、运营维护承包商和保险公司等签订相关合同，最后与政府正式签署特许权协议。

至此，BOT 项目的前期工作全部结束，项目进入设计、建设、运营和移交阶段。

9. 实施

项目公司在签订所有合同之后，开始进入项目的实施阶段，即按照合同规定，聘请设计单位开始工程设计，聘请总承包商开始工程施工，工程竣工后开始正式进行商业运营，在特许期届满时将项目设施移交给政府或其指定机构。

需要强调的是，在实施阶段的任何时间，政府都不能放弃监督和检查的权利。因为项目最终要由政府或其指定机构接管并在相当长的时间内继续运营，所以必须确保项目从设计、建设到运营和维护都完全按照政府和中标人在合同中规定的要求进行。

BOT 项目运作程序见表 5-1。

表 5-1　BOT 项目运作程序

运作程序	招标人主要工作	投标人主要工作
确定项目方案	提出项目建设的必要性，提出项目建设目标	
项目立项	向计划管理部门上报《项目建议书》或《可行性研究报告》，取得批复文件或者同意进行项目融资招标的文件	
招标准备	1. 成立招标委员会和招标办公室； 2. 聘请中介机构； 3. 研究项目技术问题，明确技术要求	1. 准备资格预审文件； 2. 设计项目结构，落实项目条件； 3. 编写招标文件，制定评标标准
资格预审	1. 发布招标公告； 2. 发售资格预审文件； 3. 组织资格预审； 4. 通知资格预审结果，发出投标邀请书	1. 获取项目招标信息； 2. 获取资格预审文件； 3. 编写并递交资格预审文件
准备投标书	1. 编写并发售投标文件； 2. 标前答疑，组织现场考察	1. 获取招标文件； 2. 研究招标文件，向招标人提问； 3. 参加现场考察； 4. 编写并按时提交投标书
评标与决标	1. 对有效标书进行评审； 2. 选出中标候选人	回答、澄清评标委员会的提问
合同谈判	1. 按照排序与中标候选人就全部合同和协议的条款和条件进行谈判，直至双方完全达成一致； 2. 草签特许权协议及其他合同和协议	1. 按照排序与中标候选人就全部合同和协议的条款和条件进行谈判，直至双方完全达成一致； 2. 草签特许权协议及其他合同和协议
融资与审批	1. 协助中标人报批项目和成立项目公司； 2. 在项目公司成立后与其正式签订特许经营协议和其他的合同协议	1. 报批项目可行性研究报告，成立项目公司； 2. 项目公司正式与贷款人、建筑承包商、运营维护承包商和保险公司等签订相关合同； 3. 项目公司与招标人正式签订特许权协议及其他合同和协议
实施	1. 协助项目公司实施项目； 2. 对项目的设计、建设、运营和维护进行检查和监督； 3. 特许期届满时接收（或其指定机构接收）应该移交的设施	1. 正式开始设计和建设； 2. 项目竣工后开始商业运营； 3. 特许期届满时移交应该移交的设施

5.1.4　BOT 项目融资主要当事人及其合同关系

BOT 项目融资与其他项目融资模式在法律结构上具有一些不同之处。一般情况下，一个 BOT 项目大致由以下三部分人员组成：

1. 项目的最终所有者

项目的最终所有者，通常是这个 BOT 项目的发起人，这是与其他融资模式不同的方面。在 BOT 项目融资中，项目发起人通常是项目所在国政府、政府机构或政府指定的公司。

（1）从项目所在国政府的角度，采用 BOT 融资模式的主要吸引力

1）减少项目对政府财政预算的影响，使政府能在自有资金不足的情况下仍能上马一些基建项目。政府可以集中资源，对那些不被私人投资者看好但又对国家具有重要战略意义的项目进行投资。

2）由于与项目有关的资金是由项目公司融资的，不构成一国政府的债务，因此，不增加一国的债务总额和财政负担，即使项目建设需要大量的资金，也不需要一国政府出面负担。

3）可以吸引外资，引进新技术，改善和提高项目的管理水平。一国政府可以从外资 BOT 项目的承建与运营中学到先进的技术和管理经验，也能使项目的主办者或运营者以更好的服务或更低的价格使最终消费者受益。

4）可以把私营企业的经营机制引入基础设施建设中，提高项目建设和经营效率。BOT 融资的实质是，将国家的基础产业项目建设和经营管理民营化。

5）它使作为特许权授予者的公共部门能够将项目的建设、融资和经营风险转移给私人部门，增强公共部门的稳定性。

在 BOT 项目中，项目发起人所扮演的角色与其他项目融资模式中发起人的作用有相当大的区别。在 BOT 融资期间，项目发起人在法律上既不拥有项目，也不经营项目，而是通过给予项目某些特许经营权（例如，承购项目产品，以保证项目的最低收益）和给予项目一定数额的从属性贷款或贷款担保作为对项目建设、开发及融资安排的支持。在项目融资结束后，项目发起人通常能够无偿地获得项目的所有权和经营权。

（2）政府在 BOT 融资模式中的作用 归纳起来，政府可以在以下方面发挥作用：

1）选择项目公司。在前面所说的项目融资模式中，项目公司一般是由项目发起人为了营建一个项目而根据合资协议特别成立的公司，项目发起人是项目公司的股东和所有者。而在 BOT 融资模式中，项目公司一般由东道国政府或其政府部门根据某些标准竞标产生。

2）提供已建设项目的运营权，帮助项目公司在建设期即可得到一定的收入，以减轻融资风险。例如，马来西亚政府在用 BOT 融资模式修建南北高速公路的项目中，同意将已建成的 400km 高速公路的经营权在特许期内转让给南北高速公路项目公司，但项目公司必须按照协议要求对公路设施加以改进；在澳大利亚悉尼港隧道项目中，特许权协议中规定在隧道建设期间，州政府将现有的悉尼大桥每年的过桥费的净收益作为政府无息贷款贷给项目公司，在项目结束时偿还，属于次级债务性质，这些贷款在 5 年的项目建设期内累计达 2.24 亿澳元，对悉尼港隧道项目起到了重要的作用。

3）提供 BOT 项目附近设施、土地的开发权。如划出一块土地交给项目公司开发经营其他项目，比如房地产、商业区、娱乐区等。泰国政府将曼谷高架铁路沿线两侧 $1km^2$ 的土地开发权交给项目公司，这些土地均为市区比较繁华的地区，开发价值大，作为对铁路收费低的一种补偿。

4）明确投资回报政策，在税收上给予优惠，使项目公司对投资回报做到心中有数。如印度政府为了鼓励外商在电力开发方面投资，政府曾保证给予项目公司 16% 的股本投资回报率。

5）提供产品购置担保。这样政府为项目公司承担了市场风险，即如果预测的市场需求发生变化，为了保证项目公司的收益，政府许诺给予经济补偿。如在悉尼港海底隧道项目中，政府就承担了项目实际收入与设计方案收入存在差额的风险，以保证项目公司有足够的收入还贷。协议规定了州政府将给予补偿的几种情况：①当隧道过路实际收入低于设计收费额时；②当遇到不可抗拒的政策变化时；③当价格指数高于预测值时；④当增加税收时；⑤当由于政府或政府官员过失使收费不能达到预定目标时。其补偿的计算公式为

$$政府补偿额 = (过路费 \times 设计交通量 \times 加权价格指数) - (隧道实际过路费收入 + 过桥托收费收入) \tag{5-1}$$

6）由政府提供竞争性保护政策。即政府向项目公司做出担保，在若干年内不再兴建类似的、与在建 BOT 项目有竞争的同类项目，以保证项目的垄断性经营。如英法海底隧道项目得到的政府竞争性保护许诺是在 33 年内不再修建第 2 条连接英法两国的隧道，以保证项目公司的垄断地位和收益。但作为项目公司也要预计到其他竞争方式的风险，如英吉利海峡船舶航运业采取各种措施与英法海底隧道争夺客流和货运，对其造成了不小的威胁，而在这方面，政府是不能干预的。

2. 项目公司

项目公司是为了营建一个 BOT 项目而专门组建起来的公司，它是项目的经营者，是 BOT 项目的直接投资者，也是 BOT 项目融资模式的主体。项目公司从项目所在国政府获得建设和经营项目的特许权，负责组织项目的建设和生产经营，提供项目开发所必需的股本资金和技术，安排融资，承担项目风险，并从项目投资和经营中获得利润。

项目公司的组成以在这一领域具有技术能力的经营公司和工程承包公司作为主体，有时也吸引项目产品的购买者和一些金融性投资者参加。因为在特许权协议结束时，项目要最终交还给项目发起人。所以，从项目公司所在国政府的角度，选择项目经营者或项目公司要有一定的标准和要求：

1）项目经营者要有一定的资金、管理和技术能力，保证在特许权协议期间能够提供符合要求的服务。

2）项目经营者提供的服务要达到环境保护标准和安全标准。

3）项目产品的收费要合理。

4）项目经营者要保证做好设备的维修和保养工作，保证在特许权协议终止时政府收到的是一个运行正常、保养良好的项目，而不是一个千疮百孔的烂摊子。

3. 项目的贷款银行

BOT 融资模式中贷款银行的组成较为复杂。除了商业银行组成的贷款银行之外，政府的出口信贷机构和世界银行或地区性开发银行的政策性贷款在 BOT 融资模式中通常也扮演着很重要的角色。贷款的条件取决于项目本身的经济强度、项目经营者的经营管理能力和资金状况。但是在很大程度上主要依赖于项目发起人、项目公司股东与所在国政府为项目提供的支持和特许权协议的具体内容。BOT 项目融资模式的典型结构如图 5-1 所示。

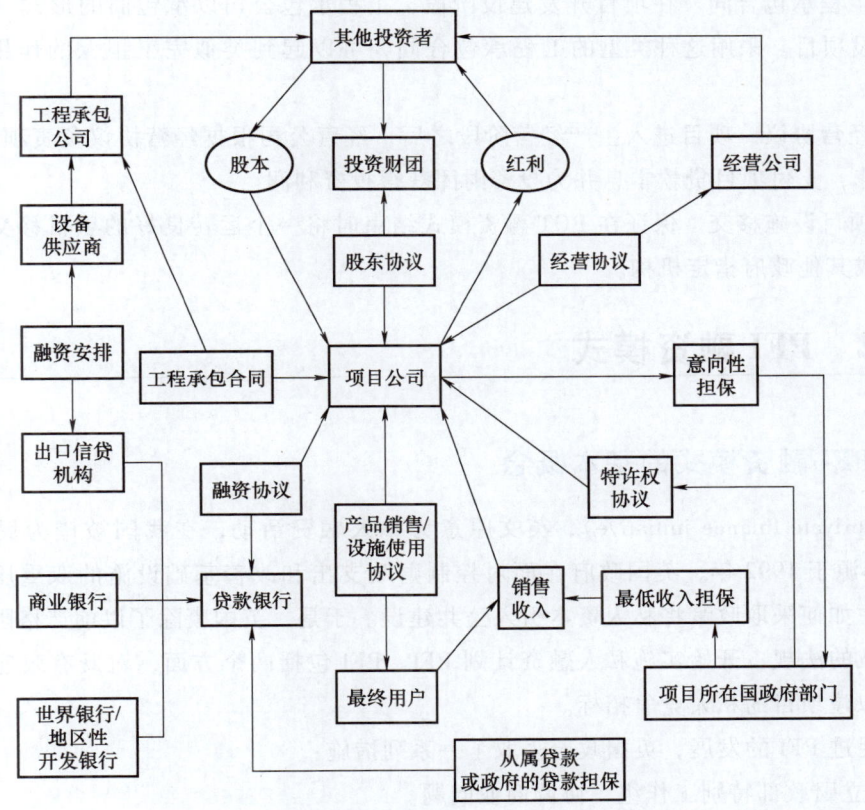

图 5-1　BOT 项目融资模式的典型结构

BOT 项目融资模式的结构的说明如下：

（1）特许权协议　项目的经营公司、工程承包公司、设备供应商及其他投资者共同组建一个项目公司，从项目所在国政府获得特许权协议作为项目建设开发和安排融资的基础。特许权协议至少包括三个方面的内容：一是批准项目公司开发建设和经营项目，并给予使用土地、获得原材料等方面的便利条件；二是政府按照固定价格购买项目产品（如发电项目）或者政府担保项目可以获得最低收入（如高速公路项目）；三是在特许权协议终止时，政府可以根据协议商定的价格购买（或无偿收回）整个项目，项目公司保证政府获得的是一个正常运转并保养良好的项目。为了保证项目公司获得特许权协议后有能力按计划开发项目，政府有时会要求项目公司或投资财团提供一定的担保。

（2）融资安排　项目公司以特许权协议作为基础安排融资。外国政府机构的出口信贷是发展中国家 BOT 项目的重要贷款组成部分。因为有些出口信贷机构会直接为本国的成套设备出口安排融资。为了减少贷款的风险，融资安排中一般要求项目公司将特许权协议的权益转让给贷款银行作为抵押，并且设计专门的机构控制项目的现金流量。在一些情况下，贷款银行也会要求项目所在国政府提供一定的从属性贷款或贷款担保作为融资的附加条件。

（3）工程承包合同　在项目开发建设阶段，工程承包公司以承包商的形式（如交钥匙合同）建设项目。采用这种类型的工程承包合同，可以起到类似完工担保的作用，有利于融资安排。

（4）经营协议　项目进入生产经营阶段之后，经营公司根据经营协议负责项目的运行、保养和维修，支付项目贷款本息并为投资财团获得投资利润。

（5）项目设施移交　保证在 BOT 融资模式结束时将一个运转良好的项目移交给项目所在国政府或其他政府指定机构。

5.2　PFI 融资模式

5.2.1　PFI 融资模式的基本概念

PFI（private finance initiative），英文原意为私人融资活动，在我国被译为民间主动融资。PFI 起源于 1992 年，英国政府在面对控制财政支出和改善基础设施的双重压力下，开始积极考虑如何采取政策将私人资本引入公共建设。于是，英国废除了以前严格限制私人投资公共领域的法规，开始实施私人融资计划 PFI。PFI 包括两个方面，对既有政府项目的私有化和对拟建项目的私人竞争招标。

为了促进 PFI 的发展，英国政府采取了一系列措施：
1）设立财政部特别工作组，协调商业问题。
2）建立标准化作业，提高工作效率。
3）成立"英国合伙企业（Partnerships UK）"，在公共部门与私人资本之间进行协调。
4）以项目为关注点，确立若干领域优先发展战略，如保健行业（National Health Scheme）。
5）颁布新的立法，解除原有法律框架的技术障碍。

PFI 模式被英国的许多行业采用，如教育、卫生、国防、交通、办公、监狱及福利住房等。英国的 PFI 项目取得了显著得成效。据统计，89% 的项目按时完成，没有任何一个项目使政府的建设成本超支；而在引入 PFI 项目之前，有统计数据表明，70% 的项目不能按时完成，73% 的项目超出预算。同时，另外一份权威调查报告中表明，在每 100 元固定资产中，政府投资比重分别为日本 19.4%，法国 15.3%，美国 10.7%，德国 8.5%，英国 6.2%。比重最低的英国，与其在政府项目中大力推广 PFI 融资模式就是分不开的。PFI 是继 BOT 之后在发达国家得到普遍应用的又一优化和创新的工程项目融资模式。

英国财政部对于 PFI 融资模式的官方定义：公共部门以一个长期协议或合同的方式从私营部门购买高质量的服务，包括双方协定的交付成果、相应的维护维修或建设必要的基础设施。该方式的实质就是政府与私营部门合作，由私营部门提供特定的政府公共物品或公共服务，政府直接向私营部门支付费用购买产品或服务，或者授予私营部门收费特许权。

英国学者对 PFI 融资模式的三种观点：

1）PFI 是一种将私有资金和技术融入以往由公共部门负责提供项目的模式，这些项目包括学校、医院、道路和水利设施等，在 PFI 项目中，私有部门通常会拥有项目的经营权，公共部门则在规则制定等过程中扮演重要的角色。

2）PFI 就是利用私有资金来开发公共项目，并使公共设施的提供者承担项目整个生命周期成本及运营阶段的责任和风险。

3）PFI 是一种机制，在这种机制中，私有机构能够把其先进的管理方法和创新的技术应用于公共设施的建设中，政府部门也能够保证其获得更高的投资回报率。

日本学者井熊均也提出了自己的观点，他认为，PFI 是在原来由公共部门所从事的社会资本整备、运营领域，吸收民间资金和经营方法，以民间为主导，高效率、高成果地进行社会资本整备的一种方法。

日本开发银行 PFI 研究会认为，PFI 是将公共项目的设计、融资、建设和运营等业务在一个相对较长的时间内由民间来进行的一种活动。PFI 与民营化有着严格的区别，民营化是将公共项目从政府部门严格地剥离开来，而对 PFI 项目来说，政府部门依旧发挥着很大的作用，如服务购买、事业推进等。

通过以上观点可以看出，PFI 实际上就是对 BOT 项目融资模式的优化，是指政府部门根据社会对基础设施的需求，提出需要建设的项目，通过招标投标，由获得特许权的私营部门进行公共基础设施项目的建设与运营，并在特许期（通常为 30 年左右）结束时将所经营的项目完好、无债务地归还给政府部门，而私营部门则从政府部门或接受服务方收取费用以回收成本的项目融资方式。

5.2.2　PFI 的典型类型和运作形式

1. PFI 的典型类型

PFI 项目从发起到实施完成的整个过程都存在着风险。在风险的压力下，项目公司（SPV）尽可能地使人、财、物等资源得到优化，从而在一定程度上克服了基础设施与公共事业上由政府机构统一经营而造成的效率低下、投资回报率低等弊端。这也就是 PFI 项目价值最大化（Value For Money）的来源。

PFI 项目与传统项目重要的区别就是，在 PFI 项目中，政府不再购买建筑工程，而是购买服务。在 PFI 项目安排下，服务的提供方（"运营方"）首先将进行融资并建筑项目的固定设施，然后在与政府签订的长期合同期间提供项目服务。政府不再以传统方式涉入项目的建筑过程，也得以从传统模式下复杂的全过程开发的重任（这个重任并非政府的擅长之处）中解脱出来去规划更多的项目。事实上，政府几乎无一例外地只对项目提供的服务感兴趣（如医院病床、办公室、监牢房等），而不是对获得作为建筑本身的固定资产感兴趣。PFI 融资模式使得项目公司（SPV）对项目全周期生命成本进行集成化的考虑，从而使政府在整个项目投入的成本低于传统模式下的总成本。

从私人部门的角度讲，PFI 就是以开发、建设与运营为核心的产业链条，私人部门在 PFI 中获得的不单是某一环节的效益，而是不必匆急着寻找下一个项目也能确保得到长期回报。

根据资金回收方式的不同，PFI 融资模式通常可以划分为如下三类：

(1) 收取费用的自立型（financially free-standing projects） 私营企业进行项目的设计、建设、融资和运营，通过服务向最终使用者收费来回收成本和实现利润。公共部门仅参与项目的计划和认可阶段，不向其提供财政的支持。例如，公立医院的停车场设定停车费用的上限，由私营企业自由经营，独自承担风险。另外，还有收费桥梁、博物馆等项目均适用这一类型。

(2) 向公共部门提供服务型（services sold to the public sector） 私人部门提供项目服务所需要的成本，完全或主要是通过私人部门服务提供者向公共部门收费来补偿的。这种模式主要应用于私人部门融资兴建的监狱、医院和英国北部的铁路等。

(3) 合营企业型（joint ventures） 由公共部门和私人部门建立联合体，共同出资、分担成本和共享收益。公共部门对项目的非经营部分（解决交通拥挤、地域再开发等）给予一定的补助，项目的运营则由私人部门进行。为了使项目真正成为一个 PFI 项目，项目的控制权必须由私人部门来掌握，公共部门只是一个合伙人的角色。

2. PFI 的运作形式

PFI 的运用形式主要有 BOT（build-operate-transfer）、BTO（build-transfer-operate）、TOT（transfer-operate-transfer）、BROT（build-rent-operate-transfer）、BOOT（build-own-operate-transfer）、BOO（build-own-operate）、DBFO（design-build-finance-operate）等，其中，DBFO 融资模式，项目公司要承担额外的责任，如设施设计及其建设的融资。

DBFO 融资模式是指私人部门负责完成项目的设计、建设、融资和运营，并且通过提供服务来获得政府或公众的付费，实现收入和完成利润目标。

私人部门在项目的建设期是不能得到项目服务购买者的"预先支付"的，但是可以在项目建成后的整个寿命期内根据项目资产的效用、提供服务的可用性和执行的情况获得支付。

5.2.3 PFI 融资模式的适用条件

一般来说，PFI 融资模式适用于以下类型的项目：项目具有市场化特征，市场上存在参与投标的竞争者。政府需要私营企业参与，风险可向私营企业转移，私营企业能独立运营并提供优质的服务，政府则通过合约来制约私营企业。项目的设计、建设运营、市场需求、残余价值、技术革新和资金筹措等的风险需要认真识别，并在政府与私营企业间进行适当的划分。

5.2.4 PFI 项目的运作程序及合同关系

1. PFI 项目的运作程序

PFI 融资模式在运营上与 BOT 融资模式有一定的相似之处，只是在项目运营期的成本回收方式上有所区别，其运作程序包括项目提出与采用 PFI 融资模式决策──→项目招标──→协议谈判──→筹集资金──→项目建设──→项目经营──→特许经营期结束。英国 PFI 项目融资实施流程如图 5-2 所示。

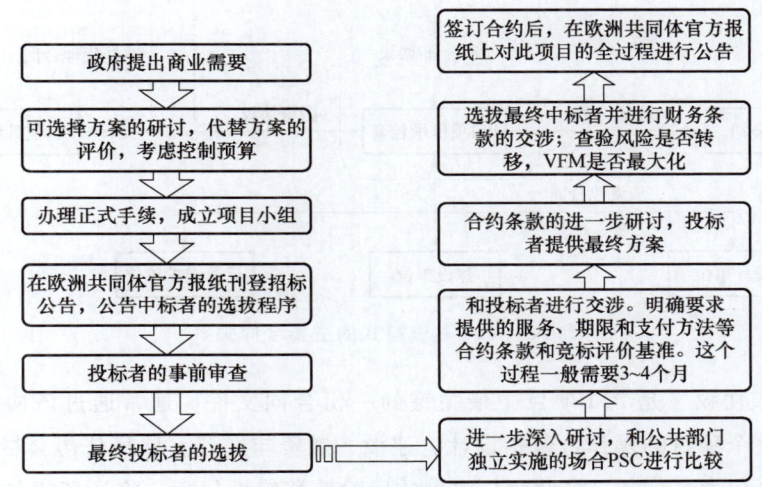

图 5-2　英国 PFI 项目融资实施流程

2. PFI 项目的合同主体

（1）政府部门　政府部门包括最终的使用者，因为政府部门代表了最终使用者的要求。

（2）PFI 项目承包商　和政府、有关当局、其他公共团体或者法定部门签约的单位或个人，在 PFI 融资模式下提供服务。

（3）其他利益相关者　包括诸如高级融资贷方、为公共设施的建设和运营提供产品和服务的供应者等。

3. PFI 项目合同主体间关系

（1）PFI 项目承包商与政府部门　PFI 项目承包商与政府部门之间是承包和发包的关系。政府部门是服务的购买者，而 PFI 项目承包商是服务的供应者。他们通过 PFI 合同确定双方的权利义务关系。

（2）PFI 项目承包商与其他利益相关者　PFI 项目承包商与其他利益相关者之间的主要关系：承包与发包关系、委托与代理关系、借贷关系等。

（3）银行或金融机构与政府部门　银行或金融机构与政府部门的主要关系是通过直接

协议（direct agreement）联系起来的。直接协议的签订主要是为了保护银行或者金融机构的利益。政府部门向借贷机构承诺将按与 PFI 项目承包商签订的合同支付有关费用，如果 PFI 项目承包商在 PFI 项目合同下违约造成合同终止或终止的威胁，那么银行或金融机构有权介入 PFI 项目合同，对合同的终止进行一定的限制。

4. PFI 合同的主要合同关系

PFI 项目需要一系列的合同安排，并且各个合同环环相扣，合同之间的相关性导致整个项目合同群成为一个系统工程。PFI 融资模式主要合同关系如图 5-3 所示。

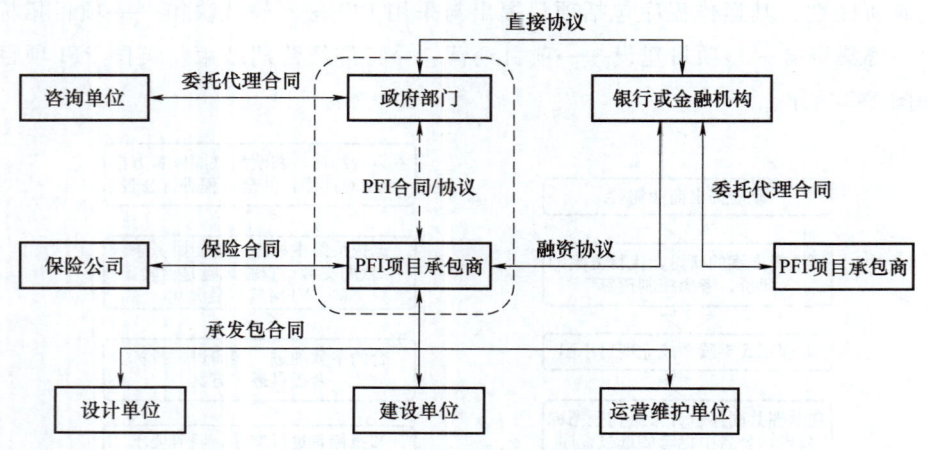

图 5-3 PFI 融资模式的主要合同关系

（1）特许权协议 是 PFI 项目中最关键的一份合同文件，通常通过该协议授予项目公司权利来进行整个项目的操作，包括设计、建设、融资与经营。项目公司会尽量将所有的风险转移给各种分包商。例如，将设计与建设的风险转移给承包商；将运营维护风险转移给运营商。这种转移的理论基础是让最有效率的管理风险组织来管理风险。

（2）建筑合同 PFI 项目中的建筑合同往往都是"交钥匙"合同，由承包商承担设计、建筑、供应、安装、调试与试运行等全部工作。

（3）运营与维护分包协议 该协议就是从服务开始时开始执行。通常运营商都是具有卓著业绩的运营者，因为运营就是现金流的来源，良好的运营才能保证投资者（贷款人）的贷款得到偿还。

（4）其他的专业分包合同 如培训合同、物流合同等。

（5）附带保证/承包商直接协议 这些文件并非在任何时候都是必需的。但是，在某个分包商的工作十分重要时，就需要这些文件来保证分包商的工作顺利完成。总体说来，这些文件对合同顺利履行提供了一定程度上的额外保护。有时，政府与项目公司都需要类似的保证。

直接协议是 PFI 项目的一个特色。它是指资金提供方（出贷方）与借款方（承/分包商）就 PFI 项目合同签订直接协议，规定在借款方（承/分包商）违反 PFI 项目合同时，资金提供方不能直接终止与借款方的 PFI 项目合同，而必须给资金提供方一个机会"介入（step in）"，以纠正违约。

5.2.5　PFI 与 BOT 的区别

虽然 PFI 来源于 BOT，也涉及项目的"建设—运营—移交"问题，但作为一种独立的融资模式，PFI 与 BOT 相比具有以下几个特点：

1．PFI 和 BOT 的概念区别

BOT 是政府部门通过特许权协议，授权项目发起人进行项目的融资、设计、建造、经营和维护，在规定的特许期内向该项目的使用者收取适当的费用，由此回收项目的成本，并获得合理的回报。特许期满后，项目公司将项目免费移交给政府。BOT 旨在政府部门对公共设施的最终拥有。

PFI 是公共部门基于一项长期协议以合同的方式从私人部门购买高质量的服务，包括双方一定的交付成果、相应的维护维修或者建设必要的基础设施，以充分利用私人部门由于进行私人融资必须承担风险从而产生激励的管理技能。更强调民间资金的主动介入，政府的目的在于获得有效的服务，而非最终的设施所有权。

2．PFI 和 BOT 的应用领域不同

BOT 模式主要用于基础设施项目，包括发电厂、机场、港口、收费公路、隧道、电信、供水和污水处理设施等，这些项目都是一些投资较大、建设周期较长和可以自主运营以获利的项目。

PFI 模式运用的项目非常多样化：大的项目可能来自国家重点领域（如国防部），例如，空对空加油罐计划、军事飞行培训计划和机场服务支持等；小的项目有公共服务设施建设，如教育或民用建筑物、警察局、医院能源管理或公路照明，甚至公路、监狱和医院用楼等。

3．PFI 和 BOT 项目的运作方式不同

BOT 与 PFI 项目的各参与方中存在许多相同或相似的地方，例如在两种融资模式中都存在作为采购者的公共部门、项目公司、贷款人、投资人、承包商、运营公司、供应商、保险公司等，并且他们在两种融资模式中所扮演的角色本质相同。

二者的运作程序和方式的不同点如下：

1）公共部门与项目公司之间的合同类型不同，BOT 融资模式是特许权合同，PFI 融资模式是服务合同。

2）PFI 融资模式是服务合同，因此 PFI 项目中公共部门一般会对设备管理和维护的供应商提出特别的要求。

3）PFI 项目中一般会存在信用评级和增级公司对项目公司发行的债券提供信用保证。

4．PFI 项目主体单一

PFI 模式的项目主体通常为本国民营企业的组合，体现出民营资金的力量。而 BOT 模式的项目主体则为非政府机构，既可以是本国私营企业，也可以是外国公司，所以，PFI 模式的项目主体较 BOT 模式单一。

5．PFI 项目的管理方式开放

PFI 模式对项目实施开放式管理。首先，对于项目建设方案，政府部门仅根据社会需求提出若干备选方案，最终方案则在谈判过程中通过与私人企业协商确定；BOT 模式则事先由政府确定方案，再进行招标谈判。其次，对于项目所在地的土地提供方式及以后的运营收益分配或政府补贴额度等，都要综合当事政府与私人企业的财力、预计项目效益及合同期限等多种因素而定，不同于 BOT 模式对这些问题事先都有框架性的文件规定。例如，土地在 BOT 模式中就是由政府无偿提供的，无须谈判；而在 BOT 模式中，一般都需要政府对最低收益等做出实质性的担保。所以，PFI 模式比 BOT 模式有更大的灵活性。

6. PFI 项目实行全面的代理制

PFI 模式实行全面的代理制，这也是与 BOT 模式的不同之处。作为项目开发主体，BOT 模式的项目公司通常自身就具有开发能力，仅把调查与设计等前期工作与建设、运营中的部分工作委托给有关的专业机构。而 PFI 模式的项目公司通常自身并不具有开发能力，在项目开发过程中，广泛地应用各种代理关系，而且这些代理关系通常在投标书与合同中即加以明确，以确保项目开发安全。

7. PFI 项目合同期满后项目运营权的处理方式灵活

PFI 模式在合同期满后，如果私人企业通过正常经营未达到合同规定的收益，则可以继续拥有或通过续租的方式获得运营权，这就是在前期合同谈判中需要明确的；而 BOT 模式则明确规定，在特许权期满后，所建资产将无偿地交给政府拥有与管理。

5.2.6 PFI 模式的优缺点

1. PFI 模式的优点

（1）适用范围广　PFI 有非常广泛的适用范围　不仅包括基础设施项目，在学校、医院和监狱等公共项目上也有广泛的应用。在英国，PFI 模式还被用于国防训练、政府部门的设备改造、政府的公共住房开发和城市的重建等项目。

（2）政府部门资金压力小　推行 PFI 模式，能够广泛吸引经济领域的私营部门或社会投资者参与公共物品的产出，这不仅大大地缓解了政府公共项目建设的资金压力，同时提高了政府公共物品的产出水平。

（3）项目的效率高、成本低　吸引私人部门的知识、技术和管理方法，提高公共项目的效率和降低产出成本，使社会资源配置更加合理，同时也使政府摆脱了长期困扰其项目低效率的压力，使政府有更多的精力和财力用于社会发展更加急需的项目建设。

（4）制度创新　PFI 模式最大的优势在于，它是政府公共项目投融资和建设管理方式重要的制度创新。它在英国的多年实践中，被认为是政府获得高质量、高效率的公共设施的重要工具。

2. PFI 模式的缺点

（1）招标阶段流程复杂　PFI 模式采购招标阶段流程过于复杂，使项目进展缓慢，交易成本高昂，反而降低了项目服务的物超所值（VFM）。

（2）服务要求修改困难　PFI 的合同是政企双方经过艰难谈判的结果，一旦获得确认并签订，在项目实施和运营阶段就难以变更，政府如要修改服务要求，会非常困难。

（3）债务和收益不透明　对项目最终服务对象纳税人而言，项目在未来二三十年内的总负债和总回报不透明，债务实际上最终转向纳税人，收益回报却被投资人独享。

（4）要价过高　政府过于依赖或信任私人部门的风险承担能力，向私人部门不适当地转嫁风险，私人部门借机提高风险收益，最终向公共部门提高要价。

（5）高杠杆率（股本仅占10%，其余90%市场融资）　如果项目遭受损失，私人投资者损失不大；如果项目成功，私人投资者偿还债务后，会获得很高回报。

5.3　PPP融资模式

5.3.1　PPP融资模式的定义及内涵

PPP（private-public-partnership），即政府和社会资本合作，是指政府、营利性企业和非营利性企业基于某个项目而形成的相互合作关系的形式。通过这种合作形式，合作各方可以达到比预期单独行动更有利的结果。对于PPP的概念，不同国家、国际组织、投资机构和专家学者等有不同的理解。

联合国发展计划署认为：PPP是指政府、营利性企业和非营利性组织基于某个项目而形成的相互合作关系。在这种关系中，政府并不是把项目的责任全部转移给私人部门，而是由参与合作的各方共同承担责任和融资风险。

欧洲委员会给出的定义：PPP是公共部门和私人部门之间的一种合作关系，其目的是为了提供传统上由公共部门提供的公共项目或服务。

世界银行给出的定义：PPP是私人部门和公共部门就提供公共资产和公共服务签订的长期合同，而私人部门须承担重大风险和管理责任。

亚洲开发银行给出的定义：PPP是公共部门和私人部门在基础设施和其他服务方面的一系列的合作关系，其特征是政府授权、规制和监管私人部门，私人部门出资、建设和运营提供公共产品和服务，公私双方长期合作、共担风险和收益，提高项目的效率和服务水平。

美国PPP国家委员会认为：PPP是介于外包和私有化之间，并结合了两者特点的一种公共产品提供方式，它充分利用私人资源进行设计、建设、投资、经营和维护公共基础设施，并提供相关服务以满足公共需求。

加拿大PPP国家委员会认为：PPP是公共部门和私人部门之间的一种合作经营关系，它建立在双方各自经验的基础上，通过适当的资源分配、风险分担和利益共享机制，最好地满足事先清晰界定的公共需求。

我国对PPP的认识也经历了一个不断变化发展的过程，住房和城乡建设部的定义为：PPP是政府按照有关法律、法规的规定，通过市场竞争机制选择市政公用事业的投资者或者经营者，明确其在一定期限和范围内经营某市政公用事业产品或者提供某项服务的制度。

国家发展和改革委员会给出的定义：各级人民政府依法选择中国境内外的法人或其他组织，并签订协议，授权法人或者其他组织在一定期限或者一定范围内建设或者经营特定基础设施或共用事业，提供公共产品或者公共服务的活动。

2014年，我国财政部对PPP进行了定义：政府与社会资本合作模式是指政府与社会资本为提供公共产品或者服务而建立的全过程合作关系，以特许经营权为基础，以利益共享和风险分担为特征，通过引入市场竞争和约束机制，发挥双方优势，提供公共产品或者服务的质量和供给效率。

尽管各国对PPP尚没有形成一个统一的概念，但可以发现，PPP融资模式的概念具有以下几个特点：

1）PPP融资模式是多方参与的活动，其中一方是政府。
2）合作各方建立长期合作伙伴关系。
3）合作方式多种多样，具有很大灵活性。
4）合作目标在于提供基础设施服务（或公共产品服务）。
5）合作目的是实现共赢，强调利益共享，风险共担。

5.3.2 PPP融资模式的分类

PPP融资模式的分类在不同国家、地区和国际组织都有所不同，对PPP融资模式的分类也各不相同，以下是有代表性的几种分类方法：

1. 世界银行的分类

世界银行主要基于市场准入和融资模式进行分类，对PPP进行了如下四大分类：

（1）管理与租赁合同（management & lease contract） 一个私人组织机构在一定期限内获得对一个国有企业的管理权，同时国家仍拥有投资决策权。具体有两种形式：管理合同，是指政府支付给私人运营机构费用，用于管理特定公共设施，此模式下的运营风险在政府一方；租赁合同，是指政府将资产有偿租赁给私人运营机构，此模式下的运营风险在私人运营机构一方。

（2）特许经营合同（concession contract） 世界银行将特许经营合同定义为以私人资本支出为主的管理与运营合同，是指一家私营机构从国有企业获得一定期限内的经营管理权。该模式主要针对已存在或部分存在的设施。特许经营合同的具体模式：修复—运营—移交（ROT）、修复—租赁—移交（RLT）、建设—修复—运营—移交（BROT）。

（3）未开发项目（greenfield project） 一家私营机构或公私合营机构，在特定合同期限内建设、运营一个新的设施。该设施的所有权应在合同期满后移交给公共部门。未开发项目的具体模式：建设—租赁—移交（BLT）、建设—运营—移交（BOT）、建设—拥有—运营（BOO）、市场化和租用五类。

（4）资产剥离（divestiture） 私营机构通过参与资产拍卖、公开发行或规模私有化项目等方式，获得国有机构的资产。资产剥离的具体模式：全部资产剥离，政府将该项资产所属在国有公司的全部100%部分转移给私营机构（如运营机构、机构投资者等）；部分资产剥离，政府将该项资产所属在国有公司的一部分转移给私营机构（如运营机构、机构投资者等）。购买此项资产的私营机构不一定拥有资产的管理权。

2. 英国政府的分类

英国政府将 PPP 融资模式分为以下八种：

（1）国有资产出售　政府把过多的国有资产出售给私人企业。

（2）扩大产品市场　政府通过与私人企业合作，把私人企业的技术和资金引入国有项目中，从而提高其运营效率，提高市场竞争力，扩大市场份额。

（3）国有股份转让　通过合作设立新公司或以商业拍卖的形式实现国有股份向私人企业的转让。

（4）成立合伙制公司　使私人企业在国有经济中拥有一定所有权，但要通过立法，制定规章制度等形式保护公共利益。

（5）私人主动融资（PFI）

（6）风险共担　把公共所有的资产和资源与私人企业资产和资源进行有效整合，实行共同管理、共担风险、共享收益。

（7）合伙投资　公共部门参与到私人企业的投资基金中去，以使得公共部门享受收益分配权。

（8）权利共享　私人企业参与制定或改变项目发展的对策方针，这样有助于提高决策的正确性。

3. 美国学者对 PPP 融资模式分类

从建设新的基础设施和对已有基础设施进行改造扩建的角度，美国学者将 PPP 融资模式分为三大类型，具体见表 5-2。

表 5-2　美国学者对 PPP 融资模式的分类

设施类型	模式	适用方式
已有设施	出售	私人企业收购基础设施，在特许权下经营并向用户收取费用
	租赁	政府与私人企业签订长期的租赁协议，由私人企业租赁业已存在的基础设施，向政府缴纳一定的租赁费用，并负责其运营和维护，获取商业利润
	运营和维护（operate & maintenance）	政府与私人企业签订运营和维护协议，由私人企业负责对基础设施进行运营和维护，获取商业利润。在该协议下，私人企业承担基础设施运行和维护过程中的全部责任，但不承担资本风险
对已有设施的扩建和改建	租赁—建设—运营（LBO）；购买—建设—运营（BBO）	政府与私人企业签订协议，由私人企业租赁或收购现有基础设施，在特许权下改造或扩建，根据特许权由其负责基础设施的运营，获取商业利润
	扩建后经营整体工程并转移（wrap-around addition）	政府与私人企业签订协议，由私人企业负责对已有的公共基础设施进行扩建，并负责建设过程中的融资。完工后由私人企业在一定的特许权期内负责对整体公共基础设施进行经营和维护，并获得商业利润

（续）

设施类型	模式	适用方式
新设施	建设—移交—运营（BTO）	私人企业投资建设新的基础设施，建成后把所有权移交给公共部门，然后可以经营该设施，在此期间向用户收取费用
	建设—运营—拥有—移交（BOOT）；建设—运营—移交（BOT）	与 BTO 类似，不同的是，基础设施的所有权在私人企业 20~40 年后才移交给公共部门
	建设—拥有—运营（BOO）	私人企业在永久性特许授权下，投资兴建、拥有并经营基础设施

4. 我国财政部提出的 PPP 融资模式

财政部 2014 年印发的《政府和社会资本合作模式操作指南（试行）》中指出，项目运作方式主要包括委托运营、管理合同、建设—运营—移交、建设—拥有—运营、转让—运营—移交和改建—运营—移交等。具体运作方式的选择主要由收费定价机制、项目投资收益水平、风险分配基本框架、融资需求、改扩建需求和期满处置等因素决定。

（1）委托运营（operation & maintenance，O&M） 是指政府将存量公共资产的运营维护职责委托给社会资本方或项目公司，社会资本方或项目公司不负责用户服务的政府和社会资本合作的项目运作方式。政府保留资产所有权，只向社会资本方或项目公司支付委托运营费。合同期一般不超过 8 年。

（2）管理合同（management contract，MC） 是指政府将存量公共资产的运营、维护及用户服务职责授权给社会资本方或项目公司的项目运作方式。政府保留资产所有权，只向社会资本方或项目公司支付管理费。管理合同通常作为转让—运营—移交的过渡方式，合同期限一般不超过 3 年。

（3）建设—运营—移交（build-operate-transfer，BOT） 是指在一定的政府特许授权期限内（一般 20~30 年），由社会资本方或项目公司承担新建项目的设计、融资、建造、运营、维护和用户服务职责，合同期满后项目资产及其相关权利等移交给政府的项目运作方式。

（4）建设—拥有—运营（build-own-operate，BOO） 由 BOT 融资模式演变而来，二者的主要区别是在 BOO 融资模式下，社会资本方或项目公司拥有项目的所有权，但必须在合同中注明保证公益性的约束条款，一般不涉及项目期满移交。

（5）转让—运营—移交（transfer-operate-transfer，TOT） 是指政府将存量资产所有权有偿转让给社会资本方或项目公司，并由其负责运营、维护和用户服务，合同期满后资产及其所有权等移交给政府的项目运作方式。合同期限一般为 20~30 年。

（6）改建—运营—移交（rehabilitate-operate-transfer，ROT） 是指政府在 TOT 融资模式的基础上，增加改扩建内容的项目运作方式。合同期限一般为 20~30 年。

5. 我国国家发展和改革委员会确定的 PPP 融资模式

按照国家发展和改革委员会 2014 年出台的《关于开展政府和社会资本合作的指导意见》，PPP 融资模式的运作方式主要分为经营性项目、准经营性项目和非经营性项目三大类。

（1）经营性项目　对于具有明确的收费基础，并且经营收费能够完全覆盖投资成本的项目，可以通过政府授予特许经营权，采用建设—运营—移交（BOT）、建设—拥有—运营—移交（BOOT）等融资模式推进。要依法放开相关项目的建设、运营市场，积极推进自然垄断行业逐步实行特许经营。

（2）准经营性项目　对于经营收费不足以覆盖投资成本、需政府补贴部分资金或资源的项目，可通过政府授予特许经营权附加部分补贴或直接投资参股等措施，采用建设—运营—移交（BOT）、建设—拥有—运营—移交（BOOT）等融资模式推进。要建立投资、补贴与价格的协同机制，为投资者获得合理的回报积极创造条件。

（3）非经营性项目　对于缺乏"使用者付费"基础，主要依靠"政府付费"回收投资成本的项目，可通过政府购买服务，采用 BOO 融资模式、委托运营等市场化模式推进。要合理确定购买内容，把有限的资金用在刀刃上，切实提高资金使用效益。

从以上各国对 PPP 融资模式的运作来看，不存在严格意义上的统一的 PPP 融资模式，各国根据本国的实践确定 PPP 融资模式的类型，在具体项目上可以在 PPP 融资模式的基本框架下进行新的融资模式的探索。

5.3.3　PPP 融资模式的运作程序

1. PPP 融资模式的一般运作程序

PPP 融资模式是政府、营利性企业和非营利性企业基于某个项目而形成的以"双赢"或"多赢"为理念的相互合作形式，各参与方可以达到与预期单独行动相比更为有利的结果。其基本运作组织结构如图 5-4 所示。其运作一般包括以下几个工作阶段：

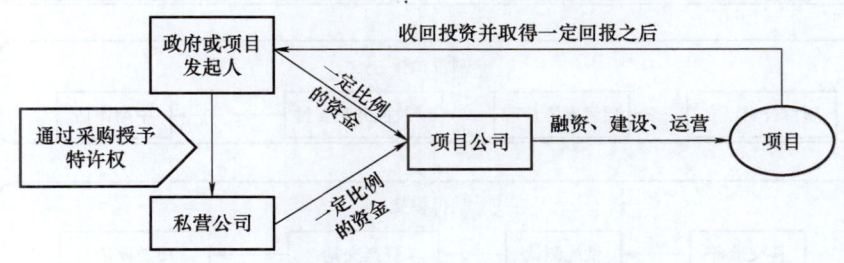

图 5-4　PPP 融资模式的基本运作组织结构

1）选择项目合作公司。政府根据工程项目建设的需要，确立一家有资质、有实力的私营合作公司（一般为财团形式），并与该私营公司签订特许权协议。

2）确立项目。在项目的早期阶段，双方共同参与项目的确认、技术设计和可行性研究工作，共同完成项目的前期工作。

3）成立项目公司。政府和私营公司根据共同确立的项目，组织成立项目公司作为特许权人承担合同规定的责任和义务。

4）招标投标和项目融资。项目公司在政府的监督下，可以对工程进行招标投标，同时公共部门和项目公司合作进行项目融资，公共部门一般作为担保人出现，由于有政府公共部门的担保，使投资人的风险大大减少，融资的难度降低，提高了项目融资的成功率。

5）项目建设。政府与该私营公司本身对项目进行设计和施工建设，政府与其进行合作的同时也对其进行监督。

6）运行管理。项目建成后，项目公司负责经营管理，政府根据协议和有关法律的规定，对项目公司的运行进行监督管理，并予以一定的政策扶持。

7）项目移交。特许权协议期满，该私营公司把项目移交给政府，所有固定资产全部无偿归政府所有。

2. 我国的 PPP 项目运作程序

根据财政部印发的《政府和社会资本合作模式操作指南（试行）》，我国的 PPP 项目运作程序一般包括项目识别、项目准备、项目采购、项目执行和项目移交五个阶段，各阶段的工作内容如图 5-5 所示。

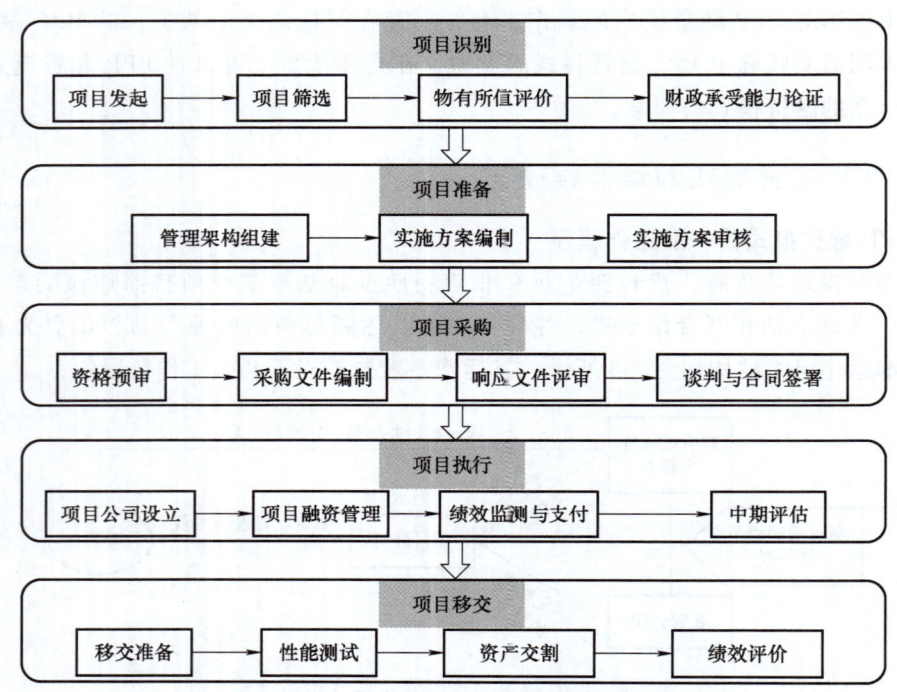

图 5-5 我国的 PPP 项目运作程序

（1）项目识别阶段

1）项目发起。PPP 项目可以由政府或社会资本发起，以政府发起为主。交通、住建、环保、能源、教育、医疗、体育健身和文化设施等行业主管部门在新建、改建项目或存量公共资产中遴选潜在项目。社会资本应以提交项目建议书的方式向 PPP 责任部门推荐潜在项目。PPP 责任部门向行业主管部门征集项目，建立收集与推介机制，形成基本的 PPP 项目库。

2）项目筛选。PPP 中心会同行业主管部门，对潜在 PPP 项目进行评估筛选，确定备选项目。财政部门（PPP 中心）应根据筛选结果制订项目年度和中期开发计划。

对于列入年度开发计划的项目，项目发起方应按 PPP 中心的要求提交相关资料；新建、改建项目应提交可行性研究报告、项目产出说明和初步实施方案；存量项目应提交存量公共资产的历史资料、项目产出说明和初步实施方案。

投资规模较大、需求长期稳定、价格调整机制灵活、市场化程度较高的基础设施及公共服务类项目，适宜采用 PPP 融资模式。

3）物有所值评价。根据财政部印发的《政府和社会资本合作模式操作指南（试行）》，中华人民共和国境内拟采用 PPP 融资模式的项目，应在项目识别或准备阶段开展物有所值评价。物有所值（VFM）一词最初源于英国，是国际上普遍采用的一种用于评价传统上由政府提供的公共产品和服务是否可运用 PPP 融资模式的评估体系，旨在实现公共资源配置效率的最优化。物有所值评价的核心是比较采用传统建设模式与采用 PPP 融资模式哪一种资源配置更优。基本的评价思路：同等效果下，比较成本；同等投入下，比较效益。

物有所值评价包括定性评价和定量评价。定性评价重点关注项目采用 PPP 融资模式与采用传统采购模式相比，能否增加供给、优化风险分配、提高运营效率、促进创新和公平竞争等；定量评价主要是通过对 PPP 项目全生命周期内政府支出成本现值与公共部门比较值进行比较，计算项目的物有所值量值，从而判断 PPP 融资模式是否降低了项目全生命周期成本。现阶段以定性评价为主，鼓励开展定量评价。

物有所值评价结论分为"通过"和"未通过"。结论为"通过"的项目，可进行下一步财政承受能力论证；结论为"未通过"的项目，可在调整实施方案后重新评价，仍未通过的不宜采用 PPP 融资模式。

物有所值评价的资料主要包括（初步）实施方案、项目产出说明、风险识别和分配情况、存量公共资产的历史资料、新建或改扩建项目的（预）可行性研究报告和设计文件等。

4）财政承受能力论证。为确保财政的中长期可持续性，财政部门应根据项目全生命周期内的财政支出、政府债务等因素，对部分政府付费或政府补贴的项目，开展财政承受能力论证，每年政府付费或政府补贴等财政支出不得超出当年财政收入的一定比例。

PPP 项目全生命周期过程财政支出责任主要包括股权投资、运营补贴、风险承担、配套投入等。政府 PPP 合作中心负责组织开展行政区域内 PPP 项目财政承受能力的论证工作。省级财政部门负责汇总统计行政区域内的全部 PPP 项目的财政支出责任，对财政预算编制、执行情况实施监督管理。

财政承受能力论证采用定量和定性分析方法，坚持合理预测、公开透明、从严把关，统筹处理好当期与长远关系，严格控制 PPP 项目财政支出规模。

财政承受能力评估包括财政支出能力评估以及行业和领域平衡性评估。财政支出能力评估主要是根据 PPP 项目的财政预算支出责任，评估项目实施对当前及今后年度财政支出的影响。每一年度全部 PPP 项目需要从预算中安排的支出规模，占一般公共预算支出比例应当不超过 10%。省级财政部门可根据本地实际情况，因地制宜确定具体比例，并报财政部备案，同时对外公布。

行业和领域均衡性评估是根据 PPP 融资模式适用的行业和领域范围，以及经济社会发展需要和公众对公共服务的需求，平衡不同行业和领域的PPP项目，防止某一行业和领域的PPP项目过于集中。

评估结论包括"通过论证"和"未通过论证'。结论为"通过论证"，即财政部门在编制年度预算和中期财政规划时，将项目财政支出责任纳入预算统筹安排。结论为"未通过论证"的项目不宜采用PPP融资模式。

(2) 项目准备阶段

1) 管理架构组建。按照地方政府的相关要求，明确相应的行业管理部门、事业单位、行业运营公司或其他相关机构，作为政府授权的项目实施机构，在授权范围内负责PPP项目的前期评估论证、实施方案编制、合作伙伴选择、项目合同签订、项目组织实施以及合作期满移交等工作。考虑到PPP运作的专业性，通常情况下需要聘请PPP咨询服务机构。

县级以上人民政府可建立专门的协调机制，主要负责项目评审、组织协调和检查督导等工作，实现简化审批流程、提高工作效率的目的。

项目组织实施通常会建立项目领导小组和工作小组，领导小组负责重大问题的决策、政府高层沟通、总体工作的指导等，项目小组负责项目公司的具体开展，以PPP咨询服务机构为主要组成，负责项目准备、采购、监管和移交等工作。

项目实施机构需要制订工作计划，包含工作阶段、具体工作内容、实施主体、预计完成时间等内容。

2) 实施方案编制。项目实施机构首先需做好尽职调查，拟订调研提纲，至少从法律和政策、经济和财务、项目自身三个方面进行把握，主要包括政府项目的批文和授权书，国家、省和地方对项目的关于土地、税收等方面的优惠政策，特许经营和收费的相关规定等；社会经济发展现状及总体发展规划，与项目有关的市政基础设施建设情况、建设规划，现有管理体制，现有收费情况及结算和调整机制等；项目可行性研究报告，环境影响评价报告，初步设计，已形成的相关资产，配套设施的建设情况，项目用地的征地情况等。还需要对外部投资人进行调查，根据项目的基本情况、行业现状和发展规划等，与潜在投资人进行联系沟通，获得潜在投资人的投资意愿信息，并对各类投资人的投资偏好、资金实力、运营能力和项目诉求等因素进行分析研究，与潜在合适的投资人进行沟通，组织调研及考察。

在做好尽职调查的基础上，组织编制实施方案，实施方案主要包括以下内容：

① 项目概况。项目概况主要明确项目提供的公共产品和服务内容、项目采用PPP融资模式运作的必要性和可行性，以及项目运作的目标和意义，经济技术指标主要明确项目区位、占地面积、建设内容或资产范围、投资规模或资产价值、主要产出说明和资金来源等。

② 风险分配基本框架。按照风险分配优化、风险收益对等和风险可控等原则，综合考虑政府风险管理能力、项目回报机制和市场风险管理能力等要素，在政府和社会资本间合理分配项目风险。

③ 交易结构与回报机制。项目回报机制主要说明社会资本取得投资回报的资金来源，包括使用者付费、可行性缺口补助和政府付费等支付方式。

④ 项目运作方式。项目运作方式主要包括委托运营、管理合同、建设—运营—移交、

建设—拥有—运营、转让—运营—移交和改建—运营—移交等。

⑤ 监管架构。监管架构主要包括授权关系和监管方式。授权关系主要是政府对项目实施机构的授权，以及政府直接或间接通过项目实施机构对社会资本的授权；监管方式主要包括履约管理、行政监管和公众监督等。

⑥ 合同体系。合同体系主要包括项目合同、股东合同、融资合同、工程承包合同、运营服务合同、原料供应合同、产品采购合同和保险合同等。项目合同是其中最核心的法律文件。

⑦ 采购方式，包括公开招标、邀请招标、竞争性谈判、竞争性磋商和单一来源采购。

3）实施方案审核。为提高工作效率，财政部门应当会同相关部门及外部专家建立PPP项目的评审机制，从项目建设的必要性及合规性、PPP融资模式的适用性、财政承受能力及价格的合理性等方面，对项目实施方案进行评估，确保"物有所值"。评估通过的由项目实施机构报政府审核，审核通过的按照实施方案推进，并纳入PPP项目目录管理；未通过的，可在实施方案调整后重新评审；经重新评审仍不能通过的，不再采用PPP融资模式。

（3）项目采购阶段

1）资格预审。项目实施机构准备资格预审文件，发布资格预审公告，邀请社会资本和与其合作的金融机构参与资格预审。验证项目能否获得社会资本的响应和实现充分竞争，并将资格预审的评审报告提交财政部门（PPP中心）备案。

资格预审公告包括：项目授权主体、项目实施机构和项目名称、采购需求、对社会资本的资格要求、是否允许联合体参与采购活动、拟确定参与竞争的合格社会资本的企业数和确定方法，以及社会资本提交资格预审申请文件的时间和地点。提交资格预审申请文件的时间自公告发布之日起不得少于15个工作日。

项目有3家以上社会资本通过资格预审的，项目实施机构可以继续开展采购文件准备工作；不足3家的，项目实施机构应在实施方案调整后重新组织资格预审；经重新资格预审合格社会资本仍不足3家，依法调整实施方案选择的采购方式。

2）采购文件编制。采购文件包括采购邀请，竞争者须知（包括密封、签署、盖章要求等），竞争者应提供的资格、资信及业绩证明文件，采购方式，政府对项目实施机构的授权，实施方案的批复和项目相关审批文件，采购程序，响应文件编制要求，提交响应文件截止时间、开启时间及地点，强制担保的保证金缴纳数额和形式，评审方法，评审标准，政府采购政策要求，项目合同草案及其他法律文本等。

3）响应文件评审。PPP项目运作需建立方案评审小组，确定评审办法。评审小组由项目实施机构代表和评审专家共5人以上单数组成，其中评审专家人数不得少于评审小组成员总数的2/3。评审专家可以由项目实施机构自行选定，但评审专家中应至少包含1名财务专家和1名法律专家。项目实施机构代表不得以评审专家身份参加项目的评审。

项目评审办法应该反映项目物有所值的本意，体现项目绩效运营特性，促进市场竞争。

4）谈判与合同签署。项目实施机构应成立专门的采购结果确认谈判工作组。按照候选社会资本的排名，依次与候选社会资本及与其合作的金融机构就合同中可变的细节问题进行合同签署前的确认谈判，率先达成一致的即为中选者。确认谈判不得涉及合同中不可谈判的核心条款，不得与排序在前但已终止谈判的社会资本进行再次谈判。

确认谈判完成后，项目实施机构应与中选社会资本签署确认谈判备忘录，并将采购结果和根据采购文件、响应文件、补遗文件和确认谈判备忘录拟订的合同文本进行公示，公示期不得少于5个工作日。

公示期满无异议的项目合同，应在政府审核同意后，由项目实施机构与中选社会资本签署。需要为项目设立专门项目公司的，待项目公司成立后，由项目公司与项目实施机构重新签署项目合同，或签署关于承接项目合同的补充合同。

(4) 项目执行阶段

1) 项目公司设立。社会资本可依法设立项目公司。政府可指定相关机构依法参股项目公司。项目实施机构和财政部门（PPP中心）应监督社会资本按照采购文件和项目合同约定，按时足额出资设立项目公司。

2) 项目融资管理。项目融资由社会资本或项目公司负责。社会资本或项目公司应及时开展融资方案设计、机构接洽、合同签订和融资交割等工作。财政部门（PPP中心）和项目实施机构应做好监督管理工作，防止公司债务向政府转移。

3) 绩效监测与支付。项目实施机构督促社会资本或项目公司履行合同义务，定期检查项目产出绩效指标，编制季报和年报，并报财政部门（PPP中心）备案。

政府有支付义务的，按照实际绩效付费。设置超额收益分享机制的，社会资本或项目公司应根据项目合同约定向政府支付应享有的超额收益。

项目实际绩效优于约定标准的，应执行奖励条款，并可作为合同能否展期的依据；未达到约定标准的，应执行惩处条款或救济措施。

在合同执行和管理过程中，项目实施机构应重点关注合同修订、违约责任和争议解决等工作。社会资本或项目公司违反合同约定，威胁公共产品和服务稳定安全供给，或危及国家安全和重大公共利益的，政府有权临时接管项目，直至启动提前终止程序。

4) 中期评估。项目实施机构应每3~5年对项目进行中期评估，重点分析项目运行状况和项目合同的合规性、适应性和合理性；及时评估已发现问题的风险，制订应对措施，并报财政部门（PPP中心）备案。

(5) 项目移交阶段

1) 移交准备。项目实施机构或政府指定的其他机构应组建项目移交工作组，根据项目合同约定与社会资本或项目公司确认移交情形和补偿方式，制订资产评估和性能测试方案。项目移交工作组应委托具有资质的资产评估机构，按照约定的评估方式，对移交资产进行资产评估，作为确定补偿金额的依据。

2) 性能测试。项目移交工作组应严格按照性能测试方案和移交标准对移交资产进行性能测试。性能测试结果不达标的，移交工作组应要求社会资本或项目公司进行恢复性修理、更新重置或提取移交维修保函。

3）资产交割。项目移交时，项目实施机构或政府指定的其他机构代表政府收回项目合同约定的项目资产。项目合同中应明确约定移交形式、补偿方式、移交内容和移交标准。

① 移交形式包括期满终止移交和提前终止移交。

② 补偿方式包括无偿移交和有偿移交。

③ 移交内容包括项目资产、人员、文档和知识产权等。

④ 移交标准包括设备完好率和最短可使用年限等指标。

社会资本或项目公司应将满足性能测试要求的项目资产、知识产权和技术法律文件，连同资产清单移交项目实施机构或政府指定的其他机构，办妥法律过户和管理权移交手续。社会资本或项目公司应配合做好项目运营平稳过渡相关工作。

4）绩效评价。项目移交完成后，财政部门（PPP 中心）应组织有关部门对项目的产出、成本效益、监管成效、可持续性、PPP 应用等进行绩效评价，并按相关规定公开评价结果。评价对象包括 PPP 项目本身、PPP 项目运作过程和 PPP 项目管理工作。评价的目的是确保 PPP 项目长期可持续性，评价结果为政府做出 PPP 管理工作的决策提供参考依据。

5.3.4 PPP 融资模式的应用范围和应用价值

1. PPP 融资模式的应用范围

由于不同国家的国情不同，对 PPP 融资模式的认知不同，PPP 融资模式在不同国家的应用范围有所不同。

在欧洲一些国家，PPP 融资模式的主要使用领域包括交通运输、公共服务、燃料和能源、公共秩序、环境和卫生、娱乐和文化、教育和国防等。在大多数西方国家，PPP 融资模式主要适用于基础设施建设，包括收费公路、铁路、桥梁、地铁、轻轨系统、机场设施、隧道、电厂、电信设施、学校建筑、医院、监狱、污水和垃圾处理等。

在我国，国家发展和改革委员会发布的《关于开展政府和社会资本合作的指导意见》，PPP 融资模式主要适用于政府负有提供责任又适宜市场化运作的公共服务、基础设施类项目，包括燃气、供电、供水、供热、污水及垃圾处理等市政设施，公路、铁路、机场和城市轨道交通等设施，医疗、旅游、教育培训和健康养老等公共服务项目，以及水利、资源环境、生态保护和产业新城等项目。财政部印发的《政府和社会资本合作模式操作指南（试行）》认为，投资规模较大、需求长期稳定、价格调整机制灵活、市场化程度较高的基础设施及公共服务类项目，适宜采用 PPP 融资模式。此类项目主要包括能源、交通运输、水利建设、生态建设和环境保护、农业、林业、科技、保障性安居工程、医疗卫生、养老、教育、文化、体育、市政工程、政府基础设施、城镇综合开发、旅游和社会保障等方面。

2. PPP 融资模式的应用价值

（1）PPP 融资模式促进了政府管理的改革　政府在城市公共基础设施提供中的效率低下是一个普遍共识的问题。PPP 融资模式通过引入市场竞争机制，使政府在市场中进行磨炼，改变其传统的管理机制，努力提高自身的效率。为了达到这个目的，政府必须与私人企业合作，因为这些企业本身就是在市场竞争机制中经过优胜劣汰下来的优胜者。

（2）可以作为对政府在城市公共基础设施中面临的问题进行转移的有效方式　在 PPP 融资模式下，政府扮演的是投资经纪人的角色，其任务就是以城市公共基础设施项目为基础，引入私人企业参与合作，借助私人企业的资金来建设城市公共基础设施，同时私人企业也带来了他们的先进技术。而且，在 PPP 融资模式中，城市的可持续性发展与其商业可行性是一致的。因为私人企业带来的先进技术能够在进行设施建设的同时，最大限度地减少给城市带来的污染，保护了城市生态平衡，从而使城市实现可持续发展。

　　（3）政府实现了融资风险的转移　在 PPP 融资模式下，政府引入私人企业和资金参与城市公共基础设施的建设，私人企业需筹集项目建设过程中所需资金。这样，项目进行过程中的融资风险就被转移给了私人企业。

　　（4）PPP 融资模式下实现权利共享　在传统的城市公共基础设施建设中，政府的角色是所有者和管理者，私人企业是被管理者，而在 PPP 融资模式下，权利共享使得政府和私人企业的关系发生了根本的变化。首先，合作和信任取代了命令和控制式的敌对关系；其次，在合作关系中，双方共同分担风险和责任，交流知识；最后，在 PPP 融资模式下，合作各方就一些需要诉讼的问题进行协商，可以达成京解，免于诉讼。

5.4　ABS 融资模式

5.4.1　资产证券化

　　资产证券化（asset-backed securitization，ABS）在美国业已成为一种日益普遍的融资方式。很多企业，不论其规模大小、产业类别甚至其自身资信程度如何，都在试图利用这种灵活的融资方式获得资金。越来越多的银行也在通过资产证券化的途径，将其所发放的贷款中的某些坏账风险，转移到愿意并有能力承担此风险的融资方手中。

　　一般地，资产证券化是指将缺乏流动性但又能够产生可预期的稳定现金流的资产汇集起来，通过一定的结构安排对资产中的风险与收益要素进行分离与重组，再配以相应的信用担保和升级，将其转变成可以在金融市场上出售和流通证券的过程。

　　在美国，资产证券化项目所涉及的资产种类很多，比较传统的资产种类包括房屋贷款、学生贷款、汽车贷款、贸易应收账款、信用卡应收账款和设备租金等。新的资产种类不断出现，很难一一列举。

　　资产证券化根据其发展阶段有以下两种不同的理解：

　　1）在其初始阶段，资产证券化是指通过在资本市场和货币市场上发行证券，即以直接融资方式来举债，这种资产证券化称之为一级证券化或融资证券化。运用这种方法，一个借款人可以向市场上的投资者直接借款而不再需要向银行申请贷款或透支。这种类型的资产证券化会动摇银行作为资金提供者的传统地位，并最终导致非中介化或"脱媒"现象的出现。

　　2）将已经存在的信贷资产集中起来，根据利率、期限和信用质量等标准加以组合并进行包装后转移给投资者，从而使此项资产在原持有者的资产负债表中消失。这种形式的资产证券化被称为二级证券化，也就是通常所提及的资产证券化。

因此，资产证券化的一般定义是指以目标项目所拥有的资产为基础，以该项目资产的未来收益为保证，通过在国际资本市场上发行高档债券来筹集资金的一种项目证券融资方式。

资产证券化的本质在于，通过其特有的提高信用等级方式，使原本信用等级较低的项目照样可以进入高档证券市场，利用该市场信用等级高、债券安全性和流动性高、债券利率低的特点，大幅度降低发行债券筹集资金的成本。按照规范化的证券市场的运作方式，在证券市场发行债券，必须对发债主体进行信用评级，以揭示债券的投资风险及信用水平。债券的筹资成本与信用等级密切相关。信用等级越高，表明债券的安全性越高，债券的利率越低，从而使通过发行债券筹集资金的成本越低。如根据标准普尔公司主权信用评级划分方法，信用等级 AAA、AA、A、BBB 为投资级，即债券的信用等级只有达到 BBB 及以上级别时，才具有投资价值，才能在证券市场上发行债券募集资金。在投资级债券中，AAA 级和 AA 级属于高档投资债券，信用风险小、融资成本低。因此，利用证券市场筹集资金，一般都希望进入高档投资级证券市场。但是，对于不能获得权威性资信评估机构较高级别信用等级的企业或其他机构，无法进入高档投资级证券市场。ABS 运作的独到之处就在于，通过信用增级计划，使得没有获得信用等级或信用等级较低的机构，照样可以进入高档投资级证券市场，通过资产的证券化来筹集资金。因此，即使加入了一些前期分析、业务构造和信用增级成本，它仍然为融资业务提供了新的、成本更低的资本来源。而且当公司或项目靠其他形式的信用进行融资的机会很有限时，证券化就成为该公司的一个至关重要的融资来源。这是因为资产支持证券的评级仅取决于作为证券支持的资产的信用质量，而与发行这些证券的公司的财务状况或金融信用无关。

5.4.2 ABS 融资模式的特点及其作用

1. ABS 融资模式的特点

ABS 融资模式有以下特点：

1）ABS 融资模式的最大优势是通过在国际高档证券市场上发行债券筹集低债务利率资金，从而降低筹资成本。而且，国际高档证券市场容量大，资金来源渠道多样化，因此，ABS 融资模式特别适合大规模筹集资金的项目。

2）通过证券市场发行债券筹集资金，是 ABS 融资模式不同于其他项目融资模式的一个显著特点，无论是产品支付项目融资、还是 BOT 项目融资模式，都不是通过证券化形式进行融资的，而证券化融资代表着项目融资的未来发展方向。

3）由于 ABS 融资模式隔断了项目原始权益人自身的风险，使其清偿债券本息的资金仅与项目资产的未来现金收入有关，加之，在国际高档证券市场上发行的债券被众多投资者购买，从而分散了投资风险。

4）由于 ABS 融资模式是通过特殊目的载体（SPV）发行高档债券募集资金，这种负债不反映在原始权益人自身的资产负债表上，从而避免了原始权益人资产质量的限制。同时，SPV 利用成熟的项目融资改组技巧，将项目资产的未来现金流量包装成高质量的证券投资品种，充分显示了金融创新的优势。

5）ABS采取了利用SPV增加信用等级的措施，从而能够进入国际高档证券市场，发行那些易于销售、转让及贴现能力强的高档债券。同BOT等融资模式相比，ABS融资模式涉及的环节较少，在很大限度上减少了酬金、手续费等中间费用。

6）由于ABS融资模式是在国际高档证券市场上进行筹资，其接触的多为国际一流的证券机构，按国际上规范的操作规程行事，这将有助于培养东道国在国际项目融资方面的专门人才，规范其国内证券市场。

2. ABS融资模式的作用

根据西方学者的论述，与经济发展相适应，在金融市场效率演变历程中，金融体系的发展可分为三个阶段。在最初阶段，金融体系处于本位时期，银行是积累储蓄和进行投资的主要渠道。当资本市场成为融通资金的主渠道时，金融体系就向市场本位时期发展，进入第二阶段。当金融机构逐渐对其资产进行处理与交易时（资产证券化），金融体系就发展到了强市场本位时期的最高阶段。因此，ABS就具有了非同一般的作用，它代表着金融市场融资的方向。

ABS的本质含义是将贷款或应收账款转换为可流通的金融工具。例如，它能够将批量贷款进行证券化销售，或者将小额、非市场化且信用质量不同的资产重新包装为新的流动性债务证券，以使信用增级，并且创造出与基本担保品不同的现金流量。归纳起来，ABS融资模式具有以下几个方面的作用和意义：

1）对于那些信用等级较低的金融机构，存款和债务凭证的发行，成本高昂。如能证券化和出售一部分资产组合，由于证券的较高信用等级，可以获得较低的发行成本。

2）证券化能够使金融机构减少甚至消除其信用的过分集中，同时继续发展特殊种类的组合证券。

3）证券化使得金融机构能够更充分地利用现有的能力，实现规模经济。

4）证券化能将非流动资产转换成可流通证券，使其资产负债表更具有流动性，而且能改善资金来源。

5）证券出售后，将证券化的资产从其资产负债表中移出，可以提高资本比率（投入资本与项目总投入的比值）。

另外，ABS融资模式还具有明确的金融创新意义。ABS具有信用风险转移创新、提高流动性创新和信用创造创新的作用。从其功能作用看，ABS并非迫使银行为其客户提供不同的服务，而是显示了商业银行在竞争中取胜所必须具备的技术和必须遵循的原则。从某种意义上说，这是重新定义了什么是银行，或者说是重新修正了对银行的定义。

5.4.3 ABS融资模式的运作程序

ABS融资模式在实际操作中涉及很多技术性问题，但是证券化过程的基础是比较简单的。项目发起人要将证券化的资产进行组合后，以组合资产为担保或将其出售给一个特定的交易机构，由特设的交易机构向投资者进行证券融资。它一般要经过以下阶段：

1. 确定 ABS 融资的目标

原则上，投资项目所依附的资产只要在未来一定时期内能带来稳定可靠的现金收入，都可以进行 ABS 融资。能够带来现金流入量的收入形式可以是信用卡应收款，房地产的未来租金收入，飞机、汽车等设备的未来运营投入，项目产品的出口贸易出入，等等。一般情况下，这些代表未来现金收入的资产本身具有很高的投资价值，但由于各种客观条件的限制，他们无法获得权威性资信评估机构授予的较高级别的资信等级，因此无法通过证券化的途径在资本市场上筹集项目建设资金。

通常，将拥有这种未来现金流量所有权的企业或公司作为原始权益人。原始权益人将这些未来现金流的资产进行估算和信用考核，并根据 ABS 的目标确定要把多少资产用于证券化，最后把资产汇集组合形成一个资产池。

2. 组建特殊目的载体

成功组建特殊目的载体（special purpose vehicle，SPV）是 ABS 融资模式的基本条件和关键因素。为此，SPV 一般是指获得了国际上权威资信评估机构给予较高资信评定等级（AAA 或 AA）的投资银行、信托投资公司、信用担保公司等与证券投资相关的金融机构组成的实体。有时 SPV 由原始权益人设立，但它是以资产证券化为唯一目的的、独立的信托实体，其经营有严格的法律限制。例如，不能发生证券化业务以外的任何资产和负债、在对投资者付讫本息之前不能分配任何红利、不得破产等，其收入全部来自资产支持证券的发行。为降低资产证券化的成本，SPV 一般设在免税国家或者地区，如开曼群岛等处，设立时往往只投入最低限度的资本。

3. 实现项目资产的"真实出售"

SPV 成立后，与原始权益人签订买卖合同，原始权益人将资产池中的资产过户给 SPV。这一交易必须以真实出售的方式进行，买卖合同中应明确规定：一旦原始权益人发生破产清算，该资产不列入清算范围，从而达到"破产隔离"的目的。"破产隔离"使资产池的质量与原始权益人自身的信用水平分割开来，投资者对资产支持证券的投资就不会再受到原始权益人的信用风险的影响，这也正是项目融资的本质特点。

如何才能达到项目资产或收益的"真实出售"呢？主要有以下三种操作方式：

（1）债务更新　即先行终止发起人与资产债务人之间的债务合约，再由 SPV 与债务人之间按原合约还款条约订立一份新合约来替换原来的债务合约，从而把发起人与资产债务人之间的债权债务关系转换为 SPV 与资产债务人之间的债权债务关系，这种方式一般用于资产组合涉及少数债务人的场合。

（2）转让　即通过一定的法律手段把待转让资产项下的债权转让给 SPV，作为转让对象的资产要由有关法律认可具备可转让性质。资产权利的转让要以书面形式通知资产债务人，如无资产转让书面通知，资产债务人享有终止支付的法定权利。

（3）从属参与　即 SPV 与资产债务人之间无合同关系，发起人与资产债务人之间的原债务合约继续有效，资产也不必从发起人手中转让给 SPV，而是由 SPV 先行发行资产支持证券，取得投资者的款项，再转贷给发起人，转贷金额等同于资产组合金额。贷款附有追索权,其偿还资金来源于资产组合的现金流量。

无论采取何种形式,资产的出售均要由有关法庭判定其是否为"真实出售",以防范应用 ABS 融资模式后涉及发起人的违约破产风险。影响法庭裁定"真实出售"的主要因素如下:

1) 当事人意图符合证券化目的。
2) 项目发起人的资产负债表已进行资产出售的财务处理。
3) 出售的资产一般不得附加追索权。
4) 资产出售的价格不能盯着贷款利率。
5) 出售的资产已经过"资产分离"处理,即已通过信用增级方式将出售的资产与发起人的信用风险分离。

不符合上述条件的,将不能被视为"真实出售",而是被当作担保贷款或信托。与资产出售相对应的是资产购买。SPV 购买资产的形式有两种:一是整批买进一个特定的资产组合;二是买进资产组合中一项不可分割的权利。前者与票据的直接转让相似,SPV 买下特定资产项下卖方的全部权益,资产归买方所有,这种形式主要用于期限较长的资产证券化。在后一种形式下,SPV 的权益不限于组合中的特定资产,因此这项权益不会由于某一特定资产的清偿而终止。随着组合中资产的清偿、新资产的不断补进,SPV 的权利也随之周转。这种形式适合资金期限较短、周转速度较快的资产组合,主要用于工商贷款与交易应收款的证券化。

4. 完善交易结构,进行内部评级

为完善资产证券化的交易结构,SPV 需要与原始权益人或其指定的资产服务公司签订服务合同,与原始权益人一起确定一家受托管理银行并签订托管合同,与银行达成必要时提供流动性的周转协议,与证券承销商达成证券承销协议等协议安排,然后请信用评级机构对这个交易结构以及设计好的资产支持证券进行内部评级。信用评级机构通过审查各种合同和文件的合法性及有效性,对交易结构和资产支持证券进行考核评价,给出内部评级结果。一般而言,这时的评级结果并不理想,较难吸引投资者。

5. 划分优先证券和次级证券,办理金融担保

为吸引更多投资者,改善发行条件,SPV 必须提高资产支持证券的信用等级,即必须进行"信用增级"。信用增级如前所述,可通过外部增级和内部增级来实现,但无论采取哪种信用增级措施,为了操作的方便必须做到以下几点

1) 要做到"破产隔离"。剔除掉原始权益人的信用风险对投资收益的影响,提高资产支持证券的信用等级。

2) 划分优先证券和次级证券。通过把资产支持证券划分为两类,使对优先证券支付本息先于次级证券,付清优先证券本息之后再对次级证券还本,这样就降低了优先证券的信用风险,提高了它的信用等级。

3) 进行金融担保。即 SPV 向信用级别很高的专业金融担保公司办理金融担保,由担保公司向投资者保证 SPV 将按期履行还本付息的义务,如 SPV 发生违约,由金融担保公司代

为支付到期证券的本息。

6. 进行发行评级，安排证券销售

信用增级后，SPV 应再次委托信用评级机构对即将发行的经过担保的 ABS 债券进行正式的发行评级。评级机构首先根据经济及金融形势、发起人及证券发行人等有关信息、SPV 和原始权益人资产债务的履行情况、信用增级情况等因素，将评级结果公布给投资者，然后由证券承销商负责向投资者销售资产支持证券。由于这时资产支持证券已具备较好的信用等级-投资收益的组合，能以较好的发行条件售出。

7. SPV 获得证券发行收入，向原始权益人支付购买价格

SPV 从证券包销商那里取得证券的销售收入后，即按资产买卖合同签订的购买价格，向原始权益人支付购买资产的价款，而原始权益人则达到了筹集资金的目的，可以用这笔收入进行项目投资和建设。

8. 实施资产管理

原始权益人或由 SPV 与原始权益人指定的服务公司对资产池进行管理，负责收取、记录由资产池产生的全部收入，并把这些收款全部存入托管行的收款专户。托管行按约定建立积累金，准备用于 SPV 对投资者还本付息。

9. 按期还本付息，对聘用机构付费

到了规定的期限，托管银行将积累金拨入付款账户，对投资者付息还本。待资产支持证券到期后，还要向聘用的各类机构支付专业服务费。由资产池产生的收入再还本付息，支付各项服务费之后，若有剩余，全部退还给原始权益人，整个资产证券化过程至此结束。

以抵押贷款资产证券化为例，ABS 运行过程如图 5-6 所示。

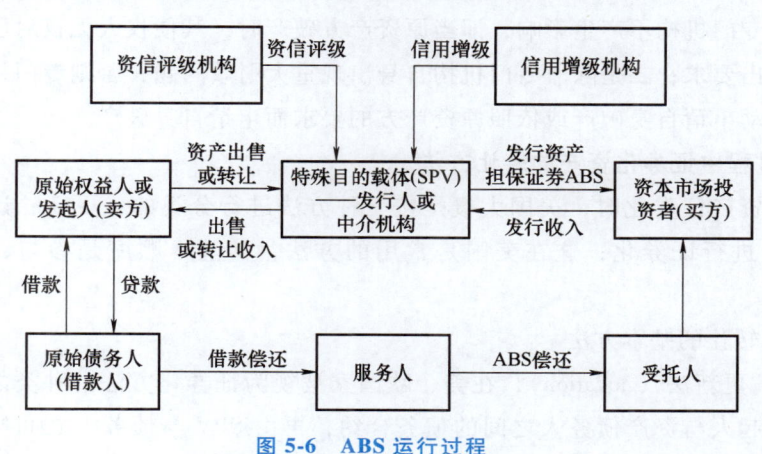

图 5-6　ABS 运行过程

新中国第一支
海外债券凭证

5.4.4　资产证券化的核心问题

1. 资产证券化过程中 SPV 的组织模式

就构建资产证券化基础资产的风险隔离机制而言，设立特殊目的载体是必不可少的，SPV 是连接投资者与发起人的中间环节。一般而言，SPV 有特殊目的公司（special purpose company，SPC）和特殊目的信托（special purpose trust，SPT）两种表现形式。

（1）SPC形式　发起人可以设立特殊目的公司，以真实销售的方式，将证券化基础资产的所有权完全、真实地转让给SPC，SPC向投资者发行资产支持证券，募集的资金作为购买发起人证券化基础资产的对价。"真实出售"旨在保证在发起人破产时，出售给SPC的资产不会被列为发起人的破产财产，影响投资者的利益。

采用SPC形式实施资产证券化，一般需要特别立法，SPC可以直接发行资产支持证券，使SPC成为资产证券化结构性融资的载体或管道。

（2）SPT形式　发起人（委托人）也可以选择设立特殊目的信托，将证券化基础资产设定为信托财产，根据《中华人民共和国信托法》的有关规定，不论是委托人破产，还是受托人破产，均不会波及受托人持有的信托财产。由此可见，信托财产的独立性可以有效地实现证券化基础资产与委托人的其他资产、受托人的固有资产之间的风险隔离。概括来讲，以信托方式实施资产证券化的运作思路如下：

1）发起人（委托人）将证券化基础资产及其产生的现金流设定为信托财产，受托人向投资者出售优先级信托受益凭证。

2）发起人（委托人）将证券化基础资产真实出售给其控股的财务公司，财务公司负责证券化基础资产池的建立，财务公司通过将证券化基础资产及其现金流设立信托的方式，实现风险的真实隔离。

3）受托人发起资金信托计划，设立集合资金信托，该信托资金将用于直接购买证券化基础资产，或购买证券化基础资产的优先级信托受益凭证。

无论采取何种方式设立SPV，它必须具有非破产性。SPV的非破产性包括两层含义：一是原资产方的破产对专门机构不产生影响，即当原资产方破产时，其债权人无权对已经出售给专门机构的资产提出要求；二是除非专门机构自身出现重大财政问题，否则专门机构不得因原资产方破产而主动申请自身破产或依照原资产方的要求而申请自身破产。

2．资产证券化过程中证券化资产的转让方法

在将银行持有的资产证券化时，美国大概是按三种方法进行分类的：更新、让渡和参与。银行作为发起人进行证券化，这在美国是常用的方法，其基本顺序是参与、让渡和更新。

（1）证券化资产转让的基本方法

1）更新法。所谓更新法（novation），在美、欧国家被视为证券化方法的种类之一。这种方法是先行终止发起人与资产债务人之间的债务合约，再由SPV与债务人之间按原合约还款条款订立一份新合约来替换原来的债务合约，从而把发起人与资产债务人之间的债权债务关系转换为SPV与资产债务人之间的债权债务关系。债务更新一般用于资产组合涉及少数债务人的场合，如组合债务人较多则少有使用。在日本，更新不被视为债权的证券化种类，理由是原债权已被清偿。

2）让渡法。所谓让渡，是指通过一定的法律手续把待转让项下资产的债权转让给SPV，作为转让对象的资产要由有关法律认可具备可转让性质。这种方法分为两种情况：一是把通知债务人或者把债务人的承诺作为让渡的必要条件。即资产权利的转让要以书面形式通知资产债务人。如无资产转让的书面通知，资产债务人享有终止债务支付的法定权利。二是不通知债务人，即默认方式（silent），该方式在英国称 assignment，发起人通过资产的出售使资产的信用风险被完全隔断。SPV 根据所取得的债权是否具备对抗第三方的必要条件而承担不同的风险。所谓对抗第三方的必要条件是指能够保障 SPV 债权者地位的法律支持。不具备对抗第三方的必要条件债权的取得，意味着面临相应债权的原债务人的信用风险和原债权者的信用风险这两个方面的风险。在美国和日本，不管有无通知，让渡方式都被视为证券化的一种形态。

3）参与法。所谓参与，是 SPV 与资产债务人之间无合同关系，发起人与资产债务人之间的原债务合约继续保持有效。资产也不必从发起人转让给 SPV，而是由 SPV 先行发行资产证券，取得资产债务人的款项，再转贷给发起人，转贷金额等同于资产组合金额。贷款附有追索权，其偿付资金源于资产组合的现金流量收入。因此，参与实际上是不转移资产而只转移风险和相应现金流的契约。资产债务人不知道这种契约的存在，SPV 也不得使资产债务人得知该契约存在。参与形式不存在对抗条件具备的安排，SPV 面临发起人和资产债务人双方的风险。在发生违约的情况下，SPV 就会成为对于发起人的一般性无担保债权人。参与，在美国称 participation，在英国称 sup-participation，即从属参与。

无论采取何种形式，资产的出售均要由有关法庭判定其是否为"真实出售"，以防范资产证券化下涉及的发起人违约破产风险。影响法庭裁定"真实出售"的主要因素是：①当事人的意图符合证券化目的；②发起人的资产负债表已进行资产出售的账务处理；③出售的资产一般不得附加追索权；④资产出售的价格不能盯着贷款利率；⑤出售的资产已经过资产分离处理，即已通过信用增级方式将出售的资产与发起人的信用风险分离。不符合上述条件的将不能被视为"真实出售"，而是被当作担保贷款或信托。

（2）资产转让中"真实出售"的含义　一般来说，一个成功的资产证券化案例，当资产转让给 SPV 时，它必须具备真实出售性和非合并性。当资产由原始权益人出售给专门机构后，它就不再是原始权益人的资产了。因此，当原始权益人出现破产情况时，已出售的资产就不会被冻结起来，该资产也就不会被当作原始权益人的财产分配给原始权益人的债权人。但是，破产法院可以根据以下两个原则将已出售的资产判定为原始权益人的财产，从而将这些资产冻结起来，分配给原始权益人的债权人：

1）资产的真实出售性。破产法院可以判定，原始权益人向专门机构出售资产，并不是"真实出售"，而是一种变相的抵押贷款，因此，这些资产并未真正转移给专门机构，而仍属于原始权益人所有。破产法院做出这一判定时要分析很多事实因素，其中包括原始权益人对已出售的资产所承担的责任范围，原始权益人对已出售的资产是否有权收回，出售价格是否是市场价格，原始权益人及专门机构双方的真正意图等。

2）资产的合并性。破产法院还可以判定，鉴于原始权益人和专门机构在运作上并不是两个独立实体，因此，应该"刺破公司的面纱"，将原始权益人和专门机构视为一体，并将已经出售给专门机构的资产视为原始权益人财产的一部分。法院做出这样的判决同样也要分析很多事实因素。

从理论上说,在资产证券化项目中,既然资产的出售是"真实出售",原始权益人对出售后的资产就应该既不享有所有权和控制权,也不承担各种责任和义务。

但是,在实际运作中经常会出现一些情况,造成资产付款金额未能达到在资产转移时向融资方所保证的资产付款金额。例如,资产债务人可能因下列原因而拒绝或延期付款:资产债务人出现财政困难、资产债务人和原始权益人就资产质量发生纠纷、资产债务人和原始权益人之间的合同被法院判定为无效合同等。又比如,原始权益人为了促销商品或保证声誉,经常实施商品减价、回扣、保修保换和成本抵消等。这些措施都会造成资产付款的实际金额比预期的金额减少。任何此类情况都会以不同方式直接影响证券投资者的利益。那么该情况发生时,谁应该承担法律责任呢?

在资产证券化项目中,一般采用的处理原则是,如果资产债务人未支付或延期支付资产款项的原因是其本身的财务资信问题,责任将由资产债务人独立承担。原始权益人不承担责任,融资方不得向原始权益人索赔欠款。如果资产债务人未支付资产款项的原因是其他因素,则责任由原始权益人承担。

3. 资产证券化过程中的信用增级

资产证券化是一种不同于公司融资的资产融资技术。资产证券的投资利益能否得到有效的保护和实现主要取决于证券化资产的信用保证。资产债务人的违约、拖欠或债务偿付期与SPV安排的资产证券偿付期不相匹配都会给投资者带来损失。这便是证券化下金融资产所包含的信用与流动风险。因此,信用增级或信用提高就成为资产证券化过程中重要的环节。

信用增级一般采取两种方式:发起人提供的信用增级(即内部信用增级)和第三者提供的信用增级(即外部信用增级)。

(1) 内部信用增级　由发起人提供的内部信用增级有两种基本的方法,即直接追索权和超额担保。两种形式均能达到同样的目的,即减少投资者承担的与资产组合有关的信用风险。具体又可分为三种操作方法,即高级/次级证券结构、超额抵押和储备基金账户等形式来提高信用等级。SPV可以单独使用其中某一种方式,也可以同时使用这三种方式或者其中的某两种方式。

1) 设计高级/次级证券结构(senior-subordinated)。这种结构是指所有的损失首先由次级证券承担,充当高级证券的缓冲器,其最大承担额相当于该类债券的总额。即用高收益的次级证券在本金和利息支付顺序上的滞后处理,来保证低收益的优先证券获得本金和利息的优先支付,从而提高优先证券的信用级别。

2) 建立超额抵押(over-collateralization)。超额担保是指组合中的资产价值超过所发行证券的金额,如果抵押价值下降到该水平之下,信用强化者必须以新的抵押品弥补该缺口。如在信贷资产证券化中,就要求被证券化的项目贷款的实际价值高于证券的实际发行额。具体就是要求所发行的证券总额不得超过作为基础资产的项目贷款组合的一定比例,如85%。

3) 建立储备基金账户(reserve account)。储备基金账户是指通过事先设立用以弥补投资者损失的现金账户以防范风险。在信贷资产证券化中,就是SPV将收到的项目贷款的本息与证券支付成本之间的差额,以及 SPV 在现金收付之间因时间差异而产生的再投资收入存入储备基金账户,在项目贷款出现违约时,动用储备基金账户内的资金以保证对证券投资者的支付。

(2) 外部信用增级　由第三者提供的外部信用增级可分为部分信用增级和完全信用增级两种形式。部分信用增级的目的是减少投资者承担的组合资产的信用风险;完全信用增级的目的则不仅仅要减少这种风险,还要完全消除这些风险。与发起人提供的信用增级不同的是,第三者信用增级一般不带有相关风险的特征,这是因为第三者的信用质量总体来说与被提高的信用资产质量没有关系。外部信用增级措施通常是通过提供银行信用证或一家单线保险公司的保单来实现。

除此之外,还有一种增强证券化资产池现金流的管理方法,即实现锁定账户和锁定邮政信箱法。

(3) 锁定账户和锁定邮政信箱　一般地,资产债务人向原始权益人付款的方式通常是将款项直接电汇到原始权益人的账户上,或将支票寄到原始权益人的银行所属的邮政信箱中,由银行处理之后存入原始权益人的账户。在进行资产证券化项目之前,这些银行账户和邮政信箱,以及内存的资金全部属于原始权益人所有。原始权益人的银行对它们的处理要完全听从原始权益人的指示。

在资产证券化项目的过程中,当原始权益人将资产出售给 SPV 并由专门机构继而出售或抵押给融资方的同时,原始权益人用来接收资产款项的银行账户和邮政信箱也要经过同样程序最终转让或抵押给融资方,以便使融资方对这些银行账户和邮政信箱以及内存款项享有最终控制权。完成这一程序的具体步骤是,由原始权益人、专门机构、融资方代理银行以及原始权益人的银行共同签订一个锁定账户合同,将原始权益人所有用来收取资产款项的银行账户和邮政信箱锁定起来,使原始权益人无权支配锁定账户和锁定信箱内的现金(包括支票)。锁定账户银行(托管行)对锁定账户和锁定信箱内的现金的处理完全服从融资方代理银行的指示。

▶▶【案例研究】现代项目融资模式案例

【案例 5-1】　山东中华发电 BOT 项目
1. 项目简介

山东中华发电 BOT 项目是我国迄今为止装机规模最大、结构最复杂、贷款额最高的 BOT 电力项目。曾被《欧洲货币》《项目融资》等多家全球著名金融杂志列为 1998 年度最佳工程项目融资计划。项目由山东电力基本建设总公司、山东国际信托投资公司、香港中华电力投资有限公司以及法国电力国际共同发起的山东中华发电有限公司承担。公司于 1997 年成立,1998 年开始运营,于 2004 年最终建成。公司合作经营期为 20 年,经营期结束后,电厂资产全部归我国政府所有。

中国能源投资有限公司(中国电力公司的子公司)与山东电力基本建设总公司于 1992

年 7 月进行了首轮接触,并于 1993 年 4 月就山东中华发电项目签订了意向书。双方最初的目标是于山东建立一个基于香港控股模式的合资企业,开发经营一系列电厂。当时该提议得到了电力部和山东省政府的支持,但未获得国家计委的批准。后来法国电力国际(EDFI)和山东国际信托投资公司也加入该项目,并于 1994 年 9 月签署了由四方组成的合资协议,1996 年 3 月,项目可行性报告得到了国家计委的批准。1997 年 5 月签订了合作合资合同,成立了合资公司——山东中华发电有限公司。该项目包括已运行电厂石横发电厂一期工程(石横Ⅰ)、即将完工的石横发电厂二期工程(石横Ⅱ)和两座即将开工的菏泽二期(菏泽Ⅱ)电厂和聊城电厂。该项目总投资 168 亿元人民币,总装机规模 300 万 kW。项目总投资约为 21.50 亿美元。1998 年 10 月菏泽二期电厂及聊城电厂获得国务院批准开工建设。

2. 项目的投资结构

山东中华发电有限公司的四方发起人占股份比例:山东电力基本建设总公司(SEPCO)占 36.6%,中国能源投资有限公司(CECIC)占 29.4%,法国电力国际(EDFI)占 19.6%,山东国际信托投资公司(SITIC)占 14.4%。山东中华发电 BOT 项目投资结构如图 5-7 所示。

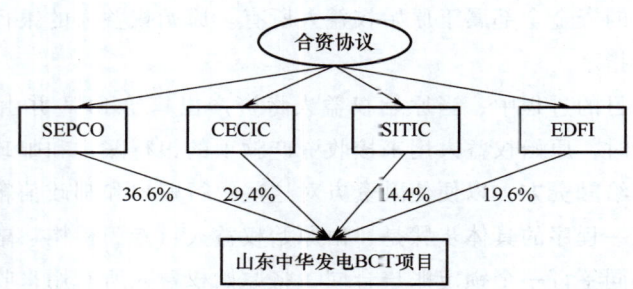

图 5-7 山东中华发电 BOT 项目投资结构

在这一投资结构中,中方发起人山东电力基本建设总公司和山东国际信托投资公司同意以已经运行的石横发电厂一期工程作为他们股本投资的一部分,所有的发起人也同意在项目运行阶段注入必要的股本资金,以保证项目的完工。

在项目谈判的早期,遇到了来自两方面的挑战:一是如何处理由于当事人多而引起的利益冲突;二是在决定需要特别多数同意的主要问题时如何保护少数人利益的问题。而且在谈判过程中,原对外贸易经济合作部强调不准在向合资公司注入股本时附加任何条件。因此,在工程项目融资条款尚未达成的情况下,如何使发起人避免不应有的风险,也是一个挑战,因为合资公司的成立比融资文件的签订要早 11 个月。

3. 项目的合同结构

(1) 合同谈判期 在该项目合同的谈判期,主旨是在工程项目融资条款尚未达成的情况下,如何使发起人避免不应有的风险,这是因为合资公司的成立比融资文件的签订要早 11 个月。在这一阶段,主要就以下问题达成了一致意见。

1) 利益冲突的问题。出口信贷机构担心的主要问题是各方当事人的利益冲突。处理方法之一就是判断与合资公司签订的任何协议或合同的对方当事人是否违约应由发起人任命的同其无任何利益冲突的总监做出。

2) 保护少数人权益的问题。在中国，电力项目得以利用外资的前提是外商投资不超过49%。这就存在着一个如何保护少数人权益（只占少量股份的投资者）的问题。在山东中华发电BOT项目中，在合资协议中明确指明，对于重大决策问题如签署重要合同等，必须坚持一致通过的原则；对于其他决策问题如批准年度预算，只需要2/3多数通过即可。

3) 建立活动基金的问题。为了减轻贷款人对收费调整和外汇风险的担心，合资各方同意建立活动基金。该基金不属于合资公司资产，并受山东省人民政府的监督。通过建立活动基金以保证当电力收入下降时向项目注入资金，所以贷款人同意承担这些风险。

(2) 项目建设期　对于已运行的石横 I，通过山东电力基本建设总公司和山东国际信托投资公司签订定期付款协议以向其注资从而使其成为合资公司的一部分。以已运行的项目代替真实的股本投入，这是一种制度创新，其价值由国有资产管理局担保，要求向各当事人提供保证。

石横 II 已由山东电力基本建设总公司作为建设公司建成。从贷款银行角度看，由于石横 II 是一个建设项目，他们希望项目公司与承建商签订固定价格、固定工期的建设合同。工程的建设资金由中国人民建设银行和山东国际信托投资公司的人民币贷款解决。因此，由项目公司安排的项目融资不仅提供美元贷款和人民币贷款作为菏泽二期电厂和聊城电厂的建设，而且要为石横 II 的运营提供资金，以使其成为合资公司的一部分。

对于菏泽 II 电厂和聊城电厂两个新工程，希望通过出口信贷和商业贷款融通资金。因此，构造一个建设合同以满足出口信贷机构、国内外贷款者的要求就至关重要。山东中华发电BOT项目不同于一般情况下的由出口信贷解决国外设备、由国内建设与安装的模式，在这里，要求最大限度地使用国内厂商生产的发动机设备，而由英国能源有限公司供应锅炉设备。为了保证有效的结构，每个电厂的锅炉供应合同是相互独立的，并且将锅炉供应合同也构成EPC式合同，由供应商为整个项目建设承担责任。EPC合同商与项目发起人组成一个辛迪加联合体，根据联合协议，选择山东电力基本建设总公司作为主承包商。这种结构使贷款人得到了一个受国际法管辖的EPC合同。

(3) 项目运营期　在项目经营期，经营与中断合同是该项目的核心，这主要涉及以下问题：

1) 无论提货与否均需付款。除非有经保险顾问严格审查的电厂不可抗力或由合资公司负责的电厂设计生产或建设缺陷，任何年份的生产中断不得超过最低限度，否则其损失由作为燃料供应商和经营者的山东电力基本建设总公司负责。

2) 长期燃料供应和运输合同使山东电力基本建设总公司承担了燃料供应和运输风险，从而减少了合资公司的很多困难。这是因为在当时的中国，煤炭生产基本上是通过国家计划下指标，煤炭运输一般是申请铁路运输指标。

3) 合资公司根据其成本、税金、还贷额及合理的利润进行收费。另外，使贷款人获益的还有大量的支持函如电力部支持函、由中央政府机构、法国和山东省政府签订的理解备忘录。

4) 山东电力基本建设公司保证建设联合电网以使电厂及时联网。

5) 按照1996年9月29日颁布的过渡措施及1997年3月20日颁布的有关电力项目合资规定，由中国国家电力公司对合资公司进行检查。

6) 技术服务协议。由CECIC和EDFI签署了向合资公司新建电厂提供技术服务的协议。

4. 项目的融资结构

合资公司的资金分为项目发起人的股本资金和债务资金。中华发电有限公司通过合理的合同构成取得了有限追索贷款的融资。

(1) 无论提货与否均需付款协议　中华发电有限公司是山东省电网中最大的发电企业之一，其销售对象是山东电力集团公司经营的山东电网。由于与山东电力集团的合作对公司的发展影响较大，在项目谈判期间，公司与山东电力集团签署了"运营购电协议"，该协议保障了公司每年的最低售电量，并规定电价为成本分红价格，基本上确保了公司的收益。

由于在该协议中项目产品购买者承担的是绝对的、无条件的根据合同付款的义务，即使是出现由于项目毁灭、爆发战争、项目财产被没收或征用等与协议双方完全无关的绝对事件而导致项目公司不能交货，只要在协议中没有做出规定项目产品的购买者仍须按合同规定付款。这种合同实质上是由项目产品购买者为项目公司所提供的一种财务担保，项目公司可以利用其担保的绝对性和无条件性进行融资。在山东中华发电BOT项目的融资中，由于SEPCO是燃料的供应商、运营商、项目回收方，理所当然地担当了"购买者"这一角色，这样投资各方无须担心项目的现金流，从而降低了投资风险。

(2) 经营及收入的合并　作为一个项目，山东中华发电有限的四个电厂之间互补有无，一个电厂出现亏空，可由另外的电厂来补足，降低了项目公司的总利润，从而减少了所得税的缴纳数。

(3) 燃料的供应与运输　SEPCO作为项目发起人之一，通过订立燃料的供应与运输合同，承担了项目的运输及燃料供应的风险。投资人认为虽然中国的煤炭市场正在逐渐成为一个开放型的市场，中国煤炭的生产能力也非常可观。但中国煤炭的消费者的购买能力也在提高，最终会使煤炭的价格上涨，而且从长期来看，不确定性因素又大量存在，投资方不愿承担这种风险，因此，订立燃料供应与运输合同是十分必要的。

(4) 电价　根据山东省物价局有关规定，项目公司售电电价将根据其基本成本、税费、贷款利息加上合理的利润等来制定，并可以通过协商根据每年的物价上涨指数进行调整。

在以上担保结构下，项目公司取得了所需要的融资，分别是：由英国出口信用担保局(ECGD)担保的3.12亿美元的出口信用贷款，期限17.5年；由中国建设银行和山东国际信托投资公司提供了3.5亿美元的海外商业贷款，期限12年，以及68亿人民币的贷款，期限15年。当1998年5月初该项目及融资文件签订后，美元贷款就由3家主牵头行全部承购。4个月后，包括12家银行的国际贷款银团成功组成，分别充当牵头行、联合安排行和主要管理行。山东中华发电BOT项目融资结构如图5-8所示。

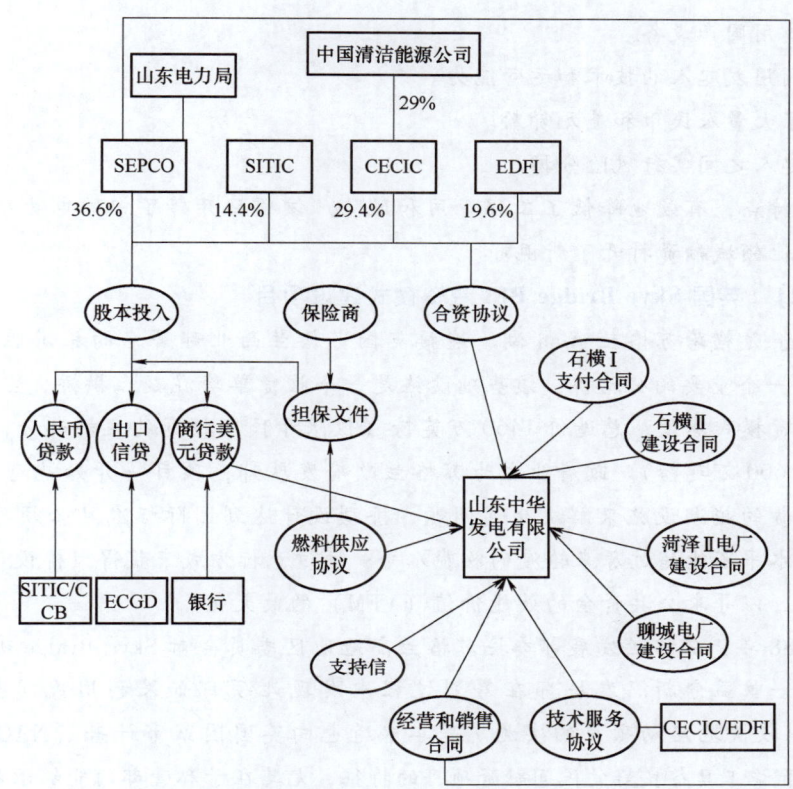

图 5-8 山东中华发电 BOT 项目融资结构

5．项目的融资特点与启示

（1）项目的融资特点

1）合资项目公司遵守了 1997 年 4 月由原国家电力部和国家外汇管理局制定的《项目融资管理暂行办法》。融资条款和融资文件都经过了国家外汇管理局的批准，合资结构不得以任何形式接受国内金融机构的担保。

2）贷款人要求该项目充分利用《中华人民共和国担保法》。担保通过抵押土地使用权、建筑物、电厂及机器，通过项目账户的担保，通过签订中英法规下的项目文件，签订保险等形式覆盖合资公司所有的资产和权益，还通过股本资金保证的方式担保合资公司发起人的收益。

3）合资公司在项目本身一定的利润前提下能够满足所有的融资条款，从而电厂顺利建成运行，使各方都能获益。

对该项目来说，融资条款的执行有其独特之处，即合资公司所属的四个电厂，情况各异：一个已运行，一个接近完工，另外两个未建，基础结构还不同。该项目虽然经历很多波折，其中包括第四次亚洲金融危机的影响，但在中国政府的大力支持下，取得了空前的成功。

（2）项目启示

1）贷款不得有政府或国家银行的担保。

2）注入存量电力资产作为股本，解决中方融资缺乏的困难局面，使合资公司从一开始就有利润。

3）全部使用国产设备。

4）充分利用发起人的技术和运营能力。

5）安排了大量人民币和美元贷款。

6）各发起人之间实行风险分摊。

以上这些特点，有效地降低了工程费用和风险。该项目开辟了中国电力项目融资新纪元，为中国其他领域融资打开了新视野。

【案例 5-2】 英国 Skye Bridge PFI 融资模式建设项目

Skye Bridge 是横跨苏格兰 Alsh 湖、连接英国苏格兰西北部著名的旅游胜地 Skye 岛和苏格兰大陆的一个重要的公路桥，该基础设施是一个收费单跨混凝土拱桥，主跨 400m，项目采用 PFI 融资模式建设，总造价 1460 万英镑（仅限于民间投资的主桥部分，不包括政府对引桥的支出 600 万英镑）。政府业主为苏格兰政府发展部，项目一开始就有明确的目标：即建造一个收费的越湖设施来解决交通问题，桥型设计达到国际标准且必须与周边环境和谐；过桥收费水平不能超过原来轮渡的收费水平；通过竞标方式来获得大桥设计、建设、融资和运营服务，以寻求公共资金的效能价值（VFM）的最大化。

1986—1988 年，苏格兰发展部委托苏格兰高地地区委员会对 Skye Bridge 进行可行性研究，包括成本—收益分析。发展部在筹划过程中发现此项目如果利用民间融资（private finance），可以较快地启动项目的实施。普华永道也向英国国家审计署（NAO）建议 Skye Bridge 的设计和施工具备良好的民间融资项目的特征，尤其在于私营部门能够承担起大部分的设计、施工和相应的委托风险。苏格兰发展部充分借助外部咨询力量，聘用了一个工程与管理顾问、两个财务顾问、一个环境顾问，进行评估后认为选择民间融资可以提供较好的 VFM。

苏格兰发展部一开始就认为竞争招标是唯一选择投资商和工程承包商的方法。但苏格兰发展部也认为与传统项目相比，PFI 项目的招标会大幅度提高业主和投标者的成本，所以苏格兰发展部最终决定从 6 家联合体中根据其提交的初步框架计划书确定 3 家有充分竞争优势的优选方案进入下一步投标程序。最终由苏格兰发展部的招标中标单位组成的联合体构成项目公司（Skye Bridge Ltd.），联合体包括英国 Miller 土木工程有限公司和德国 Dyckerhoff Widmann 有限公司组成的 Miller-Dywidag 的合资公司及美国银行国际财务公司。

苏格兰发展部于 1991 年 12 月向 Skye Bridge Ltd. 授予了开发合同和特许合同。Skye Bridge Ltd. 负责对大桥进行投资、管理并收费。整个项目从 1986 年就开始规划，1992 年 6 月 29 日开工，1995 年 10 月 16 日通车，同时特许经营期开始。Skye Bridge PFI 融资模式交易结构如图 5-9 所示。

在开发合同中，Skye Bridge Ltd. 对大桥项目进行融资，据此可以获得资产和日后的收入，但大桥本身的资产在特许期内归国家所有；另外 Skye Bridge Ltd. 必须按照苏格兰发展部的技术要求完成 Skye Bridge 及其引桥道路的设计与施工。Skye Bridge Ltd. 与 Miller-Dywidag 签订施工合同，Miller-Dywidag 与其分包商签订施工与设计合同。Skye Bridge Ltd. 承担了任何由其提出的设计变更的费用（征得政府同意），苏格兰发展部承担由立法改变的变更和政府提出的变更费用。

第 5 章 工程项目现代融资模式

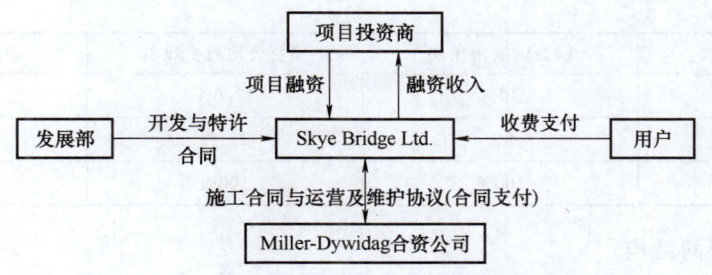

图 5-9 Skye Bridge PFI 融资模式交易结构

在特许合同中，苏格兰发展部授权 Skye Bridge Ltd. 对 Skye Bridge 拥有最多 27 年的特许经营期，特许经营期内 Skye Bridge Ltd. 可以对过桥交通进行收费，并对大桥进行维护，苏格兰发展部有权查看 Skye Bridge Ltd. 的财务记录并加以审计。在招标过程中，由 Miller-Dywidag 构成的 Skye Bridge Ltd. 首次提出单次通过的票价低于原先的轮渡价格，且一次性多买还可以获得 46% 的折扣（当然，票价还要随着通胀率的变化进行调整）。在特许期限结束之前，最高的收费收入被限定在 2360 万英镑，如果提前达到这个收入水平，特许经营期随即终止，即终止收费。

实际上，由于最初对交通流量预测过于保守（1990 年交通流量水平为 45 万辆/年），通车以后很快就远超这一数字，第一年的交通流量就达到 61 万辆，超过预计 36%，随后的流量还要高，实际经营期限不足 20 年。苏格兰发展部对项目的绩效监督与管理分成两个阶段，即开发合同阶段的施工监管和特许合同阶段的服务监管。尽管 NAO 认为 Skye Bridge 项目的风险管理不太成功，但本项目仍然被 NAO 认为是一个比较成功的 PFI 项目。

【案例 5-3】 国家体育场"鸟巢"PPP 项目

1. 项目概况

国家体育场位于奥林匹克公园中心区南部，工程总占地面积为 21 公顷^①，总建筑面积 25.8 万 m²，场内观众座席约为 9.1 万个。项目于 2003 年 12 月 24 日开工建设，2008 年 6 月 28 日正式竣工。国家体育场有限责任公司负责国家体育场的融资和建设工作，北京中信联合体体育场运营有限公司负责 30 年特许经营期内的国家体育场赛后运营维护工作。

2. 项目的投融资模式分析

项目总投资为 313900 万元，北京市国有资产经营有限责任公司代表政府（北京市国资委）出资 58%，中信联合体出资 42%。各方投资金额和比例见表 5-3。

表 5-3 各方投资金额和比例

股东	联合体股份比例	项目公司股份比例	资本数额（万元）
北京市国资委		58%	182062
中信集团	65%	27.3%	85695

---

① 1 公顷 = 10000 m²。

(续)

股东	联合体股份比例	项目公司股份比例	资本数额（万元）
北京城建	30%	12.6%	39551
美国金州	5%	2.1%	6592
总计	100%	100%	313900

3. 项目的合同结构

"鸟巢"项目的合同结构有三个关键的节点，即特许权协议、国家体育场协议以及联营体协议。2003年8月9日，北京2008年奥运会主体育场——国家体育场举行项目签约仪式。中标人中信联合体分别与北京市人民政府、北京奥组委、北京市国有资产有限责任公司签署了《特许权协议》《国家体育场协议》《合作经营合同》三个文件。之后，中信联合体与代表北京市政府的国有资产经营有限责任公司共同组建了项目公司——国家体育场有限责任公司，该公司也如愿注册为中外合营企业，以享受相关税收优惠。"鸟巢"项目合同结构示意图如图5-10所示。

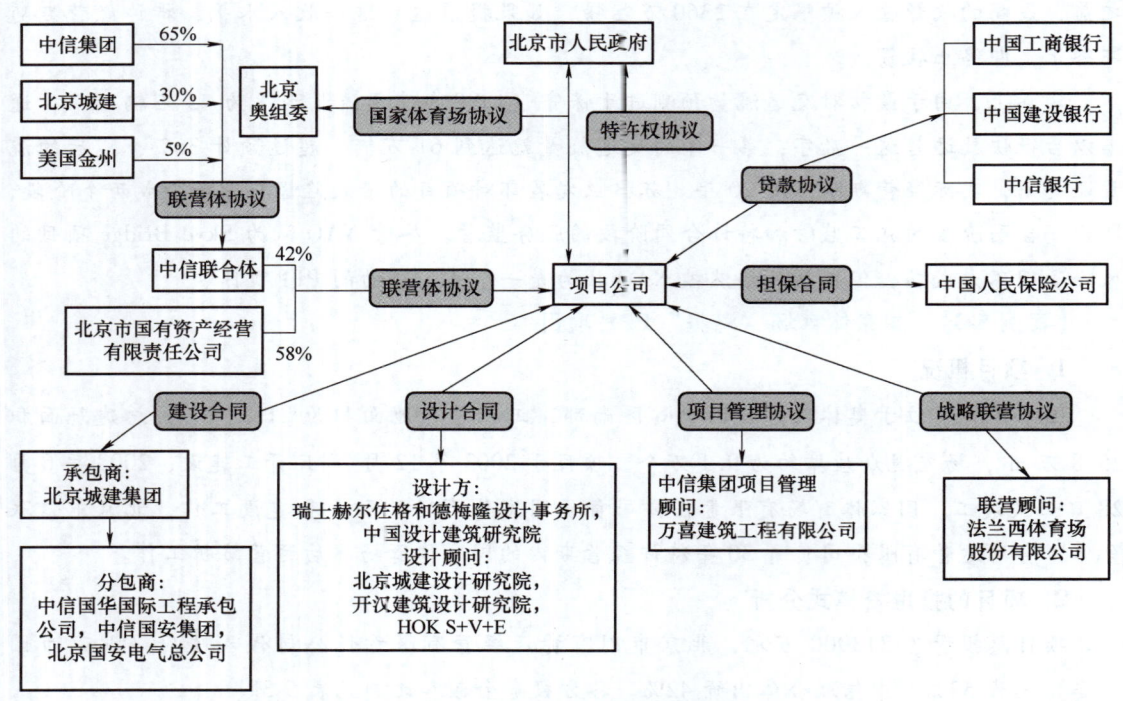

图5-10 "鸟巢"项目合同结构示意图

4. 国家体育场使用PPP融资模式的积极意义

1）减轻政府投资压力，投资节省约13亿元。拓展了融资渠道，解决了建设资金来源不足的问题。

2）场馆运行效益好，经营期间，不需要政府每年承担运营和维护费用，节省维修费及人力费（每年8000万元）。

3）探索出投融资体制改革新模式，为北京后来的市场化融资积累经验，为我国 PPP 发展树立榜样。

4）分散了政府投资风险。

5. 国家体育场项目融资的指导意义

（1）项目公司内部各方存在一些争议　首先，所有各方都想从建设承包合同中获利，所以项目的整个建设工程按照中信集团、北京城建和美国金州在项目公司中的股份比例分给各方，导致项目公司对项目建设失去良好控制，工期延误。

（2）项目公司和北京市政府之间存在争议　首先，国家体育场原始设计中的停车位是 2000 个，但北京市政府后来打算为整个奥运会公园建设一个大停车场，故要求项目公司减少 1000 个车位，导致了停车位不足，影响了体育场的商业运营。其次，北京市政府同时要求减少体育场中的商业设施，影响了项目的租金收入。最后，北京市政府后来决定取消可闭合顶盖，影响了体育场的商业运营，减少了项目收益。

（3）项目公司和设计联合体之间存在争议　在设计上，项目公司遇到一个很大的问题，北京市政府没有获得国家体育场设计的知识产权，但要求项目公司必须使用该设计。这导致项目公司在与设计联合体谈判时处于弱势地位，同时也导致了设计上对体育场赛后商业运营考虑的不足。通常情况下，项目公司是设施的业主，设计方应当满足项目公司的要求。但由于国家体育场是用于 2008 年奥运会的，北京市政府在确定设计蓝图时处于主导地位，限制了项目公司对体育场商业化和高效率使用的最大化。

【案例 5-4】　美国奥林匹亚公司不动产抵押贷款证券化

（1）抵押贷款证券化的起因　美国奥林匹亚公司以一般合伙人的身份设立了一家有限合伙人性质的公司——奥林匹亚迈德兰公司，专门对位于纽约市迈德兰街 59 号的一幢 44 层的办公楼进行经营管理。奥林匹亚迈德兰公司修建这幢楼的资金来自所罗门不动产金融公司，采取的是不动产抵押贷款方式。1985 年 6 月 30 日，该幢办公楼的市场评估价值为 2.8 亿美元。所罗门不动产金融公司提供的贷款将于 1985 年年底到期。经过深思熟虑，奥林匹亚迈德兰公司决定不再采用抵押贷款方式来借新还旧，而是借助发行资产支持证券方式，从证券市场筹集资金，偿还所罗门不动产金融公司提供的抵押贷款，以达到节约筹资成本的目的。

（2）资产支持证券的基本结构　奥林匹亚公司设立迈德兰财务公司作为此次证券发行的特别目的公司（SPV），其证券的基本结构见表 5-4。

表 5-4　迈德兰财务公司的证券基本结构

项目	内容
发行证券（issue）	票面利率为 10.375% 的资金支持证券
发行人（issuer）	迈德兰财务公司
发行日期（offering date）	1985 年 12 月 23 日
D&P 信用评级	AA 级
金额（principle amount）	200000000 美元

(续)

项目	内容
担保品（collateral）	迈德兰街 59 号办公楼
期限（maturity）	10 年起，持有证券 8 年后可以要求偿还
支付频率（payment frequency）	每年年终支付一次利息
信用增级（credit enhancement）	亚特兰灾害保险公司提供的 30380000 美元的保险
主承销商（managing underwriter）	所罗门兄弟国际有限公司

(3) 证券化的程序　迈德兰财务公司实现楼宇担保证券化的程序主要包括以下几个过程：

1) 设立 SPV。奥林匹亚公司于 1985 年 12 月 11 日设立一家全资子公司——迈德兰财务公司，作为此次资产支持证券化融资证券发行的 SPV，该财务公司的唯一业务就是发行上述资产支付证券并处理与此相关的事务。

2) 设计证券。为了偿还到期的抵押贷款，证券必须在 1985 年 12 月 25 日以前发行成功。迈德兰财务公司在设计证券时确定的市场是欧洲证券市场，因此，支付方式选择了欧洲市场习惯的按年付息、到期还本方式，每年 12 月 31 日支付利息。

根据美国的证券监管法规，发行欧洲证券不需要到美国证券交易委员会注册，如果不是采用公募方式发行证券也不需要注册。为了节省时间和费用，迈德兰财务公司将证券设计为以发行欧洲证券为主，只有一小部分证券以私募的方式在美国本土发行。

迈德兰财务公司将证券设计为过手证券结构。证券发行收入通过贷款的方式提供给奥林匹亚迈德兰公司，后者用该笔资金偿还所罗门不动产金融公司提供的贷款，并收回迈德兰街 59 号办公楼的抵押权，然后修订抵押合同，将该办公楼的抵押权转让给迈德兰财务公司，并最终转让给作为证券持有人代表的汉诺威信托公司。

迈德兰财务公司与汉诺威信托公司签订一份信托契约，该契约实际上是此次证券发行的基础，契约上明确规定，办公楼的所有租金收入必须进入以汉诺威信托公司名义设立的经营账户，迈德兰财务公司有权从该账户中支取办公楼的经营费用，如办公楼的维修费、管理费等。证券持有人的利息也从该账户中支取。该证券的现金流示意图如图 5-11 所示。

3) 本金偿还。证券的期限为 10 年。但是，从第 8 年开始，迈德兰财务公司可以要求提前偿还，因此，在第 7 年年末，迈德兰财务公司应该准备好偿还全部 2 亿美元证券本金的现金。如果迈德兰财务公司不能提供足够的还本资金，作为受托人的汉诺威信托公司将在此后的 2 年时间内对抵押品采取强制措施，例如出售该办公楼以保证证券投资者按期得到本金的偿还。

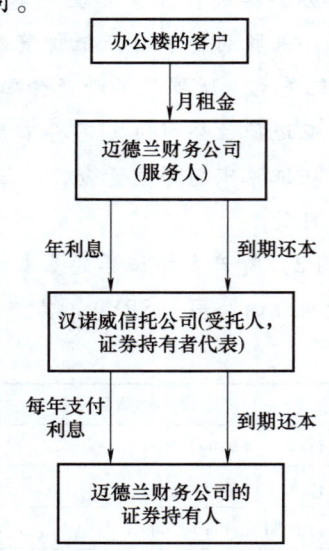

图 5-11　迈德兰财务公司发行的资产支持证券的现金流示意图

4) 破产保护。通过证券结构设计，无论发起人还是发行人都实现了破产隔离。例如，迈德兰财务公司除了发行的证券外没有其他的债务，而且不得将抵押品转让给任何其他的公司。业主奥林匹亚迈德兰公司受到同样的限制。为了保证办公楼的租金收入能够用于支付证券持有人的利息，租金被存入受托人汉诺威信托公司的专门账户，业主只能在严格的监督下从该账户支取办公楼的经营管理费用。当然，如果租金收入在扣除利息及分摊的本金支付额之外绰绰有余，业主也可以从该账户中将富余的资金提走。

5) 信用增级。迈德兰财务公司发行的证券获得了标准普尔公司 AA 级评级。标准普尔公司给予这样的评级主要有三个依据：

① 奥林匹亚迈德兰公司具有很强的到期按时支付证券本息的能力，满足标准普尔公司 AA 级的标准。标准普尔公司评定 AA 级证券的标准是，在最坏的情况下，发行人用于偿债的现金流不低于证券实际偿付额的 1.25 倍。迈德兰街 59 号办公楼位于纽约金融街的中心地段，纽约联邦储备银行及住房保险公司租住的租金占了奥林匹亚迈德兰公司房租收入的 90%，这两家公司的房租合同到期日长于所发行证券的到期日，而且该办公楼的出租率高达 99.94%，租金收入非常稳定、可靠。

② 提供了外部信用增级措施。亚特兰灾害保险公司提供了 30380000 美元的保险，以保证当奥林匹亚迈德兰公司租金收入不足以偿还证券利息时，证券持有人能够得到及时的偿付。加上这一保险后，任何情况下发行人用于偿债的现金流与实际支付额的比率都不会低于 1.33。

③ 奥林匹亚迈德兰公司购买了火灾、事故、责任以及其他一些必要险种的保险，从而确保在办公楼遭到毁灭性破坏时，业主能够重新购置一幢办公楼，或者提前支付抵押与担保证券，或者提供其他合格的担保品。

6) 证券发行。所罗门兄弟国际有限公司被指定为主承销商，25 个美国、欧洲、日本的证券公司、投资银行参与了承销。

由于美国的非居民购买证券可以免交利息预提税以及收入所得税，因此，迈德兰财务公司设计的证券的主要投资者为美国的非居民，所发行的证券实际上具有避税的功能。此外，欧洲证券不涉及税收，可以有效地为投资者的身份保密，很受那些不愿暴露身份的投资者的欢迎。

7) 证券交易。该证券在一个二级市场进行买卖交易，随着市场利率的波动，该证券与国债之间的利差逐渐缩小，二级市场上证券的价格呈现出有利于投资者的变化，二级市场交易非常活跃。

8) 服务人。奥林匹亚迈德兰公司作为不动产抵押支持证券的服务人，负责将办公楼的租金收入存入受托人的专门账户，并从中支取办公楼必要的管理费用。只有进入受托人经营账户的租金收入加上亚特兰灾害保险公司提供的信用支持超过下一期债券的利息支付额时，奥林匹亚迈德兰公司才有权将超过部分的净现金流提取。

楼宇担保证券化程序的主要过程如图 5-12 所示。

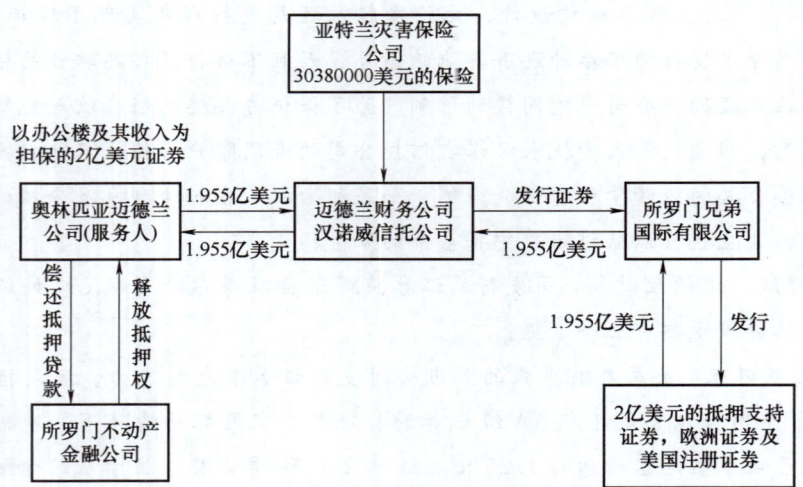

图 5-12　楼宇担保证券化程序的主要过程

(4) 证券化的经济效益

1) 发起人奥林匹亚迈德兰公司的经济效益。通过商业不动产证券化方式，奥林匹亚迈德兰公司获得了成本更低的再融资渠道，与向银行或者其他金融机构申请抵押贷款相比，证券化使奥林匹亚迈德兰公司每年的利息支出节省 49 个百分点。二者之间的具体比较见表 5-5。

表 5-5　奥林匹亚迈德兰公司的证券化融资与贷款成本占比的比较

项目	资产抵押证券	抵押贷款
年利息成本占比	10.74%（其中，证券利息成本占比 10.41%，分摊发行费占比 0.33%）	10.75%
贷款费用占比		0.18%
信用增级费用占比	0.10%	
累积月利息的投资收益占比	0.40%	
成本占比总计	10.44%	10.93%

在发行证券的方式下，票面利率为 10.375%，但是按照 99.75% 的折价发行，因此证券持有者实际的收益是年利率 10.41%；将 4000000 美元的承销费均摊入 10 年期的证券，使证券的年利率增加了 0.33%，即 10.74%。

与申请抵押贷款相比，抵押贷款要求按月支付本金和利息，而证券按年支付利息，到期支付本金，这样奥林匹亚迈德兰公司可以将每月获得的租金投资到无风险的短期国库券上，获得 7.70% 的收益，从而使整个证券获得年均 0.40% 的收益。扣除这一收益，奥林匹亚迈德兰公司发行债券的年利息支付下降到 10.34%。

假定亚特兰灾害保险公司提供的价值 30380000 美元的信用支持被用掉 5/8，从而使证券发行的年均成本增加了 10 个百分点，将上述费用加总后可知，奥林匹亚迈德兰公司发行债券的年融资成本为 10.44%。

在抵押贷款的情况下，10年期按月分期付款的商业不动产抵押贷款的利率为10.75%。获得贷款的各种初始费用通常为贷款金额的1%，将之按照证券承销费同样的方法均摊入年利率，贷款利率将增加0.18%，因而抵押贷款的年融资成本为10.93%，比发行资产支持证券的成本高49个百分点。换句话讲，奥林匹亚迈德兰公司选择资产支持证券进行融资，每年可以节约资金成本开支980000美元。

2) 主承销商所罗门兄弟国际有限公司的经济效益。通常证券的承销费收入为承销金额的2%，其中1.375%为承销费，0.625%为主承销商的管理费。作为主承销商，所罗门兄弟国际有限公司将获得4000000美元承销费中相当大的份额。除了获得承销收入外，所罗门不动产金融公司不必向奥林匹亚迈德兰公司提供另一笔抵押贷款，可以按期收回抵押贷款，实现其资产负债管理的需要。更重要的是，奥林匹亚迈德兰公司没有选择其他银行或者金融机构去申请抵押贷款，而是通过所罗门兄弟公司的另一家分支机构——所罗门兄弟国际有限公司发行证券，所罗门公司保住了自己的客户。

对于所罗门兄弟国际有限公司而言，设计并发行这样一笔证券，可以在国际范围内提高其证券化市场主承销商的信誉，取得明显的竞争优势，锻炼一支队伍，在今后的同类业务中持久受益。

【复习思考题】

结合以上融资案例，思考以下问题：
1. BOT融资模式的本质特征是什么？
2. PPP融资模式与BOT融资模式有什么关系？
3. BOT融资模式与PFI融资模式有什么异同点？
4. ABS融资与BOT融资模式比较，有哪些优缺点？
5. 一个PPP项目运作成功的关键因素有哪些？

CHAPTER 6 第 6 章

工程项目融资资金结构

> 【核心概念】 项目资金结构 债务资金 股本资金 准股本资金 资金成本
>
> 【学习目标】 通过对本章内容的学习,掌握工程项目融资的资金安排、融资渠道的构成;了解工程项目股本资金与准股本资金的筹集方式,工程项目资金的成本分析;明确工程项目融资资金结构的基本特征;了解工程项目项目债务资金的筹集。

项目资金的来源结构和筹资方式是项目融资结构设计中的一个关键环节。不同来源的资金融资成本不同,项目融资的成功与否,融资成本的控制是重要一环,所以必须明确项目融资的资金来源和组成。同时,可行性研究与项目风险分析以及各种项目担保的落实,为项目融资奠定了坚实的基础。因此,本章将对一个具体的工程项目的资金来源结构、如何进行融资以及项目所需资金从何而来等问题进行具体的分析。

▶▶ 6.1 项目融资的资金安排

6.1.1 项目资金结构的确定

在项目的融资模式确定以后,如何确定项目的资金结构就成为项目融资结构整体设计工作的下一个关键环节。一般来说,项目融资的资金结构由两大部分组成:股本资金和债务资金,二者的比例就形成了一个项目的资本结构。虽然这两部分的资金在一个项目中的构成以及相互之间的比例关系在很大程度上受制于项目的投资结构、融资模式和信用保证结构,但资金结构的安排和资金来源的选择在项目融资中起到了重要的作用。对于项目的融资者来说,灵活巧妙地安排项目的资金构成比例,选择适当的资金形式,既可以减少投资者自有资金的直接投入,又能够提高项目的综合经济效益。

在项目资金结构的确定过程中,主要应考虑股本资金和债务资金的比例关系,项目资金的合理使用结构以及税务安排对融资成本的影响三个因素对项目资金结构的影响,多方权衡后做出合理决策。

6.1.2　债务资金和股本资金的比例关系

融资项目的资金安排应尽可能降低项目的资金成本，这是确定项目资金结构的基本出发点，但其应建立在举债适宜且不伤害项目的经济强度的前提下。对于具体项目而言，在考虑到公司所得税的基础上，债务资金成本应比股本资金成本低得多，贷款利息的税前支付构成了对这一结论的支持。但这并不意味着一个项目的资金构成可以完全是债务资金。

理论上讲，如果一个项目使用的资金全部是债务资金，它的资金成本应该是最低的，但另一方面，项目的财务状况和抗风险能力则会由于承受如此高的负债率而变得相对脆弱；相反，如果一个项目使用的资金全部是股本资金，那么项目将会有一个非常稳固的财务基础，而且项目的抗风险能力也会由于减少了资金成本而得以加强，但这却大大提高了资金使用的机会成本，从而使综合资金成本变得十分昂贵。

因此，对于绝大多数的项目，资金安排中实际的资金构成和比例必须在以上两个极端中间合理选择。项目融资中的资金安排没有一个绝对的债务股本资金比率作为标准以供参照，确定一个项目债务资金与股本资金比例的主要依据是该项目的经济强度，而且这个比例也会随着部门、投资者状况、融资模式等因素的不同而发生相应变化，并在一定程度上反映出安排资金结构时借贷双方在谈判中的地位、金融市场上资金供求关系和竞争状况，以及贷款银行承受风险的能力等。

项目融资的重要特点之一是可以增加项目的债务承受能力。在项目融资过程中，贷款银行所面对的只是一个相对简单的独立项目，贷款确定时需要通过项目的全面风险分析，落实项目的最小现金流量水平和债务承受能力；通过对项目整体融资结构，包括资金结构的综合设计，来减少和排除风险因素和不确定性因素，并对潜在的风险建立起较为清醒的认识。虽然采用项目融资方式可以获得较高的债务资金比例。但项目的投资永远不可能完全通过贷款等债务资金途径解决，投资者还必须投入一定比例的股本资金，他们所能做的只能是最大限度地利用项目的信用保证结构来支持项目的经济强度，做好项目的建设和经营，保证项目的成功。

6.1.3　项目资金的合理使用结构

全面考虑项目资金的合理使用结构，无论是对投资者还是对提供融资的贷款机构而言，都是非常重要的方面。确定项目资金的合理使用结构，需要建立在债务资金与股本资金比例关系合理的基础之上，除此之外，还应考虑以下四个方面：

1. 资金需求总量

准确地制订项目的资金使用计划来确保项目资金的需求总量，是开展融资工作的基础。融资工作开始前，投资者必须周密地确定项目的资金使用计划并在资金使用计划中留有充分的余地。一个新建项目的资金计划至少包括以下三部分内容：

1）项目资本投资，包括土地、基础设施、厂房、机器设备、工程设计和工程建设等费用。

2）投资费用超支准备金，即不可预见费用，它一般占到项目总投资的 10%~30%。

3）项目流动资金，这是为了保证项目生产经营活动的顺利开展而安排的资金。

为满足项目不同阶段和不同用途的资金需求，项目总的资金计划以及项目建设期和试生产期的项目现金流量计划必须做细、做好。

2. 资金使用期限

项目的股本资金是项目资金结构中使用期限最长的资金，它们多与项目的生命周期紧密相连。但项目资金结构中的债务资金大都是有固定期限的，这就要求投资者根据项目的现金流量特点、不同项目阶段的资金需求，采用不同的融资手段，安排不同期限的债务资金，以优化项目的债务结构，降低项目的债务风险，并使融资资金的使用期限与融资项目的需要及融资项目的效益紧密联系在一起。

3. 资金成本及其构成

项目的股本资金成本是相对意义上的成本概念，对投资者而言，它只是一种机会成本。在评价股本资金成本时，一方面要参照投资者获取该部分股本资金时的实际成本，以及当时当地的资本市场利率因素和在可供选择的投资机会之间的比较利益和比较成本等客观因素，另一方面还要参照投资者的长期发展战略以及一些潜在的相关投资利益。而项目的债务资金成本则是一种绝对成本，它主要是指项目贷款的利息成本。利息成本与利率风险紧密相关，在项目债务资金融通过程中必须考虑利率风险的控制问题，应根据外部经济环境状况，采用固定利率、浮动利率或者两种利率相结合的形式和利率封顶、限底等手段，达到降低利率风险的目的。利率结构的选择既需要考虑项目现金流量的性质，也需要考虑利率的发展变化趋势，投资者应在全面权衡的基础上合理安排利率结构。

4. 资金结构

项目融资的资金结构是指在融资过程中所确定的项目的股本资金（或叫作权益资本，下同）与债务资金的形式、相互间的比例关系及相应的来源。

项目融资资金结构中的股本资金形式是指项目投资者直接投入资金作为股本资金，第三方通过在资本市场上购买优先股或普通股作为股本资金，或者通过贷款担保和其他信用保证形式作为股本资金，拟或通过无担保贷款或可转换债券或零息债券作为准股本资金投入。准股本资金是指项目投资者或与项目利益相关的第三方所提供的一种从属性债务，既相对股本资金而言的，既有股本资金的性质，又有债务资金的性质。作为贷款银行来讲，准股本资金是股本资金的性质，因为当项目公司破产时，在偿还所有的融资债务资金之前，准股本资金将不能被偿还；作为投资者而言，它是债务资金的性质，最明显的特点是可以把这部分从属性债务的利息计入成本，冲抵所得税。

债务资金的形式包括银行借款，在资本市场上发行债券、融资租赁等。

股本资金与债务资金的比例关系是指在项目的资金结构中，股本资金与债务资金各自的比例及对项目融资的影响。

股本资金和债务资金的相应来源是指股本资金和债务资金的来源渠道及对来源的合理选择。

与传统的融资方式相比，项目融资的资金结构要灵活得多。确定适宜的资金结构是保证项目资金使用结构合理的必要前提，对于大多数项目融资而言，混合结构融资是合理的选择。混合结构融资是指不同利率结构、不同贷款形式或者不同货币种类的债务资金的组合。混合结构融资如果安排得当，不同性质资金的结合可以起到降低融资成本，减少项目风险的作用，在一定程度上可以提高资金结构的合理性。

▶▶ 6.2 项目融资的筹资渠道

项目融资有别于公司融资的一个重要特点就是其多元化的筹资渠道，具体包括国际金融机构、政府出口信贷机构、东道国政府、商业银行、机构贷款者、货币市场基金、商业金融公司、租赁公司、投资管理公司、富有的个人投资者、供应产品或原材料的公司、需要项目产品或服务的公司、工程建设公司和项目发起人等提供的资金和贸易信贷。

6.2.1 商业银行

1. 商业银行是项目融资中资金的最大提供者

商业银行贷款是国际项目融资的最大资金来源，主要是因为商业银行具备评估项目贷款的信贷风险的能力。许多大的国际商业银行拥有各种各样的工程师及金融专家，他们擅长构建项目融资结构，分析项目的各种风险。传统上，项目融资和公司融资一样，都是通过商业银行来进行的。但是近年来，商业银行间并购和全球性银根紧缩，使得单一的商业银行贷款日益减少。大多数的大型项目融资都是通过国际辛迪加组织提供的辛迪加贷款（syndicated loan）筹集到所需资金的。

2. 银团贷款是项目融资最主要的提供方式

项目融资所需的资金量往往很大，少则数百万美元，多则数亿美元甚至数十亿美元。这样巨额的贷款，仅靠一家银行的力量一般是承担不了的，即使能够承担，风险也太大。为了分散贷款的风险，从事国际项目融资贷款业务的银行往往组成一个集团，由集团内部的每一个成员分别承担贷款总额的一部分，按照该集团与项目公司订立的单一的借贷协议所规定的条件，由集团的代表统一借给项目公司，这种做法称为国际银团贷款，也称辛迪加贷款。以银团贷款方式解决项目融资有如下优势：

（1）能筹集到数额很大的资金　从国际借贷实践来看，在发展中国家一般超过3000万美元、在工业国家一般超过1亿美元数额的债务资金必须通过国际银团贷款的方式才能解决。在项目融资案例中，项目所需的资金动辄上亿美元，甚至几十亿美元，这是任何一家商业银行都不愿或不能独自承担的贷款金额。通过组成国际银团，共同向项目注入资金，就能解决这一问题。例如，在印度尼西亚帕塔米纳液化天然气管道项目融资中，作为项目融资顾问的美国大通曼哈顿银行亚洲分行和日本三菱银行，在1991年3月为帕塔米纳石油公司提供项目贷款时，就组成了一个由17家银行参加的贷款银团组织，共求购了7.5亿美元的项目债务。

（2）为项目融资担任很好的融资顾问和财务顾问　在项目融资实务中，如何构造项目的债务资金结构是一个非常重要的问题，稍有不慎就会在无形中增加借贷资金的成本。因此，选好有经验的项目融资顾问非常重要。在融资方案的选择上，国际银团可以利用其成员的分散性和丰富的借贷经验为项目融资构造一个非常有利的债务资金结构，从而为项目融资节约融资成本。例如，在中信澳大利亚波特兰铝厂项目融资案例中，其项目融资经理人——美国信孚银行澳大利亚分行为项目融资提供了一个全新的方案，即采用杠杆租赁融资方式来达到100%的有限追索债务融资的目的。

（3）贷款货币的选择余地大，有利于项目融资的货币风险管理　在国际银团贷款中，银团成员来自于不同的国家，可以提供选择度较大的债务货币。国际银团贷款甚至允许借款人在贷款期间改变贷款的货币种类，给予借款人在不同时间可提取不同货币的贷款选择权。这一点为项目公司进行货币风险管理提供了方便。这样，项目公司可以根据项目的性质、项目现金流量的来源和货币种类来选择最适当的贷款货币种类。

银团贷款的利息按伦敦银行同业拆借利率（LIBOR）计收，该利率最高时曾达18%，最低时为3.6%左右。但其中30%的贷款合同不是按 LIBOR 计收利息，而是按美国商业银行优惠放款利率（prime rate）计收；获得的银团贷款除支付利息外，作为借款人的项目公司还需支付：

1）附加利率，利率在1%左右。

2）管理费，费率在1%左右。

3）代理费，费率一般在0.25%~0.5%，有的一次收取，有的每年按费率支付。

4）杂费，是指在贷款协议签订前银团发生的一切费用，其中主要是律师费。

5）承担费，即贷款协议签订后，借款人对未提取的贷款余额应支付的费用，一般承担费的费率为0.25%~0.5%。

上述这些费用是借款人必须支付的，有时银团还向借款人收取安排费，或要求借款人将一定的贷款余额存放在有关银行的账户上，这叫作抵偿结存（compensation balance）。因此，银团贷款除利息外，主要的费用负担费率为1.5%~2%。如果是按 LIBOR 计息，则借款人的借款费率为8.07%~8.50%；如果是按美国商业银行优惠放款利率计息，则借款人的借款费率为10.14%~10.64%。

银团贷款的偿还办法，根据具体情况由贷款双方协商决定，一般为3年的宽限期，宽限期内借款人无须偿还贷款本金，宽限期满后，一般借款人每半年偿还贷款一次。

3. 银团贷款在项目融资中的利弊分析

（1）项目融资中银团贷款的优点

1）有能力筹集到数额巨大的资金。银团贷款可以贷到的金额与参与行的多少和实力有关，有时可以贷到一个巨型项目需要的资金。

2）借款货币的选择余地大。借款人可以根据项目的性质、现金流量的来源和货币种类，在辛迪加组织内选择最适当的借款货币结构，便于事先估计货币风险，加强工程成本核算。

3) 参与银团贷款的银行通常是国际上具有一定信誉和经验的银行,具有理解和参与复杂项目融资结构并承担其中的信用风险的能力。

4) 提款方式和还款方式都较灵活,因为它无须经当地政府批准,可根据议定的时间与工程建设的需要随时提取资金。

5) 贷款的使用方向没有任何限制,可用于向第三国购买机器设备、商品、原材料或劳务,项目单位也可在国际招标购买工程设备,从而降低工程成本。

6) 谈判手续相对简单,需要的时间较短;如果从业界银行等国际金融组织贷款,谈判时间有时需要两三年,政府贷款需要两年左右,出口信贷有时也需要一年左右的谈判时间。

(2) 项目融资中银团贷款的缺点

1) 贷款的费用相对较高,它是按市场利率收取费用的,而且还收取其他费用,从而提高了总的借款成本。

2) 难以精确计算工程成本,因为大多数银团贷款采用的是浮动利率,每半年调控一次利率。

3) 除了较高的贷款利率外,还要支付一定比例的管理费、代理费、承用费和杂费等。

6.2.2 出口信贷机构

1. 出口信贷

出口信贷作为一种国际信贷方式,在项目融资中,出口信贷常与设备供应捆绑在一起。它是西方国家为支持和扩大本国大型设备的出口,加强国际竞争力,以对本国的出口给予利息补贴并提供信贷担保的方法。它能够鼓励本国的银行对本国出口商或外国进口商(或其银行)提供利率较低的贷款,以解决本国出口资金周转困难的问题,或满足外国进口商对本国出口商支付货款需要的一种融资方式。它是各国争夺市场,扩大资本货物销售的一种有效手段。

由于项目融资中所涉及的是资本品的进出口,属于出口信贷支持的范围,因此出口信贷也构成了项目融资的重要资金来源。而且,出口信贷与设备供应捆绑在一起,几乎成为项目融资的惯例。

出口信贷按照取得资金的对象,又可分为卖方信贷和买方信贷。卖方信贷是出口商所在地银行为便于该国出口商以延期付款形式出售设备而给予本国出口商的一种贷款。买方信贷则是出口商所在地银行为促进本国机械设备的出口而对别国进口商(或其银行)发放的一种贷款;从国际上看,买方信贷的使用较为广泛,特别是把贷款发放给进口商所在地银行再转贷给进口商的买方信贷使用得更为广泛。

出口信贷的贷款条件与原则是由经济合作与发展组织国家在《官方支持的出口信贷指导原则协议》中共同规定的。每个成员国都应遵守,不能逾越。出口信贷的利率一般按各自成员国 5 年期政府债券的收益率来计算,这种 5 年期政府债券的收益率就叫作商业参考利率(commercial interest reference rate)。向借款人发放出口信贷时,应在商业参考利率的基础上附加1%。此外，借用出口信贷，借款者还须支付管理费（1%）、承担费（0.25%~0.5%）和信贷保险费三种费用。可见，出口信贷的借款成本较银团贷款低。

2. 项目融资中利用出口信贷的有利之处

1）在出口买方信贷协议签订后，在协议的有效期内以固定利率核算，避免受通货膨胀的消极影响。

2）从总体上看，商业参考利率水平低于商业利率。

3）所得贷款可用于机械设备和技术购买（不能用于购买原材料、一般产品），这正好符合工程项目融资的要求。

4）可取得比商业贷款长的贷款期限。

5）贷款具有准政府贷款的性质，从而可以保护项目免于被政府没收或干涉。

6）出口国竞争激烈，项目单位可选择一个对自己最有利的出口信贷方案。

所以，当项目牵涉进口设备或出口产品时，项目公司也可以从政府的专设金融机构，如英国出口信贷担保署（ECGD）、美国进出口银行（EXIM）、中国进出口银行等，获得出口信贷以满足投资需要。

3. 项目融资中利用出口信贷的不利之处

1）出口信贷的获准时间较长。

2）项目收入可能不是与出口信贷发放货币相同的货币，从而增加了项目的货币兑换风险。

3）利用出口买方信贷只能从提供买方信贷国家的厂商购买设备，设备的技术标准与质量不一定是国际一流的（质量最好的出口商愿意卖现汇，而不提供贷款）。也就是说，买方信贷发放国提供的设备可能不是项目所需要的。

4）设备价款可能会高于从第三国购买或国际招标购买的价格，这样就会在一定程度上抵消出口信贷利率低的优惠。

6.2.3　双边和多边金融机构

1. 项目融资可利用双边和多边金融机构的贷款

利用双边和多边金融机构的贷款或担保也是项目融资的一个重要资金来源。这些双边和多边金融机构主要有世界银行集团（包括国际复兴开发银行、国际开发协会、国际金融公司、多边投资担保机构和国际投资争端解决中心）、欧洲投资银行、非洲开发银行、亚洲开发银行、欧洲复兴开发银行和泛美开发银行等全球性和地区性银行。其中，世界银行在项目融资中的作用最为显著。

（1）国际复兴开发银行（IBRD）　也被叫作世界银行，该银行是世界银行集团的下属机构之一。关于项目融资交易，该机构通过以下方式运作。

1）直接贷款。直接贷款通过联合融资鼓励私营部门，以B类贷款而知名。在直接贷款方案中，私营部门与国际复兴开发银行（授予A类贷款）一起贷款给发展中国家政府并从银行贷款的特权状态获利。为私营部门的项目提供直接融资，银行必须将政府作为中介：国际复兴开发银行和私有银行（分别用 A 类贷款和 B 类贷款）为政府提供资金，然后政府将资金提供给私营部门。一个替代方案是，国际复兴开发银行和私有银行从东道国政府处得到保证后直接贷款给特殊目的载体（SPV）。SPV 的经营部分受制于由国际复兴开发银行设定的现值和规则，遵照国际竞标程序。

2）部分风险保险。部分风险保险用于应对政治风险，并且适用于所有有权接受国际复兴开发银行贷款的国家，由多边投资担保机构通过担保为其提供保险的国家除外。担保对与东道国政府直接签订合同的投资者、由东道国政府担保的 SPV 或由政府担保支持的 SPV 订约方都适用。但是由于没有私有融资和来自国际金融公司的融资可用以及来自多边投资担保机构的风险覆盖不足等条件的限制，这些工具只用在极少的项目融资中。

所以，它关注的项目非常大也非常复杂，为了构建一揽子融资计划，国际复兴开发银行的干预也是必不可少的。提供给 SPV 的贷款人的担保主要防范以下几个方面的风险：货币兑换风险、可转移性和征用风险、法律变化风险和合同违约风险。

3）部分信用担保。部分信用担保是一种用于辛迪加贷款市场为基础设施项目融资解决重大问题的工具。尤其一些非常复杂的项目，需要很长时间的还款计划，私有银行认为为其融资非常困难。在这种情况下，世界银行可以作为超出私有银行信贷委员会可接受期间的利息和资金偿还担保人。同样的担保也可以应对以下情况：一次偿清本金和利息方式的资金偿还（也就是说，贷款期末的单一支付）方式下，SPV 打算再融资。尽管国际复兴开发银行的部分信用担保对于私有资金投资有促进作用，使用场景也有较强的限制。

（2）国际金融公司（IFC） 国际金融公司是世界银行下属的一个多边机构，它向发展中国家所有领域的私营项目提供融资。在世界银行所有机构中，这是唯一一个不需要东道国政府直接介入而为投资项目提供资金的机构。尽管国际金融公司主要集中于私营项目，它也能向公私合作关系公司提供资金，条件是有私人投资者参与，以及将公司作为一个赢利投资项目经营。它可以向隶属当地的公司或当地合伙人和外国合伙人合资的公司提供 100% 的融资。

国际金融公司主要通过以下工作促进私营部门的可持续增长：一是为发展中国家的私营项目提供资金；二是帮助发展中国家的私营公司得到国际金融市场的资金；三是为公司和政府提供咨询和技术支持服务。

就关注的项目融资交易而言，国际金融公司向发展中国家成员的公司提供一系列的金融产品和服务，有助于构建融资一揽子交易，协调来自国外银行、当地银行和出口信贷机构（ECA）的资金。为了获得国际金融公司的融资，项目必须有利于投资者，给东道国的经济带来利益，遵守由该机构设定的环境和社会规范。

国际金融公司给投资者提供的服务有以下几项：

1）贷款项目。贷款项目需要国际金融公司与私人联合融资。为了保证私人投资者和债权人的参与，国际金融公司为提供给每个项目的可用资金份额设置了上限：一般情况下，国际金融公司每提供 1 美元资金，其他投资者提供的资金要超过 5 美元。通用限制是特殊的项目上限为 1 亿美元，新项目的限制是总成本的 25%，较小的项目是 35%，已有项目的扩建是 50%。国际金融公司的融资以市场条件为基础（对借款人没有补贴）。甚至不需要来自东道国政府的直接担保，完全不同于国际复兴开发银行的其他机构。贷款期可以长达 20 年。

2）股本资金投资。除了为项目提供贷款融资，国际金融公司可以持有 SPV 普通股的少量股份（经常为 5%~15%，最大约为 35%），按照私有股本资金投资方法（股本资金投资项目）作为消极投资者。国际金融公司不会干预 SPV 的战略和经营决策。投资的平均持续时间比私营产权市场长一些，可以延长到 8~15 年。股权可以在 SPV 所在国家的证券交易所更好地销售。股本资金投资相对保守，并常常需要按股票票面价值支付，没有任何股票溢价可留给发起人用作研究、初步开发和启动的成本。

3）衍生产品。国际金融公司从 20 世纪 90 年代早期开始提供衍生品，包含对冲利息和汇率风险的互换、期权、远期合约和其他金融衍生品，以用最好的方法帮助客户管理金融风险。国际金融公司提供金融衍生产品是因为发现发展中国家的 SPV 很难进入国际资本市场。国际金融公司充当中介机构，通过分担风险和促进当地资本市场的开发来动员商业银行参与这些交易。

4）担保项目。事实上，国际金融公司提供的部分信用贷款担保与世界银行提供的很相似，它针对特定时期内贷款的所有信用风险并可用于延长私营部门贷款的还款期。

(3) 多边投资担保机构（MIGA） 多边投资担保机构通过向贷款人和投资者提供政治风险覆盖来促进世界银行的使命。通过这种方法，它对发展中国家的投资可以吸引更多私有国外资本。

多边投资担保机构为全部世界银行成员国提供风险覆盖。它的自有资金大多数由成员国提供，少部分由世界银行捐赠，用作多边投资担保机构的资本。在世界银行集团内（包括地区开发银行），它是仅有的为投资者提供政治风险覆盖的机构。除了这个主要任务，多边投资担保机构有一个特定的部门专门从事咨询服务（投资市场服务），目的是帮助发展中国家吸引国外投资。在这个领域，多边投资担保机构既应请求提供咨询，也提供投资信息，还试图通过开发必要的技能帮助成员国的公司。

作为世界银行集团的一个下属机构，多边投资担保机构只提供与东道国达成协议基础上的保险。按照其促进经济增长和发展的目标，投资项目必须在财政和经济上可行。政治风险包括债务融资和股本资金投资，最高保额达到偿债（本金偿还加利息）的 95%，股本资金投资的最高限制是每个项目 2 亿美元和每个国家 4.2 亿美元。保险费为保险总额的 0.5%~1.75%，合同有 15 年的期限，在特殊情况下可以延长到 20 年。被保险人可以在 3 年后选择取消保险。

除了直接保险，多边投资担保机构也办理合作保险项目。这个项目与国际复兴开发银行和国际金融公司办理的 B 类贷款项目非常相似，不同之处是它关注保险合同而非贷款。多边投资担保机构先通过自己承担风险与私营保险公司合作，再与私营保险公司分保。多边投资担保机构为政治风险提供覆盖，覆盖的消极事件包括以下几个方面：

1）货币兑换和转移。如果不能兑换，投资者可以将不能兑换的货币交给多边投资担保机构，机构用担保货币支付。转移资金延迟引起的损失也可以覆盖。

2) 征用。如果股本资金投资被征用，多边投资担保机构偿还投保投资的账面净值。对于没收资金，多边投资担保机构支付冻结资金的投保额。在贷款和贷款担保中，多边投资担保机构为应该支付而未支付的尚未偿还的本金和利息提供保险。但是，多边投资担保机构的担保不包括东道国政府的善意行为与管控本国合法权利的相关措施。

3) 战争、内战、恐怖主义、蓄意破坏。如果这些事情发生，多边投资担保机构为项目的物理损坏和可能危害项目生存能力的营业中断引起的损失提供保险。在这些情况下，多边投资担保机构偿还股本资金投资的账面净值和由破坏事件造成的不能支付的未偿还本金和利息。

4) 仲裁赔款的未支付。如果东道国政府合同违约或在某些情况下，法庭或国际仲裁程序判给 SPV 损失赔偿，东道国政府拒绝赔付，损害赔偿被拖延。在这些情形下，多边投资担保机构可以支付赔偿并促进处于等待诉讼的最终裁决。

(4) 欧洲投资银行（EIB） 它是欧盟的金融机构，其成员是认购银行股份的欧盟成员国。这个机构在法律和财务上都独立于欧盟，但是它的使命是通过向特定项目提供长期融资以促进欧盟达成目标。这些特定项目必须满足投资项目评价和选择的严格标准。欧洲投资银行促进了欧洲的经济一体化以及更大的经济和社会凝聚力。

欧洲投资银行在对有关经营项目的初步评估和持续监视的基础上，参与投资项目的融资。所以，欧洲投资银行按照私有银行业的最佳做法运作。为了得到欧洲投资银行的支持，项目必须在经济、技术、环境和财务方面切实可行。欧洲投资银行贷款本质上是通过资本市场进行融资。它有特殊的所有权机构，拥有最高的国际债券市场等级（AAA），所以银行可以对项目公司提出有利的定价。此外，与国际金融公司一样，欧洲投资银行力求在它所融资的项目中吸收私有资金，作为私有贷款人的催化剂，以扩大可用资金。

(5) 非洲开发银行（AFDB） 它是一家多边的地区开发银行。它的股东大多是非洲国家，也有来自美洲、欧洲和亚洲的国家。该银行促进基础设施领域的项目，特别关注 PPP 项目，它通过贷款和股本资金投资的形式提供资金支持。非洲开发银行为私营担保人提供有关安排融资交易的咨询服务，也为公共部门提供咨询和支持服务，以帮助它们从法律和监管角度创造有利的制度环境，并保证它们有能力有效管理它们与私营当事人的关系。

同其他多边机构一样，非洲开发银行的作用是融入而不是取代私有资金来源。通过向经济上可靠的项目提供资金援助，非洲开发银行为工业投资者和私营贷款人提供激励和支持。银行采用这种方法作为从私营部门（尤其是从多边和双边合伙人）获得资金来源的催化剂。

1) 贷款。在项目融资领域，非洲开发银行主要依靠自身力量，作为贷款人参与基础设施和 PPP 项目，以及没有公共部门参与的项目。处理直接贷款交易，无须主权担保并提供技术援助服务，直接融资包括高级债务和提供担保，用于为非洲的电力、电信和风力发电领域中的私有基础设施项目融资。

在项目融资领域，非洲开发银行可能批准用于各领域新建、扩建和使得工厂现代化（不包括房地产和商业领域）的贷款。为每个 SPV 提供的援助总量，包括贷款、担保和保险，一般来说不会超过项目总成本的 1/3，同时银行的股本资金投资不会超过 SPV 股本的

25%。此外，它不会是项目唯一的大型贷款人。总项目成本必须不少于900万美元，如果较小项目有高成长潜力并能产出其他经济方面的重要副产品，非洲开发银行也可能对其发放贷款。

非洲开发银行可以长期借贷硬通货。贷款可以是美元、欧元、英镑和日元。当地货币贷款也呈增长趋势，特别是在南非。利率和其他费用是在与融资项目风险水平一致的市场条件基础上确定的。费用包括辛迪加贷款经常使用的费用。为了限制信用风险，非洲开发银行提供的贷款要求担保。标准的一揽子担保以工厂的抵押、质押和SPV现金余额的浮动担保。偿还期一般为5~15年，有足够的与项目现金流量一致的宽限期。

2）担保。银行可以为贷款银行或商业合伙人（国内的和国际的）提供担保，以应对债务偿还。银行以直接借贷活动可用的货币支付理赔。

3）股本资金。银行可以用普通股、优先股或其他有价证券等产权资本投资到SPV中，资金以当地货币为主。

（6）亚洲开发银行（ADB） 它是一家地区开发银行。随着私营部门业务局（PSOD）的创建，该银行从1983年开始工作，为私营部门投资提供直接援助。这些投资对成员国的社会和经济有很大影响。

亚洲开发银行对私人投资者有多种支持模式，如股本资金投资、贷款、担保和信用增级。获得亚洲开发银行支持的优先条件：项目遵从亚洲开发银行设立的采购制度；特别地，必须通过竞标选择发起人。任何单个项目的最高融资支持低于项目总成本的25%且低于7500万美元。

1）贷款。私营部门获得的贷款以相关项目的风险水平为条件。定价基于伦敦银行同业拆借利率（LIBOR）或欧元区银行同业拆借利率（EURIBOR）的利差，但是固定利率贷款也可以以融资时与浮动利率互换的固定利率报价提供。另外，辛迪加贷款的标准费用也要申请（前端费1%~1.5%，承诺费用0.5%~0.75%）。亚洲开发银行可以在具体案例分析的基础上要求贷款担保。关于贷款持续期没有严格的指导方针，一般有2~3年的宽限期，然而最终的到期日根据项目的现金流量预测确定。正如国际金融公司那样，亚洲开发银行提供以互补性融资方案而知名的B类贷款项目（辛迪加贷款），其中亚洲开发银行作为贷款人、记录贷款人和代理行。通过这种方式，因为亚洲开发银行直接提供贷款，私营贷款人得到相同的权益和豁免担保，也获得主权风险下的优先债权人地位。

2）担保。亚洲开发银行为私人投资者提供信用增级，以改善其吸引私有资本的能力。该类担保是部分信用担保，为商业风险和政治风险提供覆盖。该担保包括超过私营贷款人正常合约期的部分偿债以及所有没有偿还本息的情况。这对于需要超长期的资金和具有苛刻资金限额条件的国家项目尤其有用。第二类担保是政治风险担保，它的目标是在有主权和政治风险的情况下推动私有资本的投资。它提供合同违约风险、征收和国有化风险、货币不能兑换和转移风险的担保。政治风险担保的提供不需要东道国政府的反担保，数额不超过1.5亿美元和项目成本50%的较小值。

3）股本资金投资。亚洲开发银行提供的私营股本资金投资最高可达SPV股本的25%。

一旦项目进入运营阶段就会将股本资金从项目中撤资，既可以卖给其他发起人，也可以在当地证券交易市场上市。

（7）欧洲复兴开发银行（EBRD） 它曾在中欧、东欧和苏联的部分国家运营。同其他金融机构一样，它的角色是促进目标国家的基础设施系统的发展。该银行也激励目标国家改进它们的监管、机构和政治框架。在大型项目领域，欧洲复兴开发银行热衷于价值为500万~2.5亿欧元，平均为2500万欧元的项目。该银行提供的最高融资为项目总成本的35%（在新建项目中）或者现存公司长期投资的35%。项目必须位于该银行的一个目标国家并且有充分的营利性，拥有足够的来自发起人的股本资金（股本资金至少为成本的1/3）。此外，项目必须具有经济上的外部性且符合该银行的环境标准。它介入的形式仍然是贷款、担保和股本资金投资。

1）贷款。欧洲复兴开发银行提供的贷款基于对项目产生现金流量的能力评估。贷款数额为500万~1500万欧元，适用于固定利率或浮动利率。还款期为5~15年，并且包括在具体案例分析基础上谈判确定的宽限期。该银行也可以建立附属条款或者提供夹层债务或可转换债务。贷款没有追索权，但是银行可以要求发起人提供性能或完工担保，就像通常的有限追索权项目融资一样。相似地，发起人必须提供保险合同并提供一揽子担保，可能包括抵押、质押、浮动担保和有利于债权人的安排。该银行也像国际金融公司一样设立A类/B类贷款项目，其中，欧洲复兴开发银行作为私营贷款人的记录贷款人，私营贷款人同样从SPV提供给国际金融公司的优先债权人地位中获利。

2）担保。欧洲复兴开发银行提供一切险担保应对由任何情况引起的违约和部分风险担保（特殊条件下的担保应对特定事项引起的违约）。

3）股本资金投资。欧洲复兴开发银行可以为项目提供股本资金（直接或通过它的投资基金）作为小股东并带有明确的退出策略。它可以投资普通股或特殊类别的工具，但是投资的具体条款取决于融资项目的性质。

（8）泛美开发银行（IADB） 它运作于南美和加勒比海地区，以贷款和担保参与私营领域。但是，它的股本资金参与是通过基金（MIF——多边投资基金和IIC——泛美投资公司）进行的。

1）贷款。贷款以市场条件提供给私营部门，不需要主权担保，主要领域有电力、交通、卫生和电信等。泛美开发银行也有A类和B类贷款项目，类似于国际金融公司提供的A类和B类贷款。它的目标是促进私人资本参与基础设施的融资。

2）担保。银行可以为第三方债权人提供的贷款提供担保，货币可以是美元和当地货币。担保适用于全部和部分到期贷款，也可以和其他多边机构或私有银行一起提供。条款根据具体案例而定，但是一般有8~15年的还款期。提供的政治风险担保用来应对合同违约、货币兑换和转移及政治暴动，不能超过项目成本的50%和1.5亿美元中的较小值。泛美开发银行也提供信贷担保应对与贷款相关的商业银行的所有风险。额度限制为7500万美元和项目总成本25%中的较小值。对于较小国家或欠发达的资本市场，覆盖率可以达到项目总成本的40%。

2. 双边和多边金融机构贷款的利弊分析

双边和多边金融机构贷款对项目融资而言具有以下好处：

1）利率低于市场利率，并可以根据的项目的需要定出较为有利的宽限期与偿还办法。

2）贷款期限比较长。

3）在提供贷款时一般也采用国际招标方式，从而最大限度地压低项目的建设成本，保证项目建设技术的先进性。

4）可以规避政治风险。双边和多边金融机构的贷款基础是扎实的，一般都必须有利于东道国经济的发展，都会得到东道国政府的产业政策支持，或者可以促使东道国的产业结构政策更符合这些机构的指导方向。通过与东道国政府的往来接触，有助于加快进行与项目有关的法律与管理准备工作。

5）有利于其他商业金融机构或投资者参加到项目中来。在项目融资中，由于政治风险及商业风险较高，有的项目会采用世界银行等多边金融机构与商业银行联合贷款的方式来降低成本和风险。

6）世界银行还可提供项目的政治风险和货币风险的担保。

但是，这种贷款又有严格的限制条件，也即它的不利之处具体包括以下几点：

1）当借款人不是一个国家的政府时，它必须获得该国政府的担保。

2）该项目要经得起严格的环保评估，并且能够实现一定的经济效益。

3）该机构对项目发放的贷款是直接给予项目中标的外国厂商，借款人在取得贷款时，无法知道这一贷款对本国货币或项目的核算货币所带来的影响，因而不易事先进行费用的核算比较。

4）双边和多边金融机构的贷款手续繁杂，项目从设计到投资所需时间较长，有时需要3~5年。

6.3 项目股本资金及准股本资金的筹集方式

股本资金主要包括优先股和普通股。优先股又可以分为固定红利优先股、浮动红利优先股和可转换优先股。准股本资金则主要包括无担保贷款、零息债券、可转换债券和附有认股权证的债券。股本资金和准股本资金最大的区别就在于，准股本资金相对于股本资金来说，在安排上具有较高的灵活性，并在资金偿还序列上享有优先于股本资金的地位。

准股本资金是相对于股本资金而言的，它是指项目投资者或者与项目利益相关的第三方所提供的一种从属性债务。准股本资金需要具备以下性质：一是债务本金的偿还需要具有灵活性，不能规定在某一特定期间强制性地要求项目公司偿还从属性债务；二是从属性债务在项目资金优先序列中要低于其他的债务资金，但是要高于股本资金；三是当项目公司破产时，在偿还所有的项目融资贷款和其他的高级债务之前，从属性债务将不能被偿还。从项目融资贷款人的角度，准股本资金将被视为股本资金的一部分。项目融资中股本资金和准股本资金的结构如图6-1所示。

第6章　工程项目融资资金结构

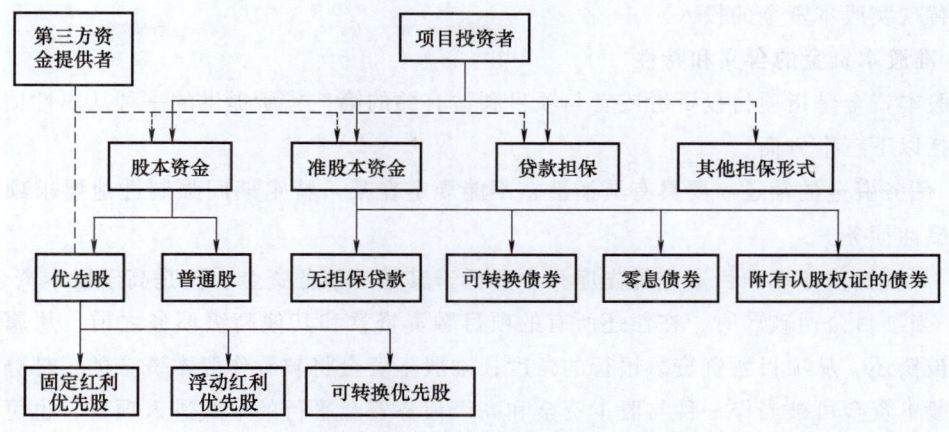

图 6-1　股本资金和准股本资金的结构

6.3.1　项目股本资金的筹集

1．项目股本资金的概念

股本资金是投资者投入的风险资金，它是项目融资的基础。在资金偿还序列中，股本资金排在最后一位。作为项目投资者，股本资金在承担风险的同时，也会因项目具有良好的发展前景而为其带来相应的投资收益。在项目融资中，股本资金的比例不一定非常大，但是它起着非常重要的作用。

2．股本资金的作用

（1）股本资金可提高项目的抗风险能力　股本资金在资金偿还序列中排在最后一位。它意味着一个稳固的财务基础。在项目中，股本资金投入越多，项目的抗风险能力就越强，贷款银行的风险也就越小；反之，项目承受的债务越高，现金流量中用于偿还债务的资金占比就越大，贷款银行所面对的潜在风险也就越大。

（2）股本资金的投入比例决定着投资者对项目的关心程度　股本资金的投入比例决定着投资者对项目的关心程度，投入比例越大，相应能降低银行的贷款风险。投资者在项目投入的股本资金多少与其对项目管理和前途的关心程度是成正比的。贷款银行总是希望项目投资者能够全力以赴地管理项目，尤其是在项目遇到困难时千方百计渡过难关。如果要实现这一点，要求投资者在项目中投入相当数量的股本资金是最好的方法。

（3）股本资金的投入对项目贷款者起着一种心理鼓励作用　典型的股本资金投入方式就是认购公司的普通股和优先股。股本资金的来源基本上是投资者的自有资金投入，在过去很长一段时间内，股本资金的投入相对简单，基本上就是投资者自有资金的直接投入。近年来，在项目融资中出现了一种新的情况，在安排项目融资的同时，直接安排项目公司上市，通过发行项目公司股票和债券的方式来筹集项目融资所需要的股本资金和准股本资金。

6.3.2　项目准股本资金的筹集

在项目融资中，股本资金的投入是多样化的，其中包括可以用各种各样的准股本资金形

153

式来代替现实股本资金的投入。

1. 准股本资金的含义和特性

准股本资金是指项目投资者或者与项目利益有关的第三方所提供的一种从属性债务。其特性包括以下三个方面：

1) 债务资金的偿还需要具有灵活性，不能规定在某一特定期间强制性地要求项目公司偿还从属性债务。

2) 从属性债务在项目资金优先序列中要低于其他的债务资金、但是高于股本资金。

3) 当项目公司破产时，在偿还所有的项目融资贷款和其他高级债务之前，从属性债务将不能被偿还。从项目融资贷款银行的角度，准股本资金将被看作股本资金的一部分。

准股本资金可被当作一种与股本资金和高级债务资金平行的形式进入项目，也可被当作一种准备金形式，用来承担项目建设超支、生产费用超支以及其他贷款银行要求投资者承担的资金责任。

2. 准股本资金的优点

对于项目投资者而言，为项目提供准股本资金与为项目提供股本资金相比具有以下一些优点：

（1）投入资金的回报率相对稳定　准股本资金作为一种从属性债务，一般包含了比较具体的利息和本金的偿还计划，而股本资金的红利分配则带有较大的随机性和不确定性。因此，投资准股本资金，会较投资股本资金能稳定地得到利息收益，从而使投资者投入资金的回报率相对稳定。

（2）它使投资者在利益分配上所受的限制减少　在项目融资安排中，对于项目公司的盈利分配通常有着十分严格的限制，它必须在保证能按时分期偿还项目贷款银行债务的前提下才能进行股东红利的分配。但是，对公司从属性债务却可以通过谈判减少在这方面的限制，从而保证从属性债务持有者的利益，即准股本资金持有者的利益。

（3）它可以帮助项目公司形成较为优良的税务结构　作为债务，利息的支付是可以抵税的，而且债务资金的偿还可以不用考虑项目是否缴税。因此，以准股本资金作为股本资金的一部分，就可以使项目公司充分利用在税务方面的优惠，提高公司的综合经济效益。

3. 准股本资金的投入形式

项目融资中最常见的准股本资金投入形式有无担保贷款、与股本有关的债券和以贷款担保形式作为准股本资金的投入。

（1）无担保贷款（unsecured loan）　无担保贷款是贷款中最简单的一种形式。这种贷款在形式上与商业贷款相似，贷款协议中包括贷款金额、期限、利率、利息支付和本金偿还等主要条款，但是贷款没有任何项目资产作为抵押和担保，本息的支付也通常带有一定的附加限制条件。由项目发起人为项目公司提供无担保贷款作为股本资金的替代方式是项目融资中的操作习惯。

无担保贷款的取得靠的是借款人的全部信用、即信用贷款，大量无担保贷款只用于历史长、财务状况一贯良好且与贷款人关系较好的最有信用的公司。在项目融资中，项目发起人为了吸引担保贷款和其他融资，往往愿意提供无担保贷款，作为"种子资金"。因为项目融资的数额巨大，项目发起人只能筹集到有限的权益资本，为了使主要贷款人放心，项目发起人提供无担保贷款作为其投入的资本，以支持来自金融市场的商业贷款。而且，项目发起人通过债务筹资还可享受利息免税的好处，利用财务杠杆可以增加其资本的报酬率等。所以，项目发起人乐于接受无担保贷款来代替权益投资。对发展中国家来说，无担保贷款往往由政府提供，因为有些融资项目政府机构不能拥有股权，但可以给项目提供无担保货款，以此作为"种子资金"来吸引外国金融机构的主要贷款，是一种鼓励外商投资的措施。

有时无担保贷款也可能由项目的其他参与者提供，如急于为自己的设备寻找长期销路的设备供应商可能以商业信用的方式为项目公司提供货物，即相当于供应商向项目公司提供了无担保贷款。

（2）与股本有关的债券　项目发起人认购项目公司发行的与股本有关的债券，也可以作为股本资金投入的替代方式。

1）可转换债券（convertible bonds）。该债券的特点：在债券有效期内，只支付利息，在债券到期日或某一段时间内，债券持有人有权选择将债券按照规定的价格转换成公司的普通股。如果债券持有人不执行期权，则公司需要在债券到期日兑现本金。这种债券不同于一般债券的地方在于，这种债券没有任何公司资产或项目资产作为担保，利率也比同类债券利率略低。这种债券对于债券持有人的吸引力在于，如果公司或项目经营良好，公司股票价格或项目资产价值会高于现已规定的转换价格，债券持有人可以通过转换获得资本增值。相反，如果公司或项目经营结果较预期差，债券持有人仍可以在债券到期日收回债券面值。因此，以可转换债券作为准股本资金投入在国外一些项目融资中得到了广泛的应用。

2）附有认股权证的债券（bonds with warrants）。它是作为可转换债券的竞争品出现的，认股权即赋予这种债券的持有者以特定的价格（一般比股票市场价格高15%以上）购买股票的权利。一般可以用债券支付股票的购买费用，这种债券可以是次级债务，也可以不是次级债务。在实务中，附有认股权证的债券比可转换债券应用得更为广泛，因为：一是认股权比可转换债券对投资者更有利。认股权的利率与债券特征的关系不是十分明显，所以，附有认股权证的债券的持有者可以得到更高的利息；二是由于债券与认股权相分离，认股权证赋予债券持有者更大的灵活性，他可以持有该债券及认股权，可以单独出售认股权，也可以实施认股权，买入股票。同时，因为该种债券的利率通常低于非转换债券的利率，项目公司实际上是通过发行延期股权来以合理的价格借得资本，所以也深受项目公司的青睐。

3）零息债券（zero coupon bond）。零息债券是只计算利息但不支付利息的一种债券。在债券发行时，根据债券的面值、贴现率和到期日贴现计算债券的发行价格，债券持有人按发行价格认购，债券发行价格与其面值的差额就是债券持有人的收益。

例如，面值为1000元，贴现率为6%，10年到期的零息债券的发行价是558.4[1000×$(P/F, 6\%, 10)$]元，那么该债券持有人的收益为441.6(1000-558.4)元。

零息债券作为一种准股本资金形式，在项目融资结构中的应用也较普遍，主要是因为这种资金安排既带有一定的债务资金特点（如每年的名义利息可以获得税务扣减），同时又不需要实际支付利息，减轻了对项目现金流量的压力。因此，如果出于种种原因，项目投资者没有在项目中投入足够的股本资金，贷款银行则通常会要求项目发起人以零息债券形式为项目提供一定数额的从属性债务，作为项目投资者在项目中的股本资金。

（3）以贷款担保形式作为准股本资金的投入　它是项目融资中具有特色的一种资金投入方式。在这种情况下，项目投资者不直接投入资金作为项目公司的股本资金，而是以贷款银行接受的方式提供固定金额的贷款担保作为替代。由于在项目中没有实际的股本资金占用，项目资金成本最低，因而成为项目投资者利用资金的最好形式。

当然，从贷款银行的角度看，以贷款担保形式替代现实的股本资金投入，意味着银行在项目风险因素之外又增加了投资者自身的信用风险因素。因此，在实践中，很少完全由此种形式替代股本资金的投入，除非项目具备很好的经济强度。否则，如果要以该种方式完全替代股本资金的实际投入，就必须将贷款担保形式和实际的股本资金投入形式结合起来使用。

有时与项目有关的一些政府机构和公司出于政治和经济的考虑，也会为项目提供类似股本金和准股本金的资金，这类资金成为第三方资金。这些政府机构和公司包括购买项目产品的公司、原材料供应商、工程承包公司、政府机构以及世界银行和地区开发银行，资金的形式为实际资金投入或"软贷款"，甚至贷款担保。

6.4　项目债务资金的筹集

项目债务资金是项目融资除股本资金和准股本资金以外，以负债方式取得的资金，是项目融资的一个重要资金来源。如何安排债务资金是解决项目融资来源问题的核心。

6.4.1　贷款融资

贷款是项目发起人为项目融通资金的一个非常重要的渠道，有些项目甚至由贷款融资构成其债务融资的全部。

1. 商业银行贷款

如前所述，商业银行是项目融资的最大来源，这主要是因为商业银行具备评估项目贷款风险的能力。许多大的国际商业银行拥有各种各样的工程师及金融专家，他们擅长于构建项目融资的结构、分析项目的风险等。

在项目融资中，商业银行贷款一般分为两个阶段进行：建设阶段和经营阶段。在建设阶段，项目风险逐渐增加，而项目不产生任何现金流入；在经营阶段，项目风险逐渐减少、项目开始产生现金流入，项目公司开始偿还银行贷款。因此，在贷款操作上，一种方法是根据项目的这两个阶段，由项目借款人与贷款银行分别签订两个贷款协议，即建设阶段贷款协议和经营阶段贷款协议。另一种方法是将两个协议合为一个，签订一个总的贷款协议，但在具体贷款提取上根据项目阶段分别掌握。

在建设阶段，贷款的发放一般是根据工程进度进行的，由于不产生项目收入，这一阶段的利息一般都被资本化，即计入贷款本金，借款人无须偿还利息。银行所承受的信贷风险相当大。所以，在这一阶段，为了降低银行的风险，项目发起人要提供部分或全部建设风险的担保，贷款一般都是完全追索的，直到项目完工为止；或者对于某种特定的风险，如成本超支风险，安排为有限追索，即项目发起人提供一定数额的完工担保。

在经营阶段，贷款的发放就是一次性的了。因为在这一阶段，项目已投入正常运营，项目开始产生现金流入，有了项目收入就可以按期偿还银行本息。银行贷款的信贷风险逐渐减少，甚至为零。商业银行贷款的典型类型有以下几种：

（1）工程贷款（construction loan） 即在项目建设阶段银行对建筑工程发放的短期不动产贷款。贷款资金按实际需要或事先拟订的计划分期支付。工程完工后，一般用抵押贷款的资金偿还这种贷款。这种贷款的利率一般较高。

（2）定期贷款（term loan） 即对借款人发放的中长期（一般为 2~10 年）有担保贷款，通常用来购买设备或用作营运资金（working capital）。该贷款通常按协议分期偿还。

（3）转换贷款（bridge loan） 俗称桥梁贷款，是借款人希望得到中长期资金而暂时使用的一种贷款种类，以满足借款人对资金的临时需求。因此，这种贷款期限一般不长，具有过渡性特点。

（4）抵押贷款（mortgage loan） 即借款人以某项财产的留置权作为还款抵押而取得的银行贷款。在项目融资中，通常以项目公司的资产和现金流量为抵押而取得银行的贷款。

（5）运营资金贷款（working capital loan） 一般为短期贷款，是为了弥补借款人运营资金的不足，以保证项目正常运行的贷款。

（6）双货币贷款（dual currency loan） 双货币贷款，实际上其利息的计算和支付采用的是一种货币，本金的计算和支付采用的是另一种货币。一般情况下，双货币贷款使用低利率货币作为计算利息的货币，使用相对高利率货币作为计算本金的货币。双货币贷款是在单一货币的辛迪加贷款的基础上发展起来的一种债务资金形式。它于 1981 年首次在国际金融市场上出现，由于其明显的特征，在国际融资活动中发展迅速。

（7）商品关联贷款（commodity-linked loan） 即通过贷款人参与产品价格波动来实现降低融资成本的目的。在操作上又分为两种类型：一种是贷款本金的商品价格参与；另一种是贷款利息的商品价格参与。

1）贷款本金的商品价格参与是将贷款的本金与某一种商品的价格联系在一起，而贷款利率则低于同样条件下的商业贷款或辛迪加贷款的利率。在还款日，贷款本金的偿还金额部分或全部取决于当时该种商品的价格，如果该种商品当时的价格低于某一个预定价格，则借款人只需要偿还贷款本金；如果商品价格高于这一预定价格，则需要按照一个预定公式增加银行贷款本金的偿还数额。然而，一般情况下，在商品价格上升时，生产该种商品的项目的经济效益也会增加，因而借款人也有能力承受较高的债务。

2）贷款利息的商品价格参与是将贷款期限内的贷款利率水平与某种商品价格在同一期限内的变化水平联系起来，如果在这一时期内实际商品价格的变化与预测的商品价格的变化相吻合或相接近，则借款人可以获得较低的贷款利率；反之，借款人将要承担较高的贷款利率。

2. 银团贷款

在项目融资中，银团贷款的具体操作方式有两种：一种是直接银团项目贷款；另一种是间接银团项目贷款。

（1）直接银团项目贷款　直接银团项目贷款由银团内的各成员银行直接向项目公司贷款，贷款工作由各成员银行在借贷协议中指定的代理银行（agent bank）统一管理。在成立银团的过程中，有一个贷款银行起了牵头作用，它就是牵头银行（lead bank），但无论是成员银行发放贷款还是项目公司归还借款，均须由代理银行统一管理，而与牵头银行无关。在这种贷款方式中，所有成员银行都是直接同项目公司签订借贷协议，按贷款协议所规定的统一条件贷款给项目公司，但是每个贷款银行都明确表明对其他银行的贷款义务不承担任何责任。因此，如果在贷款银团中某家银行不能履行其贷款义务，项目公司只能向该银行追究其违约责任，但不能要求银团中的其他成员银行对此负责。

（2）间接银团项目贷款　间接银团项目贷款是首先由一家牵头银行向项目公司贷款，然后由该银行将参加贷款权分别转售给其他银行（参与银行），它们按照各自承担的参加贷款的数额贷款给项目公司，贷款工作由牵头银行负责管理。

牵头银行在与项目公司订立借贷协议后，可以采用不同的法律方式将参加贷款权授予其他贷款人，这些不同的方式对当事人之间的权利和义务会产生重大的影响。在欧洲货币市场上，目前最常见的几种方式是更新或替代、不披露身份的代理、从属贷款和让与。

1）更新或替代。这是由项目公司、牵头银行与参与银行三方面达成的一项协议。根据这项协议，牵头银行经项目公司同意，将牵头银行的权利和义务转让给参与银行，原本在项目公司和牵头银行之间发生的债权债务关系即将消失。这种做法在我国法律上称为合同更新（novation），在英美法律上称为合同替代（substitution），在法律上都认为是有效的。在银团贷款业务中，采用更新或替代的方法来授予参加贷款权是不常见的，因为它不符合授予参加贷款权的一个主要目的，即无须通知借款人或无须让借款人参与就可把参加贷款权授予其他贷款人，而且项目公司也没有达到只与一个贷款人发生信用关系的目的。但这样对牵头银行有一个好处，即牵头银行可以解除其根据与借款人所订立的借贷协议所承担的一部分贷款义务，因为按照《民法典》合同编的一般原则，非经借款人同意，牵头银行是不能解除其任何贷款义务的。

2）不披露身份的代理（undisclosed agency）。这是英美法律所承认的制度，其具体做法如下：由牵头银行作为银团其他成员的代理人，同项目公司签订借贷合同，但不披露其代理人的身份，所以，在项目公司看来，它是同当事人打交道而不是同代理人打交道。但银团成员必须在签署借贷协议之前就指定该牵头银行为代理人，在签约以后就不能再指定。当项目公司发现不披露的代理关系时，可以选择向牵头银行要求给予贷款，也可以直接向参与银行要求给予贷款。

3）从属贷款（sub-loan）。参与银行先给牵头银行贷款，再由牵头银行贷款给项目公司。参与银行贷款给牵头银行的条件：当牵头银行从项目公司那里收回贷款后，才能由其归还参与银行的款项，参与银行不能要求牵头银行用其他资金归还贷款。如果项目公司破产，牵头银行不能从项目公司那里收回贷款，参与银行向牵头银行发放的贷款也不可能收回。这种做法与让与方式的主要区别是，参与银行不能直接取得对项目公司的贷款返还请求权，项目公司是直接从牵头银行取得贷款、直接向牵头银行还本付息的，而不是直接从参与银行取得贷款，所以也无义务向其还本付息。

4）让与（assignment）。让牵头银行将其与项目公司订立的借贷协议中的一部分贷款义务连同其收益一道让与其他参与银行，这种做法在法律上称为让与。通过让与使受让人取得参加贷款权，成为参加贷款权人。让与的特点是，通过让与方式取得参加贷款权的银行可以直接取得对项目公司的贷款返还请求权。让与参加贷款权事先要取得项目公司的同意。所以，这种方式在项目融资中的使用也不常见。

6.4.2 债券融资

债券融资也是项目融资较大的资金来源，越来越多的项目通过债券融资，特别是在美国和欧洲的债券市场上融资。1991年11月，美国的内陆发电项目率先在证券市场上发行了具有有限追索权的项目债券，自此，资本市场同项目融资结下了不解之缘。

1. 债券融资的优势

（1）能提供规模巨大的资金　因为项目债券一般都是在公开的资本市场上发行，资本市场上存在着大量的机构投资者和个人投资者，其规模效应是显而易见的。

（2）能取得较长期限的资金　资本市场上发行的项目债券的平均期限一般较商业银行的贷款期限长。如墨西哥的Tribasa公路债券的期限为18年，哥伦比亚的Centragas电厂债券的期限为16年。

（3）项目发起人受到较少的限制　在商业银行项目贷款中，项目发起人要受到诸多限制，以防止出现对银行不利的情况，并进行许多事前干预。通过资本市场发行债券筹资，市场上的投资者一般很少与项目发起人签订烦琐的协议及条款，而且只能是事后干预，即只有当项目公司不能及时兑付债券时，投资者才会有所反应。

2. 债券融资的弊端

（1）导致管理上的过度疏忽（regulatory oversight）　市场投资者缺乏专门的技术和机构来监督项目的经营和管理，可能使项目发起人及其他参与者疏于对项目的严格管理。

（2）信用评级受到挑战　在资本市场上公开发行债券，一般都要经过公认的信用评估机构的信用评级，而项目公司多是新成立的公司，没有运营历史，因此就需要项目发起人提供一定的信用担保等，最终取得在资本市场上发行债券的资格，这可能是一个很费时的过程。

（3）较高的交易成本　在资本市场上发行与销售债券要承担高额的交易费用，因此，一般少于一亿美元的融资规模就没有必要通过这种方式去融资。

（4）债券到期时会形成对项目现金流量的巨大压力　项目现金流量的产生是各阶段性的，这就容易产生债券兑现要求与现金流量不匹配的问题。如果处理得不好，可能会影响项目借款者的进一步融资。

（5）项目债券的投资者有限　债券市场上的投资者一般不喜欢冒险。因此，只有信用好的公司发行的债券才会受到欢迎，而投资者很少愿意承担纯粹的项目风险，所以项目债券的投资者可能很有限。

3. 一般债券市场

（1）利用欧洲债券市场融资　欧洲债券是指用境外货币标价并交易的债券，如在纽约发行的英镑债券，在伦敦发行的美元债券等。欧洲债券市场是跨国公司、外国政府及第三世界国家重要的资金来源。

欧洲债券一般先由许多国家的银行和证券公司组成庞大的认购集团承销，再同时向多个国家销售，涉及多个国家的法律体系。许多大型国际商业银行积极参与欧洲债券的认购，个人投资者也受税收优惠的吸引而投资欧洲债券市场。主要的欧洲债券市场是欧洲美元债券市场、欧洲日元债券市场和欧洲马克债券市场。

通过欧洲债券市场筹集资金具有以下优势：

1）可以借入多种货币。

2）在一些国家，采用欧洲债券方式融资可以获得不用支付利息预提税的优惠。

3）筹资时间比较短。一旦建立发行系统后，可以迅速进入市场，以利用货币市场的有利条件。

4）由于交易的是没有一国的中央银行能管制的欧洲货币，发行一般无须在当地注册，发行成本低。

5）比辛迪加银团贷款提供的可供选择的期限多。

但是，在这个市场上，投资者的分散使其缺乏分析复杂项目的资信及风险的能力，因此，一般会投资部分资信较高的公司债券。对项目债券来说，都需要有类似辛迪加银团那样的银团组织作为发行债券的后盾（由该银团承担项目债券风险），如作为债券发行人的担保人或直接以银团名义发行，而这样一来又增加了发行成本，使发行欧洲债券融资的成本优势相对削弱。

（2）利用外国债券市场融资　外国债券是指借款人在外国资本市场发行的以东道国货币标价的国际债券，主要市场包括苏黎世、纽约、东京、法兰克福、伦敦和阿姆斯特丹等。比较典型的外国债券包括外国投资者在美国发行的以美元标价的扬基债券（yankee bonds）、在日本发行的以日元标价的武士债券（samurai bonds）和在英国发行的以英镑标价的猛犬债券（bulldog bonds）等。

（3）债券市场品种　在债券市场筹集资金，可以通过发行不同的债券品种来达到借款人的不同目的。

1）固定利率债券（fixed rate bonds）。该种债券有固定的利率和兑现日期，通常每年或每半年支付利息一次，兑现日偿还本金。

2）变动利率债券（variable rate bonds）。即债券的利率可以按照事先规定的条件调整，不过，其利率变动的频率和幅度均小于浮动利率债券。

3）浮动利率债券（floating rate bonds）。即债券的利率按照事先规定的定价公式和定价周期定期调整。一般每 3~6 个月就调整一次，利率通常在 LIBOR 或者美国财政部债券（U. S. Treasury bill）利率的基础上加上一个贴现，因此，其利率类似于辛迪加银团贷款利率。

（4）附有其他权利的债券　即投资者认购该种债券时，同时得到与债券发行者进行其他交易的权利，这种权利可以与债券相剥离而单独买卖。这些权利包括以下几种：

1）认股权证，即以指定价格购买普通股的权利。

2）认债权证，即以同样价格增购该种债券的权利，当利率下降时，投资者可以得到好处。

3）货币转换权，即以指定的汇率将一种货币兑换成为另一种货币的权利，使投资者规避汇率风险或从中获益。

4）产品购买权，即以指定价格购买产品的权利，典型的产品有黄金、石油等。

（5）双货币债券　即以一种货币支付利息，而以另一种货币支付本金的债券。利息及本金支付所用的汇率可以是事先指定的，也可以用支付时的汇率。对于项目融资中的借款人来说，可以根据项目现金流量的货币结构，有的放矢地选择一种当时市场上相对利率较低的货币作为计算计量的货币，而选择项目所在国货币或者一种与项目现金流量密切相关的货币作为偿还本金的货币。对于项目债券持有人来说，投资双货币债券可以获得比投资单一货币债券更高的利息收入。

对于债券投资双方来说，双货币债券仍然存在一定的汇率风险，因为债券的内在价值是根据双货币债券的定价原理，运用远期汇率确定下来的，在实际经济生活中，还款日的汇率由于受到种种不可预测的国际政治、经济、军事和金融等方面因素的影响，有可能偏离这一预先确定的远期汇率，其结果可能只是对一方有利而对另一方不利，这是投资双方为了在其他方面获得收益所必须承担的风险。

（6）商品关联债券　即与商品的价格联系在一起的债券。如与白银或黄金价格联系的债券，债券投资者将通过盯住这些贵金属市场价格的方式获取利息，而不是得到一个固定的利息额。此种债券意味着针对通货膨胀套期保值，因为通货膨胀会驱使大多数商品价格上涨。其操作方法类似于商品关联贷款。

4. 市政债券市场

所谓市政债券（municipal bond），是指由地方政府或其授权代理机构发行的用于当地城市基础设施和社会公益性项目建设的有价证券。在美国，市政债券的最大特点是免征联邦收入税，因而成为投资者青睐的对象。美国、德国、日本等发达国家已经形成了成熟和完善的市政债券市场，市政债券与国债、企业债券、股票和投资基金等一起，共同构筑了完整统一的证券市场。

（1）市政债券的种类　根据信用基础的不同，市政债券可分为一般责任债券和收益债券两大类，也存在着一些兼具二者特点的混合证券。

一般责任债券（general obligation bonds）是以发行人的无限征税能力为保证的市政债券，政府以自身的信誉为这种债券提供全面支持，除非受到某种限制，政府将把所有的收入作为偿还债券的基础。因此,这种市政债券的资信等级较高。

收益债券(revenue bonds)是指为特定的具有一定收入的城市基础设施项目融资而发行的市政债券。收益债券以所融资项目的收入作为对债券持有人的抵押,地方政府通常不给予担保。因此,收益债券的投资风险比一般责任债券的高,但收益率也较高。常见的收益债券包括:

1) 机场债券(airport bonds)。这类债券的收入来自于交通收入,如着陆费、场地使用费及航空加油费,或来自于因一家或多家航空公司对某一具体设施如终点站或飞机库的使用而获得的租金收入。

2) 工业收益债券(industrial revenue bonds,IRB)。通常这些债券是由地方政府代表具体某一公司和行业发行的。

3) 公用电力债券(public power bonds)。通常这类债券以发电厂将取得的收入做担保。有些债券是由某一发行人独家发行,该发行人建造并经营电厂,之后出售电厂。其他公用电力收入债券是由一组为国家及私人投资者所有的公用事业部门为联合集资兴建一家或多家发电厂而发行的。

4) 海港债券(seaport bonds)。这类债券的担保品包括与修建港口的公司签订的明确租约,或被抵押的海港卸货码头及货物的吨费。

因此,发行收益债券也可以作为项目融资的一个重要渠道。工业收益债券首先由行政机构在其所属的地方发行,发行收入用于购买设备或建设项目,然后将设备租赁给公司或将项目出售给公司,行政机构仅充当债权人和公司之间的融资中介人,目的是利用其发行免税债券的优势。

(2) 收益债券结构　收益债券的发行人不承担任何债务责任,债券本息和其他发行成本均由公司承担,这一问题在发行人与公司签订的融资协议中会加以规定,这就形成了不同的收益债券结构。

1) 贷款协议(loan agreement)。发行人将发行收入贷给公司,使后者能建设项目或得到设施。在贷款协议中,或借助本票,公司同意偿还贷款给发行人,使其有足够的金额兑付债券本息。这是一种最简单的结构,但可能一些国家的法律不支持。

2) 租赁协议(lease agreement)。发行人首先用发行收入建造项目,然后出租给公司使用,收取足够的租金用于兑付债券本息。在多数案列中,实际上是公司以发行人的名义建造项目。

3) 租赁—再回租协议(lease-leaseback agreement)。公司将设备出租给发行人以收取租金,租金的金额等于出租人的设备建造成本或债券发行收入。与此同时,发行人将设备再出租给公司,租金应等于债券的本息之和。

4) 分期销售协议(installment agreement)。发行人首先用债券收入建造项目,然后销售给公司,后者的购买价格应足以支付债券的本金和利息。公司的付款责任可以由分期付款协议确定,也可以用发行担保的本票履行。设施的所有权可以在签订分期销售协议时转移给公司,也可以在付清全部的本息之后转移给公司。

6.4.3 商业票据融资

商业票据（Commercial Paper）是享有信誉的大企业在金融市场上筹措短期资金的借款凭证，是一种附有固定到期日的无担保的本票；商业票据的主要投资者是工业企业、保险公司、各种基金（如退休基金、养老基金等）及个人，票据的销售价格是基于国际资本市场情况和主要的评级公司如标准普尔公司和穆迪公司所授予的信用等级而定的，一般以贴现方式发行。通过发行新的商业票据偿还旧的商业票据，就可以达到融通长期资金的目的。

1. 商业票据融资的优点

（1）可以提高企业在国际金融市场上的知名度　发行人在商业票据市场频繁出现而增加投资者对其的了解，可以为公司将来发行扬基债券或其他融资方式打下基础。

（2）发行成本较低　在美国报批手续简便，期限为 270 天或短于此期限的商业票据，不需要在美国联邦证券委员会注册，评级公司的评级也是基于信用证开证行的短期信誉，外部公司不需要对商业票据的发行人和母公司的资产、信誉、偿还能力和财务状况等进行严格调查。所以，在同等条件下，从美国商业票据市场融资，比以 LIBOR 或美国银行优惠利率为基础的辛迪加银团贷款在利息成本上会便宜许多。

（3）资金筹集较灵活　美国商业票据为票据发行人在票据期限和发行时间上提供了很大的灵活性，从而可以满足票据发行人的各种具体需要：一般的辛迪加银团贷款要求提款必须事先通知，提前 5～30 天。但是，使用商业票据市场融资可以做到同一天发行票据并获得资金，不需要任何提前通知，使筹资者能及时获取资金。

2. 商业票据的种类

（1）欧洲期票（Euronote）融资　欧洲期票在原理上类似于商业票据，它作为欧洲债券市场的一个组成部分，是金融市场业务创新的结果，开始于 20 世纪 70 年代后期。1978 年 12 月，美国花旗银行（Citibank）香港分行发行了一种被称为承诺期票购买设施（committed note purchase facility）贷款的新型融资工具，为新西兰航运公司筹集了一笔可循环使用的为期 6 年的 3000 万美元浮动利率辛迪加贷款；此后，这种融资方式就在欧洲债券市场上得到了广泛的应用。在性质上，欧洲期票接近于辛迪加贷款，但较后者具有低成本及避免利息预提税的优点，所以，近年来成为国际项目融资的一种重要的债务资金来源。

（2）欧洲商业票据（Euro-Commercial Paper）　欧洲商业票据是在欧洲期票市场的基础上发展起来的，其期限一般为 78～178 天，可以是固定利率，也可以是以 LIBOR 为基础的浮动利率。欧洲商业票据基本上类似于欧洲期票中的可循环承购贷款。只是在欧洲商业票据的发行过程中，没有金融机构的承购机制，因而一般只有资信卓著的公司或政府机构可以在这个市场上获得成本更低的资金。欧洲商业票据一般是通过交易行发行，交易行没有责任一定要购入商业票据，除非他们确信有利可图。因此，欧洲商业票据在项目融资中的应用就存在一些困难。只有在引入银行备用信用让其作为信用担保或承购担保之后，欧洲商业票据才有可能成为项目融资的一种有效融资工具，但这样一来，除发行方式外，欧洲商业票据和欧洲期票已没有任何本质的区别。

(3) 美国商业票据融资 根据《美国1933年证券法》的规定，美国商业票据没有登记和发行计划书的要求，而且，外国公司在美国举债的票据期限不得超出270天，所以市场上发行商业票据的期限大多数在90~180天。然后，通过滚动（发行商业票据来归还到期的商业票据）发行的办法来获取较长的借款使用期。其利率以银行贴现率为计算基础，因为传统的商业票据都以贴现方式发行。但近年来以付息形式发行商业票据成为一种发展趋势。在绝大多数情况下，商业票据的最小单位为10万美元。而且，根据美国法律，商业票据不能直接销售给个人。因此，票据持有人（投资者）多为活跃在金融市场上的投资基金、保险公司、银行和养老基金等金融机构以及一部分工业公司。

6.4.4 租赁融资

租赁也经常被作为项目融资结构中一种重要的债务资金来源，这是因为项目融资所希望达到的一些目标都可以通过租赁融资的手段实现。租赁是使用者（即承租人）可以获得某一设备或某一工厂的使用权而不需要在使用初期支付该设备或工厂全部资本开支的一种融资手段。

在西方国家，根据在租赁协议中承租人和出租人所承担的责任以及租赁期间资产的使用价值占该资产全部使用价值的比重，将租赁分为经营租赁和融资租赁两种基本类型。它们在项目融资中都占有重要的位置。

1. 经营租赁

经营租赁一般是指租赁期较短并且在租赁期内承租人有权取消租约，将租赁物退还给出租人的租赁协议。在经营租赁期间，出租人承担对被出租资产的保养和维修责任，承租人的责任只局限于按期缴纳租金，在租赁期结束时有权选择是将租赁资产退还给出租人还是将其购入。经营租赁一般适用于厂房、土地、轮船、飞机、建筑、机械、铁路运输设备等通用性强或易于移动的资产的出租。

2. 融资租赁

融资租赁是指一种租赁期限相对较长，承租人不能随意提前终止租约的租赁协议。其租赁期限占出租资产的大部分经济生命期，有时可以占到90%以上。在租赁期内，出租人虽然拥有被出租的资产，但是实质责任只局限于提供一种融资，占有和使用被出租资产所需要的一切费用和成本，包括维修、保养乃至有关税收均需要由承租人负担。承租人按照租赁协议定期支付租金，并且向出租人保证在租赁期满时支付一笔资金以购买所租赁资产。融资租赁的应用范围十分广泛，小到一个机械设备，大到一个完整的工程项目，都可以采取这种方式。按照租赁的结构，融资租赁又可进一步分为直接租赁和杠杆租赁。

(1) 直接租赁（direct lease） 是指只有出租人和承租人两方参与的简单租赁形式。出租人自己首先安排资金购买被出租资产，然后将其租赁给承租人。

(2) 杠杆租赁（leverage lease） 是指在租赁融资中，出租人只需投资租赁设备购置款项20%~40%的金额，即可在法律上拥有该设备的所有权，享有如同对设备100%投资的同等税收待遇，设备购置款项的60%~80%由银行等金融机构提供无追索权的贷款解决，但需出租人以租赁设备做抵押，以转让租赁合同和收取租金的权利作为信用担保。

6.5 工程项目资金成本分析

6.5.1 资金成本的概念

　　资金成本又称融资成本，是指为完成项目筹集和使用资金而付出的代价。广义来讲，筹集和使用任何资金，不论短期还是长期，都要付出代价。狭义的资金成本仅指筹集和使用长期资金的成本。由于多数工程项目特许期均超过一年，有的甚至长达数十年，因此，本章研究的资金成本为狭义的资金成本。

　　现代经济条件下，项目筹集资金的两大途径为权益资金和债务资金。投资者或权益人将资金投入项目，其目的是取得一定的投资报酬；而债务人将资金借贷出去，目的也是能获得一定的利息。由此可见，资金的使用必须付出代价，这个代价就是资金成本。资金成本可能是一定时期内实际支付的利息和股利等实际成本，是事后核算的成本；也可能是按照一定市场利率等计算的机会成本，是项目筹集资金可能会发生的事前预期成本。在工程项目融资中，主要关注的是对未来筹资的安排和规划，因此更多考虑的是资金的预期成本。

　　资金成本与资金的时间价值这两个概念既有区别又有联系。资金的时间价值与资金成本都基于同一个前提，即资金或资本参与任何交易活动都有代价。具体地说，资金的时间价值是资本所有者在一定时期内从资本使用者那里获得的报酬；资金成本则是资金使用者由于使用他人的资金而付出的代价。它们都以利息、股利等作为表现形式。两者的区别主要表现在两个方面：第一，资金的时间价值表现为资金所有者的利息收入，而资金成本是资金使用者的筹资费用和利息费用；第二，资金的时间价值一般表现为时间的函数，而资金成本则表现为资金占用额的函数。

6.5.2 资金成本的构成

　　资金成本由资金筹集费用和资金占用费用两部分组成。资金筹集费用是在资金筹集过程中发生的各项费用，如发行股票、债券时所支付的印刷费、手续费、律师费、资信评估费、公证费、担保费和广告费等。资金占用费用是指支付给资金所有者的资金使用报酬，如股票的股息、银行贷款和债券利息等。资金筹集费用一般是一次性发生的，在计算资金成本时通常作为筹资金额的一项扣除。资金占用费用是筹资中经常发生的，是资金成本的主体部分，也是降低资金成本的主要方向。

　　为了便于比较分析，通常以项目资金占用费用与筹集资金净额的比值来表示资金成本的大小，用公式表示为

$$K = \frac{D}{P-F} \tag{6-1}$$

式中　K——资金成本率（一般也称为资金成本），以百分率表示；

D——资金占用费用；
P——筹集资金总额；
F——资金筹集费用。

公式中 D 的含义由筹集资金的渠道或方式决定。若资金为债务资金，如银行贷款、发行债券和融资租赁等，则 D 为利息费用；若资金为权益资金，则 D 为预计的投资利润或股利。

6.5.3 资金成本的作用

资金成本是项目筹资和投资决策的主要依据，分析资金成本的作用在于：一是资金成本是选择资金来源、确定筹资方案的重要依据，一般选择资金成本最低的筹资方式；二是资金成本是评价投资项目、决定投资取舍的重要标准。国际上通常将资金成本视为项目投资的"最低成本率"或是否采用投资项目的取舍率，它是比较投资方案的主要标准。

6.5.4 影响资金成本的主要因素

在市场经济环境中，多方面的因素综合作用决定着资金成本的高低，其中几个主要因素如下：

（1）总体经济环境　总体经济环境决定了整个经济中资金的供给与需求，以及预期通货膨胀的水平。如果货币需求增加，而供给没有相应增加，投资者便会提高投资收益率，资金成本就会上升；反之，投资者则会降低其要求的投资收益率，使资金成本下降。如果预期通货膨胀水平上升，货币购买能力下降，投资者也会提出更高的收益率来补偿预期的投资损失，导致资金成本上升。

（2）证券市场条件　证券市场条件影响证券投资的风险。证券市场条件包括证券的市场流动难易程度和价格波动程度。如果证券市场流动性不好，投资者想买进或者卖出证券相对困难，变现风险加大，则要求的收益率就会提高；或者虽然存在对证券的需求，但其价格波动较大，投资风险大，要求的收益率也会提高。

（3）项目公司的经营和融资状况　项目公司的经营和融资状况是指经营风险和财务风险的大小。经营风险是投资决策的结果，表现在资产收益率的变动上；财务风险是筹资决策的结果，表现在普通股收益率的变动上。如果项目公司的经营风险和财务风险大，投资者便会有较高的收益率要求。

（4）融资规模　融资规模大，则资金成本较高。例如，如果发行的证券金额很大，资金筹集费用和资金占用费用都会上升，而证券发行规模的增加还会降低其发行价格，由此会增加资金成本。

6.5.5 资金成本的确定

1. 单项资金成本

单项资金成本是指使用各种长期资金的成本。根据长期资金的来源，单项资金成本可以分为长期借款成本、债券成本、优先股成本、普通股成本和留存收益成本。其中，前两者为债务资金成本，后三者为权益资金成本。

（1）长期借款成本　长期借款成本一般由借款利息和借款手续费两部分组成。按照国际惯例和各国税法的规定，借款利息可以计入税前成本费用，起到抵税的作用。由此，一次还本、分期付息借款的成本计算公式为

$$K_1 = \frac{I_1(1-T)}{L(1-F_1)} \tag{6-2}$$

式中　K_1——长期借款成本；

　　　I_1——长期借款年利息，长期借款年利息等于长期借款成本与借款利率之积；

　　　T——所得税率；

　　　L——长期借款筹资额；

　　　F_1——长期借款筹资费用率。

上述计算长期借款成本的方法比较简单，缺点在于没有考虑货币的时间价值，因此这种方法的计算结果不是十分精确。为了得到精确的长期借款成本，可以采用先计算现金流量的办法确定长期借款的税前成本，再计算其税后成本。考虑资金的时间价值时，长期借款成本的计算公式为

$$L(1-F_1) = \sum_{t=1}^{n} \frac{I_1}{(1+K)^t} + \frac{P}{(1+K)^n} \tag{6-3}$$

$$K_1 = K(1-T) \tag{6-4}$$

式中　P——第 n 年年末应偿还的本金；

　　　K——所得税前的长期借款成本；

　　　K_1——所得税后的长期借款成本。

按照这种办法，实际上是将长期借款的资金成本看作使用这一借款的现金流入等于其现金流出的贴现率。在实际操作时，先通过式（6-3）采用内插法求解借款的税前资金成本，再通过式（6-4）将税前资金成本调整为税后资金成本。

（2）债券成本　债券成本主要是指债券利息和筹资费用。债券利息的处理和长期借款利息的处理相同，应以税后的债务成本为计算依据。债券的筹资费用一般比较高，不可以在计算资金成本时省略。同时，由于债券的发行价格受发行市场利率的影响，致使债券发行价格出现等价、溢价和折价等情况。所以，在计算债券成本时，债券的利息按票面利率确定，但债券的筹资金额按照发行价格计算。债券成本的计算公式为

$$K_b = \frac{I_b(1-T)}{B(1-F_b)} \tag{6-5}$$

式中　K_b——债券成本；

　　　I_b——债券年利息；

　　　T——所得税率；

　　　B——债券筹资额；

　　　F_b——债券筹资费用率。

如果需要将债券成本计算得更为准确，则需要考虑资金的时间价值，应当先依据现金流

量确定税前的债券成本,进而计算其税后成本。这样,债券成本的计算公式则为

$$B(1-F_b) = \sum_{t=1}^{n} \frac{I_b}{(1+K)^t} + \frac{P}{(1+K)^n} \tag{6-6}$$

$$K_b = K(1-T) \tag{6-7}$$

式中　K——所得税前的债券成本;

　　　K_b——所得税后的债券成本。

(3) 优先股成本　优先股筹资既要支付筹资费用,又要定期支付股利。它与债务成本不同的是,股利在税后支付,且没有固定到期日。项目破产时,优先股持有人的求偿权在债务持有人之后,其风险大于债券。因此,优先股成本通常高于债券成本。其计算公式为

$$K_p = \frac{D_p}{P(1-F_p)} \tag{6-8}$$

式中　K_p——优先股成本;

　　　D_p——优先股股息;

　　　P——优先股发行价格;

　　　F_p——优先股筹资费用率。

(4) 普通股成本　普通股的资本成本率可以用投资者对发行企业的风险程度与股票投资承担的平均风险水平来评价。公司的权益资本成本通常被定义为其股票的预期报酬率,计算方法通常有两种。

1) 股利增长模型。普通股成本的计算基本上与优先股相同,但是普通股的股利是不固定的。由于与优先股相比,普通股股东承担的风险要比债券人和优先股股东大,因此,普通股股东要求的收益也较高,且通常要求逐年增长。如果预期每期的股利相等,则普通股成本的计算公式为

$$K_c = \frac{D_c}{P_c(1-F_c)} \tag{6-9}$$

式中　K_c——普通股成本;

　　　D_c——每年固定股利;

　　　P_c——普通股市值;

　　　F_c——普通股筹资费用率。

如果预期股利是不断增加的,假设年增长率为 G,则普通股成本的计算公式为

$$K_c = \frac{D_{c1}}{P_c(1-F_c)} + G \tag{6-10}$$

式中　D_{c1}——第 1 年的股利。

2) 资本资产定价模型。资本资产定价模型提供了有关证券的市场定价及期望报酬率测定的思想,它主要用于项目投资决策和公司财务中。

可用于风险投资决策。资本资产定价模型提供了与投资组合理论相一致的单一证券风险的计量指标,有助于投资者预计单一资产的不可分散风险。该模型可表述为

期望的投资报酬率(或预期报酬率)＝无风险报酬率＋风险报酬率

＝无风险报酬率＋风险报酬斜率×风险程度　　　(6-11)

式中，风险程度用标准差或变化系数等计量；风险报酬斜率取决于全体投资者的风险回避态度，可以通过统计方法来测定。

该模型用于风险投资项目的决策，最常用的方法是风险调整贴现率法。这种方法的基本思路是，首先对高风险的项目采用较高的贴现率（风险调整贴现率）计算净现值，然后根据净现值法的规则来选择方案。

可用于投资组合决策。资本资产定价模型来源于投资组合理论，又反过来用于投资组合决策。如前所述，某一投资组合的 β 系数等于组合中个别投资的 β 系数的加权平均数之和，其计算公式为

$$\beta_p = \sum W_i \beta_i \tag{6-12}$$

式中　β_p——某一投资组合的 β 系数，表示了某一投资组合 p 的回报率对市场变动的敏感程度，可以衡量该资产的不可分散风险；

W_i——某一投资组合中个别投资 i 的权重；

β_i——某一投资组合中个别投资 i 的 β 系数。

用于投资组合决策时，资本资产定价模型可以表述为

投资组合的报酬率＝无风险报酬率＋(市场平均的风险报酬率－

无风险报酬率)×投资组合的 β 系数　　　(6-13)

利用该模型进行投资组合决策的基本方法：首先确定不同投资组合的 β 系数；然后计算各投资组合的风险收益率，投资组合的风险收益率＝(市场平均的风险报酬率－无风险报酬率)×投资组合的 β 系数；确定各投资组合的报酬率；比较各投资组合的报酬率，并结合投资者的风险态度和风险收益率来进行投资组合方案决策。或者用上述步骤计算某投资组合的报酬率，先将其与期望的最低报酬率相比较，再做出选择与否的决策。

可用于筹资决策中普通股资本成本的计算。普通股的资本成本率可以用投资者对发行企业的风险程度与股票投资承担的平均风险水平来评价。公司的权益资本成本通常被定义为其股票的预期报酬率。根据资本资产定价模型可得

普通股的资本成本率＝无风险报酬率＋(股票市场平均报酬率－

无风险报酬率)×投资组合的 β 系数　　　(6-14)

（5）留存收益成本　留存收益是企业缴纳税款后形成的，其所有权属于股东。股东将这一部分未分配的税后利润留存于企业，实质上是对企业追加投资。如果企业将留存收益用于再投资所获得的收益率低于股东个人进行另一项风险相似的投资收益率，企业就不应该保留留存收益而应将其分派给股东。

留存收益成本的估计比较困难，这是因为很难对诸如企业未来发展前景及股东对未来风险所要求的风险溢价做出准确的测定。计算留存收益成本的方法很多，主要有以下三种：

1）股利增长模型。股利增长模型是依据股票投资的收益率不断提高的思路来计算留存收益成本的。相当于按照普通股的资本计算方法，一般假定收益以固定的年增长率递增，则

留存收益成本计算公式为

$$K_s = \frac{D_c}{P_c} + G \tag{6-15}$$

式中 K_s——留存收益成本；

D_c——预期年股利；

P_c——普通股市值；

G——普通股股利年增长率。

2）资本资产定价模型法。按照资本资产定价模型法，留存收益成本的计算公式为

$$K_s = R_f + \beta(R_m - R_f) \tag{6-16}$$

式中 R_f——无风险报酬率；

β——股票的 β 系数；

R_m——平均风险股票必要报酬率。

3）风险溢价法。根据某项投资"风险越大，要求的报酬率越高"的原理，普通股股东对企业的投资风险大于债券投资者，因而会在债券投资者要求的收益率上再要求一定的风险溢价。按照这一理论，留存收益成本的计算公式为

$$K_s = K_b + RP_c \tag{6-17}$$

式中 K_b——债务成本；

RP_c——股东比债权人承担更大风险所要求的风险溢价。

债务成本比较容易计算，难点在于确定 RP_c，即风险溢价。风险溢价可以凭借经验估计。一般认为，普通股风险溢价对其发行的债券来兑，为 3%～5%；当市场利率达到历史性最高点时，风险溢价通常较低，在 3% 左右；当市场利率处于历史性最低点时，风险溢价通常较高，在 5% 左右；通常情况下，采用 4% 的平均风险溢价。

2. 综合资金成本

在筹资过程中，由于受到多种因素的制约，不可能只使用某种单一的筹资方式，往往需要通过多种方式筹集所需要资金。为了进行筹资决策，就要计算确定全部长期资金的总成本——综合资金成本，又称加权平均资金成本。综合资金成本是以各种资金占全部资金的比重为权数，对单项资金成本进行加权平均确定。其计算公式为

$$K_w = \sum_{i=1}^{n} K_i W_i \tag{6-18}$$

式中 K_w——所有资金综合资金成本；

K_i——第 i 种单项资金的资金成本；

W_i——第 i 种单项资金成本占全部资金成本的比重（权数）。

3. 边际资金成本

单项资金成本和综合资金成本是过去筹集的或目前使用资金的成本。然而，随着时间的推移或筹资条件的变化，单项资金成本和综合资金成本也会随之变化。因此，在未来追加筹资时，不能仅考虑目前所使用的资金成本，还要考虑新筹资金的成本，即边际资

金成本。

边际资金成本是指资金每增加一个单位而增加的成本。边际资金成本也是按加权平均法计算的，是追加筹资使用的加权平均成本。以边际资金成本追加筹资决策的步骤如下：

1) 确定企业的目标资金结构。
2) 估计资金成本分界点。
3) 计算筹资总额分界点。计算筹资总额分界点的公式为

$$筹资总额分界点 = \frac{可用某一特定成本筹集到的某种资金额}{该种资金在资本结构中所占的比重} \tag{6-19}$$

4) 计算边际资金成本。比较各筹资范围中新增筹资总额的边际资金成本与项目的内含报酬率，进行投资与筹资方案的决策。

【例 6-1】 某工程的开发建设初始投资 4000 万元，其中长期借款 600 万元，长期债券 1000 万元，普通股 2400 万元。由于扩大经营规模需要，拟筹集新资金。经分析，筹集新资金后，仍应保持目前的资金结构，并测算出了随着筹资额增加而发生的各种资金成本的变化（见表 6-1）。试计算资金的边际成本。

表 6-1 各种资金成本的变化

资金种类	资金结构（%）	新筹资金	资金成本（%）
长期借款	15	45 万元及以内	4
		45 万（不含）~90 万元	6
		90 万元以上	8
长期债券	25	200 万元及以内	10
		200 万（不含）~400 万元	11
		400 万元以上	12
普通股	60	300 万元及以内	14
		300 万（不含）~600 万元	15
		600 万元以上	16

（1）计算筹资总额分界点　在花费 4% 资金成本时，取得的长期借款限额为 45 万元，其筹资总额分界点为

$$45 万元/15\% = 300 万元$$

而在花费 6% 资金成本时，取得的长期借款限额为 90 万元，其筹资总额分界点为

$$90 万元/15\% = 600 万元$$

按照此方法，资料中各种情况下的筹资总额分界点的计算结果见表 6-2。

表 6-2 筹资总额分界点

资金种类	资金结构（%）	新筹资金	资金成本（%）	筹资总额分界点（万元）
长期借款	15	45 万元及以内	4	300
		45 万（不含）~90 万元	6	600
		90 万元以上	8	

(续)

资金种类	资金结构（%）	新筹资金	资金成本（%）	筹资总额分界点（万元）
长期债券	25	200万元及以内	10	800
		200万（不含）~400万元	11	1600
		400万元以上	12	
普通股	60	300万元及以内	14	500
		300万（不含）~600万元	15	1000
		600万元以上	16	

（2）计算边际资金成本 根据上一步计算出的筹资总额分界点，可以得到7组筹资总额范围：300万元及以内；300万（不含）~500万元；500万（不含）~600万元；600万（不含）~800万元；800万（不含）~1000万元；1000万（不含）~1600万元；1600万元以上。对以上7组筹资总额范围分别计算加权平均成本，即可得到各种筹资总额范围的边际成本。计算结果见表6-3。

表6-3 筹资总额分界点及各种筹资总额范围的边际成本

筹资总额分界	资金种类	资金结构（%）	资金成本（%）	边际成本（%）
300万元及以内	长期借款	15	4	0.6
	长期债券	25	10	2.5
	普通股	60	14	8.4
	合计			11.5
300万（不含）~500万元	长期借款	15	6	0.9
	长期债券	25	10	2.5
	普通股	60	14	8.4
	合计			11.8
500万（不含）~600万元	长期借款	15	6	0.9
	长期债券	25	10	2.5
	普通股	60	15	9.0
	合计			12.4
600万（不含）~800万元	长期借款	15	8	1.2
	长期债券	25	10	2.5
	普通股	60	15	9.0
	合计			12.7
800万（不含）~1000万元	长期借款	15	8	1.2
	长期债券	25	11	2.75
	普通股	60	15	9.0
	合计			12.95
1000万（不含）~1600万元	长期借款	15	8	1.2
	长期债券	25	11	2.75
	普通股	60	16	9.6
	合计			13.55

(续)

筹资总额分界	资金种类	资金结构（%）	资金成本（%）	边际成本（%）
1600万元以上	长期借款	15	8	1.2
	长期债券	25	12	3
	普通股	60	16	9.6
	合计			13.8

6.6 项目融资资金结构的确定

项目融资的资金结构就是项目中股本资金、准股本资金和债务资金相互之间的比例关系，即权益和负债的比例。项目融资的资金结构不仅决定着项目的资金成本和运营期间财务风险的大小，而且影响着项目利益相关者之间的利益均衡机制，因此是项目融资决策中非常重要的问题。

6.6.1 债务和股本资金的比例

与传统的公司融资相比较，项目融资的一个重要特点就是可以增加项目的债务承受能力，项目融资方式可以获得较高的债务资金比例。但是，项目融资的这一特点并不意味着其可以不考虑股本资金或只需要很少的股本资金。项目融资所做到的只是通过投资结构和融资模式的合理设计，使股本资金的投入形式多样化，最大限度地利用项目的信用保证结构来支持项目的经济强度。同时，即使在具备较高的经济强度和强有力的担保结构支持下。贷款银行也会要求投资者在项目中注入相当数量的股本资金，以确保投资者有足够的经济动力和压力来激励他们保证项目运作成功。

项目资金安排的一项最基本原则是在不影响项目经济强度的前提下，尽可能地降低项目的资金成本。由于债务资金利息在所得税前支付，股本资金的利息是在所得税后支付，因此债务资金的成本相对股本资金的成本低。理论上如果一个项目使用的债务资金比例越高，该项目的资金成本越低，但是它的风险却越来越大；相反，如果一个项目使用股本资金比例越高，该项目的资金成本就相对高，它的风险却相对低。因此，项目资金结构的确定实际上是项目资金成本和可承受风险的二者之间的权衡问题。

由于不同的项目、不同的行业、不同的投资者以及不同的融资模式的具体情况不同，项目融资没有标准的债务/股本资金比率可供参照。一般来说，项目的经济强度和投资者对待风险的态度会影响项目的债务/股本资金比率。

6.6.2 合理的项目资金结构的内容

确定合理的项目资金来源结构和筹资方式，除了需要确定合理的债务和股本资金的比例关系外，还需要考虑以下内容：

1. 项目的总资金需求量和现金流量

为了合理确定项目的资本结构和筹资规模，必须准确地制订项目的资金使用计划并计算总资金需求量。如果资金使用计划和总需求量测算不够准确，往往会导致资金筹集和资金使用不匹配，增加项目资金成本和运行风险，甚至可能影响项目最终的成败，国际上存在着大量因资金使用计划考虑不全面、不准确导致失败的案例。一个新建项目的资金预算主要包括以下三方面的资金计划：

1）项目资本投资。本类资金预算应包括土地、基础设施、厂房、机器设备、工程设计和工程建设等费用。

2）项目流动资金。项目流动资金是确保项目正常运行需要的流动资金。

3）不可预见费用。也即投资费用超支准备金，一般为项目总投资的10%~30%。

为避免资金不足影响项目的建设和运行，也为了避免项目融资规模过大，做好项目总资金需求量预算以及项目建设期、试生产期、生产期各阶段的资金需求量及现金流量预算是项目融资中的重要环节。

2. 资金使用期限

理论上说，投资者的股本资金是项目中使用期限最长的资金，其回收只能依靠项目的投资收益，而项目的债务资金则是有固定期限的。因此，有必要根据具体项目现金流量的特点和不同项目阶段的资金需求采用不同的融资手段，确定不同的债务期限结构。合理的债务期限结构可以起到优化项目债务结构、降低项目债务风险的作用。

安排资金使用期限的一般原则：长期资金使用需要长期债务支持，利用短期贷款为项目安排长期资金是不经济的；对于流动资金的需求除短期贷款外，还可以采用较灵活的方式，如银行信用额度、银行透支和商业票据等，可以根据项目的实际生产资金需求安排提款和还款。需要注意的是，项目融资贷款期限通常比公司融资期限要长，短的期限可以达到8~10年，长的期限可以达到20年。因此，根据项目的经济生命周期和项目现金流量状况决定长期负债的期限更加重要。

3. 资金成本

项目资本中投资者的股本资金成本是一种机会成本，需要考虑很多因素，包括投资者获得该部分资金时的实际成本；当时、当地的资本市场利率水平；可供选择的投资机会预计收益率；投资者的长期发展战略；潜在的相关投资利益等。

4. 混合结构融资

混合结构融资是指不同利率结构、不同贷款形式或者不同货币种类的贷款的结合。混合结构融资如果安排得当，可以起到降低项目融资成本、减少项目风险的作用。例如，根据项目产品的市场分布和销售收入的货币币种比例，相应安排项目的融资货币种类，可以起到自然保值的作用，降低汇率风险。

6.6.3 确定资金结构所需考虑的因素

1. 行业因素

项目所属的行业不同，其融资的资本结构也会不同，这主要是由不同行业的资本规模、资产的流动性及行业风险不同造成的。如果行业的资本规模很高，就会导致该行业的项目需要提高债务融资的比例，借以满足投资总额的要求。而资产流动性高的行业，其项目融资也可以高负债，因为高负债的风险能得到高流动性资产的保障。对于新兴的高风险行业，项目融资的负债水平不宜过高，否则高经营风险和高财务风险的组合会加大项目的总风险。而成熟的高成长行业内的项目融资，由于经营风险小，同时企业需要大规模融资，为了避免增发股票而稀释控股权，就可以采用高负债的方式，多发行债券进行融资。

2. 政策因素

国家有关项目融资的政策会对资金结构形成硬约束。例如，我国实行的是项目资本金制度，根据国务院发布的规定，从1996年开始，国有单位集体投资项目必须首先落实资本金才能建设，个体和私营企业的经营性投资项目参照执行。投资者可按其出资的比例依法享有所有者权益，也可转让其出资，但不得以任何方式抽回。国家规定项目资本金占项目总投资的比例根据项目所属行业有所不同，钢铁、电解铝项目，不小于40%；水泥项目，不小于35%；煤炭、电石、铁合金、烧碱、焦炭、黄磷、玉米深加工、机场、港口、沿海及内河航运等项目，不小于30%；铁路、公路、城市轨道交通和花费等项目，不小于25%。2015年9月，国务院发布《国务院关于调整和完善固定资产投资项目资本金制度的通知》（国发〔2015〕51号），城市轨道交通项目资本金比例调整为20%，港口、沿海及内河航运、机场项目资本金比例调整为25%，铁路、公路项目资本金比例调整为20%；玉米深加工项目资本金比例也调整为20%，城市地下管廊、城市停车场项目及经国务院批准的核电站等重大建设项目，可以在规定的最低资本金比例基础上适当降低。

3. 税收因素

项目公司在缴纳所得税时，贷款利息可以作为费用在税前扣除，因此项目公司能够少缴纳一部分所得税，但是项目公司应分配的股利则不能在税前扣除。因此当债务成本和权益成本相同时，由于抵税作用使得实际的债务成本要小于权益成本，实际债务资金成本＝贷款利率×(1−公司所得税率)。所以在确定具体的资金结构比例时，需要明确东道国的税法是否规定公司债务可以计入公司成本冲抵所得税。

4. 资本市场环境

当资本市场供过于求时，资金筹集自然相对容易，由于贷款机构之间的竞争，资金成本也会降低，债务资金的比例可以相对高一些；反之，若资本市场资金比较短缺，投资者在借贷双方的谈判中处于不利的地位，筹资难度大，成本则相对较高，债务资金的比例就要相对低一些。此外贷款银行承受风险的实力，也会影响到为项目提供贷款的总量。如果是银团贷款，可以将风险分散，项目公司就能够提高债务资金的比例。

5. 项目规模

对于规模相对较小的项目，项目发起人或者投资者有足够的资金实力，当对项目有足够的信心时，可以考虑投入更高比例的权益资本；而对于一些大型的项目，如英法海峡隧道这样投资过百亿美元的项目，项目发起人虽然可以通过各种途径吸引国际投资者的投入，但是债务融资仍然占到了大部分。

6. 项目的经济寿命期

股本资金是项目中使用期限最长的资金，而债务资金的使用则是有固定期限的，就需要根据项目的经济寿命周期和现金流状况来决定项目的长期贷款情况。

6.6.4 资金结构优化的方法

计算项目资金结构就是要确定项目总投资中股本资金与长期债务资金的比例,这需要项目决策者在项目债务融资和股权融资之间寻求一个合理的均衡,进而确定出股本资金和债务资金之间的合理比例,以实现项目资金结构的优化。总体来说,目前在学术界针对项目融资还没有形成成熟的资金结构优化的方法,已有的研究也主要是从企业传统融资的角度出发,来确定最佳资本结构,因此本书只重点介绍类似的方法。

1. EBIT-EPS 方法

EBIT (earnings before interest and taxes) 为息税前收益,EPS (earnings per share) 为每股收益。EBIT-EPS 方法以追求企业每股盈余最优为目的,综合考虑债务成本、税收作用和企业市场状况等,确定最佳的资本结构。该方法主要利用每股收益的无差别点来分析,根据每股收益无差别点,判断在各 EBIT 水平下,应当采取何种资本结构。每股收益的无差别点是指每股收益不受资本结构影响的 EBIT 水平,即在每股收益无差别点上,无论采用债务融资还是采取股权融资,每股收益都是相等的。如果以 EPS_1 代表进行股权融资时的 EPS,以 EPS_2 代表债务融资时的 EPS,则有

$$EPS_1 = [(EBIT - I_1)(1-T) - D_1]/N_1 \tag{6-20}$$

$$EPS_2 = [(EBIT - I_2)(1-T) - D_2]/N_2 \tag{6-21}$$

令 $EPS_1 = EPS_2$,则有

$$[(EBIT - I_1)(1-T) - D_1]/N_1 = [(EBIT - I_2)(1-T) - D_2]/N_2 \tag{6-22}$$

式中 I_1、I_2——股权融资的成本、债务融资的年利息;

T——所得税税率;

D_1、D_2——股权融资、债务融资的优先股股利;

N_1、N_2——股权融资、债务融资下的普通股股数。

根据式(6-22)得出的 EBIT-EPS 方法示意如图 6-2 所示。图中 X 为每股盈余的无差别点,当企业的息税前收益为 X 时,债务融资和股权融资对 EPS 的影响相同。如果企业的息税前收益预期超过 X,就要多采用债务融资,否则就减少债务融资比例,以使得 EPS 最大。

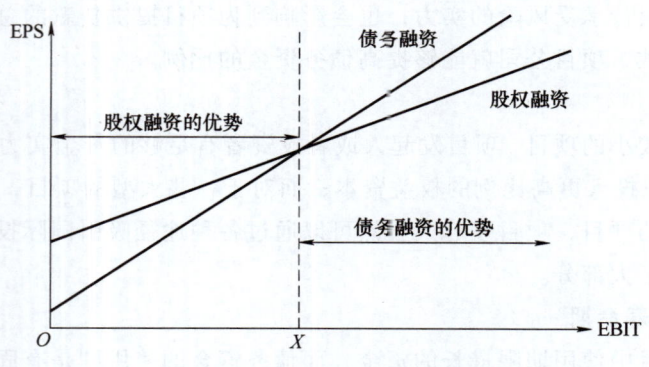

图 6-2 EBIT-EPS 方法示意

现举例说明 EBIT-EPS 方法的具体应用。假设某项目现有资金 750 万元，目前准备再筹集 250 万元资金，可以采用股权融资或债务融资的方式，原有资金结构和筹资后的可能资金结构见表 6-4。

表 6-4 某项目的资金结构

资金来源	资金数额	筹资后的资金数额	
		增发普通股	增发公司债券
公司债券（利率8%）	100 万元	100 万元	350 万元
普通股（面值为100元）	200 万元	300 万元	200 万元
资本公积	250 万元	400 万元	250 万元
留存收益	200 万元	200 万元	200 万元
资金总额	750 万元	1000 万元	1000 万元
普通股股数	20000 股	30000 股	20000 股

注：发行新股票时，每股发行价格为 250 元，筹资 250 万元需发行 10000 股，普通股本增加 100 万元，资本公积增加 150 万元。

现用 EBIT-EPS 分析资金结构对普通股每股盈余的影响，分析结构见表 6-5。

表 6-5 某项目在不同资金结构下的每股盈余

项目	增发股票情况	增发债券情况
预计 EBIT（万元）	180	180
减去利息（万元）	8	28
税前盈余（万元）	172	152
减去所得税（万元）	43	38
税后盈余（万元）	129	114
普通股股数/股	30000	20000
每股盈余（元/股）	43	57

从上表可以看出，在息税前收益为 180 万元的情况下，利用增发公司债券的形式筹集资金能使每股盈余上升较多，表明此时应加大债务融资的比例。通过计算每股盈余无差异点处的 EBIT 可以得到资金结构优化的均衡点，利用式（6-22）可得

$$[(EBIT-80000)(1-25\%)-0]/30000 = [(EBIT-280000)(1-25\%)-0]/20000$$

求得：EBIT = 680000 元

说明当 EBIT>680000 元时，利用债务融资较为有利；当 EBIT<680000 元时，发行普通股筹资为宜；当 EBIT = 680000 元时，两种方法没有差异。

EBIT-EPS 方法简单明了，在企业的融资决策中有着广泛的应用，特别是在非上市公司中，由于无法按照资本资产定价模型和股票价格对企业价值进行测算，只能以 EPS 作为决策的标准。但由于该方法没有考虑企业债务比例变化引起财务风险的增加，从而可能减少公

司的价值。

2. 测算法

测算法是通过测算企业在不同资本结构下企业价值的变动，进而计算出企业价值最大化时的资本结构。测算法的关键就在于，解决不同债务比例下企业负债和权益的资本成本上升的问题。对于负债的资本成本问题，可考虑采用资信评级的方法，确定不同债务比例下企业不同的资信水平，以评价企业的债务等级，据此判断企业债务的利率水平；而对于权益资本成本，可以先考察公司股票在历史上不同负债比例时不同的 β 值，再按照现在企业的状况，考虑企业可能采用不同的负债比例进行修正，得到反映不同债务比例时不同财务风险的 β 值，最后按资本资产定价模型计算出权益资本成本。测算法主要适用于上市公司，综合考虑了企业价值、筹资风险、资本成本和税收等因素。

【案例研究】榆神煤炭液化项目一期工程资金筹措项目

榆神煤炭液化项目位于陕西省榆林能源基地。其总体规划情况为：拟规划建设红旗、牛佳、金枝、金界和余中 5 个煤炭液化厂，总规模为年产 5000 万 t 油品；对口建设红旗、牛佳、金枝、金界和余中 5 座特大型煤矿，总规模为年产 1.5 亿 t 煤；规划建设金界电厂和牛佳电厂，满足榆神煤炭液化基地的用电。决定以红旗液化厂作为示范工程首先建设，一期工程的工程内容及所需资金见表 6-6。

表 6-6 榆神煤炭液化项目一期工程资金需求　　　　　　　　（单位：万元）

建设期	项目名称	金额	小计
一期	红旗液化厂	7658280	9486277
	红旗煤矿	450000	
	良进煤矿	100000	
	金界电厂	780000	
	水源工程	130000	
	铁路工程	25400	
	输变电工程	334900	
	通信工程	7697	

榆神煤炭液化项目的发起人为神华集团有限责任公司（简称神华集团），为国有独资公司，公司注册资金为 25.8 亿元人民币。神华集团拥有经营煤炭的特许权，在国内外享有较高的声誉，并在上海和香港两地上市。所以，神化集团可通过发行股票、债券、向国家政策性银行贷款等渠道筹措资金。同时，煤作为我国的重要自然资源，属于国家所有，只允许有特许经营权的企业依法经营。因此，在一期工程融资方案的资金结构安排上，应采取国有股权控股，外资参股的资本金结构。

在资金筹措方案比选时，设计了两种方案，见表 6-7。

表 6-7　榆神煤炭液化项目一期工程资金筹措方案　　　　（单位：万元）

序号	方案一		方案二	
	渠道	金额	渠道	金额
1	资本金	5691820	资本金	5691820
1.1	普通股	4553456	普通股	5691820
1.2	优先股	1138364	—	—
2	债务资金	3794546	债务资金	3794546
2.1	亚洲开发银行贷款	758909	买方信贷	1138364
2.2	国家开发银行贷款	1328091	国家开发银行贷款	1328091
2.3	商业银行贷款：长期/短期	426887/142295	商业银行贷款：长期/短期	996068/332023
2.4	发行债券	1138364	发行债券	—
合计		9486366		9486366

根据不同来源资金的成本计算，这两种方案的综合资金成本分别为 11.86%（方案一）和 11.92%（方案二）。由此可见，方案一的综合资金成本比方案二的综合资金成本要低。因此建议选用方案一筹集一期工程资金。

二期工程资金需求见表 6-8，二期工程资金筹集方案见表 6-9，第二期融资方案比较见表 6-10。

表 6-8　二期工程资金需求　　　　（单位：万元）

建设期	项目名称	金额	小计
二期	余中液化厂	7658280	8888280
	余中煤矿	450000	
	牛佳电厂	780000	

表 6-9　二期工程资金筹集方案　　　　（单位：万元）

序号	方案一		方案二	
	渠道	金额	渠道	金额
1	资本金	5332968	资本金	5332968
1.1	普通股	4426363	普通股	5110528
1.2	优先股	906605	优先股	222440
2	债务资金	3555312	债务资金	3555312
2.1	—	—	国家开发银行贷款	1173254
2.2	商业银行贷款：长期/短期	1066594/355531	商业银行贷款：长期/短期	799945/266648
2.3	发信债券	2133187	发信债券	1315465
合计		8888280	资本金	8888280

表 6-10　第二期融资方案比较

方案一					方案二				
资金来源	金额（万元）	W_i	K_i	W_iK_i	资金来源	金额（万元）	W_i	K_i	W_iK_i
普通股	4426363	50%	16%	8%	普通股	5110528	57%	16%	9.12%
优先股	906605	10%	12%	1.2%	留存收益	222440	3%	14%	0.42%
长期借款	1066594	12%	7%	0.84%	长期借款	1973199	22%	6%	1.32%
短期借款	355531	4%	4%	0.16%	短期借款	266648	3%	4%	0.12%
发行债券	2133187	24%	6%	1.44%	发行债券	1315465	15%	6%	0.9%
合计	8888280				合计	8888820			
K_w				11.64%	K_w				11.88%

根据不同来源资金的成本计算，这两种方案的综合资金成本分别为 11.64%（方案一）和 11.88%（方案二）。由此可见，方案一综合资金成本比方案二的综合资金成本要低。因此，建议选用方案一筹集二期工程资金。

【复习思考题】

1. 榆神煤炭液化项目一期工程资金来源主要有哪些？根据本项目资金筹集方案，计算工程项目融资的资金成本。根据项目现在的资金结构，应该重点考虑哪些融资风险？
2. 选择项目的资金结构时，应考虑哪些因素？
3. 工程项目融资的主要资金来源是什么？
4. 股本资金和准股本资金的主要区别是什么？
5. 如何计算工程项目融资的资金成本？

CHAPTER 7 第 7 章

工程项目融资风险与管理

【核心概念】 风险管理 风险识别 信用风险 完工风险 市场风险 环境保护风险 系统风险 非系统风险 政治风险 金融风险 经营风险 项目债务覆盖率 资源收益覆盖率 项目债务承受比率 掉期 利率掉期 货币掉期 期权 利率期权 货币期权 商品期权 远期合约 期货合约

【学习目标】 通过对本章内容的学习，掌握工程项目融资风险管理的概念；了解项目融资风险管理的程序、风险识别的方法；掌握项目融资风险的种类和分担机制；了解工程项目融资风险定量分析方法和主要风险评估指标；掌握主要的金融衍生工具及其在项目融资中的应用；掌握降低项目融资主要风险的方法。

7.1 风险管理概述

风险管理从20世纪30年代开始萌芽，最早起源于美国，受当时世界性经济危机的影响，美国40%左右的银行和企业破产，经济倒退了约20年。美国企业为应对经营上的危机，纷纷在企业内部设立风险管理部门，负责处理企业的各种风险。1938年以后，美国企业对风险管理开始采用科学的方法，并逐步积累了丰富的经验。20世纪50年代，风险管理发展为一门学科，风险管理一词正式形成。20世纪70年代以后逐渐掀起了全球性的风险管理运动。20世纪80年代中期，风险管理引入我国，当时主要用于金融业。经过几十年的发展，风险管理的研究和应用从金融领域扩展到土木工程、机械制造和食品卫生等各个领域。

7.1.1 风险管理的概念

由于风险管理应用领域的不同，风险管理的定义也不尽相同。风险管理的一般定义：组织经过风险识别、风险估计和风险评价，并合理使用多种管理方法、技术和手段对活动涉及的风险实行有效控制，以最小的成本，保证安全、可靠地实现组织的总目标。

风险管理的概念

项目融资作为一种金融活动，根据其活动特点，工程项目融资过程中也面临一系列难以避免的风险，这就需要对风险加以识别，将不同的风险分配给最适合的参与方。根据项目融资活动特点，项目融资风险管理的定义：通过项目融资的风险识别、风险估计与风险评价，采用合理的经济与技术手段，对项目经营活动和融资活动所涉及的风险加以控制和处理，以最大限度地避免或减少风险事件导致的项目实际效益与预期效益的偏差，从而保证项目投资者的预期收益及项目贷款人的追索权得以顺利实现的一种管理活动。

7.1.2 风险管理过程

风险管理过程主要包括风险识别、风险评估和风险规划、控制与监测三个环节。

1. 风险识别

风险识别是风险管理的第一个环节，风险识别主要解决的问题：哪些风险因素应予以考虑，引起风险的原因、风险种类、性质及其后果。风险识别首先要弄清楚项目组成、各因素的性质和相互关系、项目与环境之间的关系等。在此基础上，对潜在的或存在的各类风险因素进行系统的归类和全面分析，进而确定经济主体所面临的风险及其性质，并把握其发展趋势。

2. 风险评估

根据风险识别的结果，对风险进行分析测量，确定风险大小，为进一步的风险控制提供可用于指导操作的信息。包括风险分析与评价两个环节。

1) 风险分析是在风险识别的基础上，通过对风险识别获得的资料和数据进行处理，估算风险事件发生的概率及其后果的大小，以减少项目收益的不确定性。

2) 风险评价是对各类风险事件的后果进行评价，并确定其严重程度和顺序。一般来说，各类风险的可接受或危害程度互不相同，因此在风险评价中需要决定哪些风险需要采取措施，并且还要提出防止、减少、转移或消除风险损失的方法。

3. 风险规划、控制与监测

风险管理的最后环节是针对风险做出决策，一般包括风险规划、风险控制和风险监测三个阶段。

1) 风险规划是决策者针对项目面临的形势进行确定行动方案并制订执行计划，选择适合执行计划的风险规避策略；选择监督风险规避策略执行的措施，并确定规避风险可能需要哪些应急资源，以确定在监督过程中出现意外时，如何保证风险规避策略正常发挥作用。

2) 风险控制是在风险事件发生时，具体实施风险管理计划中制定的规避措施。风险控制的依据包括风险管理计划、实际发生的风险事件和随时进行的风险识别结论。

3) 风险监测就是跟踪已识别的风险，监管参与风险，识别新出现的风险，找出细化和改进风险管理计划的机会，保证风险计划的实施，并评估风险控制的效果，在风险监测的整个过程中，既要及时发现实现问题，又要保证原计划的正常实施。

7.2 项目融资风险识别与评价

项目融资风险的识别是项目融资风险管理的前提，也是项目融资风险管理的基础环节，是正确进行风险管理决策的基本依据。对于项目融资风险的识别依据不同的标准而存在差异。例如，依据项目投资者是否能够直接控制项目风险的角度可划分为项目核心风险和项目环境风险。依据项目建设进展的阶段将风险划分为项目建设开发阶段风险、项目试生产阶段风险和项目生产经营阶段风险。要准确识别风险，首先要对其表现形式有大致的认知，而认知的一个比较有效的方法就是对风险进行分类。

7.2.1 项目融资风险的分类

在项目融资中，对风险的划分已经形成了一套较为完整的体系，然而，关于如何认识具体风险因素对项目融资的影响仍然缺乏统一的标准，目前大量的关于风险分类的工作仍处于定性分析而不是定量分析的阶段。

1. 按照项目风险的阶段性划分

根据项目发展的时间顺序，其风险可以划分为三个阶段：项目建设开发阶段的风险、项目试生产阶段的风险、项目生产经营阶段的风险。在每个阶段项目的风险都有不同的特点，如图 7-1 所示。

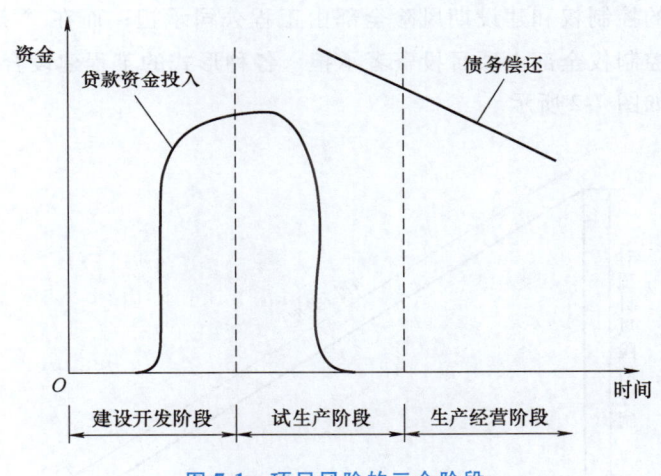

图 7-1 项目风险的三个阶段

项目在正式建设之前都会有一个较长的预开发阶段，包括项目的规划、可行性研究和工程设计，对于矿山项目还包括地质勘探、储量确定、矿石金属性试验等一系列工作。在这一时期，项目包含许多未知和不确定的因素，这个时期的投资也带有风险投资的性质。这一阶段的风险是由项目投资者来承担的，因此也就不包括在项目融资风险之中。

（1）项目建设开发阶段的风险　项目建设开发阶段的风险是从项目正式动工建设开始计算的。项目动工建设之后，大量的资金投入到购买工程用地、购买工程设备、支付工程施工费用中，贷款的利息也由于项目还未产生任何收入而计入资本成本。从贷款银行的角度，在这一阶段随着贷款资金的不断投入，项目的风险也就随之增加，在项目建设完工时项目的风险也就达到或接近了最高点。在这一阶段，从贷款银行的角度，必须考虑以下因素可能造成的影响：

1）由于工程、技术或工艺方面的缺陷，或不可预见的因素，而造成的生产能力不足或产量和效率低于计划指标。

2）能源、机器设备、原材料及承建商劳务支出超支等造成项目建设成本超支，不能按预定时间完工，甚至无法完成项目。

3）石油、天然气或矿源的储量达不到预计的开采数量。

4）由于各种因素造成的竣工延期而导致的附加利息支出。

5）土地、建设材料、燃料、原材料、运输、劳动和管理人员及可靠承包商的可获得性。

6）其他不可抗力因素引发的风险。

通常在这一阶段，项目融资需要投资者提供强有力的信用支持来保证项目的顺利完成。利用不同形式的工程建设合同，可以相应地影响项目的建设期风险，有可能将部分建设期风险转移给工程承包公司。这类合同的一个极端形式是固定工期的"交钥匙"合同，另一个极端形式是"实报实销"合同，在两者之间又有很多种中间类型的合同形式。在"交钥匙"合同中，项目建设的控制权和建设期风险全部由工程公司承担；而在"实报实销"合同中，项目建设期风险及控制权全部由项目投资者承担。各种形式的工程建设合同对合同项目建设期风险的影响程度如图7-2所示。

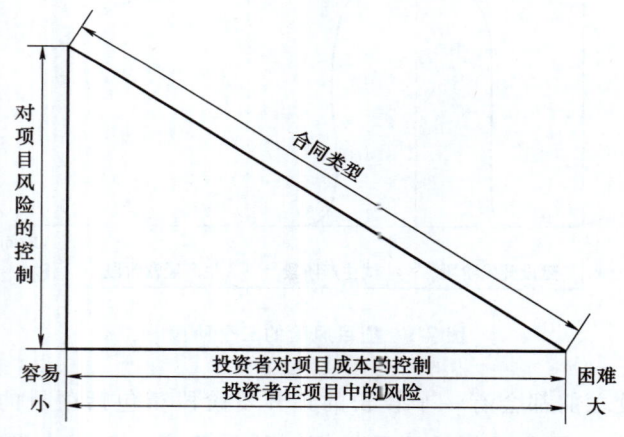

图7-2　工程建设合同对合同项目建设期风险的影响程度

（2）项目试生产阶段的风险　项目融资在试生产阶段存在很高的风险。即使项目建设完工并投入生产了，但是，如果项目不能按照原定的成本计划产出符合质量的产品，也就意味着项目现金流量的分析和预测是不正确的，项目很有可能产生不了足够的现金流量来支付生产费用和偿还债务。

贷款银行一般不把项目的建设结束作为项目完工的标志。在项目融资中，引入一个"商业完工"的概念。根据这一概念，在融资文件中具体规定出项目产品的产量和质量、原材料、能源消耗定额以及其他硬性技术指标作为完工指标，并且将项目达到这些指标的时间下限也作为一项指标，只有项目在规定的时间范围内满足这些指标时，才能被贷款银行认可为正式完工。

（3）项目生产经营阶段的风险　项目达到"商业完工"标志后即进入项目的生产经营阶段。在这一阶段，项目开始正常运转，如果项目可行性研究报告中的假设条件符合实际情况的话，项目应该生产出足够的资金流量支付生产经营费用、偿还债务，并为投资者提供理想的收益。

从这一阶段起，贷款银行的项目风险随着债务的偿还逐步降低，融资结构基本上依赖于项目自身的现金流量和资产，成为一种"无追索"的结构。这一阶段的项目风险主要表现在生产、市场、金融以及其他一些不可预见的因素等方面。

2. 按照项目风险的表现形式划分

按照项目风险在各个阶段的表现形式，可以将风险划分为以下七种基本类型：项目的信用风险、完工风险、生产风险、市场风险、金融风险、政治风险和环境保护风险。这些风险都是项目投资者在项目建设或生产经营过程中无法避免而且必须承担的风险。

（1）信用风险　有限追索的项目融资是依靠有效的信用保证结构支撑起来的。组成信用保证机构的各个项目参与者是否有能力执行其职责，是否愿意并且能够按照法律文件的规定在需要履行其所承担的对项目融资的信用保证责任，就构成了项目融资所面临的信用风险。

项目融资的信用风险贯穿于项目的始终。评价项目是否存在信用风险应综合考虑各种因素。例如，在项目的建设和开发期间或以后，借款人和任何担保人是否有担保或其他现金差额补偿协议，承包商是否有一定的担保来保证因未履约造成的损失，项目发起人是否提供了股权资本或其他形式的支持；在项目投入生产经营阶段，产品的使用者、原材料的供应者以及其他参与者的信用状况、技术及资金能力、以往的表现和管理水平，诸如此类的都是评价项目信用风险的重要指标。

（2）完工风险　项目的完工风险存在于项目建设开发阶段和试生产阶段。其主要表现形式为项目建设延期、项目建设成本超支等，由于种种原因，项目迟迟达不到"设计"规定的技术经济指标。在极端情况下，由于技术和其他方面的原因，项目完全停工放弃。

完工风险是项目融资的主要核心风险之一。完工风险对项目而言意味着项目建设成本资金和贷款利息负担增加、贷款偿还期限的延长和市场机会的错过。根据已有的统计资料，无论是在发展中国家还是在发达国家，项目建设期出现完工风险的概率都是比较高的。

项目的完工风险标准是贷款银行检验项目是否达到完工条件的方法。"商业完工"标准包括一系列经专家确定的技术经济指标。根据贷款银行对具体项目完工风险的看法，实际采用的"商业完工"标准可以有很大的差别。总体原则是，对于完工风险越大的项目，贷款银行会要求项目投资者承担更大的"商业完工"责任。一些典型的"商业完工"标准包括：

1）完工和运行标准。这是指要求项目在规定的时间内达到"商业完工"标准，并且在一定时期内（通常为 3 个月至半年）保持在这个水平上运行。

2）技术完工标准。这一标准要求项目在规定的时间内达到"商业完工"标准所规定的各项技术经济指标，因此其约束性要比完工和运行标准差一些。采用这一标准，贷款银行实际上承担了一部分项目生产的技术风险。

3）现金流量完工标准。在此标准下，贷款银行不考虑项目的完工和实际运行情况，只要求项目在一定时期内（一般为3个月至半年）达到预期的最低现金流量水平，即认为项目通过了完工检验。

4）其他形式的完工标准。有些项目，由于时间关系在项目融资还没有完全安排好就需要进行提款。在这种情况下，贷款银行为了减少项目风险，往往会要求确定一些特殊的完工标准。例如，如果产品销售合同在提款前还未能最后确定下来，贷款银行就有可能规定以某种价格条件销售最低数量的产品作为项目完工标准的一部分；又如，如果在提款前矿山的最终储量还不能最后确定下来，则最小证实储量会被包括在项目的完工标准中。

（3）生产风险 项目的生产风险是在项目试生产阶段和生产运行阶段存在的技术、资源储量、能源及原材料供应、生产经营和劳动力状况等风险因素的总称，是项目融资的另一个主要的核心风险。与完工风险不同，贷款银行愿意更多地依靠项目现金流量作为偿还债务的主要来源，即在项目风险分析的假设前提下与投资者共同分担一部分生产风险。项目生产风险的主要表现形式包括技术风险、资源风险、能源及原材料供应风险和经营管理风险。

1）技术风险。技术风险是指存在于项目生产技术及生产过程中的一些问题。例如，技术工艺是否在项目建设期结束后仍然能够保持先进，会不会被新技术所替代，厂址选择与配套建设是否合理，技术人员的专业水平与职业道德能否达到要求等。在项目融资中，通常贷款银行只为采用经市场证实的成熟生产技术的项目安排有限追索性质的融资。

2）资源风险。资源风险是指对于那些依赖于某种自然资源的生产项目（如石油、天然气、煤炭开采项目），在项目的生产阶段有无足够的资源保证。对于这类项目的融资，一个先决条件是要求项目的可供开采的已证实资源总储量与项目融资期间内所计划采掘或消耗的资源量之比要保持在风险警戒线之下。资源风险评价的指标又称为资源收益覆盖率，其计算公式为

资源收益覆盖率（RCR）= 可供开采资源总储量/项目融资期间计划开采资源量 （7-1）

上述公式中，可供开采资源总储量是指根据现有技术及现有生产计划可供开采的全部资源储量，项目融资期间计划开采资源量是指在项目融资期间计划开采的资源储量。

最低资源收益覆盖率是根据具体的技术条件和贷款银行在这一工业部门的经验确定的，一般要求资源收益覆盖率在2以上；如果资源收益覆盖率小于1.5，贷款银行就可能认为项目的资源风险过高，要求投资者相应地提供最低资源储量担保，或者要求在安排融资前做进一步的勘探工作，落实资源情况。

为了避免项目的资源风险，有时贷款银行可能同投资者推荐混合融资方案：A方案为较短期的有限追索项目融资，以项目已有的资源储量作为基础；B方案为接在A方案之后的融资方案，在资源不足的情况下，以投资者（借款人）的其他资产作为贷款的附加信用保证。A、B方案的划分点就设计在贷款银行可以获得满意的资源收益覆盖率上。对于银行来说，要求合适的资源收益覆盖率不仅仅是防止出现资源不足风险的一种手段，也可以有效地降低由于其他一些风险因素导致项目失败的概率。例如，生产成本的增加、产品价格的下跌

（在周期性波动的世界能源和原材料市场上，这是经常发生的）等因素都会大大减少项目的现金流量，推迟债务偿还计划的执行，只有获得足够的资源储量保证才有可能在项目生命期内偿还全部的贷款。

3）能源和原材料供应风险。能源和原材料供应风险由两个因素构成：能源和原材料的价格及供应的可靠性。一些重工业部门（如电解铝厂和铜冶炼厂）和能源工业部门（如火力发电站）对能源和原材料的稳定供应依赖性很大，能源和原材料成本在整个生产成本中占有很大的比重，价格波动和供应可靠性成为影响项目经济强度的一个主要因素。对于这类项目，若没有对能源和原材料供应的恰当安排，该项目融资是不可行的。

长期的能源和原材料供应协议是减少项目能源和原材料供应风险的一种有效方法。这种安排保证项目可以按照一定的价格稳定地取得重要能源和原材料供应，在一些特殊情况下甚至有可能进一步将供应协议设计成"供货或付款"类型的合同，这样，项目的经济强度就能够得到更加强有力的支持。在长期能源和原材料供应协议中，能源和原材料价格的确定是一个较复杂的问题。近些年来对于项目产出具有国际统一定价标准的大宗资源性产品的项目，在签订长期能源和原材料供应协议时往往将能源和原材料的价格与项目产品的国际市场价格直接联系起来，即能源和原材料价格指数化。这种做法事实上对项目融资各方面都有一定好处。作为项目投资者，可以降低项目风险，在国际市场不景气时降低项目的能源和原材料成本，在产出品国际市场价格上升时仍可获得较大的利润；作为能源和原材料供应商，既保证了稳定的市场，又可以享受到最终价格上涨的好处；作为贷款银行，这种做法增强了项目的经济强度，保证了项目的偿债能力。

4）经营管理风险。这是指在项目经营和维护过程中，由于经营者的疏忽，发生重大经营问题（如设备安全、使用不合理、产品质量低劣、原材料供给中断、管理混乱等）的风险。这些风险因素都可能使项目无法按计划运营，最终将影响项目的盈利能力。

经营管理风险主要用来评价项目投资者对于所开发项目的经营管理能力，而这种能力是决定项目的质量控制、成本控制和生产系列的一个重要因素。评价项目的经营管理风险主要从三个方面综合考虑：第一，项目经理在同一领域的工作经验和资信。第二，项目经理是否为投资者之一。第三，除项目经理的直接投资外，对项目经理是否有利润分成或成本控制奖励等激励机制。

(4) **市场风险**　项目最终产品的市场风险也包含价格和市场销售量两个要素。除黄金、白银、石油等一些特殊商品被认为只有价格风险而没有市场销售量风险外，其他大多数产品都同时具备价格和市场销售量两个方面的风险。

降低项目市场风险的主要方法是签订长期的产品销售协议。这种协议的合同买方可以是项目投资者本身，也可以是对项目产品感兴趣的具有一定资信的第三方。通过这种协议安排，合同买方对项目融资承担了一种间接的财务保证义务。

长期销售协议的期限要求与融资期限一致。销售数量通常也被要求为这一时期项目所生产的全部产品或者大部分产品，在销售价格上则根据产品的性质分为浮动定价和固定定价两大类型。

1) 浮动定价公式（也称为公式定价）主要用于在国际市场上具有公认定价标准、价格透明度比较高的大宗商品。浮动定价以国际市场的某种公认价格（如伦敦有色金属交易所价格）作为基础，按照项目的具体情况加以调整，如加一定的贴现或打一定的折扣。价格公式已经确定在合同期内不变。采用这种定价公式的产品包括大部分有色金属，贵金属、石油、铁矿砂、煤炭等由于产品价格的透明度较高，可比性强，有历史资料可供参考，贷款银行对项目市场风险的估价相对比较清楚，因而愿意接受债务偿还主要依赖于项目产品未来市场状况的项目融资安排。作为投资者，这样的安排则将一部分风险转移到贷款银行。有些项目，贷款银行可能认为单纯按照定价公式执行合同自己承担的市场风险过大，这时会要求在定价公式中设定一个最低价格，当市场价格低于最低价格时合同买方被要求用设定的最低价格购买产品。

2) 固定定价公式是在谈判长期销售协议时确定下来的一个固定价格，并在整个协议期间按照某一预定的价格指数（或几个价格指数）加以调整的定价方式。这种定价方式主要用于国内市场为依托的项目，如发电站、以发电站为市场的煤矿、港口码头、石油天然气运输管道、公路、桥梁等。如何规定价格指数是固定定价公式的关键，习惯上价格指数的参照系包括国家或项目所在地区的通货膨胀指数、工业部门价格指数和劳动工资指数等。如果项目融资中采用了较大比重的美元贷款，美国的通货膨胀指数也有可能被要求包括在参照系中。

（5）金融风险 在项目融资中，项目发起人与贷款人必须对自身难以控制的金融市场上可能出现的变化加以认真的分析和预测，如汇率波动、利率上涨、通货膨胀和国际贸易政策的趋向等，这些因素会引发项目的金融风险。项目的金融风险主要表现在利率风险和汇率风险两个方面。

（6）政治风险 在任何国际项目融资中，借款人和贷款人都承担政治风险。项目政治风险可能表现为：①项目所在国家的政治条件发生变化而导致项目失败。②项目信用结构改变。③项目债务偿还能力改变等。

项目的政治风险可分为两大类：一类表现为国家风险，即项目所在国政府由于某种政治原因或外资政策的原因对项目实行征用、没收，或者对项目产品实行禁运、联合抵制，终止债务偿还的潜在可能性；另一类表现为国家政治法律稳定性风险，即项目所在国的外汇管理、法律制度、税收制度、外资关系、环境保护、资源主权等与项目有关的敏感性问题方面的立法是否健全，管理是否完善。项目的政治风险可以涉及项目的各个方面和各个阶段。项目政治风险的影响包括以下几个方面：

1) 通常项目本身必须具有和保持政府的批准、特许或同意，特别是当项目是发电站、交通基础设施或开发所在国的自然资源时，一般都需要政府的经济特许，否则任何有关的政策上的幅面变化都有可能引发项目的政治风险。

2) 所建项目可能对所在国的基本建设或安全十分重要，因此更容易受到国有化或兼并的威胁，如电站、机场、港口、道路、铁路、桥梁和隧道等方面的项目。

3) 由于项目所在国的原因，如所在国政府的经济政策，或者由于外部原因，如遵守石油输出国组织份额，所在国政府可能采取控制措施来限制生产速度或项目蕴藏量的消耗速度。

4）项目所在国有可能改变进出口政策，如增加关税或限制项目设备、原材料的进口，增加关税或限制项目产品的出口等。

5）汇出利润和偿债可能被征税或其他限制。

6）对项目生产可能征收附加税，如英国政府对开采北海石油征收附加税的做法。

7）在项目经济生命期中引入更严厉的环境保护立法，增加项目的生产成本或影响项目的生产计划。

降低政治风险的办法之一是政治风险保险，包括纯商业性质的保险和政府机构的保险，后者在几个主要工业国家政府为保护本国企业在海外的投资中较为常用。除此之外，在投资或安排项目融资时，尽量寻求项目所在国政府、中央银行、税收部门或其他有关的政府机构的书面保证也是有效的方法。政府的保证包括政府对一些特许项目权利或许可证的有效性或专一性的保证，对外汇的管制，对特殊税收结构的批准认可等一系列措施。另外，在一些外汇短缺或管制严格的国家，如果项目本身的收入是国际流通货币，贷款银行愿意通过项目融资结构在海外控制和保留相当部分的外汇，用以偿还债务，达到减少政治风险及外汇管制风险的目的。

（7）环境保护风险　随着生活水平的提高和人类环保意识的增强，世界上大多数国家对工业项目的排放标准、废物处理、噪声、能源使用效率和自然植被破坏等有关环境保护方面的立法变得越来越严格，环保立法的这种趋势在短期内会迫使项目投资者及经营者为适应环保要求而降低项目市场效率，增加项目生产成本，或者增加新的资产投入来改善项目的生产环境，对于项目融资的贷款银行，环境保护风险不仅表现在由于生产成本或资本投入而造成项目降低甚至丧失原有的经济强度，而且表现在一旦项目投资者无法偿还债务时，贷款银行取得项目的所有权和经营权后也必须承担同样的环境变化的压力和责任。同时，由于存在环境保护方面的问题，项目本身的价值也就降低了。

由于环境保护问题所造成的项目成本增加，主要表现在对所造成的环境污染的罚款以及整改所需要的资本投入和为了满足更严格的环境变化所增加的环境评估费用、保护费用及其他的一些成本。在项目融资中，环境保护风险通常被要求由项目的投资者或借款人承担，因为投资者被认为其对项目的技术条件和生产条件的了解要比贷款银行充分，并且环境保护问题也通常被列为贷款银行对项目进行经常性监督的一项重要内容。

3．按照项目的投入要素划分

由于项目在开发和经营过程中所需要投入的要素可以划分为五大类：人员、时间、资金、技术和其他要素，因此从项目投入要素的角度，可以对上述项目风险做出另一种形式的划分。

（1）人员方面的风险　包括：人员来源的可靠性、技术熟练程度、流动性、生产效率、工业关系、劳动保护立法及实施、管理素质、技术水平、市场销售能力、质量控制、对市场信息的敏感性及反应灵活程度，公司内部政策，工作关系协调等带来的风险。

（2）时间方面的风险　可能导致时间风险的主要因素有生产计划及执行，决策程序及时间，原材料运输，原材料短缺的可能性，在建设期购买项目土地、设备延期的可能性，工程建设延期的可能性，达到设计生产水平的时间，单位生产效率等。

（3）资金方面的风险　可能导致资金风险的主要因素有产品销售价格及变化，汇率变化，通货膨胀因素，项目产品购买者和项目设备使用者的信用，年度项目资本开支预算，现金流量，原材料及人工成本，融资成本及变化，税收及可利用的税务优惠，管理费用和项目运行成本，土地价值，项目破产及与破产有关的法律规定。

（4）技术方面的风险　导致出现项目风险的技术要素包括综合项目技术评价（选择成熟技术是减少项目融资风险的一个原则），设备可靠性及生产效率，产品的设计或生产标准等。

（5）其他要素方面的风险　除上述四个方面的风险外，其他一些因素也可能给项目带来风险，如产品需求、产品替代可能性、市场竞争能力，投资环境（立法、外汇管制），环境保护立法，项目的法律结构和融资结构，知识产权，自然环境，其他不可抗因素。

4. 按照项目风险的可控制性划分

从项目投资者是否能够直接控制的角度来划分为两类：项目的核心风险和项目的环境风险。

（1）项目的核心风险　项目的核心风险也称可控制风险，是指与项目建设和生产经营管理直接有关的风险，包括完工风险、生产风险、技术风险和部分市场风险等。这类是项目投资者在项目建设或生产经营过程中无法避免而且必须承担的风险，同时也是投资者应该知道如何去管理和控制的风险。

（2）项目的环境风险　项目的环境风险是指项目的生产经营由于受到超出企业控制范围的经济环境变化的影响而遭受到损失的风险。这类风险项目投资者和经营者无法控制，并在很大限度上也无法准确预测，因此又称为项目的不可控制风险。项目的环境风险包括项目的金融风险（利率风险和汇率风险）、项目的市场风险和项目的政治风险。

项目的环境风险来源于项目的核心风险，但又有别于核心风险。作为项目融资的贷款银行，对于不同性质风险的处理方式是不一样的。对于项目的核心风险，贷款银行总是尽可能地以各种合同契约形式将其转移给项目的投资者或其他项目的参与者。对于项目的环境风险，贷款银行在一定程度上是可以接受的，并愿意和项目投资者一起去管理和控制这类风险。

5. 按照项目风险的影响范围划分

项目风险可以按照其影响范围分为两类：系统风险和非系统风险。

1）系统风险是指该项目的预期收益对整体资本市场要素变化的敏感程度，系统风险不能通过增加不同类型的投资数目而排除，因为造成这种风险的要素将会影响资本市场整体的运作。系统风险的典型例子有政府经济政策（如税收、货币政策等）的调整、经济衰退、世界性能源危机和中长期资本市场利率激增等。

2）非系统风险是指一个项目所特有的风险，如项目的关键技术人才去世或流失、项目所需的某种特殊原材料的供应中断等。非系统风险一般可以通过多样化、分散化投资战略加以避免或减轻。对于非系统风险，投资者只能做出定性的判断而不可能取得统一的定量分析标准。

以上所讨论的风险，是从一个项目整体角度出发而言的，对于项目融资的不同参与者，可能面临的风险种类及大小程度各不一样，通过项目融资的风险分担机制可以合理调整风险在各方之间的分配。

7.2.2 项目融资的风险评估

在项目融资中，除了对项目风险进行识别和分类，还必须对其进行定量分析。只有对项目风险在定性和定量两方面做出正确的分析，才能找出限制项目风险的方法和途径，设计出规避风险的融资结构。

项目融资的风险分析是在项目可行性研究的基础上进行的，可行性研究中经常使用的项目现金流量模型，是项目风险评估的重要定量分析工具。根据项目融资的特点和要求，运用项目现金流量模型，对影响项目经济强度的各种因素的变动风险做出准确的数量化的描述，为项目融资的方案设计提供重要的数据支持。项目风险分析的基本思路如下：首先确定选用什么样的标准来测定项目的经济强度。然后通过与所选定的标准进行比较，判断各种因素对项目的影响程度。项目融资的风险评估最常用的是 CAPM。

CAPM（capital asset price model）又称资本资产定价模型，是项目融资中被广泛接受和使用的一种确定项目风险贴现（收益）率的方法。在项目融资中，进行项目总体经济强度的分析时，首先遇到的问题就是项目风险贴现率的确定问题，依据选定的贴现率计算项目的投资收益和净现值，评价项目的经济强度。在 CAPM 中，项目风险贴现率的含义是指项目的资本成本在公认的低风险的投资收益率的基础上，根据具体项目的风险因素加以调整的一种合理的项目投资收益率。

1. CAPM 的基本假设

1）资本市场是一个充分竞争和有效的市场。在这个市场上可以不用考虑交易成本和其他制约因素如借贷限制、资产转让限制等影响。

2）在这个市场上，所有的投资者都追求最大的投资收益。

3）在这个市场上，所有的投资者对于同一资产具有相同的价值预期。高风险的投资有较高的收益预期，低风险的投资有较低的收益预期。

4）在这个市场上，所有的投资者均有机会充分运用多样化、分散化的战略来减少投资的非系统风险，在投资决策中只考虑系统风险的影响和相应的收益问题。

5）在这个市场上，对某一特定资产，所有的投资者都是在相同的时间区域做出的投资决策。

2. CAPM 的基本公式

根据 CAPM 的基本假设，投资者在做出投资决策时，只需考虑项目的系统风险，即该项目与资本市场上其他投资机会相比较所具有的带共性的风险如政治风险、经济衰退等，以及出于承担了这种项目风险而应该得到的收益。无须考虑项目的非系统风险（即可由项目主体自行控制管理的风险，如完工风险、经营风险等）。

因此，一个具体项目的投资收益率可以表示为

$$R_i = R_f + \beta_i(R_m - R_f) = R_f + 风险收益率 \tag{7-2}$$

式中 R_i——在给定风险水平 t 条件下项目 i 的合理预期投资收益率，也即项目 i 带有风险校正系数的贴现率（风险校正贴现率）；

R_f——无风险投资收益率；

β_i——项目 i 的风险校正系数，代表项目对资本市场系统风险变化的敏感程度；

R_m——资本市场平均投资收益率。

将风险校正贴现率代入项目现金流量净现值的计算公式中，可得

$$NPV = \sum_{t=0}^{n}(CI - CO)_t(1 + i)^{-t} \tag{7-3}$$

就可以计算出考虑到项目具体风险因素之后的净现值

$$NPV = \sum_{t=0}^{n}(CI - CO)_t[1 + R_f + \beta_i(R_m - R_f)]^{-t} \tag{7-4}$$

式中 NPV——项目的净现值；

$(CI - CO)_t$——第 t 年项目的净现金流量，其中 CI 为现金流入量，CO 为现金流出量；

n——计算期期数，一般为项目的寿命期；

i——折现率。

根据项目现金流量净现值的计算，如果 NPV≥0，则表明项目投资者在预期的项目寿命期内，至少可以获得相当于项目贴现率的平均投资收益率，项目收益将大于或等于投资的机会成本，项目是可行的。如果 NPV<0，说明该项目的投资机会成本过高，项目是不可行的。需要注意的是，此处为了简化分析，假定无风险投资收益率（R_f）、资本市场平均投资收益率（R_m）及风险校正系数在项目的寿命期内保持不变。

3. CAPM 参数的确定

CAPM 的主要参数有无风险投资收益率（R_f），风险校正系数（β），资本市场平均投资收益率（R_m）。

（1）无风险投资收益率（R_f） 无风险投资收益率是指在资本市场上可以获得的风险极低的投资机会的收益率。在项目风险分析中，需要确定无风险投资收益率这一指标值，一般做法是在资本市场上选择与项目预计寿命期相近的政府债券的利率作为 R_f 的参考值，通常 R_f 也被用作项目风险承受力底线的指标。

（2）风险校正系数（β） 风险校正系数是风险贴现率计算中较难确定的指标值，在项目风险分析中，对这一指标值的计算方法存在的争议也较大。在国际项目融资中，一般方法是根据资本市场上已有的同一种工业部门内相似公司的系统风险的 β 值作为将要投资项目（分析对象）的风险校正系数。β 值越高，表示该工业部门在经济发生波动时风险性越大。也就是说，当市场宏观环境发生变化时，β 值高的公司对这些变化更加敏感；反之，公司的

β值越低，市场和宏观环境的变化对其影响相对较小。

（3）资本市场平均投资收益率（R_m） 依据现代西方经济的理论，在资本市场应存在一个均衡的投资收益率，然而这一均衡的投资收益率在实际的风险分析工作中却很难计算出来；在一些资本市场相对发达的国家，通常以股票价格指数来替代这一均衡投资收益率，作为资本市场的平均投资收益率的参考值。由于股票价格指数的收益率变动频繁、幅度较大，所以，在实际计算资本市场平均投资收益率时，一般是计算一个较长时间段的平均股票价格指数收益率。这样做带来的一个问题是，在实际的风险分析计算时，可能会出现$R_m - R_f < 0$的情况，这是因为R_m的估值是过去某一阶段的平均收益率，而R_f的估值，如前所述，是反映对未来收益的预期，两者不匹配。为了解决这一问题，可以采用计算一个较长时间段内的$R_m - R_f$的平均值，以此来代替对R_m的单独估值。

4. 加权平均资本成本（WACC）

运用CAPM计算项目投资的合理资金成本，即加权平均资本成本，可以为项目投资决策提供依据。加权平均资本成本是先将债务资本成本和权益资本成本分别乘以两种资本在总资本中所占的比例，再把两个乘积相加所得到的资本成本。其计算公式如下

$$\text{WACC} = R_e W_e + R_d (1-t) W_d = \frac{R_e E}{E+D} + \frac{R_d (1-t) D}{E-D} \tag{7-5}$$

式中　WACC——加权平均资本成本；
　　　R_e——权益资本成本；
　　　W_e——权益资本权重，$W_e = E/(E+D)$；
　　　$R_d(1-t)$——债务资本成本；
　　　W_d——债务资本权重，$W_d = D/(E-D)$；
　　　R_d——债务利息；
　　　t——税率，通常是公司所得税税率；
　　　E——权益资本；
　　　D——债务资本；
　　　$E+D$——总资本，即权益资本与债务资本之和。

一般来说，运用CAPM计算项目投资的资金成本可以分为以下四个步骤：

1）确定项目的风险校正系数β值。一般是根据所要投资项目的性质和规模及其所属产业市场状况等，在资本市场上寻找相同或相近的公司资料来确定这一数值。

2）根据CAPM计算投资者股本资金的机会成本。

3）根据各种可能的债务资金的有效性和成本，估算项目的债务资金成本。

4）根据股本资金和债务资金在资本总额中各自所占的比例并以此为权数，应用加权平均法计算出项目的投资平均资本成本。

需要注意的是，在资本市场上获得的β值是资产β值，即β_a，要转化为股本资金β值，即β_e，反映公司（项目）在不同的股本资金和债务资金结构中的融资风险，债务越大，融资风险也就越高，因而β_e也越高。β_a与β_e之间的关系为

$$\beta_e = \beta_a \left[1 + \frac{D}{E}(1-t) \right] \tag{7-6}$$

式中　t——公司所得税税率；

其余符号含义同前。

当项目投资者进行投资时，如果其资本额不高于用这种方法计算出的加权平均资本成本，说明投资者至少可以获得与资本市场上相同投资的平均投资收益率，即项目投资满足了最低风险收益的要求。

7.2.3 项目融资的风险评价指标

完成项目现金流量模型的敏感性分析后，获得了有关项目经济强度的一系列数据，接下来的工作是首先计算项目的风险评价指标，然后运用指标来评价项目的债务承受能力。项目融资中最经常使用的主要风险评价指标有项目债务覆盖率、资源收益覆盖率和项目债务承受比率。

1. 项目债务覆盖率

项目债务覆盖率是指项目可用于偿还债务的有效净现金流量与债务偿还责任的比值，它是贷款银行对项目风险的基本评价指标，可以通过现金流量模型计算出项目债务覆盖率。项目债务覆盖率可以分为单一年度债务覆盖率和累计债务覆盖率两个指标。

1）单一年度债务覆盖率的计算公式为

$$DCR_t = \frac{NC_t + RP_t + IE_t + LE_t}{RP_t + IE_t + LE_t} \tag{7-7}$$

式中　DCR_t——第 t 年债务覆盖率；

NC_t——第 t 年项目净现值流量；

RP_t——第 t 年到期债务本金；

IE_t——第 t 年应付债务利息；

LE_t——第 t 年应付的项目租赁费用（存在租赁融资的情况下）。

一般情况下，在项目融资中，贷款银行要求 $DCR_t \geq 1$，如果项目的融资风险较高，贷款银行会要求 DCR_t 数值相应增加，因为债务覆盖率增大，意味着有更多的有效净现金流量可用于偿还债务。公认的项目债务覆盖率取值为 1.0~1.5。

2）累计债务覆盖率的计算公式为

$$\sum DCR_t = \frac{NC_t + RP_t + IE_t + LE_t + \sum_{i=1}^{t-1} NC_i}{RP_t + IE_t + LE_t} \tag{7-8}$$

式中　$\sum DCR_t$——项目累计债务覆盖率；

$\sum_{i=1}^{t-1} NC_i$——自第 1 年开始至第 $t-1$ 年项目未分配的净现金流量。

在实践中，累计债务覆盖率的作用是，为了保证项目能够持续、经常地满足债务覆盖率的要求。由于项目在某几个特定的年份（如项目生产前期和设备更新时期），可能会出现较低的 DCR 值，所以规定项目把一定比例的盈余资金保留在项目公司中，只有满足累计覆盖率以上的资金部分才被允许作为利润返还给投资者，这样就可以使项目在不同年份之间都有能力偿还债务。通常累计债务覆盖率的取值为 1.5~2.0。

在项目融资中，一般只要 $DCR_t \geq 1$ 且 $\sum DCR_t \geq 1.5$，就说明项目具有较强的债务承受能力，项目的融资结构是合理的，可以接受的。另外，为了项目的正常运行及保证贷款人的权益，在考察项目债务覆盖率的同时，一般在项目融资中还采取两种相关方法：一是根据项目生产前期的现金流量状况，给予项目贷款一定的宽限期；二是贷款银行要求项目投资者提供一定的偿还保证基金。

2. 资源收益覆盖率

对于依赖某种自然资源（如煤矿、石油和天然气等）的生产型项目，在项目的生产阶段有无足够的资源保证是一个很大的风险因素。因此，对于这类项目的融资，一般要求已经证实的可供项目开采的资源总储量是项目融资期间计划开采资源量的两倍以上，而且还要求任何年份的资源收益覆盖率都要大于 2。

资源收益覆盖率的计算公式为

$$RCR_t = \frac{PVNP_t}{OD_t} \quad (7-9)$$

式中　RCR_t——第 t 年资源收益覆盖率；

　　　OD_t——第 t 年所有未偿还的项目债务总额；

　　$PVNP_t$——第 t 年项目未开采的已证实资源储量的现值。

$PVNP_t$ 的计算公式为

$$PVNP_t = \sum_{i=1}^{n} \frac{NP_i}{(1+k)^i} \quad (7-10)$$

式中　n——项目的经济寿命期；

　　　k——贴现率，一般采用同等期限的银行贷款利率作为计算标准；

　　　NP_i——项目第 i 年的毛利润，即销售收入与生产成本的差额。

3. 项目债务承受比率

项目债务承受比率是项目现金流量的现值与预期贷款金额的比值。项目债务承受比率的计算公式为

$$CR = \frac{PV}{D} \quad (7-11)$$

式中　CR——项目债务承受比率；

　　　PV——项目在融资期间采用风险校正贴现率为折现率计算的现金流量的现值；

　　　D——计划贷款的金额。

和项目债务覆盖率一样，项目债务承受比率也是项目融资中经常使用的指标。在项目融资中，要求项目债务承受比率的取值一般为 1.3~1.5。

7.3 项目融资主要风险管理

针对不同来源的项目风险以及项目融资风险管理中存在的各种问题，应该采取积极的防范和管理措施。

7.3.1 政治风险的管理

政治风险的防范与管理，一般包括事前防范与事后管理。在事前防范中，项目发起人应加强投资前的调研，对政治风险发生的可能性做到心中有数。同时，可以与东道国签订协议，对投资者做一些法律上的保障，如征税方法、税率和税基的规定，当地资本参股的条款，进入东道国资本市场的许可。买入一些外汇的远期合同来防范汇率风险等。另一种方法是申请政治风险保险，从而转嫁风险，一旦保险事件发生，则可以申请赔偿。在事后管理中，当发现有政变或战争的前兆时，则要尽快地将资金、设备和产品转移到较为安全的国家或转移回本国。为避免资本投入后遭遇风险，加快收回投资是最好的方法，例如加速折旧，扩大利润分配，利用转移价格将利润转移到母公司等。

总之，在项目融资中，贷款银行和国外项目发起人都会尽力采取措施来降低政治风险，以尽量减少损失。在实践中，管理政治风险的措施有很多，归纳起来有以下几种方法供选择：

1）贷款银行与世界银行等多边金融机构和地区开发银行共同对项目发放贷款。选择这种方法，项目遇到诸如被没收或国有化的风险会大大降低。因为一国政府通常不愿激怒这些金融机构，以免在未来失去来自这些机构的有吸引力的信贷支持。如在 20 世纪 80 年代早期，墨西哥、巴西发生了对大量国外贷款违约的债务危机，但他们都尽量避免对这些多边金融机构违约（无论是项目贷款还是其他形式的贷款）。

2）形成一个国际投资和贷款者的集团共同投资该项目。如果该项目被没收，将导致该国对一批国际贷款和投资者违约，危及该国的国家信用，使该国陷入一种不能被国际社会接受和容忍的局面。

3）向某些私人保险机构和政府保险机构投保政治风险保险。尤其是政府保险机构是承担政治风险的重要机构，他们一般为海外投资提供政治风险的担保。如英国的出口信贷担保局（ECGD）、德国的赫尔梅斯保险公司（Hermes）、美国的进出口银行（EXIM）等，当然，还有属于世界银行的多边投资担保机构也为这些海外投资提供政治风险担保。

4）从项目主管政府部门取得允许项目在固定期限内自由利用特定部分资产的许可，如从一国中央银行获得外汇的长期保证等。

5）把各种担保合同置于东道国政府管辖之外，尽量避免东道国政府可能采取的干预行动。如要求除东道国外的担保人提供担保；要求项目公司与东道国外的买主订立项目产品买卖合同，并要求买主将贷款存入开立在东道国外的银行信托账户（trust account）等。

6）在借贷法律文件中选择以外国法为准据法，并选择外国法院为管辖法院，这样做可以不受东道国法律变动的影响和不受东道国法院的管辖。

7）和政府部门谈判，以确定当发生某些政治波动、法律变更等事件时，由政府给予适当的补贴。例如，在菲律宾的 Pagbilao 项目中，国家电力公司同意承担在菲律宾出现的主要政治风险，并通过双方同意的"项目全面收购"合同来承担这种责任。其主要内容是，如果东道国的政治风险连续维持一定时期时，国家电力公司有责任用现金收购该项目，其价格以能偿还债务并向项目发起人提供某些回报为准。而在印度的电力开发项目中，当发生政治性事故时，国家电力局或国家电力公司有责任继续支付电费，最长可达 270 天，因此，所有债务在政治性事故发生时都有政府部门的保障。

我国政府机构目前一般不准对项目做任何形式的担保或承诺，中方机构也不得对外出具借款担保。因此，在我国进行项目融资，其政治风险尚不能由我国政府及政府机构来承担。目前比较可行的方法有三种：一是为政治风险投保，如在山东日照电厂项目中，由德国的 Hermes 和荷兰的 CESCE 两家保险机构为项目的政治风险进行了担保；二是引入多边机构参与项目贷款；三是引入当地企业尤其是国有大企业参与项目的建设与经营。

7.3.2 金融风险的管理

在项目融资实务中，一般通过以下方法来进行金融风险的管理：

（1）将项目收入货币与支出货币相匹配　在一些项目融资中，通常是通过长期固定的合同带来现金流量，这样的收入流量就不能进行适时的调整，极易遇到货币贬值的风险。但是，可以通过构造不同的合同结构使项目的收入与债务支出货币相匹配。如在电力开发项目中，如果借进的是美元货币，则电力购买协议应主要以美元或其他硬货币来结算。

（2）在当地筹集债务　项目公司可以通过在当地举债的方法来减少货币贬值的风险。由于项目货币多以当地货币取得，债务偿还就不存在货币兑换的问题。当然，在当地借款要受到许多因素的制约。

（3）以硬货币支付　将产生项目收入的合同尽量以硬货币支付，尤其是当这些合同的一方是政府部门时，因为这实际上意味着政府以合同的方式为项目提供了硬货币担保。

（4）取得外汇协议或担保　与东道国政府谈判取得东道国政府保证项目公司优先获得外汇的协议或出具可获得外汇的担保。

（5）利用衍生金融工具减少货币贬值的风险　如远期合约、货币期权和其他货币市场套期工具等。当然，这些工具在发展中国家还不是很普遍，在项目融资风险管理中的应用也受到诸多限制。

1）利用互换交易进行金融风险管理。主要是通过利率互换和货币互换两种方式来降低金融风险。在项目融资中，互换就是用项目的全部或部分现金流量交换与项目无关的另一组现金流量。

利率互换（interest rateswap）在项目融资中很有价值，因为多数银行贷款在安排长期项目贷款时，只愿意考虑浮动利率的贷款公式，使得项目承担较大的利率波动风险。作为项目投资者，如果根据项目现金流量的性质，将部分或全部的浮动利率贷款转换成固定利率贷款，在一定程度上可能减少利率风险对项目的影响。

在项目融资中，进行的货币互换经常是交叉货币互换（cross-currency swaps），即在货币互换中包含了利率互换。这样的操作能达到降低项目的汇率和利率风险的目的。假如项目公司的收入是英镑，却争取到了固定利率的美元出口信贷。而在金融市场上，预测英镑利率将下降，美元利率将上升，英镑相对美元的汇率也随之下跌，这意味着项目将承受汇率风险，因为项目公司将需要更多的英镑才能偿还美元贷款。所以，项目公司决定进入金融市场进行货币互换来降低此风险。假设基期汇率为 GBP（英镑）1 = USD（美元）1.7，项目公司的美元出口信贷利率为 4.5%，贷款金额为 1.7 亿美元。假设它同投资银行换到期限相同的英镑利率为 LIBOR+0.5%，则货币互换程序如图 7-3 所示。

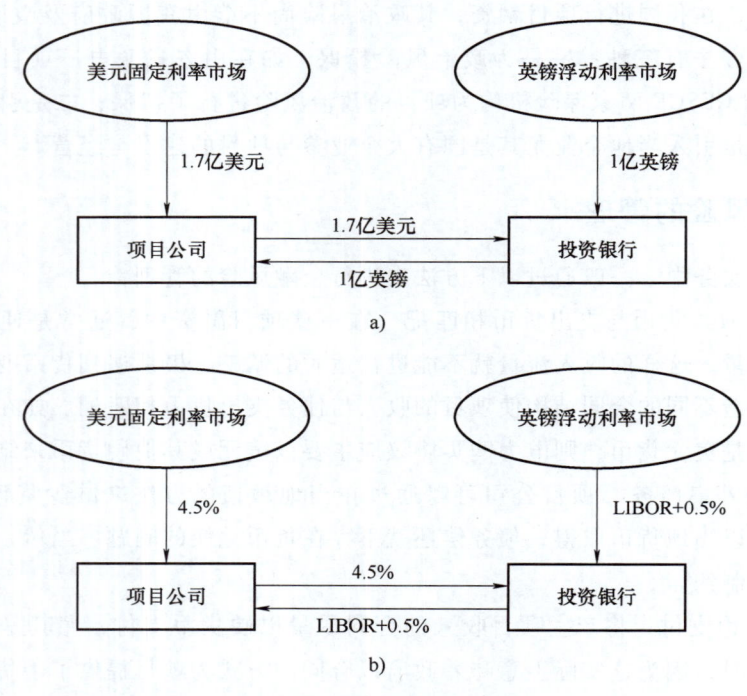

图 7-3 货币互换程序
a）货币互换初始阶段　b）货币互换执行阶段

即项目公司支付浮动的英镑利率为 LIBOR+0.5%，而收取固定的美元利率为 4.5%，通过这一安排，该公司不仅降低了项目的汇率波动风险，而且从不断降低的英镑利率中获益。

需要注意的是，在项目融资中，对货币/利率进行风险管理时，要采取谨慎的态度。经验证明，大多数的工业投资者，对于金融市场的变化并不是十分熟悉，在做出风险管理决策时，切勿贪图眼前暂时的融资成本的节约，而无形中大大增加了新的汇率风险，如 20 世纪 80 年代后期，国际上有些公司只看到日元低利率所带来的成本节约，将大量的美元贷款转换成日元贷款。但是，忽视了潜在日元升值造成的成本增加，导致这些公司形成了很大的汇率亏损。

2）利用期权交易进行项目金融风险管理。期权交易比较适合于项目融资的风险管理。这是因为，一方面，期权交易允许持有人在管理不可预见风险的同时，不增加任何新的风险，这一特性对项目融资十分重要。如在上例的货币互换中，如果项目公司采用的是货币期权而不是货币互换，则项目公司就可以不必放弃任何美元汇率上升的好处。另一方面，在互换、期货及远期等风险管理工具中，投资银行在安排这些交易时都承担着一定的客户信用风险，如果交易中的任何一方不能按期履约，投资银行作为交易的中介机构都需要承担起相应的责任。因此，投资银行在安排这些交易时对客户的信用都有较严格的要求，根据不同客户的信用状况，给予一定的信用额度，客户只能在额度范围内安排交易。这对于采用项目融资的项目而言，获取资金的难度增大。而期权交易却没有这一缺陷，不受这一条件的限制，因为项目公司对此已支付了一定费率的期权费，如果项目公司不履约，投资银行也能收到一笔期权费，并不承担客户违约的风险。所以，在项目融资的金融风险管理中，期权交易使用得比较多。

在项目融资中，利用期权交易进行风险管理必须灵活应用，如对于利率期权而言，由于项目融资的长期性质，简单的短期利率期权基本上是没有市场的，在项目融资中多数使用的是较为复杂的中期利率期权形式，如 Caps、Floors、Collars 等，期限可达 3~10 年，其特点如下：第一，可安排的贷款利率风险管理期限较长；第二，在风险管理期内，不是使用一个固定的利率作为期权价格（即利率上限），而是使用一系列逐步升高的利率作为不同时期的期权价格，通过这种方式来降低期权的成本；第三，对于大多数项目，在项目前期，由于项目还未带来任何现金流入却要发生大量债务。因此，保证项目有较低的利息负担是至关重要的，随着时间的推移，项目债务逐步减少，现金流量逐步增加，债务承受能力也不断增强，这时利率在一定范围内可逐步增加。所以，一般通过逐步递增的利率上限来充分利用项目现金流量的上述特点，以达到最大限度地降低风险，提高项目投资收益率的目的。

7.3.3　完工风险的管理

为了限制反转移项目的完工风险，贷款人通常要求采取以下方法管理完工风险：

（1）签订固定价格的交钥匙总承包合同　由项目公司与工程承包商签订固定价格的交钥匙总承包合同，工程建设费用一次性包干，不管发生什么意外情况，项目公司都不会增加对工程的拨款，由此控制成本超支导致的完工风险。如英法海底隧道就采用了固定总价和目标总价合同的方法，英法海底隧道公司承担了全部建设风险，并且对造价超支设置了 18 亿美元的备用金。贷款人之所以偏好固定价格的交钥匙总承包合同，是因为该合同减少了贷款人必须面对的当事人。更为重要的是，它减少了由于不同的承建商之间发生纠纷和互相推卸责任的风险。如果不使用固定价格的交钥匙总承包合同，则贷款人将要花费相当的时间去分析考虑建设合同，而且项目管理者的作用将变得非常关键，这意味着贷款人又要承担管理者的违约风险。

（2）由项目发起人提供完工担保　即由项目的一个或几个发起人，以连带责任或个别责任的形式，保证项目按照融资协议中确定的完工标准，在一个规定的时间内完工。完工担保的存在使完工测试的谈判变得更为复杂，并且增加了关于是否满足完工标准的争论，特别是当完工是项目从有追索权融资到无追索权融资的转折点时。

（3）提供债务承购保证 如果项目最终不能达到商业完工标准的条件，则由项目发起人将项目债务收购下来或将其转化为公司债务，即由有限追索的项目融资转化为完全追索的公司融资。

（4）技术保证承诺 在项目工程的建设中，要求施工方使用成熟的技术，并要求其在一个双方同意的工程进度内完成，也可以要求承包商提供项目完工担保和工程建成后的性能担保。

（5）建立完工保证基金 即要求项目发起人提供一笔同等数额的资金作为保证基金，这样投资者不用再承担任何超出保证基金的项目建设费用。

（6）保险 通过保险来分散完工风险可分为两种情况：一是东道国商业保险机构的保险；二是外国投资者和贷款人本国的投资保险机构或多边投资担保机构的保险。前者是指项目公司向东道国商业保险公司投保由于不可抗力事件引起的项目建设未能按时完工和中途停工造成的经济损失；后者是指项目的外国投资者和贷款人向其本国投资保险机构（如美国的OPIC）或多边投资机构投保出于项目建设过程中的政治风险（如战争等）给自己的投资和贷款造成的经济损失。因此，保险实际上并不能覆盖项目建设过程中的全部风险。

7.3.4 经营风险的管理

在项目建成后，进入试运营期，业主或项目公司一般都要求承包商对该项目提供一个保证期限，通常是在设施建成移交后的12个月内，以便承包商对其材料和工艺的缺陷进行修补，承包商必须对维修工作提供资金来源方面的担保。之后，项目进入正常运营期，此时，可以通过以下管理措施来降低经营风险：

（1）签订无条件的供应合同 如原材料供应、设备供应合同，这种合同对于降低经营风险至关重要。因为它可以保证项目的运营成本相对稳定。

（2）签订无条件的销售合同 如通过签订无论提货与否均需付款合同来保证项目的现金收入。这是由项目产品买主或用户以自己的信用保证，无论是否取得产品或接受服务都要支付规定数额的货款，这对项目经营阶段的经营效益有至关重要的保障作用。

（3）建立储备基金账户 通过储备基金账户，保证有足够的收入来应付经营成本、特别设备检修费和偿还债务等，为此，应分别设立经营成本储备账户、检修储备账户和债务偿还账户。这些基金的来源可以从项目收入中或部分银行贷款中扣取。

（4）由项目发起人提供资金缺额担保 即由项目发起人向贷款人保证，由于各种原因引起项目收益不足，以致不能清偿全部贷款时，自己补足其差额。这种担保协议通常规定一个上限，或者按贷款原始总额的百分比确定（惯例为贷款总额的20%～50%），或者按预期项目资产价值的百分比确定。例如，一个收费桥梁开发项目，总造价为5000万美元，采用90%的有限追索融资，由项目发起人提供占贷款额25%的资金缺额担保，即1125万美元为担保上限。若十年后，债务降为2500万美元，由于某种原因，项目在经营过程中发生经营风险，造成贷款到期时，项目净收入仅为 1800 万美元，则项目发起人需动用 700 万美元的担保金，如果净收入为 1300 万美元，则需动用 1125 万美元的担保金，还有 75 万美元的债务无须项目发起人承担，所以这种担保对项目发起人来说，是一种有限金额的担保方式。

（5）签订有利的经营管理合同 如带有最高价格和激励费用的成本加费用合同，这是一种在成本加费用合同基础上改进的合同形式。在这种结构中，经营者的报酬将严格地与其经营成本挂钩，即经营者实现低成本运营将会得到一笔奖励。如果经营成本超过了最高价格，则经营者自己吸收这些成本，或者项目发起人有权更换经营者或提前终止协议。关于激励费用，只有经营者实现了规定的经营目标，才取得一笔奖金。相反，如果经营者未实现规定的经营目标，他将要接受一定的惩罚，此时，项目公司支付给他的经营费用将会降低。因此，在这种合同结构中，关键问题是事先就经营目标进行谈判，并在合同中详细注明与项目经营和维护有关的所有方面应达到的目标。贷款者一般非常偏爱这种形式的经营和维护的合同结构，因为这种合同结构不仅将项目公司与项目相关联的大部分经营风险隔离，而且提供了使项目在预算内有效运营的良好前景。

7.3.5　市场风险的管理

对于市场风险的管理，一方面是在项目初期做好充分的市场调查，以大大减少项目上的盲目性，也就是认真做好项目可行性研究工作；另一方面是在产品销售合同上，确定好产品定价策略。

（1）签订具有担保性质的长期购买协议 即项目公司与项目产品买方或项目设施用户签订长期购买项目产品或使用项目设施的合同。这是分散市场风险最常见的法律措施。长期购买协议在不同性质的项目融资中有不同的表现形式，如无论提货与否均需付款合同（take or pay sales contract）、使用合同（through put agreement）、最低支付额合同（minimum payment contract）等。这些合同虽然具体形式和内容有区别，但其本质特点相同，即不论项目产品买主或项目设施用户是否取得产品或获得服务，都有义务向项目公司支付一个最低金额的款项，以抵偿项目公司对贷款人应该偿还债务的义务。

（2）在产品销售合同中，确定合理的产品定价策略 即在前文介绍的产品定价的两种基本方法，浮动定价和固定定价方法中根据项目产品的特点进行选择。另外还可以采用实际生产成本加上一个固定投资收益的定价方法，这种定价方法在发展中国家使用较多，它是被当作在市场经济不太发达的情况下吸引外资的一种优惠措施来使用的，现在许多发展中国家已不再使用。

7.3.6　环境保护风险的管理

各国对环境保护责任都有自己的法律规定。因此，在项目融资中根据项目所在国的法律规定，谁负有环保责任，该风险就应由谁来承担。据此，可能出现两种情况：一种是环保责任由项目公司和贷款人共同负担；另一种是环保责任由项目公司单独负担。但不论哪种情况，环境保护风险最终都会影响到贷款的偿还。所以，要采取切实可行的措施分散和降低项目环境保护风险。具体可以采取以下措施：

（1）在项目设计中考虑环境因素　一方面，要熟悉所在国与环境保护有关的法律，并将其纳入项目的总的可行性研究中；另一方面，必须将令人满意的环境保护计划作为融资的一个必要前提条件，并且该计划应留有一定的余地，确保能适应将来可能趋严的环保管制。再者是项目文件应包括借款人的陈述、保证和约定，用来确保借款人重视环保并遵守有关法律规定。

（2）在合约中明确列出各方面应采取的措施　即估计项目的环境保护风险，包括项目公司、项目所在地、与项目往来的供应商和运输商、项目产品的用户等。在很多项目融资中，将承担因为前土地业主所产生的污染视为次要条款，这样保障项目投资者在没有违反主要条款的情况下，合同仍然生效，而投资者只需采取适当的解决办法即可，如成立一些附带条件的契约账户，投资者拨出一定数量的资金于该账户，用来解决环保问题。

（3）投保环境保护保险　项目发起人和贷款人都可以通过投保来降低环境保护风险。但是，在项目环境保护风险管理中，保险的作用非常有限，因为保险难以包括除事故以外的风险和损失。由于过去的污染、逐渐变化的污染或违约造成的损失都很难得到保险，由污染支付的罚金和污染给项目带来的损失将不能被保险所补偿，即使能得到保险，金额也是有限的，而重大的环境损害的潜在责任将是无限的。

7.4　金融衍生工具在项目融资风险管理中的应用

近十几年来，随着全球经济一体化的进程和国际金融市场的发展，利率、汇率和几种主要国际金属价格市场发生了根本性变化，波动性大幅度增加，这些变化增加了项目的环境保护风险，使项目的环境保护风险管理在项目融资中显得愈发重要，这也为项目管理这些风险提供了可能的手段，为了控制金融市场的波动风险，出现了大量复杂的金融衍生工具，例如，项目环境保护风险管理的基本工具包括掉期、期权、期货和远期四种。投资者正确地使用这些工具，可以达到有效降低项目环境保护风险的目的。

7.4.1　掉期

在项目融资中，掉期是指用项目的全部或部分现金流量交换与项目无关的另一种现金流量。掉期分为利率掉期、货币掉期和商品掉期三种形式。

1. 利率掉期

利率掉期也称利率互换，在 20 世纪 80 年代早期，首次出现在欧洲证券市场上，当时主要是那些从事国际货币业务和国际资本业务的金融机构利用利率掉期来减少利率变动的风险，此后，利率掉期交易发展迅速，已成为管理利率风险的主要工具之一。利率掉期是交易双方将同种货币不同利率形式的资产或者债务相互交换。债务人根据国际资本市场利率走势，通过运用利率掉期，规避利率风险。最常见的利率掉期是用来改变利息支付的性质，即由固定利率转换为浮动利率或由浮动利率转换为固定利率，利率掉期不涉及债务本金的交换。一般的利率掉期是在同一种货币之间进行,从而不涉及汇率风险因素,几乎所有的利率掉期交易的定价都以伦敦同业银行拆借利率(LIBOR)为基准利率。利率掉期一般通过第三方作为中介人进行安排,投资银行和大型商业银行都可以充当中介人的角色。

在项目融资中,由于大多数的项目长期贷款都采用的是浮动利率的贷款公式,使项目有关各方承担着较大的利率波动风险,这时通过浮动利率与固定利率的掉期,将部分或全部的浮动利率贷款转换为固定利率贷款,在一定程度上可以起到管理项目风险的作用。

项目融资中的利率掉期结构的基本框架如图 7-4 所示。

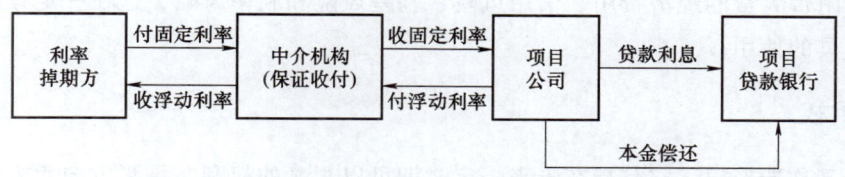

图 7-4　利率掉期结构的基本框架

利率掉期的基本思路:假设金融市场上有两个借款人 A 和 B,借款人 A 的信用等级高,可以很容易地在市场上借到固定利率的贷款,但是却希望使用低利息成本的浮动利率资金。借款人 B 信用等级低,能够在金融市场上以较好的条件借到浮动利率贷款,但是却希望使用固定利率的资金,通过利率掉期,双方都获得相应的成本节约。这样,降低了项目的利息成本,在一定程度上就有可能减少利率风险对项目的影响。

2. 货币掉期

货币掉期又称货币互换,是指交易双方在一定期限内将一定数量的货币与另一种一定数量的货币进行交换。货币互换是一项常用的债务保值工具,主要用来控制中长期汇率风险,把一种外汇计价的债务或资产转换为以另一种外汇计价的债务或资产,达到规避汇率风险、降低成本的目的。货币掉期的利率形式,可以是固定利率换浮动利率,也可以是浮动利率换浮动利率,还可以是固定利率换固定利率。期限上,主要外币一般可以做到 10 年。货币掉期中所规定的汇率,即可以用即期汇率,也可以用远期汇率,还可以由双方协定取其他任意水平,但对应于不同汇率水平的利率水平会有所不同。

在项目融资中经常使用的货币掉期工具是交叉货币掉期,它的主要特点是在安排货币掉期的同时安排利率掉期,将两者的优点结合起来,降低项目的汇率和利率风险。这种融资风险管理工具对于采用类似出口信贷作为主要资金来源的项目融资结构尤其适用,也可以用来改变那些有几种不同的货币和利率的项目的资产负债结构。

3. 商品掉期

商品掉期是在两个没有直接关系的商品生产者和用户之间(或者生产者与生产者之间以及用户与用户之间)的一种合约安排,通过这种安排,双方在一个规定的时间范围内针对一种给定的商品和数量,相互之间定期地用固定价格的付款来交换浮动价格(或市场价格)的付款。在项目融资中,商品价格波动引起的风险经常存在,通过把项目原材料或者能源供应的成本与项目最终产出品的市场价格挂钩的方法可以降低这类风险，但商品掉期只适用于具有较强流通性并且已建立有公认国际商品市场的产品，例如，黄金、天然气、石油及有色金属等。商品掉期的交易过程和利率掉期相似，但由于商品掉期的发展历史还不到10年，并且受到国际商品市场的流通性、价格机制等因素的制约，所以商品掉期没有像利率掉期那样得到广泛的应用。在商品掉期的期限安排上，一般的商品掉期期限基本上不能超过5年，只有极少数商品可以安排长期（最长期限为10年）的掉期。

在项目融资中，利用掉期这一衍生工具可以有效地降低项目风险。但掉期也有不利的一面，它可能附带大量的经济费用、信用风险、基差风险和利率风险，这在一定程度上限制了这些风险工具的使用。

7.4.2 期权

期权，又称选择权，它是指在未来一定时期可以买卖的权利，是买方向卖方支付一定数量的金额（指权利金）后拥有的在未来一段时间内（指美式期权）或未来某一特定日期（指欧式期权）以事先规定的价格（指履约价格）向卖方购买（指看涨期权）或出售（指看跌期权）一定数量的特定标的物的权利，但不负有必须买进或卖出的义务。期权交易事实上就是这种权利的交易。买方有执行的权利也有不执行的权利，完全可以灵活选择。期权交易可以包括利率、汇率、股票市场的指数和其他金融产品交易，也可以包括实际商品的交易。在期权交易中，如果买方决定执行期权，期权的卖出者就必须履行合约，有卖出或者买入商品的义务。

期权按不同的标准可划分为不同的种类。按期权合约的性质可分为看涨期权、看跌期权和双期权；按执行方式可分为美式期权和欧式期权；按期权的交割内容可分为指数期权、外币期权、利率期权和期货期权。在项目融资中，作为风险管理工具经常使用的期权有三种形式：利率期权、货币期权和商品期权。

利率期权为项目公司提供了一种规避利率风险的金融工具。由于在项目融资中，很多国际融资项目所使用的债务资金的利率结构是以短期欧洲美元债券市场的利率作为基础的，所以这部分投资者经常会面临利率大幅度增长所带来的风险。前面提到的利率掉期可以帮助投资者避免利率上涨的风险。但是利率掉期也损失了利率下降的好处。与利率掉期相比，利率期权的优点在于，如果期权所有人认为执行该项交易对他不利，可以不必履行期权合约。这样利率期权既帮助了投资者避免利率上涨的风险，又在合适的价格条件下帮助投资者获得利率下降的好处。由于项目融资的长期性特点，在项目融资中多数使用的是较为复杂的中期利率期权形式，时间常为3~10年。

在对汇率变化趋势掌握不准的情况下，采用货币期权将为项目公司提供较大的风险管理灵活性。货币期权又称为外汇期权，是近年来兴起的一种交易方式，权利的买方有权在未来的一定时间里按约定的汇率向权利的卖方（如银行）买进或卖出约定数额的外币，同时权利的买方也有权不执行上述买卖合约。货币期权既为项目公司提供了套期保值的方法，又为项目公司提供了从汇率变动中获利的机会，因此具有较大的灵活性。

商品期权和利率期权、货币期权的概念极为相似，根据项目对某一种商品市场的不同需求和依赖程度，项目公司可以通过购买期权或者卖出期权进行风险管理。

对于项目投资者来说，期权交易具有投资少、收益大、降低风险和保有权利的作用。购买者只需支付一笔期权权利金，就可取得买入或卖出商品的权利。一旦投资者预期与市场变化相一致时，即可获得可观收益；如果与预期相反，又可放弃行使权利。在交易中，投资者的风险是固定的，却可能带来潜在收益。但需注意的是，购入期权需支付期权费，期权费通常较高。在项目融资中，需要对项目风险进行全面评价，在此基础上决定是否采用期权作为项目风险管理工具。

7.4.3 期货和远期

商品的远期合约是由商品买卖双方签订的正式协议，协议中规定买方以某一约定价格从卖方那里购买一定数量的商品，买卖双方并不在签约日交割，而是在将来某一约定的日期交割，这种以签订远期合约来进行的商品买卖，叫作商品的远期交易。

远期合约的历史悠久，它的执行依赖于买卖双方履约的信用。理论上，远期合约适用于任何一种实物产品或金融产品的交易，实际上，最发达的远期合约市场有远期外汇合约和远期商品合约两类。远期合约在形式上比较灵活，合约双方可以根据各自需要谈判确定，在签署合约时一般不需要合约方支付一定的费用。在项目融资中，项目公司可以通过使用远期市场以远期合约方式来保值或锁定一种商品的价格，有利于消除项目公司在建设和生产过程中因价格变化产生的不确定因素。但是由于远期合约的期限比较短（期限多数不超过两年，少数可以到三年，而项目融资的期限往往较长，所以限制了远期合约在项目融资风险管理中的应用范围。另外，远期交易还有其他不易解决的问题，如交易的一方必须寻找合适的交易对象，交易的数量也要符合对方的要求，等等。

期货合约是期货交易所为期货交易而制定发行的标准化合同，一切成交的合约要求购买者和出售者在合同规定的未来时间，按约定价格分别买入和卖出一定数量的某种资产。期货合约和远期合约不同，它是一种对所交易商品的质量、数量、交货地点、时间都有统一规定的标准化合约，也就是它所采用的合约是一种标准的合同形式，买卖双方都应按照这种标准合约的交易条件进行交易。和远期合约相比，期货合约的流动性很好，期货合约的购买者可以根据市场变化，决定是否提前结束合约。由于期货市场上有大量的投机性买卖行为，所以大多数的期货合约在到期日之前已经卖掉或者以现金做差额结算，很少实行真正的实物交割，实际的产品销售协议和期货合约可以是完全分离的。

期货合约主要包括三种形式：商品期货合约、外汇期货合约和其他金融期货合约（如股指期货合约、定期债券或定期存款期货合约）。在项目融资中，项目经营者可以通过期货市场对其产品、货币、利率等进行保值和固定价格，避免其价格波动带来的影响。不过，使用期货合约进行风险管理会带来潜在利润损失、机会成本也比较大，而且期货合约只对特定的商品、货币和金融产品有效，合约条款和合约的期限都有局限性，限制了期货合约的使用范围。

【案例研究】印度大博电厂 BOT 项目融资风险

20世纪90年代初,亚洲各国纷纷利用项目融资方式吸引外资,投资于基础设施的建设。受深圳的沙角B电厂、广西的来宾电厂以及马来西亚在20世纪90年代相继修建的5个独立发电厂等成功案例的影响,印度政府基于其国内电力市场的供需情况,批准了一系列利用外资的重大能源项目,大博电厂正是在这样的背景下开始运作的。

印度大博电厂是印度国内最大的 BOT 项目,该项目由美国安然公司安排筹划,美国安然公司投资近30亿美元,由全球著名的工程承包商柏克德承建,并由通用电气公司提供设备。电厂所在地是拥有印度最大城市孟买的马哈拉施特拉邦(简称马邦),它是印度经济最发达的地区。由于投资者、承包商以及项目所在地的经济实力均是最强的,因此当时这一项目的前景让不少人看好。

安然公司为大博电厂设立了独立的项目公司,项目公司与马邦电力局(国营)签订了售电协议,安排了比较完善的融资、担保、工程承包等合同。政府特许售电协议约定,大博电厂建成后所发的电由马邦电力局购买,并约定了最低的购电量以保证电厂的正常运行。除常规的电费收支财务安排和保证外,售电协议还包括马邦政府对其提供的担保,并由印度政府对马邦政府提供的担保进行反担保。售电协议约定,电价全部以美元结算,这样一来,所有汇率风险都转移到马邦电力局和印度政府的头上。协议中的电价计算公式遵循成本加分红电价的基本原则,即在一定条件下,电价将按照发电成本进行调整,并确保投资者的利润回报。这一定价原则使项目公司所面临的市场风险减至最小。

从合同条款看,可以说对项目公司是非常有利的。然而,正当项目大张旗鼓地开始建设时,亚洲金融危机爆发了。危机很快波及印度,卢比对美元的汇率迅速贬值40%以上。危机给印度经济带来了很大的冲击,该项目的进展也不可避免地受到了影响。直到1999年,一期工程才得以投入运营。工程的延期大大增加了大博电厂的建设费用,造成大博电厂的上网电价大幅度提高。同时,金融危机造成的卢比贬值使马邦电力局不得不用接近2倍于其他来源的电价来购买大博电厂所发的电。

2000年,世界能源价格上涨,这一差价上升到近4倍。到2000年11月,马邦电力局已濒临破产,因而不得不开始拒付大博电厂的电费。根据协议,先是马邦政府,继而印度联邦政府临时拨付了部分款项,兑现了所提供的担保与反担保。然而,它们却无法承担继续兑现其承诺所需的巨额资金,因而不得不拒绝继续拨款。至此,该项目运营中的信用风险全面爆发。2001年,大博电厂与其所在地马邦的电费纠纷导致电厂最终停业。该项目的失败导致印度境内几乎所有的独立发电厂陷于停顿,印度吸引外资的努力也受到沉重打击。也正是由于该项目的失败和其他一系列经营失误以及隐瞒巨额债务的行径败露,安然公司的股票价格由2000年的90美元暴跌到2001年的不足1美元,不得不申请破产保护,成为有史以来规模最大的公司破产案,令全球震惊。

【复习思考题】

1. 结合本案例，总结印度大博电厂融资过程中所发生的风险，并说明这些风险对大博电厂有何影响。
2. 印度大博电厂的失败对其他项目融资的安排有何借鉴意义？
3. 你认为可以采用哪些措施和手段来预防和降低这些融资风险？
4. 列出常见的工程项目融资风险管理的方法，并分别阐述。
5. 常见的工程项目融资风险识别的方法有哪些？
6. 结合我国工程项目融资的特点，可以采取哪些措施对融资风险进行有效防范？

第 8 章

工程项目融资担保结构

> 【核心概念】 项目融资担保　信用担保　商业担保　第三方担保人　直接担保　间接担保　或有担保　意向性担保　安慰信
>
> 【学习目标】 通过对本章内容的学习，掌握工程项目融资的担保概念和担保类型；了解项目融资担保的主要形式。

8.1 工程项目融资担保概述

采用项目融资的项目，需要大量的资金，会面临许多风险，因而风险的合理分配和严格管理成为项目各参与方谈判过程中所讨论的核心问题，是项目成功的关键。项目融资担保是协调各方面关系，合理分配风险，从而使项目按计划顺利进行，并明确各参与方的责任与权利的主要手段之一。

8.1.1 担保的概念

担保在民法上是指以确保债务或其他经济合同项下义务的履行或清偿为目的的保证行为，它是债务人提供履行债务的特殊保证，是保证债权实现的一种法律手段。项目融资担保是指借款方或第三方以自己的信用或资产向贷款或租赁机构做出的偿还保证，具体可分为物的担保和人的担保。

物的担保也称为物权担保，是指借款人或担保人以自己的有形财产或权益财产为履行债务而设定的担保物权，如抵押权、留置权等。在物权担保中，以项目特定物产的价值或者某种权利的价值作为担保，如债务人不履行其义务，债权人可以行使其对担保物的权利来满足自己的债权。这种担保在性质和形式上与传统的公司融资以及其他融资结构中的担保基本没有区别。物权担保比较直接，法律界定相对清楚。对于贷款人来说，在对项目资产设定担保物权之后，当借款人发生违约事件时，贷款人有权出售担保物及与之相关的权益，从出售所得中优先其他债权人得到补偿。物权担保主要表现为对项目资产的抵押和控制，包括：①对项目的不动产的抵押，如对土地、建筑物的抵押；②对项目的有形动产的抵押，如对机器设备、成品、半成品、原材料等的抵押；③对项目的无形资产设置担保物权，如对合约权利、公司银行账户、专利权等设置担保物。

人的担保也称为信用担保，是担保人以自己的资信向债权人保证对债务人履行债务承担责任，有担保（保证书）、安慰信等形式。在项目融资结构中，信用担保的基本表现形式是项目担保。项目担保（project guarantee）是以法律协议形式做出的承诺，依据这种承诺，担保人向债权人承担了一定的义务。具体又有两种：①附属性质的项目担保。附属性质的项目担保是指担保人承担第二位的法律责任，只有在被担保人（主债务人）不履行其对债权人（担保受益人）所承担义务的情况下，担保人才承担起被担保人的合约义务。显然，这种担保义务是附属或依存于债务人和债权人之间的合约的。②独立的项目担保，称为即期担保（demand guarantee），即担保人承担第一位法律责任。在这种担保条件下，担保人承诺根据融资文件或者担保文件中的有关条款，只要担保受益人提出要求，担保人将立即支付给受益人规定数量的资金，而不管债务人是否真正违约。

8.1.2 担保的法律特征

1. 传统意义上担保的法律特征

明确担保的法律性质是规范贷款当事人和担保人权利及义务的基础。传统意义上的担保具有以下法律特征：

（1）担保合同具有补充性和从属性 所谓补充性，是指在保证合同的法律关系上，保证人是第二债务人，只有当主债务人不履行其债务时，保证人才有责任承担付款责任；只有在对借款人的财产强制执行后仍不足以抵债时，才能要求担保人承担清偿的责任。所谓从属性，是指担保合同是贷款合同的从属合同，承担和贷款合同标准与范围一样的责任，保证人的保证责任随借款人的主债务的消灭而消灭。《中华人民共和国担保法》（简称《担保法》）规定：担保合同是主合同的从属合同，主合同无效，则担保合同无效。

（2）第二性付款责任 担保合同项下保证人所承担的责任是第二性的付款责任，这和赔偿担保书中的担保人所承担的第一性付款责任不一样。

（3）对价是此类担保的基础 所谓对价，从法律上看是一种等价有偿的允诺关系，而从经济学的角度讲，对价就是利益冲突的双方处于各自利益最优状况的要约而又互相不被对方接受时，通过两个或两个以上平等主体之间的妥协关系来解决这一冲突。换句话说，对价就是指两个以上平等主题之间由于经济利益调整导致法律关系冲突时，矛盾各方所做出的让步。这种让步也可以理解为是由于双方从强调自身利益出发而给对方造成损失的一种补偿。

2. 现代意义上担保的法律特征

现代意义的担保认为，担保是不依附于基础合同而成立的独立合同，它具有以下法律特征：

（1）担保是一项独立的承诺 担保合同一经签署，担保人就向债权人做出了一种赔偿保证，只要债权人能满足担保书的履行条件，担保人就必须履行偿付责任，这种偿付责任不依赖基础合同而独立存在。

（2）第一性付款责任且无抗辩权　在这种独立的担保中，担保人往往要承担无条件的担保责任和第一性的付款责任，排除了传统担保中担保人所享有的抗辩权。这就是说，在主债务人未能履行其债务时，只要债权人能提供担保合同规定的书面索赔文件，除非担保人有充足的证据证明债权人的要求有明显的欺诈性，否则担保人无权拒付。

8.1.3　担保的主要作用

由于项目融资的根本特征体现在项目风险的分担方面，而项目担保正是实现这种风险分担的一个关键所在。项目融资结构以融资项目本身的经济强度作为保障融资成功的首要条件，债务偿还的主要来源是被限制在项目的现金流量和资产价值上。但是，许多项目的风险是项目本身所无法控制的。出于对超出项目自身承受能力的风险因素的考虑，贷款银行必须要求项目的投资者或与项目利益有关的第三方提供附加的债权担保。例如，假定项目预期的现金流量对于债务偿还来说处于一种边际状态，贷款银行就会认为一旦市场或者生产成本发生较大变化，项目就可能出现因资金短缺而无法偿还债务的情况。这种风险也会被要求由除项目本身之外的第三方承担一定的责任。因此，项目担保是项目融资结构中的一个关键环节，是保障项目融资成功的首要条件。具体来说，项目担保在项目融资中将起到以下重要作用。

1. 降低项目投资者的风险

采用担保形式，项目的投资者可以避免承担全部的和直接的项目债务责任，项目投资者的责任被限制在有限的项目发展阶段之内或者有限的金额之内。正因为如此，项目投资者才有可能安排有限追索的融资结构。

采用项目担保形式。项目投资者可以将一定的项目风险转移给第三方。通过组织一些对项目发展有利，但又不愿意直接参与项目投资或参与项目经营（由于商业原因或政治原因）的机构为项目融资提供一定的担保，或者利用商业担保人提供的担保，一定条件下可以将项目的许多风险因素加以分散和转移。

2. 降低贷款人的风险

在项目融资中，项目担保有利于贷款人转移风险。因为贷款的风险使得贷款人在进行贷款活动中，采取各种措施来防范风险，以避免和减少损失。项目担保可使贷款人将可能发生的风险转移给担保人，一旦贷款发生风险，贷款人可从项目担保中得到补偿。

项目担保还有利于加强对借款人的监督。担保人一经为借款人的借款行为进行担保，就为此承担了责任，这样可防止借款人将贷款用于非规定项目，监督借款人履行其义务。因此，项目担保有利于贷款人防范贷款风险。可见，项目融资的任务是将与项目利益有关的，和对项目发展有需求的各个方面所能提供的担保及所能承担的责任组织起来，使得其中任何一方都不会因财务负担过重或者项目风险过高而无法开发或经营项目，通过利用各个方面所提供的担保，组成一个强有力的项目信用保证结构，使其能够为贷款银行所接受。

8.1.4 担保的条款

在项目担保中，担保书的内容一般包括以下条款：

1. 对价条款

担保中的对价是贷款人给予借款人贷款，即担保人通过为借款人提供担保所得到的回报是贷款人向借款人提供贷款。在担保书中对价一般以这样的条款来表达：贷款人向借款人提供贷款的前提是担保人出具担保书。在不同的国家，对对价条款的重视程度有所不同。在英国，对价是适用于一切合同的基本原则，是否有对价是合同生效的前提，在我国企业的对外融资中也是如此，即必须具备对价条款。按照英国法律，对价的条件如下：

1) 对价必须是书面的。由于担保合同、贷款合同是书面的，所以对价条款也应是书面的。

2) 在实践中一般要准确写明对价的具体金额。

3) 如果贷款人已经放款或已经承诺放款，这种已经做出的对价属于过去的对价，担保也就成为无效的保证。

4) 对价的内容可多样。在担保中贷款人同意放弃对借款人违约的追究、同意展期还款等都可为担保的对价。

2. 担保责任

在项目融资中，由于金额一般较大，担保合同中应明确各担保人的责任。

（1）个别担保责任 这是指每个担保人只对借款人一定比例的债务承担担保责任，如果借款人违约，贷款人只能向每个担保人提出其担保比例上限范围内的清偿要求。

（2）共同担保责任 这是指每个担保人对全部贷款债务承担保证责任，如果借款人违约，贷款人可以向担保中的任何一个或所有担保人提出清偿要求。

（3）个别和共同担保 在此种条件下，如果借款人违约，贷款人可以向所有担保人提出清偿要求，也可以向担保人中的任何一个提出清偿要求。同时，在向一个担保人提出清偿要求未能被满足时，还可以向其他担保人提出清偿要求。上述这种形式的担保由于综合了前面两种担保责任的优点而被广泛采用。

3. 担保条件

在担保合同中，一般会有这样的条款：本担保是无条件的、不可撤销的或本担保人无条件地、不可撤销地保证，等等。这些都属于担保条件，其中"无条件"是指如果借款人违约，贷款人在没有用尽一切补救措施向借款人要求清偿规定的情况下，就可要求担保人履行担保义务；"不可撤销"是指未经贷款人（担保受益人）的同意，担保人不得解除担保合同。担保条件确立了担保合同的独立性，因而使担保人承担的义务不因贷款合同的变化而受影响。担保条件还明确了贷款人对担保人的立即追索权，即借款人如果出现违约行为，贷款人可直接向担保人要求清偿。

4. 陈述和保证

陈述和保证条款是明确担保人的担保资格和担保能力所做出的保证。其内容一般有：担保人必须是法人；担保人不存在对本合同的执行有实质性影响的负债；担保合同项下的担保责任和其他合同项下的担保责任具有同等地位；除非国家法律另有规定，在每个财务报告期结束的一定日期内，担保人向代理行提供经审计的财务报告。

5. 延续担保

延续担保可使贷款人避免因担保合同期满而无法向担保人索付，从而保障了贷款人的合法权益。在担保合同中，通常是这样规定的：本担保合同是延续不断的担保，直到借款人将所有贷款合同项下的贷款及其利息、费用清偿完毕为止。

6. 见索即付

见索即付是指一旦贷款人向担保人提出付款指示，担保人就必须立即付款。见索即付在担保合同中的通常表示："本担保人在收到代理行发出的书面索付通知书的数日内，向代理行支付本协议项下的担保金及利息、费用。"这一条款的作用是在担保人采取任何诉讼或其他手段对借款人或任何其他人采取行动之前，担保人的义务已履行，一经代理行提出要求，担保人必须立即通过代理行向贷款人进行赔偿。

7. 延期、修改及和解

在担保合同中，贷款人和借款人就延长借款清尝期限达成协议或对贷款协议做出实质性修改，以及贷款人与借款人达成的某种和解，均需经过担保人同意，否则担保人的担保义务将自动免除。

8. 适用法律及司法管辖

这是指担保合同选择哪个法律作为适用法。一般首先选择与适用法相关联的法院作为管辖法院，其次是确定诉讼代理人。

9. 税收费

一般地，担保人在合同中均承诺，担保人将通过代理行补偿贷款人因执行担保合同而发生的费用，贷款人可获得无任何抵扣的、足额的收益。

8.1.5　担保的步骤

项目融资是一项程序性的活动，需要遵循一定的担保步骤。安排项目担保的步骤可以分为四个阶段。

（1）第一阶段　贷款银行向项目投资者或第三方担保人提出项目担保的要求。

（2）第二阶段　项目投资者或第三方担保人可以考虑提供公司担保（对于担保人来说，公司担保成本最低）；如果公司担保不被接受，则要考虑提供银行担保。

（3）第三阶段　在银行提供担保的情况下，项目担保成为担保银行与担保受益人之间的一种合约关系，银行提供项目担保，而申请担保人则承诺在必要时补偿银行的一切费用。这时项目投资者或其他第三方担保人并不是项目担保中的直接一方。

（4）第四阶段　如果项目所在国与提供担保的银行不在同一国家，有时担保受益人会要求担保银行安排一个当地银行作为其代理人，承担担保义务，而担保银行则承诺偿付其代理人的全部费用。

在项目融资中，主要包括三种担保人：项目投资者、商业担保人、与项目利益有关的第三方担保人。

8.1.6 融资担保的主要类型

据项目担保在项目融资中承担的经济责任不同，项目担保可以划分为四种基本类型：直接担保、间接担保、或有担保和意向性担保。无论是哪种类型的项目担保，其担保所承担的经济责任都是有限的，这是项目融资结构与传统公司融资结构的一个重要区别。

1. 直接担保

直接担保是指担保的责任根据担保的金额或者担保的有效时间加以限制。

（1）有限金额的担保 在项目融资中经常使用的资金缺额担保即是典型的有限金额直接担保。一般情况下，贷款银行只愿意在建设成本和生产成本均为已知的条件下才安排有限追索的项目融资。为了防止出现因资金短缺而导致项目失败，需要有人承担建设成本和生产成本超支的风险，提供相应的担保。这种担保一般由项目发起人来提供。

（2）限制时间的担保 项目在建设期和试生产期的完工担保是典型的在时间上加以限制的有限责任直接担保。在多数情况下，项目的完工担保是在有限时间内的无限经济责任担保，即项目完工担保人对贷款银行承担着全面追索的经济责任，项目发起方和工程承包公司是这类担保的主要担保人。

2. 间接担保

间接担保是指项目担保人不以直接的财务担保形式为项目提供的一种财务支持。间接担保多以商业合同和政府特许权协议形式出现。常见的间接担保是以"无论提货与否均需付款"为基础发展起来的一系列合同形式，其中包括"提货与付款"合同，"供货与付款"合同，"无论使用服务与否均需付款"合同等。这类合同的建立，保证了项目的稳定市场，从而保证了贷款银行的基本利益。而以政府特许权形式提供的担保，主要在 BOT 项目融资模式中出现。一般政府机构在给予项目融资特许权时，也是充分考虑到了项目建设对当地社会经济发展的作用及项目产品的市场需求。

3. 或有担保

或有担保是针对一些由于项目投资者不可抗力或不可预测因素所造成项目损失的风险所提供的担保。或有风险的担保按其风险的性质，可划分为三种基本类型：①针对项目由于不可抗力因素造成的风险，如地震、火灾、地下矿井塌方等一系列问题，这类风险不属于项目正常生产建设所必须面对的问题，但是一旦发生将给项目造成不可估计的损失，提供这类或有担保的项目担保人通常是商业保险公司。②针对项目的政治风险，由于政治风险的不可预见性质，因而为减少这类风险所安排的担保有时也划在或有担保的范围。③针对与项目融资结构特性有关的，并且一旦变化将会严重改变项目经济强度的一些项目环境风险。

4. 意向性担保

严格意义上讲，意向性担保不是一种真正的担保，因为这种担保不具有法律上的约束力，仅仅表现出有可能对项目提供一定支持的意愿。意向性担保不需要在担保人公司的财务报告中显示出来,所以它受到了担保人的偏爱,在项目融资中应用较为普遍。

安慰信便是意向担保的一种,它是覆盖很广泛的保证,通常监管公司的协议及整个计划是否妥当,它又称"责任信件"。在项目融资中,支持安慰信通常是由政府或项目公司的控股公司(或母公司)写给贷款银团,表示该公司对项目公司以及融资项目的支持。这种支持一般体现在以下三个方面:①经营方面的支持,"担保人"声明在他的权力范围内将"尽一切努力保证按照有关政策支持项目公司的正常经营"。②不剥夺资产,东道国政府保证不会没收项目资产或将项目国有化。③提供资金方面的支持,担保人同意向项目公司提供一切必要手段使其履行其经济责任。

安慰信最显著的特征是其条款一般不具有法律约束力,而只具有道义上的约束力。即使明确规定了法律效力,安慰信也会由于条款弹性过大而不能产生实质性的权利义务。然而,由于关系到担保人自身的资信,违反安慰信虽然不引起法律责任,但会影响担保人今后的业务,故资信良好的担保人一般不会违背自己在安慰信中的诺言。因此,贷款方愿意接受担保人出具的这类安慰信。我国的中央政府部门(如原国家计委)或地方政府部门(如省政府、省电力局)往往为大型项目融资向贷款方出具安慰信,一方面是向贷款方提供信誉担保,另一方面可为项目的进展创造良好的支持环境。这种做法对于我国的这些项目尤其重要。

安慰信所起到的担保作用在本质上是由提供该信的机构向贷款银行做出一种承诺,保证向其所属机构(项目公司)施加影响以督促后者履行其对于贷款银行的债务责任。一封具体的安慰信所承担的法律责任,是根据该信所使用的语言以及使用该信的国家的法律来确定的,既可以是一种用词含糊不清的真诚意向,也可以是一种意向明确的财务保证。

8.2 工程项目融资担保人

8.2.1 项目投资者

项目融资中最主要和常见的一种形式是项目的直接投资者和主办人作为担保人。通常情况下,项目投资者以建立一个专门的项目公司的方式来经营项目和安排融资。但是由于项目公司可能在资金、经营经验、资信水平等多方面存在不足以支持融资的问题,所以大多数的贷款银行会要求借款人提供来自项目公司以外的担保作为附加的债权保证,以降低贷款风险。因此,除非项目投资者能提供其他可以被贷款人接受的担保人,否则项目投资者自己必须提供一定的项目担保。

项目融资谈判能否成功,关键是项目投资者和贷款人之间实现各方都能接受的风险分担。贷款人可能要求项目投资者保证项目能至少达到生产阶段,否则项目投资者保证偿还所欠债务;贷款人也可能要求项目投资者担保在整个项目有效寿命周期内偿还贷款,即使这种担保是通过另一安排实现。项目投资者可有自己特殊的融资安排和税收、会计目标,这将影响其对项目支持的类型和担保方式。

运用项目投资者提供的直接的、非直接的担保,加上其他方面的担保,可以成为贷款人能够接受的信用保证结构。如果项目投资者提供的是直接担保，即直接担保项目公司的一部分债务，根据国际通行的会计准则，这种担保需要以一种债务形式体现在项目投资者的资产负债表中；如果项目投资者提供的担保以非直接的形式或以预防不可预见风险因素的形式出现，则对项目投资者本身的资产负债表影响较小。这种对公司资产负债结构的影响，对于一个公司，尤其是上市公司和跨国公司具有特别重要的意义。由于某一项目的债务并入项目投资者总公司的资产负债表会造成该公司的资产负债结构恶化，产生一系列严重的后果，如影响公司的信誉和筹资能力，导致公司的股票在证券市场的价格波动，以及降低公司承受财务风险和金融风险的能力等。因此项目投资者希望所提供的担保能够以商业协议的形式出现，从而减少负债对其资产负债结构的影响。当然，提供哪种形式的担保不是完全由项目投资者自己的意愿决定的，要取决于贷款方的要求，通常在项目开发建设阶段，由于融资项目的风险较大，贷款方通常要求项目的投资者承担直接的财务责任，此时项目投资者提供的担保就要记入其资产负债表。

8.2.2 商业担保人

商业担保人以营利为目的提供担保，承担项目风险并收取服务费用。商业担保人以分散经营来降低经营风险，这些担保人通常包括银行、保险公司及其他从事商业担保的金融机构等。

商业担保有两种基本方式：一种是担保项目投资者在项目融资中所必须承担的义务。这种方式下的担保人一般为商业银行、投资公司和一些专业化的金融机构，担保形式多为银行担保和银行信用证。这种担保方式的作用主要有以下三个方面：

（1）担保资金不足或资产不足的项目公司对其贷款承担的义务　比如在房地产项目融资时，如果贷款银行认为该项目的房地产价值及贷款期内的现金流量不足以支持一个有限追索的融资结构，借款人可以以远低于房地产市场价格的契约价格从专业化的金融机构手中购入一个卖出期权作为房地产项目融资的附加担保，在贷款期间一旦借款人违约，贷款银行可执行该期权，将房地产以契约价格售给期权合约的另一方，维护其权利。

（2）担保项目公司对其他投资者所承担的义务　由于项目投资者往往是两个以上的公司，在这种非公司型投资结构中，各公司以一定比例投资并成立项目子公司，负责项目资金的管理，有的甚至为项目投资安排了有限追索的项目融资。对此，虽然贷款银行可以接受，但其他项目投资者却不能接受，因为有限追索的融资结构限制了对母公司的追索能力，这对于其他项目投资者来说，无疑存在潜在的风险。因为在这种非公司型合资协议中经常存在这样的条款，即在项目运营过程中，一旦项目中的一方表示无力支付项目的生产费用或资本开支时，其他各方要承担该违约方应支付的费用，直到违约事件被改正或违约方资产被出售为止。一般而言，项目各方都不希望这种情况出现，因为一旦一方由于市场等问题出现支付困难时，其他各方也面临同样的局面，只是程度不同而已。基于这种情况，在非公司型投资结构中，资本不足的公司通常会被要求由国际性银行提供一般信用证额度为3~9个月的项目生产费用的备用信用证作为项目担保。

（3）提供担保人和担保受益人之间的中介　假设一个公司到另外一个国家或地区投资，不为当地的银行和公司熟悉，则该公司的直接担保就很难被接受，为此需要选择一家或多家既为当地的银行、公司接受，又为项目投资者所认可的国际商业性银行提供担保，承担项目投资者在项目中所需承担的责任。

商业担保的另一种基本方式是为防止项目意外事件的发生而进行的担保。在这类担保中，项目保险是融资文件中不可缺少的内容，担保人往往是各种类型的保险公司，保险公司提供的项目保险内容广泛，除了项目资产保险外，还有项目的政治风险保险，等等。

8.2.3　第三方担保人

第三方担保人是指在项目的直接投资者之外与项目开发有直接或间接利益关系的机构为项目提供担保，这些机构包括三类。

1. 与项目有直接利益关系的商业机构

这些商业机构通过为项目融资提供担保而获得自身的商业利益。这些利益包括以下内容：

1）获得项目所需设备的供应、安装权。
2）获得项目的建设权。
3）获得其自身长期稳定的原材料、能源供应。
4）获得其自身产品长期稳定的市场。
5）保证其对项目设施的长期使用权。

能够提供第三方项目担保的商业机构通常有工程公司、项目设备或主要原材料供应商、项目产品（设施）的用户。首先，工程公司在很多情况下由于激烈的市场竞争，愿意以固定价格合同承包工程，这就相当于为工程项目提供了完工担保，即工程公司承担了项目成本超支的风险。有时一些工程公司为了获得承包合同，甚至愿意为工程项目的投资者提供财务安排。例如，在 BOT 项目融资模式中，工程公司就为项目提供贷款或直接投资。其次，一些设备、能源及原材料的供应商，为了获得项目未来稳定的现金流量，扩大产品的销路和出口，愿意为项目就运营期间原材料的供应和设备的稳定运行提供保证，如供货合同、买方信贷等。此外，为了实现项目建成后稳定的产品销售收入，保障偿还项目贷款所需的现金流量，一些项目产品（设施）的用户，也愿意为工程项目融资提供担保，如长期购买协议等。

2. 政府机构

在项目融资中，政府机构做担保人是很普通的。尤其是一些大型工程项目的建设，如高速公路、大型港口、矿产资源开发、石化项目等，这些大型工程的建设都有利于项目所在国的经济发展、政治稳定，促进当地人口就业，改善经济环境，因此政府机构很愿意为项目融资提供担保。政府机构介入作为项目担保人可减少项目的政治风险和经济政策风险，增强投资者的信心，这种担保作用是其他方式所不能替代的。此外，由于法律限制或出于政治、财务上的考虑，有时政府机构很难直接参与项目的投资，为了促进项目的开发，政府机构只能通过提供贷款担保或签订项目产品长期购买协议的形式来为项目提供担保。例如，在 BOT

项目融资模式中，政府以特许权协议形式做出担保是投资者利用该模式进行项目融资的重要前提。同时，政府机构作为工程项目融资的担保人可避免政府的直接参与，基于政治上、财政方面的考虑和立法上的限制，政府很难直接参与项目投资，但为促进项目的开发，政府多提供贷款、贷款担保或项目产品长期购买协议等形式的担保作为对项目的间接参与。

3. 国际金融机构

如地区开发银行、世界银行这些国际金融机构虽与项目开发没有直接的利益关系，但为了促进发展中国家的经济建设，对于一些重要项目，如基础设施项目等，世界银行等国际性金融机构利用其特殊的地位和信用，愿意为融资项目提供贷款担保。这些机构提供的项目融资担保，能够减少项目的政治风险和商业风险，增强贷款银行对项目融资的信心，起到与上述政府机构同样重要的作用。

8.3 工程项目融资担保范围

担保的范围是项目融资实施过程中的各种风险，但项目融资不可能解决所有的风险，只能有重点地解决贷款银行最为关注的那部分风险问题。下面分别介绍商业风险、政治风险、金融风险和或有风险。

8.3.1 商业风险

商业风险是项目融资的主要风险，大多数风险属于可控风险，即核心风险。对于这类可控风险，作为贷款方的金融机构一般会要求项目投资者或与项目有利益关系的第三方提供不同程度的担保，尤其是在项目完工、生产成本控制、产品市场三方面。

1. 完工风险

完工风险存在于项目建设开发阶段和试生产阶段。完工风险的定义详见 7.2.1 项目风险的分类部分内容，此处不再赘述。

为了限制及转移项目的完工风险，贷款银行通常要求投资者或工程公司及其他项目参与者提供相应的完工担保作为保证。常用的完工担保形式有以下几类：

1) 无条件完工保证。投资者提供无条件的资金支持，以确保项目可以达到项目融资规定的商业完工条件。

2) 债务承购保证。如果项目的完工条件最终不能达到，则由投资者将项目债务收购下来或将其转化为公司债务，即由项目融资变为公司融资。

3) 单纯的技术完工保证。按照这种形式，保证人（作为项目生产技术的提供者）只承诺实现项目的技术生产条件，但不承担任何项目的债务责任。

4) 完工保证基金。要求项目投资者提供一笔固定数额的资金作为保证基金，投资者不承担任何超出保证基金的项目建设费用。

5) 最佳努力承诺。这种保证形式在法律概念上比较模糊，内涵上可以包括从单纯技术管理承诺到技术、管理和资金全回承诺等各种方式。

2. 生产风险

项目的生产风险直接关系着项目是否能够按照预定的计划正常运转，是否具有足够的现金流量支付生产费用和偿还债务。项目的生产风险主要表现为以下几种形式：

1）技术风险。它是指存在于项目生产技术及生产过程中的一些问题，如技术工艺是否在项目建设期结束后仍然能够保持先进，厂址选择与配套是否合理等。作为贷款银行，项目融资不是风险投资，因而银行的原则是只为采用经市场证实的成熟生产技术的项目安排有限追索性质的项目融资。对于任何采用新技术的项目，如果没能获得投资者强有力的技术保证和资金支持，是不可能得到项目融资的。贷款银行对项目技术风险的估价与银行是否曾经参加过类似项目的融资有很大关系。然而，有时尽管银行曾经参加过该类项目的融资，但是由于新的被融资项目在设备规模上或在技术上有较大改进，银行将仍然认为项目的技术风险是较高的。

2）资源风险。它是指对于依赖某种自然资源（如石油、天然气、煤矿和金属矿等）的生产型项目，在项目的生产阶段有无足够的资源保证。

3）能源和原材料供应风险。近十几年来，面对变化莫测的国际原材料和能源市场，投资者们把如何降低能源和原材料风险作为一个重要的课题加以研究，其中一种值得重视的发展趋势是能源和原材料价格指数化，将能源和原材料的供应价格与项目产出品的国际市场价格直接挂钩，并随着项目产出品价格的变化浮动。这种做法对项目各方都有一定的好处。

4）经营管理风险。经营管理风险主要用来评价项目投资者对于所开发项目的经营管理能力，而这种能力是决定项目的质量控制、成本控制和生产效率的一个重要因素。

项目的投资者以往在同一领域是否具有成功的经验是贷款银行衡量项目经营管理风险的一项重要指标。经验证明，在一个由多个投资者组成的合资项目中，如果项目经理（即负责项目日常生产管理的人员）是由一个在这一领域具有良好资信的投资者承担，那么无论是整个项目进行融资，还是其中个别投资者单独进行融资，这一因素都会成为项目好的信用支持。

3. 市场风险

市场风险是指产品在市场上的销路和其他方面的不确定性。项目产品在市场上的销售情况和其他表现直接决定项目投产后的效益和整个项目的成败。因此，降低市场风险同样是项目担保所必须面对的一个主要问题。像"无论提货与否均需付款"合同、"提货与付款"合同都是担保解决市场风险的具体做法。

当然，市场风险包括价格风险、竞争风险和需求风险。不同的项目面临的风险不一样（有些产品，如黄金、白银等，被认为只有价格风险而需求风险不予考虑，因为存在这些商品交易的标准市场，如伦敦有色金属市场。但对于多数产品来说，三种形式的市场风险并存），贷款银行在处理各种风险因素时侧重点也不一样。对于初级能源和资源性产品项目，如煤炭、石油、金属矿产等，需求风险和价格风险比较大，所以如果没有一方肯承担需求风险和市场风险，安排项目融资就非常困难；对于加工制造业，如机械制造，产品种类繁多，销售市场也很复杂，贷款银行更重视控制生产成本和现金流量，会要求项目投资者承担更多的成本风险；对于居于两者之间的项目，如纸浆、钢铁等，原材料成本和产品市场在项目中均处于重要地位，贷款银行可能要求两个方面都提供一定的项目担保。

8.3.2 政治风险

凡是投资者与所投资项目不在同一个国家或者贷款银行与所贷款项目不在同一个国家的都有可能面临由于项目所在国家的政治条件发生变化而导致项目失败、项目信用结构改变、项目债务偿还能力改变等方面的风险，这类风险统称为项目的政治风险。

项目的政治风险可分为两大类：一类表现为国家风险，即项目所在国政府由于某种政治原因或外交政策上的原因，对项目实行征用、没收，或者对项目产品实行禁运、联合抵制，中止债务偿还的潜在可能性；另一类表现为国家政治、经济、法律稳定性风险，即项目所在国在外汇管理、法律制度、税收制度、劳资关系、环境保护、资源主权等项目有关的敏感性问题方面的立法是否健全，管理是否完善，是否经常变动。项目的政治风险可能涉及项目的各个方面和各个阶段。

政治风险不同于商业风险，后者是可控的，一般项目投资者自身很难解决政治风险问题，因而需要第三方参与，为贷款银行提供政治风险担保。这种担保通常由项目所在国政府和中央银行提供，有时还需要世界银行、地区开发银行以及一些工业国家的出口信贷和海外投资机构等提供担保。

此外，商业担保公司逐渐参与政治风险担保是最近的发展趋势，因为有些项目不具备政府出口信贷或保险机构提供政治风险担保的条件，或者风险价值超过政府机构进行政治风险担保的限额，或者项目投资者不满意政治风险担保的条件。

8.3.3 金融风险

项目的金融风险主要表现在利率风险和外汇风险两个方面。

1）利率风险是指在经营过程中，由于利率变动直接或间接地造成项目价值降低或收益损失。实际利率是项目借贷款人的机会成本的参照系数。如果投资方利用浮动利率融资，一旦利率上升，项目的融资成本就上升；如果采用固定利率融资，一旦市场利率下降便会造成机会成本的提高。

2）外汇风险涉及东道国通货的自由兑换、经营收益的自由汇出及汇率波动所造成的货币贬值问题。境外的项目发起人一般希望将项目产生的利润以本国货币或者硬通货汇往本国，以避免因为东道国的通货膨胀而蒙受损失。而资金投入与利润汇出两个时点上汇率的波动可能对项目发起方的投资收益产生较大的影响。

8.3.4 或有风险

或有风险，也称不可预见风险，主要是指地震、火灾等由不可抗力带来的不确定性。避免这类风险主要是采用商业保险。

不论项目担保的形式和性质如何，贷款银行总是坚持作为担保的第一受益人。而且，对于期限较长的工程项目融资，贷款银行会在基本的项目担保的基础上增加一些特殊规定，以避免自身利益因外部环境变化受到损害。

8.4 工程项目融资的物权担保

工程项目融资的物权担保是指项目公司或第三方以自身资产为履行贷款债务提供担保。国内信贷活动虽然广泛使用物权担保，但在工程项目融资这种国际融资活动中，却较少使用物权担保，作用也不明显。这是因为贷款方不易控制跨国担保物，而更重要的是因为工程项目融资追索权有限。项目公司自身的资产一般不能使贷款方放心，因为贷款方看重的是项目本身，而非项目公司目前的资产。

虽然物权担保对于借款方并没有特别大的压力，但是它仍然能够约束项目有关参与方认真履行合同，保证项目的顺利建成和运营。此外，在项目融资中，借款方以项目资产做担保，使贷款方能够控制项目的经营，进而顺利地收回贷款。

工程项目融资物权担保按担保标的物的性质可分为不动产担保和动产担保；按担保方式可分为固定担保和浮动担保。

8.4.1 不动产担保与动产担保

1. 不动产担保

不动产通常是指土地以及依附于土地上的建筑物、构筑物等难以移动的财产。在工程项目融资中，项目公司一般以项目资产作为不动产担保，而且这种不动产担保仅限于项目公司的不动产范围，而不涉及或很少涉及项目投资者的不动产。这就是工程项目融资的有限追索性的体现。项目公司一旦违约，贷款银行有权接管项目，或重新经营，或拍卖项目资产，弥补其贷款损失。可这种弥补对于巨额的贷款来说是微不足道的。尤其是在项目失败的情形下，不动产担保对于贷款银行的意义更是不大。例如，高速公路工程，如果建成后，实际的车流量远远低于原来预测的车流量，那么当项目公司无法还本付息时，即使将该高速公路的所有权移转给贷款银行，但对贷款银行来说，也没有意义。同时，由于项目资产的专用性一般较强，要想将项目资产出售变现还是比较困难的，更何况项目资产的出售变现还可能存在政治上的障碍。

2. 动产担保

动产担保是指借款人（工程项目融资中一般指项目公司）以自己或第三方的动产作为履约的保证。可用于提供担保的动产在各国法律中有不同的规定，但归纳起来，可以分为有形动产和无形动产两大类。有形动产包括船舶、飞机、设备和存货等；无形动产包括专利权、票据、应收账款、证券、保险单、银行账户和特许权等。由于处理动产担保在技术上比不动产担保方便，故在工程项目融资中使用较多。

在工程项目融资中，无形资产担保的意义更大。一方面，有形动产的价值往往因为项目的失败而减少；另一方面，也因为无形动产涉及多个项目参与方，其权利具有可追溯性，而且这种追溯性是有合同文件作为书面保证的。可以说，工程项目融资中的许多信用担保最后都作为无形动产担保而成为对贷款银行的一种可靠担保。例如，"无论提货与否均需付款"合同本身是项目产品用户提供的一种信用担保，但当该合同下的权益在一定时期内转移给贷款银行时，该合同下的权益就成了贷款银行的无形动产，于是信用担保变成了无形动产担保。

8.4.2 固定担保与浮动担保

1. 固定担保

前面所说的动产担保和不动产担保皆属于固定担保。所谓"固定"，是指借款方作为还款保证的资产是确定的，如特定的土地、厂房或特定的股份、特许权、商品等。当借款方违约或项目失败时，贷款方一般只能从这些担保物中受偿。固定担保一般是在固定资产上设定的，即设定抵押时就固定在具体的财产上，且必须遵守设定担保的必要手续。固定担保也可以在未收资金及流动资产上设定，担保人在没有解除担保责任或者得到担保受益人的同意之前不能出售或者以其他形式处置该项资产。如果置于固定担保下的资产属于生产性资产，则担保人只能根据担保协议的规定对该项资产进行正常的生产性使用；如果担保资产是不动产或银行存款，则担保人原则上是无权使用该项资产的。

2. 浮动担保

浮动担保又称浮动抵押（floating charge）、浮动债务负担，始创于英国，是指债务人（主要是公司）与债权人（通常为银行）达成协议，债务人以其现存及将来获得的全部财产作为债务的担保；当债务人不履行债务时，债权人就债务人不履行债务时拥有的全部财产的变卖价款优先受偿的法律制度。后来，该担保方式在其他一些国家也得到普及。由于这种担保方式不以特定的动产或不动产为担保标的，只有当特定事件发生时才能最后确定受偿资产，所以被形象地称为浮动抵押。在浮动担保中，借款人（即担保人）对浮动担保物享有占有权、使用权和处分权。浮动担保无须转移担保物的占有，在借款人违约或破产之前，借款人有权在其正常的业务活动中担保无须转移担保物的占有，在借款人违约或破产之前，借款人有权在其正常的业务活动中自由使用和处分担保物。借款人对担保物的处分无须征得贷款人的同意，经借款人处分后的担保物自动退出担保物范围；反之，借款人在设定浮动担保后所取得的一切财产（或某一类财产）也自动进入担保范围。可见，在贷款人实际行使浮动担保权之前，担保物一直处于不确定的浮动状态，所以一旦项目的经营者在经营中有恶意地处分财产，对贷款人而言，其担保权的实现就有相当大的风险。

固定担保下的标的处分是受很大限制的，而浮动担保的处分几乎不受任何限制。对项目公司来说，其不愿设立较多的固定担保，因为这样会对其自主经营施加一定的限制，对资产的处理会束手束脚；对贷款人而言，固定担保则对其比较有利，便于其实现抵押权。但是，需要注意的是，工程项目融资中工程投资大，只依靠固定担保完成对其贷款的保证是不可能的，在工程项目融资中也不具有可行性或可操作性。因此，为了保证项目公司（或项目经营者）的利益，不宜设立较多的固定担保；为了保证贷款人的利益，又要设定一定的固定担保。或者从另一角度来说，对两种担保的选择而言，项目公司愿意使用浮动担保，而贷款人则愿意使用固定担保。

浮动担保具有以下三个特征：

1）以债务人（借款人）现有及未来的全部财产作为担保标的物。

2）担保标的物的形态或价值在日常经营过程中不停地变化，如价值形态由货币形态转化为生产资料、生产资料转化为产品形态，而价值则或增或减或等值转换。

3）在结晶条款规定的条件成立或出现以前，债务人的日常营业业务不受浮动担保的影响。其最本质的特征在于设立担保后，债务人仍可享有自由处理担保物的权利，可以最大限度地发挥担保物的增值功能。

结晶条款是浮动担保的核心。"结晶"是指终止债务人处置担保物的权利，使浮动担保变为固定担保，而债权人变卖担保物以实现其债权。导致"结晶"的情形有以下三种：

① 因债务人停止营业而"结晶"。一旦颁发清算令开始清算债务人公司，无论所担保的义务是否到期，浮动担保自动"结晶"。

② 因债务人违约而"结晶"。

③ 债权人与债务人双方约定"结晶"。无论是自动"结晶"还是通知"结晶"，其目的均是取得优先权并规避其他优先权。

浮动担保在融资担保中得到了广泛应用，如贷款银行对项目公司银行账户的控制，但一般情况下，项目公司的银行账户由第三方托管。1983年5月，合和电力与深圳电力公司签订的10期电厂投资建设合作合同约定，以电厂全部资产对贷款银行做浮动抵押，且适用香港的法律。这是我国第一例浮动担保。

浮动担保之所以应用广泛，是因为它能够让债务人充分自由地处分已作为担保物的财产，同时又能维护债权人的权益。

8.5 工程项目融资的信用担保

工程项目融资中的信用担保又称为人的担保，是当事人之间的一种合同关系。其主要作用是由担保人为某一项目参与方向贷款人提供担保，当该项目参与方无法履行合同义务时，由担保人负责代其履行义务或承担赔偿责任。在信用担保中，担保人的信用是至关重要的，往往是贷款人决定是否给予贷款所要考虑的关键因素。在工程项目融资中，担保人通常是法人，包括借款人以外的其他公司、商业银行、政府和官方信贷机构等。

8.5.1 完工担保

完工担保是一种有限责任的直接担保形式。完工担保所针对的项目完工风险包括由于工程或技术上的原因造成的项目拖期或成本超支；由于外部纠纷或其他外部因素造成的项目拖期或成本超支；由于上述任何原因造成的项目停建以致最终放弃。

由于在项目的建设期和试产期，贷款银行所承受的风险最大，项目能否按期建成投产并按照其设计指标进行生产经营是以项目现金流量为融资基础的工程项目融资的核心，因此，项目完工担保就成为工程项目融资结构中一个最主要的担保条件。大多数项目的完工担保属于仅仅在时间上有所限制的担保形式，即在一定的时间范围内（通常在项目的建设期和试生产或试运行期间），项目完工担保人对贷款银行承担着全面追索的经济责任。在这一期间，项目完工担保人需要尽一切努力促使项目达到"商业完工"的标准，并支付所有的成本超支费用。

由于完工担保的直接财务责任在项目达到"商业完工"标准后就立即终止，工程项目融资结构也从"全面追索"转变成为"有限追索"性质，贷款银行此后只能单纯（或绝大部分）地依赖于项目的经营，或者依赖于项目的经营加上"无论提货与否均需付款"等类型的有限信用保证支持来满足债务偿还的要求，所以对于项目"商业完工"的标准及检验是相当具体和严格的。这其中包括对生产成本的要求、对原材料消耗水平的要求、对生产效率的要求以及对产品质量和产品产出量的要求。无论哪项指标不符合在融资文件中所规定的指标要求，都会被认为是没有达到项目完工担保的条件，项目完工担保的责任也就不能解除，除非贷款银行同意重新制定或放弃部分"商业完工"标准。

项目完工担保的提供者主要由两类公司组成：一类是项目投资者，另一类是承建项目的工程公司或有关保险公司。

1. 由项目投资者提供的完工担保

由直接投资者作为项目完工担保人是最常用也最容易被贷款银行所接受的方式。因为项目投资者不仅是项目的最终受益人，而且由于股本资金的投入，使其对项目的建设和运行成功与否有着最直接的经济利益关系。所以，如果由项目投资者作为项目完工担保人，他就会想方设法使项目按照预订的计划完成；同时，由项目投资者作为完工担保人也可以增加贷款银行对项目前途的信心。

在工程项目融资结构中，完工担保既可以是一个独立协议，也可以是贷款协议的一个组成部分。完工担保通常包含以下三个方面的基本内容：

（1）完工担保的责任　具体来说，就是项目投资者向贷款银行做出保证，除计划内的资金安排外，必须提供建设期成本超支的资金或为达到"商业完工"标准而超过原定计划资金安排之外的任何所需资金。如果项目投资者不履行其提供资金的担保义务而导致项目不能完工，则需偿还贷款银行的贷款。

由于这种严格的规定，因此在项目完工担保协议中对"商业完工"的概念有着十分明确的定义。这种定义主要包括对项目具体生产技术指标的规定（包括对单位生产址的能源、原材料甚至劳动力消耗指标的规定）；对项目生产或服务质量的规定；对项目产品的单位产出量（或服务量）的规定；对在一定时间内项目稳定生产或运行的指标规定。

（2）完工担保的义务　一旦项目出现工期延误和成本超支现象，项目投资者应采取相应的行动履行其担保义务。一般有两种可供选择的方式：一种是项目公司追加股本资金的投入；另一种是项目投资者自己或通过其他金融机构向项目公司提供无担保贷款（准股本资金或次级债务），只有在高级债务得到偿还后，无担保贷款方才有权要求清偿。

（3）保证项目投资者履行担保义务的措施　国际上大型工程项目融资经常会出现贷款银团与项目投资者分散在不同国家的情况，这种情况使得一旦项目完工担保人不履行其完工担保义务，就会给贷款银团采取法律行动造成许多不便；即使贷款银团与项目完工担保人同属于一个法律管辖区域，为了能够在需要时顺利、及时地启动项目完工担保，贷款银团也需要在完工担保协议中规定具体的确保担保人履行担保义务的措施。比较通行的做法是，项目投资者（担保人）被要求在指定银行的账户上存入一笔预订的担保存款，或者从指定的金融机构中开出一张以贷款银行为受益人的、相当于上述金额的备用信用证，以此作为贷款银行支付第一期贷款的前提条件。一旦出现需要动用项目完工担保资金的情况，贷款银行将直接从上述担保存款或备用信用证中提取资金。在这种情况下，根据完工担保协议，如果项目投资者（担保人）在建设期承担的是完全追索责任，则会被要求随时将其担保存款或备用信用证补足到原来的金额。

2．由工程承包公司或保险公司提供的完工担保

由工程承包公司及其背后的金融机构提供的项目完工担保，是包括在工程承包合同中的一种附加条件，实质上是项目投资者将部分或全部完工风险转移给了工程承包公司，因此，引入这种担保条件在某种程度上减轻了项目投资者在完工担保方面所承担的压力。当项目是由具有较高资信和丰富管理经验的工程公司承建时，特别是技术比较成熟的资源性、能源性和基础设施性工程项目，可以增强贷款银行对项目完工的信心。然而，在大多数工程项目融资中，项目投资者是不可能彻底摆脱其完工担保责任的，但可以通过在工程合同中引入若干种完工担保条件转移一部分完工风险给工程承包公司，起到对项目投资者一定的保护作用。

在工程项目融资实践中，这种完工风险转移的方式有两种：一种是与工程承包公司签订固定价格的承包合同，另一种是要求工程承包公司提供工程担保。常见的工程担保有履约担保、预付款担保、保留金担保和缺陷责任担保。为了不影响工程承包公司的履约能力，上述工程担保通常是由工程承包公司通过金融机构提供的，具体表现形式为金融机构开出的银行保函或备用信用证。在目前的工程建设市场中，工程担保既有有条件的（即从属性担保），也有无条件的（即独立担保）。具体采用有条件的工程担保还是无条件的工程担保，要视各国的制度环境而定。

（1）履约担保　履约担保是与工程承包合同连在一起的一种信用担保方式，即工程承包公司向项目公司保证一定履行工程承包合同承建项目。一般地，项目公司再将其转让给贷款人，也就是说，贷款人是履约担保的最终受益人。履约担保的作用是保证中标的工程承包公司按合同条件建成项目。一旦工程承包公司不能履行其合同义务，担保人就要向担保受益人提供一定的资金补偿。世界银行贷款项目规定，履约担保金额为合同价的 5%。

（2）预付款担保　预付款的作用是帮助工程承包公司安排流动资金用于在项目开工前购买设备、材料及调遣施工队伍进场等，使项目可以按时开工。由于项目公司支付预付款时，工程尚未开工，为保证预付款的合理使用，因此要求工程承包公司提供预付款担保。将来随着预付款的逐步扣回，预付款担保金额会随之减少。一般而言，预付款担保最高金额为合同价的 10%。

（3）保留金担保　在工程实践中，项目业主通常会在每次进度款支付时扣留进度款的 5%直至扣留金额达到合同价的 5%，这就是所谓的保留金。项目业主扣留保留金的初衷是保证工程承包公司履行其修补缺陷的义务。但是，工程承包公司希望尽快回收资金，因此愿意提供保留金担保替代实际保留金，以解决资金周转的问题。

（4）缺陷责任担保　工程承包合同一般规定项目完工并移交后，在一定时间内（通常为 1 年），工程承包商要承担工程维修的义务。缺陷责任担保便是为保证承包商进行工程维修的目的而设立的。但在实践中，履约担保和保留金担保将自动转成缺陷责任担保。

上述各种担保形式一般是由工程公司背后的金融机构作为担保人提供的，其目的是保证工程公司有足够实力按期完成项目的建设工程，并确保一旦工程公司无法继续执行其合同，根据担保受益人（项目投资者或工程项目融资中的贷款银行）的要求，由担保人无条件地按照合同规定向受益人支付一定的资金补偿。这种完工担保经常以银行或其他金融机构的无条件信用证形式出现。这种担保和项目投资者完工担保的区别：项目投资者的完工担保要求尽全力去执行融资协议，实现项目完工；而工程公司的完工担保只是在工程合同违约时，支付工程合同款项的一部分（通常是 5%~30%，在美国，由保险公司提供的工程履约担保有时可以达到 100%的合同金额）给予担保受益人。因此，这种担保只能作为项目投资者完工担保的一种补充，并且和项目投资者提供的担保一样，其担保信用在很大程度上依赖于提供担保人的资信状况。

8.5.2　资金缺额担保

对贷款银行来说，项目完工担保主要是化解项目建设和试生产、试运行阶段的风险，那么在项目运行阶段，如果出现项目公司收入不足，无法支付生产成本和偿付到期债务的情况，贷款银行又应如何化解此类风险呢？

在工程项目融资中，化解此类风险的方法是采用项目资金缺额担保，也称为现金流量缺额担保。资金缺额担保是一种在担保金额上有所限制的直接担保，主要作为一种支持已进入正常生产阶段的工程项目融资结构的有限担保。从贷款银行的角度，设计这种担保的基本目的有两个：①保证项目具有正常运行所必需的最低现金流量，即至少具有支付和偿付到期债务的能力。②在项目投资者出现违约的情况下，或者在项目重组及出售项目资产时，保护贷款银行的利益，保证债务的回收。

担保金额在工程项目融资中没有统一的标准，一般取该项目年正常运行费用总额的 25%~75%，主要取决于贷款银行对项目风险的认识和判断。项目年正常运行费用应至少考虑以下三个方面内容：日常生产经营性开支；必要的大修、更新改造等资本性开支；若有项目贷款，还有到期债务利息和本金的偿还。实践中，资金缺额担保常采用的形式有以下三种：

1. 项目投资者提供担保存款或以贷款银行为受益人的备用信用证

这在新建项目安排融资时较为常见。由于新建项目没有经营历史，也没有相应的资金积累，抗意外风险的能力比经营多年的项目要弱得多，因而贷款银行多会要求由项目投资者提供一个固定金额的资金缺额担保，或要求项目投资者在指定的银行存入一笔预先确定的资金作为担保存款，或要求项目投资者由指定银行以贷款银行为受益人开出一张备用信用证。这种方法与提供完工担保的方法类似。在一定年限内，项目投资者不能撤销或将担保存款和备用信用证金额挪作他用，担保存款或备用信用证额度通常随着利息的增加而增加，直到一个规定的额度。当项目在某一时期现金流量出现不足以支付生产成本、资本开支或者偿还到期债务时，贷款银行就可以从担保存款或备用信用证中提取资金。

2. 建立留置基金

建立留置基金是指项目的年度收入在扣除全部的生产费用、资本开支以及到期债务本息和税收之后的净现金流量，不能被项目投资者以分红或其他形式从项目公司中提走，而是全部或大部分被放置在一个被称为"留置基金"的账户中，以备项目出现任何不可预见的问题时使用。留置基金账户通常规定一个最低资金限额。如果账户中的实际可支配资金总额低于该最低资金限额，则该账户中资金不得以任何形式为项目投资者所提走；反之，则该账户中的资金便可释放，用于项目投资者的分红等。留置基金的最低资金限额必须满足3~6个月生产费用准备金和偿还3~9个月到期债务的要求。对于新建项目，通常将留置基金与担保存款或备用信用证共同使用，作为工程项目融资的资金缺额担保。

3. 由项目投资者提供对项目最小净现金流量的担保

该种方法是保证项目有一个最低的净收益，但关键是项目投资者和贷款银行对项目总收入和总支出如何进行合理预测。一旦双方对项目最小净现金流量指标达成一致，便将其写入资金缺额担保协议中，若实际项目净现金流量在未来某一时期低于这一最低水平，项目投资者就必须负责将其缺额补上，以保证项目的正常运行。

与此类似的还有最低产品担保或最低现金流量担保/支付担保。例如，外商独资的上海大场水厂与上海自来水公司签订的供水合同中约定，上海市城市建设投资开发总公司为上海自来水公司供水水价支付的保证人。由上海市城市建设投资开发总公司签署的以上海大场水厂（项目公司）为受益人的担保书第八条确认：我方同意你方可将本担保书中的全部或任何权利和义务转让予专营合同所述融资协议定义的、为水处理厂提供借款融资的银团之代理行（即中国建设银行上海分行）。上述转让仅为向银团付款担保的目的，银团仅在与专营公司主张其在本担保书中的权利时相同的条件下，有权主张本担保书的权利。

8.5.3 以"无论提货与否均需付款"协议和"提货与付款"协议为基础的项目担保

"无论提货与否均需付款"协议和"提货与付款"协议是两类既有共性，又有区别，并且是国际工程项目融资所特有的项目担保形式。"无论提货与否均需付款"协议和"提货与付款"协议，是工程项目融资结构中的项目产品（或服务）的长期市场销售合约的统称，这类合约形式几乎在所有类型的工程项目融资中都得到广泛应用，从各种各样的工业项目，如煤矿、有色金属矿、铁矿、各种金属冶炼厂、石油化工联合企业、造纸、纸浆等项目，一直到公用设施和基础设施项目，如海运码头、石油运输管道、铁路集散中心、火力发电厂等，因而它在某种意义上已经成为工程项目融资结构中不可缺少的组成部分。同时，这类合约形式在一些工程项目融资结构中也被用于处理项目公司与其主要原材料、能源供应商之间的关系。"无论提货与否均需付款"协议和"提货与付款"协议在法律上体现的是项目买方与卖方之间的商业合同关系。尽管实质上是由项目买方对工程项目融资提供的一种担保，但是这类协议仍被视为商业合约，因而是一种间接担保形式。

项目贷款银行在提供贷款资金时，相当关注项目收入的稳定性。因此，融资结构的构建必须考虑项目产品有稳定的销量或项目设施有可靠的用户，同时也要考虑项目原材料、燃料等上游产品供给的稳定性。一般情况下，项目公司通过与项目产品（设施）的购买者（用户）或原材料、能源供应商签订长期销售（供应）协议来实现。所谓长期协议，是指项目产品（设施）的购买者（用户）或原材料、能源供应商承担的责任应至少不短于工程项目融资的贷款期限。

从项目公司的角度来说，根据项目的性质以及双方在项目中的地位，这类合约具体又可分为以下四种形式：

1. "无论提货与否均需付款"协议

该协议表现的是项目公司与项目产品购买者之间的长期销售合同关系。对于工业项目，即类似矿山、油田、冶炼厂、发电厂等有实体的产品被生产出来的项目，这种长期销售合同就是购买项目产品的一种特殊协议；对于服务性项目，类似输油管道、码头、高速公路等不生产实体产品的项目，这种合同则是购买项目设施所提供服务的协议。因此，可以将"无论提货与否均需付款"协议定义为一种由项目公司与项目的有形产品或无形产品的购买者之间签订的长期、无条件的供销协议。所谓长期协议，是指项目产品购买者承担的责任应不短于工程项目融资的贷款期限（有时可长达十几年），因而这种协议比一般商业合同的期限要长得多。所谓无条件协议，是指项目产品购买者承担的无条件付款责任，是根据规定的日期、按照确定的价格向项目公司支付事先确定数额产品的货款而无论项目公司能否交货。产品的定价以市场价格为基础，可以是固定价格或浮动价格，但往往规定最低限价；产品的数量以达到设计生产指标时的产量为基础，但有时也根据实际项目的预期债务覆盖比率加以调整。总之，确定"无论提货与否均需付款"协议的基本原则是项目产品购买者所承诺支付的最低金额应不低于该项目生产经营费用和债务偿还费用的总和。

"无论提货与否均需付款"协议与传统的贸易合同相比，除了协议中规定的持续时间更长（有的长达几十年）以外，更本质的区别在于项目产品购买者对购买产品义务的绝对性和无条件性。传统的贸易合同是以买卖双方的对等交换作为基础的，即"一手交钱，一手交货"，如果卖方交不出产品，买方可以不履行其付款的义务。但是，在"无论提货与否均需付款"协议中，项目产品购买者承担的是绝对的、无条件的根据合同付款的义务，即使是出现由于项目毁灭、爆发战争、项目财产被没收或征用等不可抗力而导致项目公司不能交货的情形，只要在协议中没有做出相应规定，项目产品购买者仍须按合同规定付款。

"无论提货与否均需付款"协议中的产品购买者可以是项目投资者，也可以是其他与项目利益有关的第三方担保人；但是，在多数情况下，项目产品购买者中往往至少有一个是项目投资者。从贷款银行的角度看，由于项目投资者同时具有产品购买者和项目公司所有人的双重身份，所以在工程项目融资结构中通常设有受托管理人或融资经理，由其代表银行独立监督项目公司的资金使用，以确保工程项目融资结构的平稳运行。

2. "提货与付款"协议

由于"无论提货与否均需付款"协议的绝对性和无条件性，许多项目购买者不愿意接受这样一种财务担保责任，而更倾向于采用"提货与付款"协议。与"无论提货与否均需付款"协议不同的是，"提货与付款"协议中项目产品购买者承担的不是绝对的、无条件的付款责任，而只承担在取得产品的条件下才履行协议确定的付款义务。例如，在供水项目中，只有供水公司供水，自来水公司才会付款；在电力项目中，只有电厂发电输送至电网，电力公司才会向项目公司付款。

一方面，由于"提货与付款"协议具有这个特点，使之在性质上更接近传统的长期销售合同，因而在形式上更容易被项目产品的购买者，特别是那些对项目产品具有长期需求的购买者所接受，因而在工程项目融资中得到越来越广泛的应用，有逐步取代"无论提货与否均需付款"协议的趋势。但是，另一方面，由于"提货与付款"协议在工程项目融资中所起到的担保作用是有条件的，因而从贷款银行的角度看，这种协议与"无论提货与否均需付款"协议相比，所提供的项目担保分量要相对轻一些。在某些经济强度较差的工程项目融资中，贷款银行可能会要求项目投资者提供附加的资金缺额担保作为"提货与付款"协议担保的一种补充。但若项目经济强度很好，并且其项目经理有良好的管理能力和管理记录，即使仅有"提货与付款"协议这种间接担保，贷款银行也可能接受而提供贷款。

3. 运输量协议

当被融资项目是生产服务型项目时，如输油管道，那么提供长期运输服务的"无论提货与否均需付款"协议被称为运输量协议。运输量协议有多种形式，但基本原则是一致的，即如果使用这种合同作为生产服务设施（输油管道）的工程项目融资担保，则这种服务的付款义务是无条件的，被贷款银行视为一种有保证的收入来源，而不管这种服务能否被使用和实际上是否被使用。运输量协议也有"提货与付款"类型，其区别是，只要生产服务性设施是可以使用的，项目服务的使用者就必须支付预订使用费，而不管是否真正使用。不同性质项目的服务使用协议的名称不尽相同，在有些项目中，这种协议也被称为委托加工协议或服务成本收费等。

4. "供货与付款"协议

一些项目需要具有长期稳定的原材料、能源供应，以保证其生产连续运行。根据"供货与付款"协议，项目所需原材料、能源的供应者承担着按照合同向项目定期提供产品的责任；如果不能履行责任，就需要向项目公司支付该公司从其他来源购买所需原材料或能源的价格差额。这类合同比较少见，只有在一家公司十分希望为产品开发长期稳定的下游市场情况时，才会同意签订此类协议。

8.6 其他担保形式

在工程项目融资中，除了上述各种形式，还有许多类似担保的交易。这些交易一般在法律上被排除在物权担保范围之外，被视为贸易交易。但由于这些交易的经济效果类似物权担保，而且在很大限度上是为了规避物权担保的限制而进行的，故也应归入广义的担保范围内。

1. 租赁

卖方（名义上是出租人）将设备租给买方（名义上的承租人），卖方仍保留对设备的所有权，买方则拥有设备的使用权；或者卖方将设备出售给一家金融公司或租赁公司并立即得到价款，然后该金融公司或租赁公司再将设备租给买方。无论以何种形式出租，卖方都足以在租期内收回成本。这实际上是一种商业信用，买方以定期交租金的方式得到融资，而设备本身则起到担保物的作用。

2. 出售和租回

借款方首先将资产卖给金融公司，然后按与资产使用寿命相应的租期重新租回。在这里，价款起了贷款的作用，租金分期缴纳就是分期还款，而设备则是担保物。

3. 出售和购回

借款方首先将资产卖给金融公司而获得价款，然后按事先约定的条件和时间购回。购回实际上就是还款，而资产在此也起到了担保作用。

4. 所有权保留

所有权保留也称有条件出售，即卖方将资产卖给债务人，条件是债务人只有在偿付资产债务后才能获得资产所有权。这里的资产同样也起到了担保物的作用。

5. 从属之债

从属之债是指一个债权人同意在另一债权人受偿之前不请求清偿自己的债务。前者称为从债权人，其债权称为从债权，可由一切种类的债权构成；后者称为主债权人，即工程项目融资的贷款方。从经济效果看，从债权对主债权的清偿提供了一定程度的保证，从属之债也对主债务提供了一定的担保。

【案例研究】深圳沙角 B 电厂 BOT 项目融资担保结构

深圳沙角 B 电厂采取中外合作的方式兴建。中方为深圳特区电力开发公司（A 方），外方为在我国香港注册专门为该项目成立的合和电力（中国）有限公司（B 方），项目总投资 5.4 亿美元，其中债务资金达 4.644 亿美元。债务资金主要来自于 A 方的人民币贷款、固定利率日元出口信贷、欧洲日元贷款及港币贷款。

在本项目的融资担保中，合作方采取了如下的担保方式来控制各个阶段的项目风险：

1）B 方与以日本三井公司等几个主要日本公司组成的电厂设备供应和工程承包财团谈

判，获得了一个固定价格的交钥匙合同。这个财团在一个固定日期和一个交钥匙合同的基础上，负责项目的设计、建设和试运行，并且同意为项目在试运行阶段和开发生产阶段提供技术操作人员。通过这种方式，项目的完工风险被成功分散。

2）A方的电力购买协议。这是一个具有"提货与付款"性质的协议，约定A方在项目生产期间按照事先约定的价格从项目中购买一个确定的最低数量的发电量，从而排除了项目的主要市场风险。

3）A方的煤炭供应协议。这是一个具有"供货与付款"性质的合同。合同约定A方负责按照一个固定的价格提供项目发电所需的全部煤炭，这个安排实际上排除了项目的能源价格及供应风险以及大部分的生产成本超支风险。

4）广东省国际信托投资公司为A方的电力购买协议和煤炭供应协议提供担保。

5）广东省政府为A方的电力购买协议、煤炭供应协议出具了支持信。

6）中国人民保险公司安排的项目保险。项目保险是电站项目融资中不可缺少的组成部分，这种保险包括对出现资产损害、机械设备故障以及发生的相应损失造成的保险。合理的融资担保安排为项目建设、项目运营及项目产品市场销售提供了良好的保障和信用基础，有效防范了工程项目融资过程中的不确定因素可能引发的项目风险给项目各方造成的损失。

【复习思考题】

1. 以上案例工程项目融资中，哪些参与人可为项目的融资提供担保？
2. 结合以上案例，工程项目融资的担保形式分为哪几种？
3. 工程项目融资担保的作用有哪些？

CHAPTER 9

第 9 章

工程项目融资文件与法律制度

> 【核心概念】 项目融资文件　特许权协议　项目融资合同体系　项目融资法律体系
>
> 【学习目标】 通过对本章内容的学习，掌握工程项目融资文件构成和作用；了解项目融资文件的基本分类、方法及其主要内容；了解项目融资法律的基本特征和法律体系。

▶▶ 9.1 项目融资文件的作用与分类

9.1.1 项目融资文件的作用

项目融资涉及的文件少则几十个，多则上百个，项目融资文件在融资过程中的作用十分重要，主要有以下两点：

1. 明确各方参与者在项目融资中的地位、权利、责任和义务

项目融资的参与者要比传统融资方式多，既有核心参与者如项目发起人、项目公司和贷款银行，又有风险分担参与者的工程承包商、设备和原材料供应商、项目产品的购买者、政府机构，还有工程、财务和法律顾问等。这些参与者在融资过程中所处的地位，拥有的权利，应承担的责任和义务各不相同，是各种文件（如各种合同协议）把它们联系在一起，并明确它们各自的权利与责任。例如，新建电厂采用该融资方式时，在政府与项目公司之间签署的特许权协议中，明确规定了政府授予项目公司独占的权利以设计、建设、调试、运营和维护电厂，按有关规定使用土地，并在特许期内向政府销售电厂净输出电量及电力。

2. 项目融资文件是对项目的风险进行界定和合理分担

项目融资的实施过程中，存在着很多风险，能否在项目融资的各方参与者之间合理地分配风险是项目融资成败的关键。项目融资的文件对各种风险定义有明确的规定和解释，并在文件中依据项目融资各参与方的利益，把各种风险合理分配。例如，完工风险是项目融资的主要风险之一，完工风险的分配是项目公司通过与承包商签订承包合同文件，规定完工时间承包总价格、损失赔偿责任等限制条款，把完工的第一级风险转嫁给承包商，项目公司承担第二级风险，项目发起人间接承担风险，贷款银行承担第三级风险。而贷款银行则通常还要投资人或承包商等参与者提供完工担保作为保证，使其风险降至最低程度。从中也可以看出完工担保的作用。

9.1.2 项目融资文件的分类

项目融资的文件数量多，种类繁杂，并各具不同用途。选择适当的标志将其科学分类，对起草、使用项目融资的文件，无疑是必要的。英国 Clifford Chance 法律公司所著《项目融资》一书，将项目融资文件分为五大类：基本文件，融资文件，担保、抵押文件，支持文件与专家报告和法律意见书，并在每一大类中列出具体的文件名称。例如，基本文件中主要包括各级政府特许、批准的文件，项目发起人之间的合资文件，股东协议及供货合同，等等。

由于项目融资的模式有多种，每种融资模式所涉及的文件有些是相同的，有些则是不同的。因此，对文件分类方法也有区别。例如，我国采用 BOT 模式建设的文件可以分为委托—代理型、授权—被授权型、合作（伙）型、投资—融资型四种。在委托—代理型文件中主要是政府出具的正式授权委托书文件；在授权—被授权型的文件中，特许权协议则是最核心的文件之一；而在合作型文件中，主要是指项目投资人之间的合作协议，项目融资人之间的合作协议，项目公司与项目的承包商之间的合作协议及与项目公司发生联系的各类经济实体之间的合作协议等；在投资—融资型文件中，主要是指投资人与提供融资的国际财团之间签订的《融资协议》文件及其附件。

总体来看，项目融资文件基本分为三大类：第一类是项目融资运作过程应符合国际惯例方面的文件，如有关的双边条约和国际公约；第二类是项目融资运作所依据的国内法律法规方面的文件，如有关外商投资、外汇管理、合同、税收、土地管理、担保、保险和环保等诸方面的法律文件和法规；第三类是项目融资各参与方必须共同遵循的合同契约文件，如上面曾提到的特许权协议、融资协议等。在上述三大类文件中，就数量而言，法律、法规文件占全部文件的比重较大。

9.2 项目融资中的重要文件

9.2.1 项目基础性文件

项目的贷款方以及他们的律师不仅要认真起草贷款和担保文件，而且要特别仔细地审阅项目发起人和其他各参与方之间的各项协议。这些协议是项目得以进行的基础，其中有些甚至在贷款方正式介入之前就已经签署完毕。以下是这些项目基本文件的清单：

1）政府的项目特许经营协议、其他许可证、缴纳政府费用协议。

2）土地租赁协议、土地许可证等土地权利方面的文件。
3）项目发起人之间的合资协议。
4）股东协议。
5）项目公司的公司章程等成立文件。
6）项目管理协议和技术顾问合同。
7）承建合同和次级承包合同。
8）承建商和次级承建商的担保及预付款保函。
9）项目投保合同。
10）原材料供应协议。
11）能源供应协议。
12）产品购买协议。
13）项目经营协议。
14）技术可行性报告及技术许可证。
15）独立技术专家的评估报告。
16）规划和环境方面的许可证、批文。
17）运输协议。
18）项目发起人的其他融资文件。

在阅读以上这些基本文件时，贷款方应特别注意以下事项：①借款方用于还款担保所依赖的项目协议和未来现金流量已经被抵押出去，承建和销售合同明文规定不得用于担保。②其他融资文件中不利于贷款方的资产担保条款，如交叉违约条款、消极保证条款和同步条款。③项目发起方已有支付义务。④"不可抗力"条款可能免除某一方或某几方的付款义务。⑤项目合作方之间达成的强制放弃或取代条款，要求在他们中的某几方从项目中撤出来以后，留下的一方无条件继承退出者的责任与义务。⑥经营许可权的终止或取消条款以及对于经营许可权转让的限制。

无论在什么情况下，贷款方都应该坚持文件的修订必须满足以下两个条件：一是应保证贷款方获得足够的担保；二是项目不能轻易终止，它的终止必须符合融资文件中相关条款的规定。为了实现这一原则，贷款方有时需要担起借款方对其他发起人的某些义务。

在拟订项目文件时，项目发起人应尽量避免那些对自己有潜在威胁性或限制性的条款。通常在合同开始执行前对合同进行修改要比合同生效后再要求修改容易得多。因此，对文件的斟酌与修改宜早不宜迟。

9.2.2　项目融资文件

1. 基本贷款协议

贷款协议应包括以下基本内容：资金的数量和用途；利率及偿还期限；应向协调银行、代理银行和贷款银行交付的佣金及其他费用；贷款的前置条件，如法律意见、董事会的决定、所有项目协议的副本、担保文件的转让、

项目融资文件

政府批文、弃权声明书、专家评估报告及财务报表；对借款方及项目发起人追索权的限制；项目未来现金流量的使用；保护性条款：税收补偿、成本超额补偿、浮动利率、拖欠利息补偿及一般性补偿；说明与担保，如项目公司的法律地位和权利、担保协议的履行、财务信息的准确性、合同义务的有效性等；项目附加要求，如工艺是否达到标准，项目是否符合经营许可及有关法律、法规，项目的开发和经营是否符合开发计划和可行性报告，担保是否具有连续性等；限制性契约，如借款限制、消极保证、同步条款、派发红利的限制；违约事件，如加速偿款程序、担保的强制；项目完工，如完工测试；项目的财务分析和预测；资金的撤出；代理条款、支付方法、银行间的协调及收入分配；出现纠纷时法律或法院的选样以及诉讼代理的指定。

2. 担保文件

担保文件应该包括以下内容：对土地、房屋等不动产抵押的享有权；对动产、债务以及在建生产线抵押的享有权；对项目基本文件（如经营许可、承建合同、供应协议）给予权利的享有权；对项目保险的享有权；对销售合同、"无论提货与否均需付款"合同、产量或分次支付协议及营业收入的享有权；对项目现金流量的享有权；对项目管理、技术援助和顾问协议的享有权；对项目公司股份的享有权。

3. 支持性文件

支持性文件需要包括以下内容：项目发起人的直接支持，偿还担保、完工担保、营运资金保证协议、现金亏欠协议、承诺保证函和安慰信；项目发起人的间接支持；"无论提货与否均需付款"合同、产量合同、无条件的运输合同、供应保证协议；项目管理和经营合同；东道国政府的支持；经营许可的保证、外汇许可等；项目保险、商业保险、出口信贷担保以及多边机构的担保。

工程项目融资文件主要还包括：贷款方与其他方就项目担保所达成的内部协议、安慰信或其他支持性文件、其他筹资文件（如果贷款不是唯一或首要的资金来源）、金融风险管理文件（如掉期协议、期权协议）等。

9.2.3 项目融资咨询文件

在向一个项目发放贷款前，贷款方必须从以下几方获得报告：

1) 工程师，主要是关于项目的技术可行性的报告。
2) 环境顾问，主要是项目对环境的影响以及通用法律提交的报告。
3) 保险专家，获取项目保险的充分性的论证。
4) 会计师事务所，为项目发起人及项目公司的财务状况和股本结构进行评估。
5) 东道国或其他相关国家的法律顾问，为担保过程中遇到的法律问题提供咨询。

其中，法律意见应包括以下内容：各参与方在行使其在项目协议和信用担保文件中规定义务时的法律地位和权利；项目文件的法律强制性；项目资产的所有权；需要获得经营许可和政府特许权的事项；有关外汇管制、关税和税务的法律法规；违约条款和其他补偿条款的法律强制性；当地法院对涉外事务的裁决；法律和法庭选择的有效性以及外国仲裁和判决的适用性诉讼或财产查封的豁免权。

9.3 项目融资的主要合同结构

项目合同也称为项目协议，是项目建设和运营的基础。在项目融资活动所有的合同中，最重要的是项目合同，因为该合同将成为项目公司获得收入的主要依据。一般来说，项目合同主要有三种形式：①购买合同，根据此协议，项目公司生产产品并出售给购买方；②供应协议，根据此协议，签约的公共部门付款给项目公司，使项目可供使用；③特许经营协议，根据这一协议，项目公司提供公共服务，并向用户收取服务费。

在项目融资活动中，项目的资产和收益所共有的特点是在融资谈判时，需要通过一系列合同、协议来实现。项目融资是许多各自独立的合同、协议连接在一起的复合体，因而项目的合同结构是项目资信的构成部分之一，它与项目的资产和收益，以及项目的增信措施共同构成项目的资信结构。

为了实施项目而专门成立的 SPV 一般不具备项目所需的技术和资源，都需要通过各种合同来获得，如设计施工合同、运营维护合同、供应合同、包销合同等。相关的风险也由各签约方分担。项目公司从东道国政府获得的特许权协议作为项目建设开发和安排融资的基础；在项目建设阶段，工程承包合同是项目建设的基础；项目进入运营阶段之后，经营协议是保障项目运营维护和获得营业收入的基础，包销协议确保了投资的回收。

项目合同文件结构由四大类合同组成：特许权协议，项目实施协议，融资协议，担保合同。这些合同主要目的是用法律上可以实施的手段，把责任和项目相关风险分配给各方项目参与者。其中涉及的主要合同有特许权协议、投资协议（或股东协议）、项目建设合同、项目运营维护合同、项目销售合同、项目供应合同等。

9.3.1 特许权协议

政府与项目开发商之间签订的关于特许经营权的协议，由政府机构授权、准许项目开发商在一定区域或特定的地点享有经营某种特许业务的权利。特许权协议一般包括以下内容：

1）签约双方的名称、住所、注册地和法定代表人的姓名、国籍、职务。
2）特许期限。
3）项目预算和收费标准、调整公式。
4）项目设计、建造、运营和维护的标准。
5）项目进度及项目延期、中止或者终止的后果。
6）项目终止和项目期满时，项目设施及权益移交地方政府或授权机构的标准和程序。
7）风险分担原则。
8）项目公司权利、义务的转让。
9）特许权约定的地方政府或授权机构的权利、义务。
10）项目设施及权益的担保。

9.3.2 投资协议或股东协议

投资协议是项目投资结构的根本性文件。在公司型投资结构中，这种文件通常称为股东协议，但是有些内容也可能被包括进公司章程；在信托基金结构中，这种文件的形式略微复杂，一般由三个文件构成：信托契约、管理协议和信托基金单位持有人协议；在合伙制结构中，这种文件称为合伙人协议；而在非公司型投资结构中，这种文件就称为投资协议。除了投资协议外，根据项目的性质和融资安排，投资者之间可能还需要有其他一系列文件作为项目投资结构的法律基础，这些文件包括项目管理协议、原材料能源供应协议、市场安排协议、技术转让协议、主要管理人员的聘用协议、项目建设合同和融资文件等。

无论项目采用哪种投资结构，其结构是复杂还是简单，有一些带有共性的关键性问题是所有的合资项目都会面对的，并且需要针对项目的法律结构、投资者的性质和战略目标、项目的生产管理和市场安排、项目的融资方式等一系列问题通过投资者之间的谈判协商加以解决。这些问题的处理结果也会直接影响贷款银行对项目的信心以及项目融资安排的成效。其核心条款包括：

（1）合资项目的经营范围　一个投资结构的建立是为了开发一个特定的项目。这个项目需要在投资协议上清楚地加以定义和说明。投资协议中清楚地说明项目的性质，即每一个投资者的独立的商业活动是怎样共同地存在于一个合资项目中以及每一个投资者在项目中所承担的责任。

（2）投资者在合资项目中的权益　投资协议中需要规定每个投资者在项目中的投资以及相应占有的比例。

（3）项目的管理和控制　投资协议中需要建立相应的项目管理机制，其中包括重大问题的决策和日常的生产管理两个方面。

（4）项目预算的审批程序　项目的资本预算和年度经营预算及其执行情况是保证合资项目按照预定计划工作实现预期投资收益的重要环节。因此，在投资协议中需要对预算审批制定严格的程序。

（5）违约行为的处理　违约行为是指投资结构中的某个投资者未能履行投资协议所规定的义务。

（6）融资安排　融资安排是投资结构中最为复杂的问题之一。

（7）优先购买权　项目的优先购买权是指合资项目中现有投资者按照规定的价格公式和程序可以优先购买其他投资者在项目中的资产（或股份）的权利。

（8）项目决策僵局的处理方法　为了避免项目运转出现僵局而同时又保护一方或一部分投资者的利益，需要在投资协议中规定出相应的处理僵局的机制。一般的处理僵局的方法包括协商、第三方仲裁和限制性收购。

9.3.3 项目建设合同

项目的设计施工是项目资产形成的主要过程，因此项目建设合同是项目资产形成的关键合同，也是项目资信的关键组成部分，尤其是在一些工程项目中，贷款方在承担了部分或全部项目建设或完工风险的情况下，更是如此。典型的建设合同一般包括以下条款和内容：项目规划设计负责人条款、价格支付条款、完工条款、不可预见风险条款、保证条款、保险条款和纠纷处理条款等。

在工程项目融资中，常见的建设合同为 EPC 合同，在此类合同中，通常采用固定总价的支付方式，由承建商负责项目的设计、施工和试运营等工作，并承诺在满足规定标准的前提下按时完成项目。通常由项目公司规定项目的产出标准，承建商承担规划设计、设备采购和施工在内的全部工作，在这种合同结构中，承建商的风险最大。为了进一步减少项目公司的风险，项目公司通常还要求承建商以履约保函的形式提供全面的完工担保。

9.3.4 项目运营维护合同

在项目融资实际运作中，项目发起人对项目的经营有两种方式：一种是自己经营项目，另一种是聘请一个专业的经营公司来经营管理项目。如果把项目运行维护外包给运营商，签订好经营合同就显得至关重要。运行维护合同在保证项目经营期的现金流量充足方面具有十分重要的作用，也是项目资信的重要组成部分。运营维护合同一般包括以下关键条款：项目经营者和所有权双方的责任与权利，补偿和支付条款，子合同，运营测试，纠纷处理条款，赔偿条款，任务分配条款，工作延误和提前终止条款，不可抗力条款等。

签订运营维护合同的主要目的在于：确保项目设施在项目公司和贷款方认可的预算范围内正常经营和维护；将经营和维护风险分配给项目的经营者，由此实现项目公司和贷款方与此风险的隔离。

9.3.5 项目销售合同

不同类型的项目，其销售合同有不同的形式。在生产型的项目中，如电厂和水厂等，由于项目产品为有形产品，项目销售合同为产品购买合同；在服务型项目中，如输油管道项目，项目销售合同则为设施使用合同。项目是否有销售合同取决于项目的基本特征。对债权人来说，适当的销售合同可以增加项目收益的稳定性和可靠性。

长期销售合同是指项目公司与买方就负责销售一定数量的项目产品而签订的合同。这种合同是项目产品销售协议的最基本形式，买方所承担的付款责任义务取决于具体的条款。为了增加项目收益的稳定性和可靠性，会对长期销售合同附加一些特别的要求，从而形成不同的项目销售合同。

在长期销售合同中加入"保证最小购买量"条款，从而形成"保证最小购买量"合同。在这种合同中，买方以市场价格为基础，定期购买不低于某一数额的项目产品。虽然需求量有最低保障，但购买的最低数量由双方谈判决定。原则上，项目产品的最低销售量所获得收入应不少于该项目的生产经营费用和同期应偿还债务之和。

在长期销售合同中加入"提货与付款"条款，从而就形成了"提货与付款"合同。在这种合同中,买方在取得货物之后,即在项目产品交付或项目劳务实际提供后,买方支付某一最低数量的产品或劳务的金额给卖方。在此种合同结构中,货款的支付是有条件的,即只有当项目公司实际生产出产品或提供服务时,买方才履行这种义务。

在长期销售合同中加入"无论提货与否均需付款"条款,就构成了"无论提货与否均需付款"合同,在这种合同中,买方定期按规定的价格向卖方支付额定数量的项目产品所对应的销售金额,而不问事实上买方是否提走合同项下的产品。这种合同的特点在于:它是一种长期销售合同,买方在此合同下的支付义务是无条件的和不可撤销的。

对于没有任何销售合同的项目,一般可要求东道国政府提供最低回报率保证,即政府保证项目的投资回报率不低于某一特定值。如果实际回报率低于保证值,则政府给予补贴,使其达到保证的回报率,或者要求政府提供最低需求量保证。

9.3.6　项目供应合同

项目是否需要供应合同取决于项目本身特征,例如,收费公路、桥梁、隧道等一般没有供应合同,而电厂、水厂等项目通常就需要有燃料、原材料供应合同。对于债权人来说,适当的项目供应合同可以增加项目收益的稳定性和可靠性,因而也是项目资信的一个组成部分。

当项目的正常经营活动依赖于必需的原材料供应时,项目公司和贷款银行都十分关心项目在整个贷款期内是否有可靠、稳定的原料供应。项目公司能否在事先协商价格的基础上签订一份长期的供应合同是至关重要的,否则可能面临市场是否能够获得供应和价格波动的巨大风险。

供应合同的基本形式为单一供应合同,在这种合同结构下,项目公司和一家供应商签订协议,项目公司承诺向该供应商购买项目所需的原料,但是可以事先规定或不规定具体的数量和价格。

9.4　项目融资的法律制度

工程项目融资的法律制度是指法定的国家机关制定的具有不同法律地位和效力的工程项目融资法律构成的体系,是工程项目融资法律的各种具体表现形式构成的整体。

9.4.1　项目融资的法律特征

从项目融资产生的历史来看,项目融资源于西方市场经济,市场经济的核心是法制经济。由于项目融资与一般传统融资相比具有特殊性,所以项目融资涉及的法律种类繁多,并且对法律的依赖程度也很高。其基本特征包括:

(1) 主体的特殊性　在工程项目融资运作过程中,当事人会涉及国家主体和国际上的有关机构。如在 BOT 项目融资中,主权国家的政府不仅是特许项目的直接参与者,同时又是项目的管理和监督者。国际上的一些金融机构,如世界银行等常作为资金的提供者参与项目融资。这种主体的特殊性决定了适用法律的复杂性。

(2) 客体标的物的特殊性　一般需要进行项目融资的项目,都是投资数额大、建设周期长、风险也较大的项目,其中有些项目如电站、地铁等还具有明显的垄断性。这些特殊性决定了项目融资适用法律的特殊性。

(3) 体系的复杂性　项目融资过程涉及若干个法律与法规,这些法律与法规构成了复杂的法律体系。以 BOT 项目融资为例,在我国它所涉及的法律包括 13 个方面,在这些法律中,既有国内法律,也有经我国政府正式签署的国际双边或多边条约和国际公约。

(4) 基础的一致性　尽管项目融资涉及的法律很多,并且法律之间的关系复杂,但基本的法律关系则是合同关系。因为通过一系列的合同安排,可以确定各当事人之间的权利、义务关系。《中华人民共和国民法典》(简称《民法典》)是项目融资的基本法。

9.4.2　项目融资的法律体系

健全的法律体系是项目融资成功的基本保证。就我国项目融资发展历程而言,有关项目融资的法律、法规经历了一个不断修改和完善的过程。由于现阶段我国项目融资主要是以 BOT 为代表的融资模式,相关的法律体系基本是在 BOT 融资模式基础上形成的。法律体系涉及国外法律、国内法律,以及其他相关法律法规文件等。

1. 工程项目融资国际条约

工程项目融资国际条约主要是经我国政府正式签署的国际双边或多边条约和国际公约。具体包括:

1) 鼓励和保护投资方面的法律。我国政府与德国等 50 多个国家签署的双边投资保护协定,与美国、加拿大签署的双边投资保险协议。

2) 防止双重征税条约。我国政府与日本等 30 多个国家签署的避免双重征税协定。

3) 涉外仲裁裁决条约。我国政府于 1986 年 12 月正式加入《承认和执行外国仲裁裁决公约》。

2. 工程项目融资国内法律

国内法律包含各个层次的有关项目融资的法律。

(1)《宪法》　我国《宪法》第十八条规定:"中华人民共和国允许外国的企业和其他经济组织或者个人依照中华人民共和国法律的规定在中国投资,同中国的企业或者其他经济组织进行各种形式的经济合作。在中国境内的外国企业和其他外国经济组织以及中外合资经营的企业,都必须遵守中华人民共和国的法律。它们的合法的权利和利益受中华人民共和国法律的保护。"《宪法》的这一规定是我国所有外资立法最权威的法律依据,在包括 BOT 融资模式在内的外资法的层次中居于核心地位。

(2) 项目融资方面的专门法律　此处仅指狭义上的法律,即全国人民代表大会及其常务委员会制定、颁布的适用于工程项目融资的规范性文件,一般名称均称为"法",例如,

《中华人民共和国公司法》《民法典》《中华人民共和国招标投标法》《中华人民共和国政府采购法》《中华人民共和国担保法》《中华人民共和国中外合资经营企业法》《中华人民共和国外商投资企业和外国企业所得税法》《中华人民共和国企业所得税法》《中华人民共和国中外合作经营企业法》《中华人民共和国外资企业法》《中华人民共和国涉外经济合同法》《中华人民共和国技术合同法》《中华人民共和国土地管理法》《中华人民共和国劳动合同法》《中华人民共和国环境保护法》《中华人民共和国海洋环境保护法》《中华人民共和国水污染防治法》《中华人民共和国大气污染防治法》《中华人民共和国环境保护税法》《中华人民共和国保险法》《中华人民共和国公路法》《中华人民共和国行政诉讼法》《中华人民共和国国家赔偿法》《中华人民共和国仲裁法》等。

（3）项目融资方面的行政法规　行政法规是由最高行政机关——国务院制定、颁布的适用于工程项目融资的规范性文件，具体名称有条例、决定、指示和命令等。例如，《国务院关于鼓励外商投资的规定》《中华人民共和国外资企业法实施细则》《中华人民共和国招标投标法实施条例》《中华人民共和国政府采购法实施条例》《中华人民共和国中外合资企业法实施细则》《中华人民共和国中外合作企业法实施细则》，分别适用于以合资、合作和独资方式建立的融资项目公司。此外，还有《中华人民共和国外汇管理条例》《境内机构对外担保管理办法》等外汇管理、外债登记和对外担保的行政法规。

（4）工程项目融资地方性法规　工程项目融资地方性法规是省、自治区、直辖市的人民代表大会及其常务委员会，在不与宪法、法律和行政法规相抵触的前提下制定、颁布的有关工程项目融资的地方规范性文件。例如，1994年4月28日海南省第一届人民代表大会常务委员会第八次会议通过的《海南经济特区基础设施投资综合补偿条例》（2006年提请废止）。苏州市人民政府于2017年1月25日印发了《苏州市市级政府投资项目资金管理暂行办法》等。

（5）工程项目融资有关的部门规章　工程项目融资部门规章是国务院各部、委、局及地方人民政府在其职权范围内依法制定、颁布的管理性文件。例如，1997年4月16日，国家计委（现为国家发展和改革委员会）和国家外汇局发布的《境外进行项目融资管理办法》；2004年5月1日，建设部（现为住房和城乡建设部）发布实施的《市政公用事业特许经营管理办法》；2005年，国家发展和改革委员会、国家开发银行发布的《关于进一步加强对境外投资重点项目融资支持有关问题的通知》；银监会关于印发《项目融资业务指引》的通知，国务院《关于鼓励和引导民间投资健康发展的若干意见》（2010年13号），国家外汇管理局印发的《跨境担保外汇管理规定》，国家发展和改革委员会于2014年发布的《关于开展政府和社会资本合作的指导意见》，财政部发布的《关于推广运营政府和社会资本合作模式有关问题的通知》（财金〔2014〕76号），国家发展和改革委员会于2017年发布的《企业境外投资管理办法》，2019年中共中央办公厅、国务院办公厅印发的《关于做好地方政府专项债券发行及项目配套融资工作的通知》，2022年国家财政部发布的《关于推动政府和社会资本合作（PPP）规范发展阳光运行的通知》等。

▶▶【案例研究】河北固安工业园区新型城镇化项目 PPP 融资模式

1. 项目概况

固安工业园区地处河北省廊坊市固安县，与北京大兴区隔永定河相望，距天安门正南约 50km，园区总面积 34.68km，是经国家公告（2006 年）的省级工业园区。2002 年，固安县政府决定采用市场机制引入战略合作者，投资、开发、建设和运营固安工业园区。同年 6 月，通过公开竞标，固安县人民政府与华夏幸福基业股份有限公司（简称华夏幸福公司）签订协议，正式确立了政府和社会资本（PPP）合作模式。按照工业园区建设和新型城镇化的总体要求，采取"政府主导、企业运作、合作共赢"的市场化运作方式，倾力打造"产业高度聚集、城市功能完善、生态环境优美"的产业新城。

2. 建设内容与规模

固安工业园区 PPP 新型城镇化项目，是固安县政府采购华夏幸福公司在产业新城内提供的设计、投资、建设和运营一体化服务。

（1）土地整理服务 配合以政府有关部门为主体进行的集体土地征收以及形成建设用地的相关工作。2008 年—2013 年，华夏幸福公司累计完成土地整理 29047.6 亩，累计投资 103.8 亿元。

（2）基础设施建设 具体包括道路、供水、供电、供暖和排水设施等基础设施投资建设。截至 2014 年，已完成全长 170km 的新城路网、4 座供水厂、3 座热源厂、6 座变电站和 1 座污水处理厂等相关配套设施建设。

（3）公共设施建设及运营维护服务 具体包括公园、绿地、广场、规划展馆及教育、医疗、文体等公益设施建设，并负责相关市政设施运营维护。园区内已经建成中央公园、大湖公园、400 亩公园、带状公园等大型景观公园 4 处，总投资额 2.54 亿元。目前，由北京八中、固安县政府、华夏幸福公司合作办学项目北京八中固安分校已正式开学，按三级甲等标准建设的幸福医院也已开工建设。

（4）产业发展服务 具体包括招商引资、企业服务等。截至 2014 年年底，固安工业园区累计引进签约项目 482 家，投资额达 638.19 亿元，形成了航空航天、生物医药、电子信息、汽车零部件和高端装备制造五大产业集群。

（5）规划咨询服务 具体包括开发区域的概念规划、空间规划、产业规划及控制性详规编制等规划咨询服务，规划文件报政府审批后实施。

3. 运作模式

固安工业园区在方案设计上充分借鉴了英国道克兰港口新城和韩国松岛新城等国际经典 PPP 合作案例的主要经验，把平等、契约、诚信和共赢等公私合作理念融入固安县政府与华夏幸福公司的协作开发和建设运营之中。其基本特征如下：

（1）政企合作 固安县政府与华夏幸福公司签订排他性的特许经营协议，设立三浦威特园区建设发展有限公司（简称三浦威特）作为双方合作的项目公司（SPV），华夏幸福公司向项目公司投入注册资本金与项目开发资金。项目公司作为投资及开发主体,负责固安工业园区的设计、投资、建设、运营和维护一体化市场运作,着力打造区域品牌;固安工业园区管委会履行政府职能,负责决策重大事项,制定规范标准,提供政策支持,以及基础设施及公共服务价格和质量的监管等,以保证公共利益最大化。固安工业园区新型城镇化项目政企合作模式如图9-1所示。

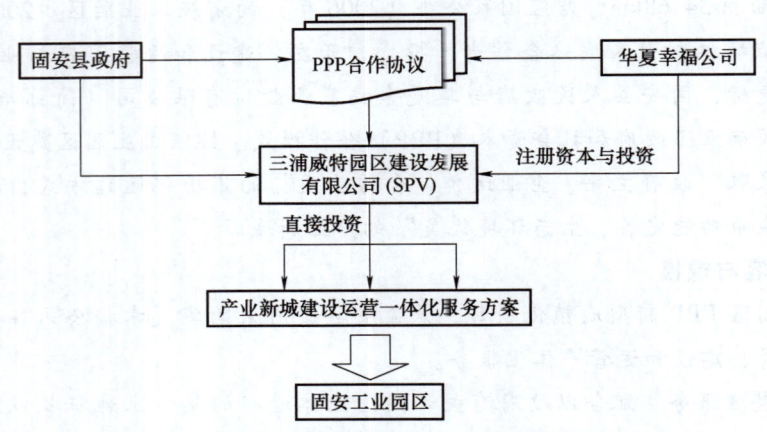

图 9-1　固安工业园区新型城镇化项目政企合作模式

（2）特许经营　通过特许权协议,固安县政府将特许经营权授予三浦威特,双方形成了长期稳定的合作关系。固安工业园区新型城镇化项目特许经营模式如图9-2所示。三浦威特作为华夏幸福公司的全资子公司,负责固安工业园区的工程项目融资,并通过资本市场运作等方式筹集、垫付初期投入资金。此外,三浦威特与多家金融机构建立了融资协调机制,进一步拓宽了融资渠道。

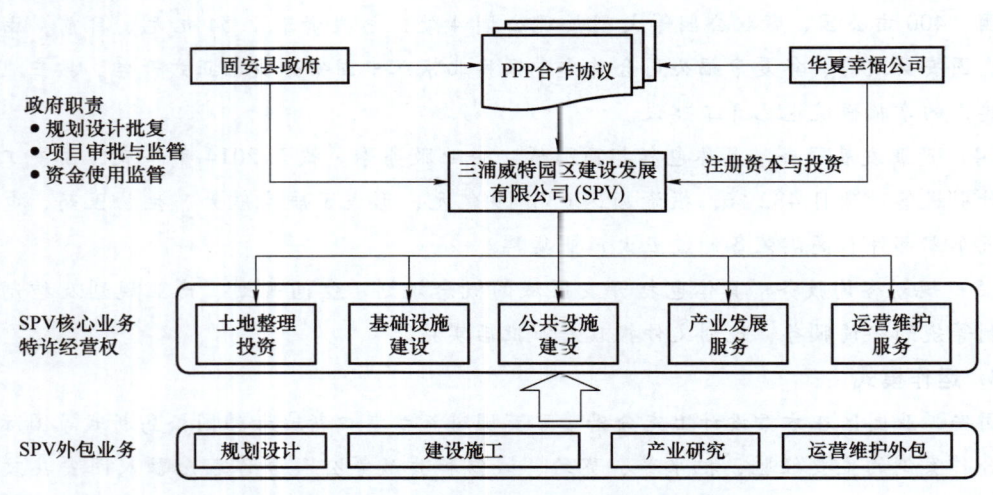

图 9-2　固安工业园区新型城镇化项目特许经营模式

（3）提供公共产品和服务　基于政府的特许经营权,华夏幸福公司为固安工业园区投资、建设、开发和运营提供一揽子公共产品和服务,包括土地整理投资、基础设施建设、公共设施建设、产业发展服务以及咨询服务和运营服务等。截至2014年,华夏幸福公司在固安工业园区内累计投资超160亿元,其中基础设施建设和公共服务设施建设投资占到近40%。

(4) 收益回报机制 双方合作的收益回报模式是使用者付费和政府付费相结合。固安县政府对华夏幸福公司的基础设施建设和土地开发投资按成本加成方式给予110%的补偿;对于提供的外包服务,按约定比例支付相应费用。两项费用作为企业回报,上限不高于园区财政收入增量的企业分享部分。若财政收入不增加,则企业无利润回报,不形成政府债务。固安工业园区新型城镇化项目投资收益如图9-3所示。

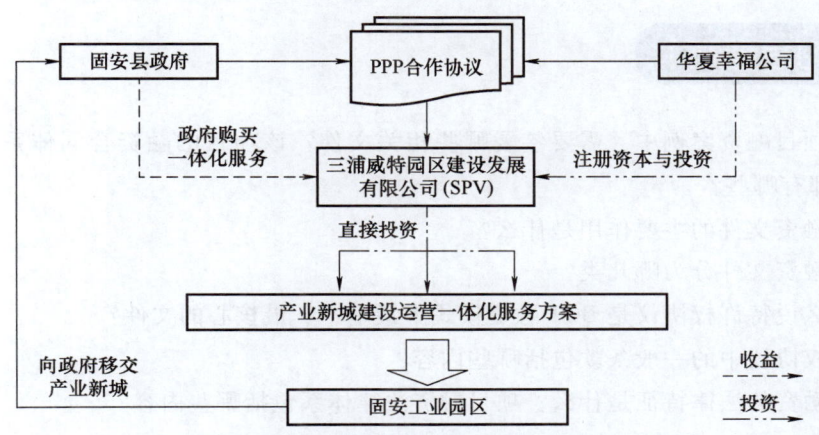

图 9-3 固安工业园区新型城镇化项目投资收益

(5) 风险分担机制 社会资本利润回报以固安工业园区增量财政收入为基础,县政府不承担债务和经营风险;华夏幸福公司通过市场化融资,以固安工业园区整体经营效果回收成本,获取企业盈利,同时承担政策、经营和债务等风险。

4. 实施效果

经过十多年的建设,固安工业园区实现了华丽蝶变,有效促进了当地经济社会发展。

(1) 带动区域发展水平迈上新台阶 合作至今,固安工业园区已成为河北省发展速度最快的省级开发区,2014年完成固定资产投资149.6亿元,实现工业总产值224.5亿元,完成财政收入23.3亿元。受益于固安工业园区新型城镇化,固安县从一个经济发展水平相对落后的县,成为各项指标在全省领先的县。政企合作十多年,固安县人均GDP增长了4倍,财政收入增长了24倍,成功跻身"2014中国县域成长竞争力排行榜"50强,位列"中国十佳开发竞争力县"第2名。

(2) 构建了中等城市框架和服务配套设施 截至2014年,华夏幸福公司在园区内投入了大量前期开发资金,高质量推进了路、水、电、气、通信等基础设施的建设,实现了"十通一平"。同时,积极引进优势资源,建设了中央公园、水系生态景观、创业大厦、商务酒店、人才家园等一批高端配套设施,构建了以城市客厅、大湖商业区、中央大道金融街区为主体的

"智能城市"核心区。其中,作为城市主干道之一的锦绣大道(大广高速至永和路段)总投资额4.13亿元,连接廊涿高速公路与106国道,2012年竣工通车,为产业集聚和居民出行提供了便利条件。

(3)坚持"以人为本"建设幸福城市　华夏幸福公司投资2.81亿元,引进的北京八中固安分校已正式投入使用,与首都医科大学附属医院合作经营的幸福医院也已启动建设。园区建设促进了公共资源配置均等化,当地居民和外来人员享受同等教育和医疗等公共资源和服务,并带动固安县民生投入不断加大,促进了全县民生保障体系的完善。2014年,固安县民生领域支出达26.1亿元,占公共财政预算支出的84.8%,在全省率先实施县级社保"一卡通",在廊坊市率先建立了低保对象医前医疗救助制度。

【复习思考题】

1. 以上项目融资案例中,需要签署哪些相关文件?该项目的融资合同体系是什么?合同相关主体都有哪些?
2. 项目融资文件的主要作用是什么?
3. 项目融资文件分为哪几类?
4. 为什么说特许权协议是BOT融资模式中最基本、最核心的文件?
5. 特许权协议中的一般条款包括哪些内容?
6. 项目融资的法律特征是什么?项目融资法律体系包括哪些内容?

CHAPTER 10
第 10 章

工程项目融资的过程管理

【核心概念】 项目可行性分析　前期开发协议　财务可行性　技术可行性　环境可行性　国民经济评价　可融资性分析　项目融资合同体系与管理　融资项目后评价

【学习目标】 通过对本章内容的学习，掌握工程项目融资全过程管理的内容；了解项目可行性分析、前期开发协议；了解项目融资财务、技术、环境可行性分析内容；了解项目融资国民经济评价、可融资性分析的内容；熟悉项目融资合同体系与管理的内容；熟悉融资项目后评价的主要内容。

10.1 项目可行性分析和决策

项目可行性分析包括对项目的前期开发协议，项目的融资商业环境，项目建设的必要性、条件、技术和经济等的研究，还包括项目的可融资性研究。项目的技术、经济及商业环境的可行性，是从投资者的角度分析其在项目整个生命期内是否能够达到预期的经济效益。项目的可融资性分析则是在项目可行性分析的基础上，判断银行对该项目的接受程度，只有银行愿意参与到项目中来，项目融资才能成功。

科学家精神

10.1.1 项目的前期开发协议

在进行项目的全面可行性分析及可融资性研究之前，项目的多个发起人之间要进行一定的准备工作，即根据项目的开发协议或前期开发协议确定项目发起人之间的关系，为全面的项目可行性研究做好准备。这就是项目前期开发准备阶段。一般而言，这一阶段所要解决的主要问题都通过前期开发协议来解决，前期开发协议主要包括以下内容：

（1）排他性条款　排他性条款的主要作用是确定项目发起人的数目，以利于彼此之间进行竞争性要价，防止一个项目发起人可能同时参与一个以上的财团而对该项目不能全心投入。

（2）保证参与条款　保证参与条款，即项目发起人保证具体参与项目的前期开发工作。

比如，由谁负责项目的技术谈判、由谁负责项目的融资谈判、由谁负责项目的主要合同起草等事项，为以后的全面可行性研究做好准备。

（3）前期开发成本分摊条款　关于项目前期开发成本的分摊问题，在各项目发起人之间应该进行明确的界定。因为项目前期开发阶段所发生的大量费用支出，如进行全面可行性研究可能就要花费几十万元、上百万元，而项目一旦不能最后中标，这几十万元、上百万元的付出就变成了项目发起人的巨大风险。所以，在正式进行全面的项目可行性研究之前，必须明确规定各项目发起人所能承担的资金责任，以免以后发生纠纷。

（4）投票权条款　投票权条款主要是规定有关项目的重要决定如何产生。一般而言，在项目前期开发的投票决定中，遵循全体一致通过的原则，反对或不愿意者，可以退出该项目，这些规定在事先必须表明清楚。

（5）职能分配条款　对于大型项目，一般由多个项目发起人组成投资财团来进行。因此，在项目前期开发协议中，应明确规定每个项目发起人应承担的职责，这样就可以充分发挥各项目发起人的优势，做到最大限度地节约成本、减少摩擦、提高效率。这些规定都应在职能分配条款中体现清楚。

（6）退出和放弃条款　退出和放弃条款的主要内容：在一个规定的提示期内，任何一个项目发起人只要不愿意继续参与该项目，可以退出该项目而不会受到来自其他项目发起人经济上的处罚。显然如果退出者在前期开发成本中的出资比例较大，将会增加留下来的参与者的成本负担。这时，其他人也可能退出该项目，在这种滚雪球效应的作用下，最终可能会导致所有参与者都放弃该项目。

在以上问题达成全体一致意见后，就可以全面进行项目可行性研究和项目可融资性评价，通过对项目融资案例的总结，项目可行性研究的内容一般包括以下方面：

1）项目兴建的理由与目标。
2）市场预测。
3）资源条件评价，如资源开发的合理性、可利用量、资源品质、资源赋存条件及资源开发价值。
4）建设规模与产品方案比较。
5）场址选择。
6）技术方案、设备方案和工程方案的论证。
7）原材料燃料供应。
8）环境影响评价。
9）投资估算。
10）财务评价。
11）国民经济评价。
12）社会评价。
13）风险分析。
14）研究结论与建议。

10.1.2 财务可行性分析

财务可行性分析主要是对项目获利能力及发展前景的定价分析。项目的财务可行性分析一般是先对项目的投资成本、项目建设期内投资支出及其销售收入、税金、产品成本与利润、贷款的还本付息等几个主要方面进行预测,得出项目现金流量表。再以预测出的现金流量为基础,通过对财务指标的测算,分析该项目在财务效益上是否可行,从而选择能增值的投资项目。

项目的财务可行性分析具体到项目融资实务中,可以从项目盈利能力和债务清偿能力两个方面进行。

1. 项目的盈利能力指标

在项目的盈利能力分析中,把不考虑资金时间价值因素的影响而计算的财务评价指标称为静态指标。静态指标主要包括投资利润率、静态投资回收期、借款偿还期和财务比率等。

(1) 投资利润率 投资利润率是项目投资后,在运行正常时期获得的年净收益与项目总投资之比。其计算公式为

$$投资利润率 = \frac{年税后利润}{项目总投资} \times 100\% \tag{10-1}$$

式中的年税后利润,可选择正常生产年份的年利润总额,也可以计算出生产期平均年利润总额,即用生产期利润总额之和除以生产期。选择前者还是后者,可以根据项目的生产期长短和年利润总额波动的大小而定。若项目生产期较短,年利润总额在生产期又没有较大的波动,可选择正常年份的年利润总额。项目总投资是指建设投资、建设期利息和流动资金之和。

(2) 投资利税率 投资利税率是指建设项目投产后,在运作正常时期获得的年净收益及当年税金之和,与项目总投资之比。其计算公式为

$$投资利税率 = \frac{年利税总额}{项目总投资} \times 100\% \tag{10-2}$$

(3) 资本金利润率 资本金利润率是指项目的年利润总额与项目资本金之比。其计算公式为

$$资本金利润率 = \frac{年利润总额}{项目资本金} \times 100\% \tag{10-3}$$

式中的资本金是指项目的全部注册资本金。计算出的资本金利润率要与行业的平均资本金利润率或投资者的目标资本金利润率进行比较,若前者大于或等于后者,则认为项目是可以考虑实施的。

(4) 资本金净利润率 资本金净利润率是指项目的年税后利润总额与项目资本金之比。其计算公式为

$$资本金净利润率 = \frac{年税后利润总额}{项目资本金} \times 100\% \tag{10-4}$$

式中的资本金也是指项目的全部注册资本金。资本金净利润率应该是投资者最关心的一

个指标，因为它反映了投资者自己的出资所带来的净利润。

（5）静态投资回收期　静态投资回收期是指在不考虑货币时间价值因素的条件下，用年净收益回收全部投资所需要的时间，一般用年表示，其计算公式为

$$静态投资回收期 = 累计净现金流量出现正值的年份 + \frac{上一年累计净现金流量的绝对值}{当年净现金流量} \quad (10-5)$$

式中计算出的静态投资回收期要与行业规定的投资标准回收期或行业平均投资回收期进行比较，如果小于或等于标准投资回收期或行业平均投资回收期，则认为项目是可以考虑进行的，否则认为项目不可行。

（6）净现值　净现值是指项目按部门或行业的基准收益率，或设定的折现率，将各年的净现金流量（即现金流入扣除现金流出的净收益）折现到建设开始年的现值总和，其计算公式为

$$NPV = \sum_{t=1}^{n} (CI - CO)_t (1 + i_r)^{-1} \quad (10-6)$$

式中　NPV——净现值；

$(CI - CO)_t$——第 t 年项目的净现金流量，其中 CI 为现金流入，CO 为现金流出；

n——计算期数，一般为项目的寿命期；

i_r——设定的折现率或基准收益率。

计算出的净现值可能出现三种结果：$NPV > 0$，$NPV = 0$ 或 $NPV < 0$。用于项目经济评价时，其判别规则如下：

当 $NPV > 0$ 时，说明项目可行；当 $NPV = 0$ 时，说明项目可以考虑接受；当 $NPV < 0$ 时，说明项目不可行。

（7）内部收益率　内部收益率是一个重要的动态评价指标，用于计算期内各年净现金流量现值之和为 0 时的折现率，也就是使净现值等于 0 时的折现率。其表达式为

$$\sum_{t=1}^{n} (CI - CO)_t (1 + IRR)^{-1} = 0 \quad (10-7)$$

式中　IRR——内部收益率。

内部收益率的判别准则：若 $IRR > i_r$，则 $NPV > 0$，说明项目可行；若 $IRR = i_r$，则 $NPV = 0$，说明项目可以考虑接受；若 $IRR < i_r$，则 $NPV < 0$，说明项目不可行。内部收益率反映项目的实际投资收益水平。

2. 项目的债务清偿能力指标

（1）借款偿还期　借款偿还期是指可用于偿还借款的资金来源还清建设投资借款本金所需要的时间，可用于偿还建设投资借款的资金来源包括折旧、摊销费、未分配利润和其他收入等。借款偿还期的计算公式为

$$借款偿还期 = 出现盈余的期数 - 开始借款的期数 + \frac{上期应偿还款额}{当期可用于还款的收益额} \quad (10-8)$$

计算出借款偿还期后，要与贷款机构的要求期限进行对比，等于或小于贷款机构提出的

要求期限，即认为项目是有债务清偿能力的，否则，认为项目的债务清偿能力比较差，从债务清偿能力角度考虑，项目是不可行的。

（2）资产负债率　资产负债率是反映项目各年所面临的风险程度及偿债能力的指标，其计算公式为

$$资产负债率 = \frac{负债总额}{资产总额} \times 100\% \quad (10\text{-}9)$$

作为提供贷款的机构来说，项目资产负债率越高，提供借款的风险就越大，反之亦然。

（3）流动比率　流动比率是反映项目各年偿付流动负债能力的指标，其计算公式为

$$流动比率 = \frac{流动资产}{流动负债} \times 100\% \quad (10\text{-}10)$$

计算出的流动比率，一般应大于2，保证项目可以按期偿还短期债务，这是贷款机构可以接受的。

（4）速动比率　速动比率是反映建设项目用每年的流动资产可以立即偿付流动负债的能力，其计算公式为

$$速动比率 = \frac{速动资产}{流动负债} \times 100\% \quad (10\text{-}11)$$

计算出的速动比率一般应接近于1，这是贷款机构可以接受的。

10.1.3　项目的技术可行性研究

对项目的贷款方或投资方来说，项目的技术可行性研究（technical feasibility study）是至关重要的，一般来说，只有在技术上被认为是可行的，才能在此基础上进行财务和经济的分析。在这一环节中，专家的作用是十分关键的。项目的技术可行性应主要说明项目拟使用的技术及其理由，这里需要具备一些工程技术方面的知识和评价技术风险的能力。因此，本小节只简单地将技术可行性概括为以下内容：

1. 证明项目采用的技术是适宜的和可行的

一般来说，投资者通常要邀请各方面的专家，如采矿工程师、电力工程师和建筑顾问等。对其拟采用的技术进行详细的考核和论证。项目融资所采用的技术最好已经被别的项目采用过并被证明是稳妥有效的。这样，项目在争取融资时就比较容易得到贷款人的认可。如果项目建设过程中采用的技术是一项新技术，必须提供相关的证明文件或其他项目中已经使用过的详细资料，并指明使用该项新技术的潜在技术风险。比如在修建公路、桥梁或隧道时，要请专家审查设计和施工的程序，预测交通流量；在建一座电站时，要请专家设计投产可行性方案、完工标准、输电能力和必要的传输系统，同时还要考察能源供应、电力需求及电网要求等方面的事项。

2. 对拟采用的技术进行经济分析

即分析该技术经济上的合理性，主要是通过对其成本和效益的对比分析来评价。例如，在选用项目工艺方案时，应选择能达到项目设计要求且工艺成本最低的方案；在选择项目设

备时，应选择投资回收期短、投资效果好的先进设备等。

10.1.4　项目的环境可行性研究

环境保护日益成为国际社会关注的重要问题之一。在世界范围内，环境保护意识增强，尤其是在空气污染和污水处理等方面各国都给予重视，而双边和多边金融机构已将环境保护列为对会员发放项目贷款的重要依据。因此，项目发起人必须先分析环境法规可能给项目带来的影响，再决定是否开发该项目。

严格的环境法规，给项目可能带来的主要影响：增加项目建设和经营成本，因购买环保设备而增加资金成本，遭到公众反对可能需要新建公共场所或设施，严重时受到民事和刑事惩罚等，最终可能导致项目失败。所以，为了防止上述损失的发生，投资者必须格外重视环境保护。对于一个项目来说，环境保护成本通常包括环境治理费用、为预防环境破坏而投入的费用和给予受害者的补偿费用等，这些成本都要由项目本身来承担。

所以，在进行项目可行性分析时，应对项目所在地进行全面科学的分析与评价，写出详细的环境分析与评价报告，以取得政府、项目发起人和贷款人的认可。

环境分析与评价报告一般要详细说明以下内容：

（1）项目位置　这是项目环境分析与评价报告的首要条款，包括项目所在位置的地形、土壤类型、建设和经营使土壤侵蚀和下陷的可能性及项目选址计划。

（2）空气污染情况　在项目建设期、试生产期和经营期可能排放的空气污染物及其控制措施。

（3）水污染情况　项目建设可能会对水造成的污染，例如，项目建设对地表水如湖水、河水及溪流的影响。预防和治理污染也要付出成本，比如为不污染水资源需改道所花费的支出及支付的水费等。

（4）对植物和动物生态环境的影响　尤其当项目涉及对濒危动植物的影响时，应格外重视对这一内容的说明。

（5）对公众健康的影响　在项目建设或经营中存在的对人类健康造成的潜在危害，应在环境分析中摆在非常重要的地位，因为许多医学数据表明，空气排放物、电磁体和辐射等会对人类健康造成严重危害。另外，如果项目位于居民居住区或人群集中区，噪声可能是对公众而言十分敏感的因素。

（6）对历史和文化的影响　如果项目靠近历史或文化重要区，对这些古迹或文物的影响应加以重视。

（7）对人口迁移的影响　在诸如水利建设项目中，可能会涉及对当地人的迁移问题。为此，在环境报告中应分析人口迁移的时间和成本，以及迁移地是否被接受等。

对于以上这些环境报告中的内容，必须取得当地政府的许可后，项目方可经营，同时要对公众公开，以取得公众的支持，为项目的顺利开发奠定基础。

10.1.5　项目的国民经济评价

项目的国民经济评价，是采用费用与效益分析方法，运用影子价格、影子汇率、影子工资和社会贴现率等经济参数,计算分析项目需要国家付出的代价和对国家的贡献,考虑投资行为的经济合理性和宏观可行性。这是项目能够得到东道国政府部门批准的一个重要参数指标。

1. 国民经济评价的费用和效益

确定建设项目的国民经济合理性的根本途径是将建设项目的费用与效益进行比较,进而计算其对一国经济的净贡献。正确地识别费用与效益,是保证国民经济评价正确性的重要条件。识别费用与效益的基本原则:凡项目对一国经济所做的贡献,均记为项目的效益;凡一国经济为项目所付出的代价,均记为项目的费用。项目的费用和效益可分为直接费用与直接效益,间接费用与间接效益。

(1) 直接费用与直接效益　项目的直接效益是由项目本身产生,由其产出物提供,并根据影子价格计算的产出物的经济价值。项目直接效益的确定可分为以下几种情况:①如果项目产出物用以增加国内市场的供应量,其效益为所满足的国内需求,也就等于消费者支付意愿;②如果国内市场的供应量不变,项目产出物增加了出口,其效益为所获得的外汇;③若项目产出物减少了总进口量,即替代了进口货物,其效益为节约的外汇;④若项目产出物顶替了原有项目的生产,致使其减产或停产的,其效益为原有项目减产或停产向社会释放出来的资源,其价值也就等于这些资源的支付意愿。

项目的直接费用主要是指国家为满足项目投资的需要而付出的代价(如固定资产投资、流动资金及经常性投入)。这些投入物用影子价格计算的经济价值即为项目的直接费用,直接费用的确定也可分为以下几种情况:①如果拟建项目的投入物来源于国内供应量的增加,即增加国内生产来满足拟建项目的需求,其费用就是增加国内生产所消耗的资源价值;②如果国内总供应量不变,项目投入物来自国外,即增加进口来满足项目需求,其费用就是所花费的外汇;③若项目的投入物本来可以出口,为满足项目需求,减少了出口量,其费用就是减少的外汇收入;④若项目的投入物本来用于其他项目,由于改用于拟建项目将减少对其他项目的供应因此而减少效益,其费用就是其他项目对该投入物的支付意愿。

(2) 间接费用与间接效益　项目的间接费用(外部费用)和间接效益(外部效益)也可统称为外部效应。

间接费用是指一国经济为项目付出的代价,而项目本身并不间接需要支付的费用,如工业项目产生的废水、废气和废渣引起的对环境及生态平衡的破坏,项目并不支出任何费用,而社会却为此付出了代价。

项目的间接效益是指项目对社会做出了贡献,而项目本身并未得益的那部分效益,如在建设一个钢铁厂的同时,又修建了一套厂外运输系统,它除为钢铁厂服务外,还使当地的工业生产和人民生活受益,这部分效益即为钢铁厂的外部效益。

间接费用和间接效益通常较难计算,为了减少计量上的困难,应力求明确项目的边界。一般情况下可扩大项目的范围,特别是一些相互关联的项目可合在一起作为联合体进行评价,这样可使间接费用和间接效益转化为直接费用和直接效益,另外,在确定投入物和产出物的影子价格时,已在一定范围内考虑了间接效益,用影子价格计算的费用和效益在很大程度使外部效应在项目内部得到体现。因此，在经济分析中，既要考虑项目的外部效应又要防止外部效应扩大化。

（3）转移支付　在识别费用与效益范围的过程中，将会遇到税金、国内借款利息和补贴的处理问题，这些都构成财务分析中的实际收入或支出。但从国民经济的角度看，企业向国家缴纳税金，向国内银行交付利息，或企业从国家得到某种形式的补贴，都未造成资源的实际耗费或增加。因此，不能计算在项目的费用或效益中，它们只是一国经济内部各部门之间的转移支付。

1）税金。税金包括产品税、增值税、资源税、关税等，税金从拟建项目的角度来说是一项支出。从国家财政的角度来说是一项收入，这是项目投资者与国家之间的一项资金转移。税金不是项目使用资源的代价，所有财政性的税金，都不能算作社会成本。

2）补贴。补贴包括出口补贴、价格补贴等。补贴虽然增加了拟建项目的财务收益，但是这部分收入，项目公司并没有为社会提供等值的资源，而是国家从国民收入中拨出一部分资金转给项目投资者，所以，国家以各种形式给予的补贴，都不能算作社会收益。

3）折旧。会计上的折旧是从固定资产中提出的一部分，作为固定资产消耗的一个大致反映，和实际资源的消耗并不完全相符。在进行项目国民经济评价时，主要目的是观察投资于这个项目所得到的收益是多少，在进行经济效益分析时已把固定资产投资所消耗的资源作为项目的投资成本，所以这部分固定资产在会计上提取的折旧，就不能作为社会成本。

4）利息。利息是利润的转化形式，是项目投资者与银行之间的一种资金转移，并不涉及资源的增减变化，所以，利息也不能作为社会成本。

2. 项目国民经济评价的参数指标

影子价格的概念是在20世纪30年代末40年代初由荷兰数理经济学、计量经济学创始人之一的简·丁伯根（Jan Tinbergen）和苏联数学家、经济学家、诺贝尔经济学奖获得者列奥尼德·V. 康托罗维奇（Leonid V. Kantorovich）分别提出的。影子价格是指当社会经济处于某种最优状态时，能够反映社会劳动的消耗、资源稀缺程度和最终产品需求情况的价格。也就是说，影子价格是人为确定的、比交换价格更为合理的价格。这里所说的合理的价格，从定价原则来看，是指能更好地反映产品的价值，反映市场供求状况，反映资源稀缺程度；从价格产出的效果来看，是指能使资源配置向优化的方向发展。

根据简便实用原则，可以将资源分为外贸品、非外贸品和生产要素（土地、资金和劳务）三大类。外贸品的定价基础是国际市场价格，虽然国际市场价格并非完全理想的价格，存在着诸如发达国家有意压低发展中国家初级产品的价格，实行贸易保护，限制高新技术向发展中国家转移以维持高新技术产品的垄断价格等问题，但是国际市场上起主导作用的还是市场机制。各种商品的价格主要由供需规律决定，多数情况下不受个别国家和集团控制，是在市场竞争中形成的，一般比较接近商品的真实价值。因此，按国际市场价格确定外贸货物的影子价格，不仅反映了一个从事国际贸易的国家面临的经济环境和约束条件的真实影响，而且为正确确定外贸货物与非外贸货物之间的比价关系奠定了基础。利用国际市场价格作为影子价格的重要来源，使影子价格的确定真正变得相对简单和可行。

利用机会成本和消费者支付意愿原理也可以确定某些资源和物品的影子价格。机会成本是指用于项目的某种资源若用于其他替代项目所能获得的最大效益，即由于本项目使用了某种资源，可能使这种资源被迫放弃其他最好的收益，这种被迫放弃的最好效益就是本项目使用这种资源的机会成本。一个国家的各种资源在得到最优配置的情况下，机会成本就是影子价格。

10.1.6　项目的可融资性分析

项目的经济、技术、政策及环境的可行性分析在很大程度上都是从项目发起人的角度进行的。但这并不意味着项目就具备了可融资性，也就是说即使满足了投资者的最低风险要求，也不意味着项目一定能够满足融资的要求。因此，进行项目的可融资性分析就显得非常重要。

项目的可融资性，即银行的可接受性。一般来说，银行不愿意冒不确定或不能控制的风险，例如，它们一般不愿意承担因法律变化而产生的风险，因为这样的风险无法转移给消费者或产品的购买者。但它们可以承担石油开发项目中原油价格下跌的风险，因为银行的分析师能根据大量的历史数据预测原油价格的未来走势。

1．项目可融资性的内涵

对于项目的可融资性，一些学者进行了并不权威的归纳。他们认为，理解项目的可融资性应着重理解以下几点：

1）银行一般不愿意承担法律变化的风险。

2）在存在信用违约或对贷款人进行第一次偿还以前，项目发起人不得不进行利润分配。

3）完工前收入应用于补充项目的资本性支出，以此来减少对银行资金的需求量。

4）对项目风险应进行较好的分摊，项目公司不能承担太多的风险，尤其不能承担东道国政府和项目发起人都不愿承担的风险。

5）若银行对项目资产或权益行使了抵押权益，项目合同涉及的其他当事人有权终止其与项目公司的合同。

2．对免责条款的运用

在项目融资实务中，项目发起人在说服银行接受该项目时，应注意利用不可抗力因素来构成免责条款。因此，对这一条款的理解对于发起人和银行来说都是非常重要的。一般来说，出现以下事件时，就构成了不可抗力因素，可以免除项目发起人的责任：

1）罢工或其他工业行为。

2）战争和其他武装斗争，如恐怖分子活动、武装阴谋破坏活动、暴乱等。

3）封锁或禁运导致供应或运输的中断。

4）不利的自然现象，如雷电、地震、洪水、干旱、积雪及陨石等。

5）流行病。

6）辐射和化学污染等。

7）法律和法规的变化。

8）其他人类暂时不能控制的事件等。

以上是部分不可抗力因素，但并不是说所有的项目都可以将以上所有事件视为不可抗力因素。对于不同的项目，不可抗力因素的特征是不同的，如在电力开发项目中，能源供应的中断就不构成项目的不可抗力因素，项目公司应为此承担责任。

3. 项目可融资性的必要条件

银行只有在所承担的风险与收益相当时，才能向项目注入资金，而要保证这点，银行就会提出种种限制条件。

（1）对各种授权合约的限制

1）所有授权合约都必须确定项目的有效生命期。

2）银行对项目公司行使抵押权（包括银行在项目公司抵押的股份）的合约不能提前终止，即所有这些合约应与项目而不是与项目公司同在。

3）授予的权利应能全部转让。

（2）对股东协议和所有者权益分配的限制

1）项目发起人应认购分配给它的全部股份。

2）项目发起人应补足成本超支的资金。

3）项目发起人应为保险不能覆盖的部分提供资金保证。

（3）对特许权协议的限制

1）特许权协议应规定项目的固定生命周期。

2）不能将不适当的过重的条款加在项目公司的身上。

3）特许权协议的授予者应承担法律变更的风险。

4）由于不可抗力因素，应延长项目的特许期限。

5）特许权协议不能简单地因为银行对项目公司行使了抵押权而提前终止。

6）银行应可以自由地将特许权转让给第三者。

（4）对建设合同的限制

1）建设合同应是一揽子承包合同。

2）在建设合同中应规定固定价格。

3）应在固定期限内完工。

4）不可抗力事件应控制在有限范围内。

5）如果不能在固定日期完工，承包商应承担由此给项目公司带来的损失，而且这种损失赔偿额应至少能弥补项目公司必须支付的银行贷款利息额。

6）承包商应提供广泛的担保合同。

（5）对经营和维护合同的限制

1）对项目经营者应提供适当的激励措施，以使其保证项目正常和有效地运行，实现项目公司利润最大化的目标。

2）如果由于项目经营管理不善导致经营目标失败，项目经营者应承受严格的处罚。

3）银行应有权对经营管理不善的项目经营者行使开除权或建议开除权。

对于以上这三点，应进行一些解释：首先，项目经营者所得到的激励与所承受的处罚应相对平衡，有时甚至需要重新进行谈判来修改条款；其次，对于银行拥有的对项目经营者的否定权，操作起来有些难度，通常的做法是把项目公司在经营和维护合同中拥有的控制合同终止权授予银行，这样银行可以控制经营合同的期限，但不能直接开除项目经营者。综上所述，只有在解决以上问题后，才能打消银行的顾虑，银行才能将大量资金长期注入项目中。

10.2 项目融资的合同体系与管理

10.2.1 项目融资的合同文件体系及其关系

根据各参与方以及各方之间的关系，项目融资中主要存在以下十种类型的合同文件：

（1）特许经营协议 该合同文件表明需要融资的项目已经获得东道国政府的许可，是其建设与经营具有合法性的重要标志。

（2）投资协议 项目发起人和项目公司之间签订的协议，主要规定项目发起人向项目公司提供一定金额的财务支持，使项目公司具备足够的清偿债务的能力。

（3）担保协议 包括完工担保协议、资金短缺协议和购买协议，是一系列具有履约担保性质的合同。

（4）贷款协议 是指贷款人与项目公司之间就项目融资中贷款权利与义务关系达成一致而订立的协议，是项目融资过程中最重要的法律文件之一。

（5）租赁协议 在 BLT（建设—租赁—移交）或以融资租赁为基础的项目融资中承租人和出租人之间签订的租赁协议。

（6）收益转让协议（托管协议） 按照这种合同，通常会将项目产品长期销售合同中的硬货币收益权转让，或将项目的所有产品的收益权转让给一个受托人。这种合同的目的是使贷款人获得收益权的抵押利益，使贷款人对项目现金收益拥有法律上的优先权。

（7）先期购买协议 项目公司与贷款人拥有股权的金融公司或者与贷款人直接签订的协议。按照这个协议，后者同意向项目公司预先支付其购买项目产品的款项，项目公司利用该款项进行项目的建设，这种协议包括通常使用的"生产支付协议"。

（8）经营管理协议 是指有关项目经营管理事务的长期合同，有利于加强对项目的经营管理，增加项目成功的概率。

（9）供货协议 通常由项目发起人与项目设备、能源及原材料供应商签订。通过这类合同，在设备购买方面可以实现延期付款或者获取低息优惠的出口信贷，构成项目资金的重要来源；在材料和能源方面可以获取长期低价供应，为项目投资者安排项目融资提供便利条件。

（10）提货或付款协议 包括"无论提货与否均需付款"协议和"提货与付款"协议。前一种合同规定，无论项目公司能否交货，项目产品或服务的购买人都必须承担支付约定数额贷款的义务；后一种合同规定只有在特定条件下购买人才有付款的义务。其中，当产品是某种设施时,"无论提货与否均需付款"协议可以形成"设施使用协议"。

上述这些文件的签订和履行都围绕着项目融资的实施进行,合同之间相互制约,但又互为补充,它们的各自规定,共同构成了项目融资的合同文件基础,形成了项目融资的合同文件体系,如图 10-1 所示。

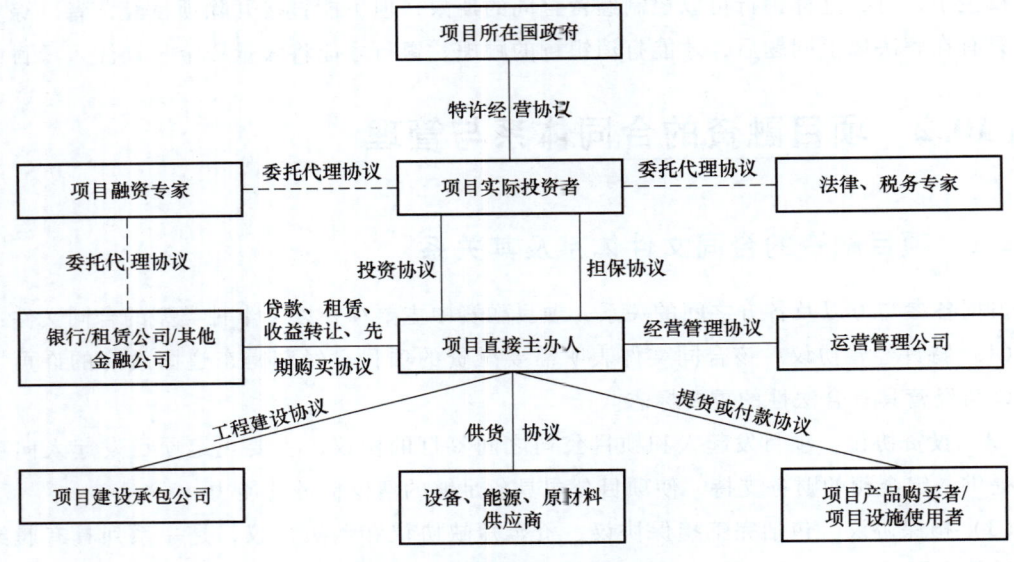

图 10-1 项目融资合同文件体系

10.2.2 项目融资合同文件间的关系

在项目融资合同文件体系中,涉及的合同和文件数量繁多。通过对不同项目融资方式的比较,可以发现,项目融资方式的不同往往是由一个或者几个特定合同协议的不同而引起的。可以把决定项目融资资金保险的合同文件称为项目融资中的主合同文件,主合同文件决定项目融资合同文件体系的整体组成,其他的合同文件称为从合同文件,从合同文件主要包括采购管理、风险管理、施工管理等具体内容。可以看出,从合同文件大多是以主合同文件的确立为前提而订立的。表 10-1 是对几种常见的项目融资方式中合同文件体系的比较,也说明了主合同文件的作用。

表 10-1 几种常见的项目融资方式中的主合同文件及其作用

项目融资的方式	主合同文件	主合同的特点和作用
投资者直接安排	贷款协议	以贷款人资信作为担保的一种合同
通过项目公司安排	投资协议	实现了有限追索,但需要项目发起人有一定的信用保证
以"设施使用协议"为基础	设施使用协议	为项目的经济强度提供了强有力的保证
以"杠杆租赁"为基础	租赁协议	利用了税务好处,保证了还款金额的稳定
以"生产支付"为基础	生产支付协议	通过项目的产品和销售收入实现了信用保证
BOT 方式	特许权协议	为项目的建设和运营提供了合法地位和专用权

通过对项目融资中合同文件的主从地位的划分，使得在合同文件的管理中可以分清层次，抓住主要问题，重点解决，从而提高融资的工作效率。

10.2.3 项目融资的合同管理

根据项目融资的实际运作经验，在项目融资过程中，项目融资合同管理的重点应该放在合同文件的准备、谈判和签订过程中。

1. 项目融资中合同管理的目的

（1）建立一个合理有效的项目融资结构　项目融资结构的建立包括投资结构、资金结构、信用保证结构，以及项目融资结构本身的建立，所有这些结构的确定最终都反映到合同协议上。合同协议规定了参与方的职责、义务和权利，为项目融资和项目本身的具体操作提供了法律依据。只有重视项目融资中的合同文件，才能保证建立一个合理有效的项目融资结构。

（2）促进项目融资和项目本身的顺利实施　合同管理可以对项目执行过程中的风险进行合理的分担。项目执行过程中将会面临众多风险，主要包括信用风险、完工风险、生产风险、市场风险、金融风险、政治风险和环境保护风险等。由于这些风险在项目融资结构确定时进行了明确的分担，使各参与方分担的风险控制在它们能够承受的范围内，减少了实施过程中的阻力。另外，利用合同管理可以确定一个具有丰富经验的管理团队，促进项目成功实施。

（3）实现项目融资方式的创新　通过对项目融资合同文件体系的创新，可以在一定程度上实现融资方式的创新。重视对合同文件的研究，重视合同文件之间的互补关系，将有助于设计出新的项目融资结构，实现项目融资方式的创新。

2. 项目融资中合同管理的内容

从项目发起人的角度来看，项目融资合同管理的内容主要包括以下几个方面：

（1）选择优秀的融资顾问　融资顾问是项目融资的设计者和组织者，在项目融资过程中扮演着一个极其重要的角色，在某种程度上可以说是决定项目融资能否成功的关键。融资顾问在项目融资过程中负责项目融资合同管理的具体实施，选择优秀的融资顾问是进行科学的合同管理的前提。

（2）研究工程项目所在国的法律体系　当融资项目位于第三国时，融资各方有必要深入了解该国的法律，明确该国法律体系与本国法律体系以及国际通用法律是否一致。投资者应该特别重视东道国在知识产权、环境保护等方面的相关规定，贷款银行应当考虑担保履行以及实施接管权利等有关的法律保护结构的有效性等问题。

（3）做好主合同文件的设计　主合同文件是项目融资的核心。比如，在 BOT 项目中，政府特许权协议构成了融资的主合同文件，其内容通常包括了一个 BOT 项目从建设、运营到移交等各个环节及各个阶段中项目双方相互之间的主要权利义务关系。其他所有贷款、工程承包、运营管理、保险、担保等各种合同均以此协议为依据，为实现其内容而服务。因此，对项目融资主合同文件的管理成为项目融资合同文件体系管理的核心工作。在进行融资合同文件体系管理时，应当加强对主合同文件的管理。主合同文件的管理重点包括：明确规定项目融资的主要参与方及各方的权利和义务，选择项目风险辨识、评估以及分担的方式和手段，处理违约的发生和补救的方法，解决争议。

（4）全面完善项目融资文件体系的构建　在确立项目主合同的基础上，全面构建完善的项目融资合同文件体系，才能促使项目融资顺利完成。项目融资从属合同的管理主要包括以下两个方面内容：

1）建立项目融资担保合同文件体系。担保合同大多为可能出现的风险和违约行为提供了资产或资信的担保，在被担保人发生违约时，担保人有义务去执行其所担保的内容。项目融资中的担保主要包括项目完工担保以及以"无论提货与否均需付款"协议和"提货预付款"协议为基础的项目担保。对于这些担保合同文件，在谈判和签订过程中需要注意：担保合同文件成立的条件；明确担保人和借款人，以及贷款人之间的法律关系；重视具有信用担保效用的条款；在发生被担保人违约的情况下，如何执行担保合同文件；在实施过程按照设定的担保体系，签署相关文件，为项目的成功实施提供保证。

2）合理设计管理结构。项目的管理结构应包括：有经验的、能够胜任的项目管理团队，科学合理的项目管理的决策方式和程序。在进行合同文件谈判时，都应该对这些内容给予足够的重视，并通过合同文件的形式建立起一个科学合理的项目管理结构，在项目实施过程中严格按照相关规定执行。

（5）项目融资实施过程中合同文件体系的管理　在项目融资实施过程中，要重视已经签署的合同文件。严格按照相应的合同规定，控制项目的现金流量，实现融资各参与方的既定目标。当出现各类违约行为或者风险时，要按照合同文件体系的规定，及时有效地进行处理，确保项目融资的实施。

（6）项目融资合同争端的解决　以主合同文件的利益维护为主，充分利用从合同文件，对出现的争端事件，按照各有关规定做好相应处理。

（7）项目融资合同实施后的评价　合同管理工作注重经验，只有不断地总结经验，才能提高对合同文件的管理水平。对于项目融资类合同，不断总结更为重要。合同实施评价应该包括：合同设计情况评价，合同签订情况评价，合同执行情况评价，合同管理工作状况评价，合同条款分析等。

10.2.4　项目融资合同管理流程

项目融资的过程也是项目融资合同文件体系形成的过程，对应项目融资的各工作阶段，项目融资合同管理流程如图 10-2 所示。

在项目投资决策阶段，主要工作是对项目进行市场分析和技术经济分析，此时项目发起人主要为形成融资阶段的合同文件做相关的准备工作，尤其是当融资项目位于第三国时，有必要深入了解该国的现行法律体系。在明确采用项目融资的筹资方式后，当务之急就是选择优秀的融资顾问，他们应该是一系列融资合同文件的起草者。最关键的步骤是确立融资中的主从合同文件的形式和有关条款，以及合同文件的谈判、签署和执行。在此期间发生的问题很可能需要返回到上一层次进行调整，通过对合同文件体系进行系统的管理，可以有效地促

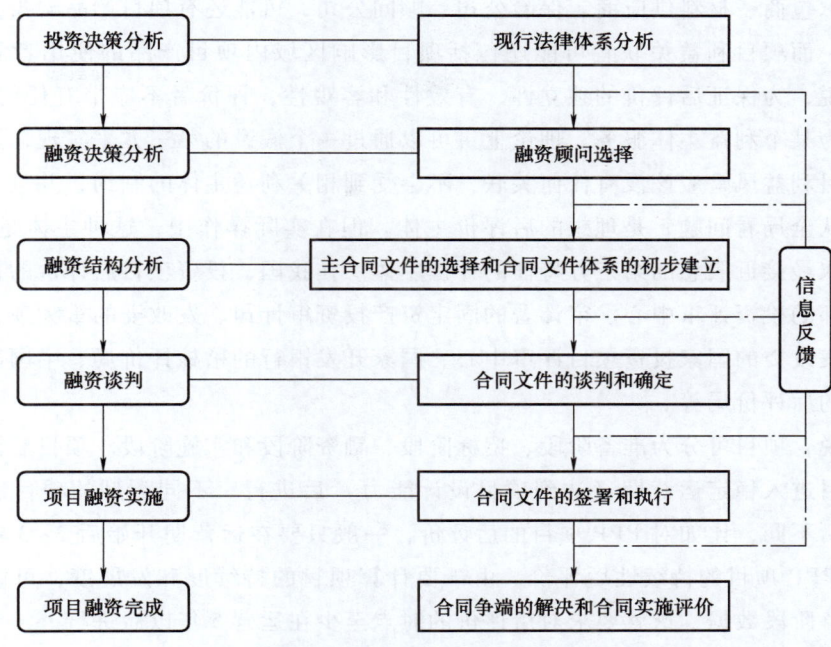

图 10-2　项目融资合同管理流程

进项目的顺利实施。随着金融创新、世界经济制度和法律体系的不断完善，项目融资方式也会不断创新，在这个过程中充分重视项目融资合同文件的管理工作，并且积极探索有效的管理方法，有益于各种方式项目融资的顺利进行。

10.3　融资项目的后评价

10.3.1　项目后评价概述

项目后评价（post project evaluation）是指在项目已经完成并运行一段时间后，对项目的目的、执行过程、效益、作用和影响进行系统、客观的分析和总结的一种技术经济活动。项目后评价于19世纪30年代产生于美国，直到20世纪70年代，才广泛地被许多国家和世界银行、亚洲银行等双边或多边援助组织用于世界范围的资助活动结果评价中。在我国，1996年原国家计委在经国务院批准颁发的《国家重点建设项目管理办法》中规定："国家重点建设项目竣工验收合格的，经过运营，应该按照国家有关规定进行项目后评价。"项目后评价是建设项目周期的最后一个环节，是项目决策管理不可缺少的重要手段，是指对已经完成的项目或规划的目的、执行过程、效益、作用和影响所进行的系统客观的分析和总结。项目后评价包括过程评价、效益评价、影响评价和可持续性评价，是对整个建设项目的一次综合性评价。

项目融资的参与方和利益关联方众多，项目参与方一般包括政府、发起人、项目公司、银行、施工承包商、材料供应商、保险公司、顾问公司，可能还有项目产品购买方、项目运营承包商等。而项目利益关联者可能还包括项目影响区域内项目产品的使用者和非使用者等。一般来说，为保证后评价的独立性、有效性和客观性，评价者不应带有任何主观色彩，也不应该只为某个利益主体服务。理论上讲可以通过一个假设的第三方来实现，这个假设的第三方与项目利益风险应该没有任何关联，不会受到相关利益主体的制约，并且又参与项目全过程，能从全局看问题，是理想的后评价主体。但在实际操作中，这种主体是不存在的，只能尽量选取最接近假想的第三方特征的评价主体。在我国，投资项目后评价的执行主体主要包括财政部的投资评审中心、审计署的固定资产投资审计司、发改委的重大项目稽查特派员办公室、发改委的国家投资项目评审中心、国家开发银行的稽核评价局、中国国际工程咨询有限公司的后评价局等。

一般来说，项目可分为准备阶段、招标阶段、融资阶段和实施阶段。项目后评价的时点是选择在项目进入稳定运营期（达到项目设计能力）后进行。不同类型的项目后评价的时点要求会有所不同，比如对 PPP 项目的后评价，一般只要在运营期开始后 2~3 年就可以进行，但是对 PPP 项目的持续性后评价，由于要计算项目的持续度和发展度，可能需要一定时间段的运营阶段数据，这就要求对后评价的时点至少在运营 5 年以后进行。

10.3.2　项目融资的后评价

由于融资项目具有参与方众多、立场和利益各异、投资规模大、周期长等特点，且融资项目多涉及基础设施建设，社会影响面广，因此有必要对项目进行过程后评价，以便及时发现存在的问题，分析项目成败的原因，改善项目实施效果和提高项目管理水平。项目融资的模式多种多样，在确定某一个项目的融资方案时往往需要考虑项目的具体特征，项目所处国家和地区的融资环境，项目发起人的实力、经验、筹资信用和投资战略等多种因素。在很多情况下，项目所处的融资环境和项目发起人的实力等在项目的建设和运营过程中随时会发生变化。因此，项目的融资方案不一定是最佳的融资方案，甚至有可能不是最后的融资方案，这就有必要对基础设施建设项目的融资方案进行后评价，以便总结经验教训，为今后的项目融资设计更好的方案。

项目融资方案的后评价是指在项目后评价时点，对已实施项目投入的总资金和融资方案的资金来源、资金结构、融资成本、融资风险及资金使用计划等方面的合理性和可靠性进行分析评价。

（1）投入总资金后评价　项目融资方案的设计与项目需要投入总资金的数量密切相关。工程项目投入总资金包括固定资产投资和流动资金两部分，固定资产投资包括建筑工程费、设备及工器具购置费、安装工程费、工程建设其他费用、基本预备费、涨价预备费和建设期贷款利息。

（2）资金结构后评价　资金结构后评价是指在项目后评价时点对项目筹集资金中的资本金、负债融资中的各种资金的占比以及它们之间的比例和项目资本金来源、负债融资来源的合理性进行评价。其内容包括总资金结构后评价、资本结构后评价、债务资金结构后评价、资本金及负债融资来源的合理性后评价。

（3）融资成本后评价　融资成本是指项目为筹集和使用资金而付出的代价，包括资金占用成本和筹资费用。资金占用成本是指占用资金所需支付的费用，包括借款利息、债券利息、股息和红利；筹资费用是指在资金筹集过程中所需支出的各项费用，包括律师费、资信评估费、公证费、证券印刷费、发行手续费、担保费、承诺费、银团贷款管理费等。前者是经常性费用，后者是在筹集资金时的一次性支出，可作为筹资金额的一项扣除。

（4）融资风险后评价　任何项目的融资方案都存在一定风险，从项目后评价的时点来看，融资风险主要有预定的投资人或贷款人没有按预定方案出资而使项目融资计划失败；项目的再融资能力不足导致项目实施难以顺利进行；项目融资预算的松紧程度不当，以及利率和汇率的风险等。

1）预定的投资人或贷款人没有按照预定方案出资的风险大多来自出资人自身的经营风险和财务能力，来自出资人的经营和投资策略的变化，来自领导人的变更，来自出资人所在国家的法律、政治和经济环境的变化，甚至世界经济状况、金融市场行情的变化也可能导致出资人出资能力和出资意愿的变化。

2）项目实施过程中会出现许多风险，包括设计的变更、技术的变更甚至失败、市场的变化、某些预定的出资人变更等，将会导致项目的融资方案变更，这就要求项目具有足够的再融资能力。在项目后评价时点，通过对项目的再融资能力进行评价，可评价项目公司股东追加投资承诺、贷款银行追加贷款承诺等是否兑现，以此来评价项目的融资风险。

3）项目的实际投资与实际融资应当匹配，一般来说，实际融资应略超过实际投资。通过对实际投资额和实际融资额的比较，可以看出项目融资预算的松紧程度是否合适，为今后融资方案的确定提供依据。

4）金融市场上，利率和汇率都是不断变化的。未来市场利率和汇率的变动会引起项目融资方案中资金成本的不确定性，在项目的前期决策过程中如何利用有效的方法避免融资中的利率和汇率风险是一个值得关注的问题。通过对项目融资方案中的利率和汇率的后评价，可为今后的项目融资方案中降低利率和汇率的风险提供经验和教训。

【案例研究】欧洲海峡隧道 BOT 项目融资

1. 项目背景

关于建立一条通道穿越英吉利海峡连接英国和法国的计划最早是在 1953 年提出的，之后从 19 世纪起，各种类似的计划不断地提出又束之高阁，20 世纪 80 年代，人们开始研究依靠私人投资来修建英吉利海峡隧道或桥梁的可能性，1984 年 5 月，法国国家信贷银行、里昂信贷银行、米特兰银行和国民西敏寺银行等组成的银团向英、法两国政府提交了一份关于可以完全通过私人投资来建立双孔海底铁路隧道的报告。牵头银团后来很快与英、法两国的大建筑公司联合分别在两国成立了海峡隧道工程集团（CTG）和法兰西曼彻公司（FM），CTG-FM 公司以合伙形式组成欧洲隧道公司。

工程项目融资

1985年5月，英、法两国政府发出了无政府出资及担保情况下英吉利海峡连接项目的融资、修建及运营的联合招标，1986年1月，CTG-FM公司的26亿英镑的双孔铁路隧道提案（即欧洲隧道系统）中标。同年2月，两国政府签署协议授权建立欧洲隧道系统，并且给予中标者CTG-FM公司在协议通过之日起55年的特许期（1987年—2042年，含建设期7年）内建设、拥有并经营隧道，该项目于1993年建成，55年之后隧道由政府收回。因此，该项目是一个典型的BOT模式。CTG-FM公司将有权收费并且决定自己的运营政策。英、法两国政府许诺没有CTG-FM公司的同意，在2020年之前不会建立竞争性的海峡连接项目。协议期满后（2042年）欧洲隧道系统将会转让给英国政府和法国政府。

2．项目内容

1）在英吉利海峡下面建立两条铁路隧道和一条服务隧道。
2）在英国的多弗尔和法国的科盖尔分别建立一个铁路站。
3）在两站之间建立往返列车以运送乘客和货物。
4）在法国的终点站和英国的终点站分别建立一个地面货物仓库。
5）建立与附近公路及铁路系统的连接。

在特许权协议中，政府对项目公司提出了三项要求：第一，政府不对贷款做担保；第二，本项目由私人投资，用项目建成后的收入来支付项目公司的费用和债务；第三，项目公司必须持有20%的股票。

3．项目资金来源

项目总投资103亿美元，全部依靠股票和贷款筹集，由私人投资者持有3.7亿美元，公共投资者持有13.7亿美元，在1986年—1989年分4次发行，贷款83亿美元，由法国国家银行、米特兰银行等209家国际商业银行著称的国际银团提供。

4．项目可行性分析及其风险

（1）项目的收费可行性问题　英、法铁路部门通过使用协议，在特许期内保证隧道的使用率，并支付使用费。政府允许项目公司自由确定通行费标准，其收入的一半是通过与国家铁路部门签订的铁路协议产生的，用隧道把伦敦与欧洲的高速铁路网相连接；其他收入来自通过隧道运载商业机动车辆的高速火车收费。

（2）项目建设期间风险承担问题　项目于1987年开工，具体的建设实施承包商是一个由十家建筑商组成的工程联合体，并签订承包合同，项目公司承担隧道建设的全部风险，并为造价超支设置了18亿美元的备用金。在岸上施工部分，工程量按固定价格订立合同。隧道则以目标费用为基础，项目公司按实际费用加上目标价至12.36%的固定费用向承包商支付，该费用估计为2.5亿美元，如果隧道在目标价格以下建成，承包商将得到所节约资金的一半；如果实际费用或进度超过目标值，承包商将支付特定数量的损失费用给项目公司。另外，由于不可预见的地质条件或通货膨胀，合同要服从于市场价格调整。

实际运行情况：欧洲隧道系统最初计划在1993年5月运营，由于成本问题、设备的运输拖后及测试问题，直到1994年3月才开始货物运营。客运服务直到1994年11月4日才开始，成本严重超支（超支高达120%），引起了业主与工程公司的纠纷，后者甚至推迟了项目的建设，迫使业主不得不在1990年通过配股融资5.32亿英镑。

（3）项目的市场可行性问题　在市场可行性方面，项目公司做了以下工作：分析过去英吉利海峡的客运和货运额的增长趋势，预计1993年以后的运输量（因为项目将在1993年5月运营）；估计欧洲隧道公司在将来的市场份额；估计欧洲隧道可能会带来的运输量的增加；估计欧洲隧道提供运输服务和相关的辅助服务所带来的收入。

市场研究的结果是欧洲隧道在经济上是可行的，他们认为跨海峡的营运额会从1985年的4810万客运人次和604万t货运量增加到2003年的8810万客运人次和1221万t货运量。结论是欧洲隧道将占这个英吉利海峡间客运市场相当大的份额，它将比轮渡更快、更方便、更安全，比航空在时间和成本上有优势。研究估计，1993年，欧洲隧道将占有英吉利海峡间客运市场的42%和货运市场的17%。

实际情况：由于轮渡、飞机等其他运输渠道对运输量的分类，欧洲隧道公司的预期收入大大降低，现金缺口增大。到1994年，又一场价格大战爆发了，英国轮渡公司大幅度削减票价，迫使欧洲隧道公司跟着降价；同时不断推迟的客运服务意味着它在1994年发行股票时做的盈利预测不能实现，利润的缺口也使欧洲隧道公司违反了它在银行贷款协议中的一些条款，使其不能继续使用剩余的信用额度，更加恶化了项目公司的现金危机。1993年，欧洲隧道公司的形势更糟，伦敦-巴黎航线的航空公司开始了一轮广告攻势以提高其竞争力，并且英国轮渡公司进行了"同归于尽"的降价，这使欧洲隧道公司的财务危机雪上加霜。最后，1995年9月，欧洲隧道公司单方面推迟了超过80亿英镑银行贷款的利息偿还，计划在1996年与银行谈判安排一次债务重组。

5. 项目启示

1）对于大规模的交通设施建设项目而言，采取项目融资方式融资资金，能将各个投资者以合同的形式捆绑在一起，从而降低项目风险。但是，这并不意味着投资者就可以放松对项目的管理和监督。在欧洲隧道工程项目中，由于成本预算与实际误差过大，引起了工程公司与欧洲隧道公司发生纠纷，前者因此推迟了项目的建设，使项目必须面对巨大的超支风险和市场风险。因此如何合理地预算成本和估计项目风险对项目的成败至关重要。

2）应客观评价来自政府的对项目的支持，以确定项目是否在市场需求量及需求持久力方面存在着竞争优势。一般而言，项目融资所涉及的项目应具有垄断经营、收入稳定的市场优势，在本例中，尽管英法两国政府提供了无二次设施担保，使项目公司在33年中垄断经营连接英、法大陆的隧道工程。但是，这并不等于项目就具有了绝对垄断的市场优势，如本例中的轮渡、航空，其实都是隧道的竞争对手，而欧洲隧道项目公司事先并未对这一行业背景进行恰当的分析。而是做出了过于乐观的预测，大大高估了市场前景，低估了市场的竞争风险、价格风险和需求风险。而项目融资这种方式对项目未来现金流量的依赖性一般很大，由于市场前景低于预测使得实际现金流入不能满足其需求，结果带来了偿还贷款的困难。这说明项目的市场前景评估是非常重要的，通过充分的可行性研究可以大大减少项目的盲目性，控制项目的风险。

3）从欧洲隧道项目的实施过程来看，严格且谨慎的财务预算对项目的成功至关重要，欧洲隧道公司起初预算成本 48 亿英镑，可是最终成本大约是 105 亿英镑，成本的超支带来了项目公司和工程公司的纠纷，增加了项目的完工风险，若非强大的国际银团在背后支持，使得资金缺口以不断融资来补足，项目很可能由于后续资金不够而被搁置，这说明了引入资金雄厚的贷款人的重要性。

4) 欧洲隧道项目也表明了高杠杆融资会带来的财务危机。当预期的现金流不能实现时，连偿还债务利息都会困难。尽管遇到了上述的财务困难，欧洲金融界认为隧道项目仍然能够继续运营。但是，欧洲隧道公司需要进行一次债务重组，以减轻其债务负担。

当然，英、法两国政府和一些银行已经在项目上下了很大的赌注，这时的欧洲隧道项目因为太大并且太显眼而不允许失败，这也说明了在项目中，东道国参与的重要性。虽然英、法两国政府没有直接参与欧洲隧道项目，既无资金投入，又未进行担保，但是由于此项目有政治上的重要意义，贷款人相信政府不会让这个项目失败，使得政府在无形中为项目做了担保。

【复习思考题】

1. 项目融资的过程分为哪几个阶段？每个阶段最为关键的工作有哪些？
2. 项目的可融资性和可行性分析有什么区别？
3. 欧洲海峡隧道项目融资中主要出现了什么问题？为何会出现这些问题？
4. 根据欧洲海峡隧道项目的经验教训，项目投资决策分析应该包括哪些内容？

参考文献

[1] 王广斌，安玉侠，等. 项目融资 [M]. 上海：同济大学出版社，2016.
[2] 杨青. 工程项目融资 [M]. 武汉：华中科技大学出版社，2010.
[3] 蒋先玲. 项目融资 [M]. 3版. 北京：中国金融出版社，2008.
[4] 马秀岩，卢洪升. 项目融资 [M]. 5版. 大连：东北财经大学出版社，2022.
[5] 戴大双. 项目融资：PPP [M]. 3版. 北京：机械工业出版社，2018.
[6] 徐莉. 项目融资 [M]. 武汉：武汉大学出版社，2006.
[7] 郑立群. 工程项目投资与融资 [M]. 2版. 上海：复旦大学出版社，2011.
[8] 段世霞. 项目投资与融资 [M]. 3版. 郑州：郑州大学出版社，2022.
[9] 李波，冯革，徐萍. 项目融资管理 [M]. 上海：上海交通大学出版社，2010.
[10] 戴国强. 融资方式与融资政策比较 [M]. 北京：中国财政经济出版社，2002.
[11] 刘尔思. 项目投融资理论与创新 [M]. 昆明：云南科技出版社，2010.
[12] 李春好，曲久龙. 项目融资 [M]. 2版. 北京：科学出版社，2009.
[13] 吉可为，毛晓峰，等. 金融工程案例 [M]. 北京：中国金融出版社，2000.
[14] 刘亚臣，包红霏. 工程项目融资 [M]. 2版. 北京：机械工业出版社，2017.
[15] 赵华，贺云龙. 工程项目融资 [M]. 2版. 北京：人民交通出版社，2010.
[16] 王虹，徐玖平. 项目融资管理 [M]. 3版. 北京：经济管理出版社，2017.
[17] 任淮秀. 项目融资 [M]. 2版. 北京：中国人民大学出版社，2013.
[18] 加蒂. 项目融资理论与实践 [M]. 尹志军，赵丽坤，译. 北京：电子工业出版社，2011.
[19] 郑宪强. 工程项目融资 [M]. 2版. 武汉：华中科技大学出版社，2020.
[20] 宋映忠，张廷军，李勇成，等. PPP项目融资实操指南 [M]. 北京：中国市场出版社，2020.